Richard Hennig

Abhandlungen zur Geschichte der Schiffahrt

Richard Hennig

Abhandlungen zur Geschichte der Schiffahrt

ISBN/EAN: 9783954272563
Erscheinungsjahr: 2013
Erscheinungsort: Bremen, Deutschland

© *maritimepress in Europäischer Hochschulverlag GmbH & Co. KG, Fahrenheitstr. 1, 28359 Bremen. Alle Rechte beim Verlag und bei den jeweiligen Lizenzgebern.*

www.maritimepress.de | office@maritimepress.de

Bei diesem Titel handelt es sich um den Nachdruck eines historischen, lange vergriffenen Buches. Da elektronische Druckvorlagen für diese Titel nicht existieren, musste auf alte Vorlagen zurückgegriffen werden. Hieraus zwangsläufig resultierende Qualitätsverluste bitten wir zu entschuldigen.

Abhandlungen zur Geschichte der Schiffahrt

Von

Prof. Dr. Richard Hennig
Düsseldorf

Jena
Verlag von Gustav Fischer
1928

Vorwort.

Im vorliegenden Werk ist eine Reihe von Studien zur Geschichte des Verkehrswesens vereinigt, die zum größeren Teil schon früher, seit dem Jahre 1907, an verstreuten Stellen einzeln von mir veröffentlicht worden sind. Da die betreffenden Zeitschriften inzwischen zum Teil eingegangen sind und auch sonst eine Neubearbeitung der Themen und ihre Zusammenstellung nach gemeinsamen Gesichtspunkten wünschenswert erschien, habe ich zunächst diejenigen von meinen historischen Abhandlungen, die auf die Frühgeschichte der Schiffahrt Bezug hatten, einer ausgiebigen Umarbeitung und Erweiterung unterzogen, und ich biete das Ergebnis nun im vorliegenden Buche dar. Einzelne Kapitel haben einen so vollkommen neuen Charakter erhalten, daß die älteren Arbeiten nur in kleinen Bruchstücken wiederzuerkennen sind.

Insbesondere leitete mich bei der Neubearbeitung der fünf ersten Kapitel der Gedanke, die Ergebnisse der geschichtlichen und der vorgeschichtlichen Forschung nach Möglichkeit miteinander in Einklang zu bringen. Im allgemeinen stehen sich ja diese beiden wissenschaftlichen Disziplinen noch wie zwei fremde Welten gegenüber, die gegenseitig ihre Sprache nicht verstehen, ja, einander weitgehend ignorieren. Das ist natürlich ein unhaltbarer Zustand. In den vorliegenden Abhandlungen hoffe ich einiges beigetragen zu haben zum Beweis, daß Weltgeschichte und Vorgeschichte sich sehr wohl harmonisch verschmelzen lassen. Das letzte Kapitel dagegen, das als einziges von allen überwiegend der Geschichte der Neuzeit angehört, habe ich, obwohl es keine neuen Forschungsergebnisse bietet, hauptsächlich deshalb in diese Sammlung mit aufgenommen, weil gerade über die Geschichte des Dampfschiffes, aller Vorarbeiten ungeachtet, auch heute noch eine auffällig große Zahl von unausrottbaren Legenden und Fabeln weitverbreitet ist, denen erneut mit aller Schärfe entgegenzutreten nur gar zu notwendig erschien.

Zum Schluß möchte ich, in Dankbarkeit, nicht unerwähnt lassen, daß das besondere Interesse, das ich der Geschichte der Schiffahrt stets entgegengebracht habe, ursprünglich schon vor fast 40 Jahren durch einen ungewöhnlich interessanten deutschen Hausaufsatz angeregt worden ist, den der verstorbene, vortreffliche Schulmann Konrad Rethwisch uns Sekundanern im Kgl. Wilhelms-Gymnasium in Berlin aufgab und der die Schiffahrt der Odyssee und des Gudrunliedes einem Vergleich zu unterziehen hatte.

Möge aus dieser kleinen Ursache nun eine Wirkung hervorgehen, die der Erforschung der menschlichen Kulturgeschichte einige Erkenntnisse von hoffentlich dauerndem Wert beschert — mag auch im einzelnen durch neue Forschungen noch manche Ergänzung und vielleicht auch Berichtigung der in den nachfolgenden Blättern nachgewiesenen Einzelheiten erforderlich werden!

Düsseldorf, 24. Oktober 1928.

R. Hennig.

Inhalt.

	Seite
Vorwort	III
I. Zur Frühgeschichte des Seeverkehrs der Mittelmeervölker	1
II. Die Kenntnis des Atlantischen Ozeans im Altertum	18
III. Der Verkehr auf dem Indischen Ozean im Altertum und Mittelalter	52
IV. Die Ostsee im Verkehrsleben des Altertums und frühen Mittelalters	74
V. Unfreiwillige Seefahrten in ihrer Bedeutung für die Besiedlung des Erdballs und die Rassenmischungen	98
VI. Schiffstragplätze und Schleppwege	110
VII. Zur Frühgeschichte der Leuchtfeuer	126
VIII. Die Vorgeschichte des Dampfschiffs	150
Namen- und Sachregister	164

I. Zur Frühgeschichte des Seeverkehrs der Mittelmeervölker.

In den letzten Jahrzehnten sind unsere Vorstellungen von den Frühanfängen der menschlichen Kultur und insbesondere unsere Anschauungen von den kulturellen Leistungen, den Handelsbeziehungen, der Schiffahrt und somit auch von den geographischen Kenntnissen der ältesten, rings ums Mittelmeer wohnenden Völker recht gründlich gewandelt worden. Es ist noch nicht gar so sehr lange her, wenig mehr als 100 Jahre, daß das gesamte Wissen auf diesem Gebiete sich ganz ausschließlich auf die erhaltenen literarischen Zeugnisse der antiken Welt, vor allem auf die altgriechischen Schriftsteller, daneben zum Teil auf die Bibel, stützen mußte. Da nahm man wohl an (und ein Nachhall dieser Vorstellungen ist noch heute nicht ganz erloschen), daß die Weltgeschichte sozusagen mit dem Trojanischen Kriege begonnen habe und daß über die ältere Zeit kaum je etwas Verläßliches bekannt werden könne, zumal da man meinte, daß Unkultur und Barbarei vorher ziemlich allgemein verbreitet gewesen seien.

Wie hat sich seither das geschichtliche Bild gewandelt! Zunächst begannen die vordem kaum verstandenen Denkmäler Ägyptens zu reden und erweiterten den Blick um Tausende von Jahren rückwärts. Es folgte die Enthüllung der staunenswerten Welt Babyloniens und Assyriens, es folgten die Triumphe der „Wissenschaft des Spatens", die Ausgrabungen in Troja, Ninive, Mykenä, Kreta, Boghazköj, Ur und an vielen anderen Stellen, die „Vorgeschichte" kam als ganz neue Wissenschaft auf und ist zu einem System des Wissens von erstaunlich großem Umfang erweitert worden. Das Bibelwort ist Wahrheit geworden, daß, wo Menschen schweigen, die Steine reden werden, und die früh- und vorgeschichtlichen Funde sind besser als alle literarischen Überlieferungen gegen Irrtümer und Fälschungen geschützt: parlan le tombe, quando la storia è muta (die Gräber reden, wenn die Geschichte schweigt), wie der englische Forscher Dennis im Motto zu seinem großen Etrusker-Werk sagt. Es tut sich gewissermaßen eine ganz neue frühgeschichtliche Welt vor uns auf; die Dauer der eigentlichen Weltgeschichte ist durch die Erkenntnisse der letzten hundert Jahre mehr als verdoppelt worden: nicht mehr um 1200 v. Chr. haben wir heute die Anfänge der eigentlichen Geschichte zu datieren, sondern schon fast 4000 Jahre früher, denn der Beginn der sogenannten 1. Dynastie Ägyptens (die natürlich ihrerseits schon wieder eine lange kulturelle Entwicklung voraussetzt) wird von den heutigen Ägyptologen bereits ums Jahr 5000 angesetzt, und das Morgenrot der ersten mesopotamischen Kultur kann nur wenig jünger gewesen sein. Die neuesten Ausgrabungen auf Malta haben weiter gezeigt, daß dort schon in der Steinzeit, d. h. etwa im

4. vorchristlichen Jahrtausend, großartige Tempel gebaut wurden — ein Zeichen, wie entwickelt damals die Kultur selbst auf landfernen Mittelmeerinseln gewesen ist. Viel früher, als man bisher annahm, muß dementsprechend natürlich auch das Verkehrsleben, die Schiffahrt, der Handel und — last not least! — die erdkundliche Kenntnis der Umwelt begonnen haben. Wir können getrost behaupten, daß in der kulturellen Entwicklung des östlichen Mittelmeerbeckens der Trojanische Krieg nicht den Anfang der geschichtlichen Ereignisse darstellt, sondern etwa den Beginn des „antiken Mittelalters".

Dementsprechend wird es an der Zeit sein, unsere Vorstellungen von den erdkundlichen Vorstellungen ältester Zeit in nicht ganz geringem Umfang zu berichten. Im folgenden sollen einige Hinweise dieser Art gegeben und verschiedene Tatsachen mitgeteilt werden, die zu einer weitgehenden Wandlung der bis heute noch beliebten Anschauungen des humanistischen Lehrstoffes zwingen.

So unbegreiflich es zunächst klingt, wir müssen heute annehmen, daß die Anfänge einer nicht ganz unbedeutenden Handelsschiffahrt im östlichen Teil des Mittelmeeres bereits 6500 Jahre zurückliegen und demgemäß etwa um 5000—4500 v. Chr. anzusetzen sind. Man sträubt sich mit aller Macht gegen die Möglichkeit einer solchen Annahme, aber wie soll man die nun einmal nicht hinwegzudiskutierende Tatsache anders erklären, daß ein Gestein, das nachweislich nur auf den Liparischen Inseln im Norden von Sizilien vorkommt, der sogenannte Liparit, in den Grabanlagen aus der Zeit der 1. Dynastie Ägyptens gefunden worden ist? Man setzt diese Dynastie heute auf 5000—4500 v. Chr. an[1]). Es muß also schon damals auf irgendeine, im einzelnen durchaus nicht feststellbare Weise eine eigentümliche Gesteinsart aus den nordsizilischen Gewässern bis ins innere Ägypten geschafft worden sein. Wir kommen um diese Tatsache unter gar keinen Umständen herum.

Die Ägypter selbst haben sich mindestens zwei Jahrtausende lang als Seefahrer betätigt, haben freilich Leistungen ersten Ranges auf diesem Gebiet nicht erreicht. Ihr Land war auch ausgesprochen ungeeignet zur Erweckung seemännischer Eigenschaften, da kein einziger darin vorkommender Baum ein für den Bau von Meeresschiffen geeignetes Holz hervorbrachte. Die auf dem Nil schwimmenden Boote waren aus Papyrusstauden hergestellt und daher als nichts weniger denn seetüchtig zu betrachten. Woher sich die Ägypter ihr erstes Schiffbauholz beschafft haben, ist bisher nicht klargestellt. Später holten sie es sich zumeist vom Libanon, der auch verhältnismäßig leicht zu erreichen war, da eine gute Meeresströmung längs der Küste von der Nilmündung bis zur Höhe des Libanon führt, wo sich Byblos als guter Hafen darbot. Unter solchen Umständen konnten die Ägypter, die sich im Nilmündungsgebiet mit der See vertraut zu machen vermochten, leidlich bequem und sicher zur syrischen Küste gelangen, wo sie vorzügliches Schiffbauholz in Mengen vorfanden. Die noch nicht 300 Seemeilen lange Strecke von der Nilmündung bis Byblos ließ sich in 4 Tagen zurücklegen, und die im Winter dort häufigen Stürme aus W und NW sind im Sommer so selten, daß man mit ihnen kaum zu rechnen brauchte. Für die Rückreise mußte man dann entweder die nicht übermäßig häufigen Tage mit Nordwind abwarten, oder man mußte mit Hilfe der Ruder die Heimat zu gewinnen suchen, was dann immerhin eine 8—10 tägige Fahrt notwendig machte. An einen Transport des Holzes auf dem Landwege war keinesfalls zu denken.

Anfänglich waren die Züge nach Byblos, dem besten Zugangshafen zum holzreichen Libanon, wohl reine Raubzüge. Bald aber wird man eingesehen haben, daß man bequemer, schneller und auch billiger zu dem begehrten Holz und Öl der Zedern kam, wenn man sich mit den Bewohnern der Küste um Byblos auf guten Fuß stellte und sie veranlaßte, gegen Tausch von anderen Waren das Holz aus dem Gebirge selber zur Küste zu schaffen und dort empfangsfertig abzuliefern.

Aus den Überlieferungen geht hervor, daß im 29. Jahrhundert v. Chr. Geb., unter dem Pharao Snofru (2840—2816), schon eine für jene fern zurückliegende Zeit sehr achtenswerte Reise zur See zurückgelegt wurde: nicht weniger als 40 mit Zedernholz beladene Schiffe kehrten auf einmal vom Libanon nach Ägypten heim[2])! Um etwas Derartiges zu ermöglichen, muß die Entwicklung der ägyptischen Seeschiffahrt in ihren Anfängen spätestens ums Jahr 3500 begonnen haben. **August Köster**[3]) führt sogar die in den Königsgräbern von Abydos gefundenen einhenkeligen Krüge und das gleichzeitig in Ägypten benutzte Zedernöl als einen beachtenswerten Beweis dafür an, daß bereits zur Zeit der 1. Dynastie, also bald nach 5000 v. Chr., „ein Handels- und Seeverkehr zwischen Phönikien und dem Nillande bestand"!

Bei der offenbaren Unmöglichkeit, die Dauer der Seefahrten vorher ungefähr zu berechnen, scheint sich schon frühzeitig der Brauch eingebürgert zu haben, Brieftauben mit an Bord zu nehmen, die man bei der Annäherung an die ägyptische Küste fliegen ließ, um den Interessenten daheim frühzeitig Nachricht zu geben, daß das Schiff bald erwartet werden konnte[4]).

Im Mittelmeer fiel aber die Hauptrolle des ältesten Handelsverkehrs zur See dann einem Volke zu, von dessen großartigen Taten uns eigentlich erst die letzten drei Jahrzehnte etwas genauere Kunde gebracht haben; nicht den Ägyptern und nicht den Phöniziern, die überhaupt erst verhältnismäßig spät zur See sich betätigten (s. S. 9), sondern den **Kretern**. Der Engländer **Evans**, an dessen Namen in erster Linie die erstaunlichen Ergebnisse der auf Kreta vorgenommenen Grabungen anknüpfen, setzt die Dauer der (allerdings durch zwei Eroberungen unterbrochenen) kretischen Seeherrschaft auf nicht weniger als 1½ Jahrtausende an, auf die Zeit von 2900—1400 v. Chr. Er unterscheidet dabei drei Perioden, die wieder mehrfach unterteilt werden: die frühminoische, mittelminoische und spätminoische Epoche. Unzweifelhaft war **Kreta die erste politische Großmacht zur See**. Den Höhepunkt der Seegeltung bedeutete die mittlere Periode, vor allem die Zeit 2000—1700 v. Chr. Den zuverlässigsten Beweis für die gegen jede Gefahr gesicherte kretische Thalassokratie jener Epoche liefert die vollkommen ungeschützte Lage der damaligen Städte und Paläste Nordkretas, die gänzlich abweicht von den sonstigen Gewohnheiten des Altertums und die den sichersten Beleg darbietet, daß Kreta durch eine überragende, jedem Gegner überlegene Kriegsflotte gegen alle von See kommenden Feinde, insbesondere auch gegen Seeräuber, unbedingt gesichert gewesen sein muß: „Das beweist die in der Antike singuläre Lage der Städte und Paläste an Stätten, die schlecht oder gar nicht zu verteidigen waren, und das völlige Fehlen der Befestigungen"[5]).

Ein sehr großer Teil der seemännischen Leistungen, die man bisher bewundernd den Phöniziern zuschrieb, scheint zuerst von den Kretern vollbracht und später, nach dem Niedergang der kretischen Macht, von den Phöniziern einfach nachgeahmt worden zu sein; ein anderer nicht unbedeutender Teil, wie die angeblichen phönizischen Fahrten zum Zinnland Britannien und zum Bernsteinland, ist außerdem ins Reich der Fabel zu verweisen, wie wir noch hören werden. Die eigentlichen Entdecker des Mittelmeeres in seinen verschiedenen Teilen, doch ohne Marmara- und Schwarzes Meer, sind nicht die Phönizier, sondern die Kreter gewesen. Diese dürften lange vor 2000 v. Chr. bereits die Straße von Gibraltar erreicht, durchfahren und mit dem reichen Metallgebiet in SW-Spanien Beziehungen angeknüpft haben. Kreta galt den alten Ägyptern als das Silberland par excellence. Da nun die Insel Kreta selber kein Silber hervorbrachte, müssen die Bewohner, die von den Ägyptern Keftiu genannt wurden, das Silber in reicher Menge anderswo geholt haben, und daß in erster Linie das heutige Andalusien, zumal die Sierra Morena, das Silberparadies der Kreter gewesen ist, kann gegenwärtig kaum noch bezweifelt werden. Die sehr frühzeitigen Beziehungen zwischen Kreta und SW-Spanien sind zwar bisher noch nicht endgültig historisch erwiesen, jedoch sehr wahrscheinlich gemacht.

Es ist in Spanien bisher erst spärlich von vorgeschichtlichen Forschern gegraben worden, aber die bereits erfolgten Ausgrabungen weisen mit großer Eindringlichkeit und keineswegs vereinzelt auf frühkretischen Import hin. Orientalische Waren wie Türkis, Amethyst und Elfenbein, die nur durch Kreter herbeigeschafft worden sein können, sind in SO-Spanien ans Tageslicht befördert worden, Schnabelkannen aus der Ägäis hat man auf Menorca, kretische Kupferbarren auf Sardinien gefunden[6]), das alt-iberische Alphabet weist nicht weniger als 8 kretische Schriftzeichen auf[7]), auch der iberische Stierkult verrät die Beeinflussung von der Insel des Minotaurus her[8]). Umgekehrt künden gewisse Funde auf Kreta die Herkunft aus Spanien an. Schuchhardt sagt darüber[9]):

"In Kreta hat man die Dolchklingen im Funde von Kumasa mit Recht immer schon als spanischen Import angesehen, weil er auch ein paar silberne Klingen enthielt."

Ob Schultens Vermutung zutrifft, daß sogar der Name der später so berühmt gewordenen Handelsstadt Tartessos am Guadalquivir auf vorgriechischen, kretischen Ursprung schließen lasse, weil die Namen auf ssos „in der Sphäre von Kreta", vornehmlich im südlichen Kleinasien und auf Kreta selbst (Knossos, Prikilassos, Gylissos, Amnissos; Od. XIX, 188) heimisch und von dort nach Sizilien (Herbessos, Telmessos) und weiter nach dem Westen verpflanzt worden sind[10]), vermag ich persönlich nicht zu beurteilen. Die Wahrscheinlichkeit ist nicht gering[11]).

So kühn diese Annahmen für eine 4000 Jahre zurückliegende Vergangenheit anmuten, es wäre möglich, daß sie durch noch kühnere ergänzt werden müssen. Ernst Assmann hat sehr alte babylonische Kolonisationseinflüsse in den verschiedensten Teilen des Mittelmeeres behauptet, zunächst in Kleinasien, auf Kreta und in Italien, zumal Etrurien[12]), später in Spanien[13]). Er hat hier über 50 zum Teil außerordentlich auffällige Übereinstimmungen zwischen spanischen Ortsnamen und babylonischen Gottheiten, Städtenamen und charakteristischen Bestandteilen des Wortschatzes feststellen wollen. So hat er z. B. einige von Plinius[14]) und Ptolemäus[15]) genannte, altspanische Ortsnamen Lakippo, Arsa, Carisa in Verbindung gebracht mit den babylonischen Gottheiten Lakipu, Arsa und der um 1930 v. Chr. bestehenden babylonischen Ortschaft Karisu; den Namen der noch heut bestehenden Stadt Serpa führt er zurück auf das babylonische Wort sarpu = Silber, was für „das Silberland κατ' ἐξοχὴν der alten Welt" ebenso gut passen würde, wie ein Zusammenhang zwischen dem sumerischen bilbil = verbrennen mit dem Namen der spanischen Schmiedestadt Bilbilis. Auf Grund derartiger Wahrnehmungen glaubt er geradezu eine „babylonische Kolonisation in dem vorgeschichtlichen Spanien" annehmen zu müssen, die „schätzungsweise in die Mitte des 3. vorchristlichen Jahrtausends" zu verlegen sei.

Wenn diese Beobachtungen auch nur teilweise richtig sind — ein erheblicher Teil davon ist angezweifelt worden —, so würden sich Ausblicke von schwindelerregender Großartigkeit ergeben. Eine altbabylonische Inschrift erzählt prahlerisch von einem großartigen Siegeszuge König Sargons I. nach Westen ums Jahr 2675 v. Chr. Eduard Meyer hat gemeint[16]), dieser Feldzug scheine sich bis Cypern erstreckt zu haben, aber schon Winckler hat geglaubt, eine Ausdehnung bis zu den Säulen des Herakles annehmen zu müssen. Weitere babylonische Inschriften preisen die Kriegstaten eines anderen Königs Sargon um 2150 v. Chr., der Ägypten erobert, Kaftôr (Kreta) unterworfen und sich selbst das Zinnland Anakuki untertan gemacht habe. Bisher hielt man dergleichen für undenkbar. Die Assmannschen Feststellungen und andere ähnliche Wahrnehmungen lassen nun aber doch die Frage berechtigt scheinen, ob jene assyrischen und babylonischen Überlieferungen vielleicht doch die Wahrheit melden und ob unter anderem Kretas überragende Seemacht etwa erst zum Selbstschutze geschaffen wurde, nachdem es gelungen war, die babylonische Herrschaft abzuschütteln. Die Frage der Frühbeziehungen zwischen Babylon und Kreta bedarf überhaupt noch vollständig der Klärung, ebenso natürlich die angebliche Frühbeziehung zwischen Babylon und Spanien. Am Rande sei mit aller Vorsicht das Thema angeschnitten, ob mit derartigen geschichtlichen Möglichkeiten vielleicht auch einige bisher ganz unerklärliche Probleme zusammenhängen können, die an das rätselhafteste europäische Volk unserer Tage, die Basken, anknüpfen. Man hat bei diesen Sitten und Symbole gefunden, die auffällig an den Orient erinnern: auf ihren alten Friedhöfen, den Ilerris, finden sich scheibenförmige Steine als Grabbedeckung, deren Ähnlichkeit mit steinernen Rundschilden auf assyrischen Kriegergräbern schon immer aufgefallen ist; auch ihre Symbole der Schlange, des Lebensbaumes, der Sonnenscheibe weisen deutlich auf vorderasiatische Herkunft. Sollten sich auch hier noch uralte Kulturzusammenhänge auswirken? Schulten ist geneigt, die Frage zu bejahen[17]).

Sicher scheint zu sein, daß sich Handelsbeziehungen zur See vor 2000 v. Chr. mindestens indirekt schon über erheblich weitere Entfernung als die Strecke Kreta-Spanien angesponnen haben. Kreta stand ja allem Anschein nach auch mit Ägypten, der syrischen Küste und dem mächtigen Troja-Reiche der Zeit vor 2000 im Handelsverkehr. Auf Kreta gemachte Funde von ägyptischen Skarabäen, nordischem Bernstein, spanischen Dolchstäben und vorderasiatischen elfenbeinernen Kunstwerken sprechen in dieser Hinsicht eine nicht mißzuverstehende Sprache[18]). Die etwa aus der Periode um 2400 v. Chr. stammenden Silbervasen, die man in Troja II gefunden hat, machen spanischen Import (über Kreta) sehr wahrscheinlich, denn Schuchhardt, als berufenster Beurteiler, meint[19]):

> „Ich würde mich nicht wundern, wenn sich eines Tages herausstellte, daß die großen Silbervasen, so wie sie da stehen, von Spanien nach Troja gekommen wären, gerade weil sie von Silber sind."

In ungefähr derselben Zeit, zwischen 2500 und 2000 v. Chr., müssen aber die Iberer, und zwar besonders die Bewohner von „Vor-Tartessos" (um einen Schultenschen Ausdruck zu gebrauchen), notwendig bereits zu den britischen Inseln gelangt sein, wo die Gold- und Zinnlager von Irland und Cornwall auf die metallhungrigen Völker der Mittelmeerländer eine fast magische Anziehungskraft 2000 Jahre lang ausgeübt zu haben scheinen. Etwa um 2500 v. Chr. hatte man in Spanien die Bronze zu bereiten gelernt[20]), zu deren Herstellung man außer dem in der Sierra Morena selbst vorkommenden Kupfer das Zinn benötigte, das in den damals erreichbaren Ländern Europas nur auf den britischen Inseln und in der Bretagne in nennenswerten Mengen vorkam. Zinn wurde während des frühen Altertums höher als Silber bewertet, denn während es vom letzteren Metall gelegentlich heißt[21]): „Das Silber ward nichts gerechnet zur Zeit König Salomos", sehen wir noch in der Ilias an verschiedenen Stellen[22]) das Zinn, nicht das Silber als kostbarstes Metall mit dem Golde zusammen genannt, und nur einmal (XVIII, 475) werden alle drei Edelmetalle zusammen aufgeführt, das Silber an letzter Stelle.

Die genauesten Spezialkenner der spanischen Vorgeschichte sind geneigt, die eigene Bronzekultur der britischen Inseln, die etwa bis 2100 v. Chr. zurückreicht, auf spanische Einflüsse zurückzuführen. Die vorkeltischen Bewohner der britischen Inseln ähneln dem iberischen Typus[23]), was man übrigens schon im Altertum bemerkte[24]).

Insbesondere Irland muß als eines der goldreichsten Länder des vorgeschichtlichen Altertums ohnehin eine starke Anlockungskraft ausgeübt haben und hat ja auch die nordische Frühkultur ungemein stark beeinflußt[25]).

Die Kreter bedienten anscheinend alle Kulturländer am Gestade des Mittelmeers, zu denen übrigens Griechenland vor 1600 v. Chr. noch nicht gehörte; die ozeanischen Gewässer Südwest- und Westeuropas aber wurden wohl von den Vor-Tartessiern allein befahren. Bis Vor-Tartessos selbst freilich scheinen die Kreter früh den Weg gefunden zu haben. Indirekt waren somit schon vor 2000 v. Chr. Handelsbeziehungen geschaffen, die von Vorderasien und Nordafrika bis in den äußersten europäischen Westen reichten. In der koptischen Sprache Ägyptens hieß das Zinn pitran, was nach dem Ägyptologen Sethe[26]) nichts anderes als pritan, das britannische Metall, bedeutet. Und Schuchhardt schlägt gar eine lose Kulturbrücke zwischen dem Troja II der Jahrhunderte vor 2000 und den britannischen Inseln, denn er schreibt einmal[27]):

„Im Museum zu Devizes (Südengland) sah ich einen goldüberzogenen Knopf von derselben Form und mit fast derselben Verzierung, wie ein trojanischer sie hat."

Derselbe Schluß ergibt sich indirekt aus Fimmens Feststellung[28]):

„Die Anfänge der Bronzezeit im Gebiet des Ägäischen Meeres fallen wohl noch in die 1. Hälfte des 3. Jahrtausends".

Uralte überseeische Beziehungen zwischen Spanien und Irland werden nicht nur durch die merkwürdig gleichen Dolmen erwiesen[29]), sondern auch durch die Verbreitung der spanischen Glockenbecherkultur und durch Funde altspanischer Dolchstäbe[30]). Ist doch in Cornwall sogar ein Zinnbarren von der ganz charakteristischen Schwalbenschwanzform der kretischen Kupferbarren gefunden worden, der Hubert Schmidt zu dem bemerkenswerten Gutachten veranlaßte[31]):

„Zinnbarren in Form von kretischen Kupferbarren sprechen sicher für Beziehungen von Cornwall zu Kreta."

Diese Beziehungen werden keinesfalls direkter Art gewesen, sondern durch Vor-Tartessier vermittelt worden sein, ebenso wie die obenerwähnten Berührungen zwischen Vor-Tartessos und Troja durch Kreter.

Wir haben somit für die Zeit etwa ums Jahr 2000 v. Chr. **zwei Hauptmittelpunkte der Schiffahrt zu unterscheiden: Vor-Tartessos und Kreta.** Ein Gesetz der kulturgeschichtlichen Entwicklung besagt, daß begehrte Metalle fremde Händler anzulocken pflegen und ihnen im allgemeinen nicht ins Land gebracht werden. So sind die Vor-Tartessier und später die an der Bretagne-Küste wohnhaften Oestrymnier und andere Festlandsvölker nach den britischen Inseln gefahren, um Zinn zu holen, und nicht etwa haben die auf den Inseln wohnenden Stämme jenen das Metall übers Meer zugeführt. Ebenso läßt es sich nicht erweisen und ist auch nicht einmal wahrscheinlich, daß die Tartessier selber ihr Silber und Kupfer sowie Zinn und Bronze den Mittelmeervölkern ins Land getragen haben, sondern die Kreter und später die Phönizier haben es sich **geholt.** Nur bei Berücksichtigung dieser Tatsache ist es zu begreifen, daß schon um 1100 v. Chr. in gar nicht großer Entfernung von Tartessos eine phönizische Kolonie, Gades, des leichteren Handels wegen, begründet wurde. Folgerichtig müßte man dann auch annehmen, daß die Ägypter ihrerseits nach Kreta fuhren, um die aus dem Westen gekommenen Metalle einzuhandeln. Ob dies regelmäßig geschehen ist oder ob die Kreter als Händler von Beruf auch im Nilland erschienen sind, ist nicht sicher festzustellen. Nur die Tatsache selbst eines lebhaften Handels zwischen beiden Gebieten in sehr früher Zeit ist zu erweisen. Der früheste ägyptische Fund auf Kreta gehört sogar schon der 4. Dynastie, d. h. der Zeit von 3200 v. Chr., an: es handelt sich um eine Schale aus ägyptischem Diorit[32]). Zahlreiche Industriewaren ägyptischer Herkunft sind in Kreta gefunden worden, ebenso übrigens auch in Troja II. Umgekehrt sind kretische Erzeugnisse weit nilaufwärts gewandert und noch bei Anibe, 1350 km vom Mittelmeer entfernt, gefunden worden[33]). Auf Kreta mag die Ägypter außer den westlichen Metallen, dem Bernstein und allerhand seltenem Gestein nicht zum wenigsten der ehedem große Holzreichtum der Insel angezogen haben. Später ist auch der mykenische Import bis weit hinauf nach Nubien gewandert[34]).

Zeugnisse für friedliche politische Beziehungen zwischen den Herrschern von Ägypten und Kreta haben sich bisher nicht gefunden. Doch mag dies Zufall sein. Wohl aber hat es kriegerische Zusammenstöße gegeben. Die Evansschen Grabungen auf Kreta haben gelehrt, daß die Zeit der höchsten Blüte, die mittelminoische Periode, etwa um 1700 v. Chr., mit einer großen Katastrophe ihr Ende fand, in der die stolzen Paläste durch Brand vertilgt wurden, um freilich dann nochmals in ähnlicher Großartigkeit neu zu erstehen und um 1400 einer zweiten Invasion zum Opfer zu fallen. Man weiß bisher nichts über die Ursache jener Katastrophe um 1700. Es scheint aber, als ob einer der ägyptischen Hyksos-Herrscher damals die Insel erobert habe[35]). Eine Kartusche des Hyksos-Königs Hian hat man nämlich in den Trümmern des Palastes von Knossos gefunden. Ebenso deutet man eine Inschrift der Stele von Karnak, die einen Sieg Thutmosis III. (1501—1447 v. Chr.) über „die Inselbewohner des großen Meeres" verherrlicht, vermutungsweise auf einen erfolgreichen Feldzug gegen die Kreter.

Jedenfalls haben nicht nur weite Handelsfahrten, sondern auch große Kriegszüge über See und auch Seeräuberunternehmungen großen

Stils schon im 3. vorchristlichen Jahrtausend stattgefunden, so ein Plünderungszug der in der Ägäis ansässigen Chalyber ins Nildelta um 2050 v. Chr.[36]). Im 2. Jahrtausend war es nicht anders. Die Auffindung reicher Schätze kretischer Herkunft bei den Ausgrabungen in Mykenä und bei Amyklä (Vaphio) in der Nähe von Sparta kann kaum anders gedeutet werden, als daß diese wertvollen Güter, zu deren Einhandlung der arme Peloponnes gar keine Gegenwerte besaß, als Kriegsbeute ins Land gebracht worden sind. Das zwischen 1600 und 1400 aufkommende Achäerreich muß wohl einen erfolgreichen Kriegszug gegen Kreta, die oben erwähnte zweite Invasion, unternommen haben. — Man erkennt jedenfalls, daß der berühmte Trojanische Krieg, der einen überseeischen Feldzug All-Griechenlands gegen Troja VI darstellte, durchaus kein ganz einzig dastehendes Ereignis war und wohl manchen ähnlich bedeutenden Vorläufer gehabt hat, nur daß keiner dieser Vorläufer seinen Homer fand, der ihm zu Weltruf verhalf. — — —

Griechenland und der Peloponnes, die später die herrlichste Blüte am Baum der Mittelmeerkultur hervorbrachten, können erst verhältnismäßig spät als einigermaßen kultiviert bezeichnet werden. Vor 1600 scheinen sie durchaus keine Rolle gespielt zu haben, und Hans Philipp hat vielleicht nicht unrecht, wenn er erklärt[37]), daß erst gegen Ende der mitteleuropäischen Bronzezeit (nach 1000 v. Chr.) die Kultur Griechenlands und Italiens begonnen habe, die vorher beachtenswert entwickelte germanische mit ihrer erstaunlich hochstehenden Gold- und Bronze-Ornamentik zu überflügeln, von der insbesondere der aus der Zeit um 800 v. Chr. stammende, am 16. Mai 1913 gemachte Goldschatz von Hegermühle bei Eberswalde (jetzt im Berliner Museum) eine Vorstellung gibt.

Das Reich Achaja mit der späteren Agamemnon-Stadt Mykenä als Herrschersitz war die erste bedeutende politische Staatenbildung auf griechischem Boden. Auch sie muß dann zur Zeit ihrer höchsten Blüte, etwa zwischen 1400 und 1150 v. Chr., am Handelsleben der Mittelmeervölker rege teilgenommen haben. Den Beweis dafür liefern die in Mykenä zahlreich entdeckten (vgl. S. 78) nordischen Bernsteinperlen, sowie die in Palästina gefundenen Spuren mykenischen Handels[38]), vielleicht auch mykenische Goldtalente, die man im portugiesischen Algarve dem Erdboden entnommen haben soll[39]). Über andere Spuren mykenischer Kultur auf spanischem Boden[40]) sind die Meinungen noch geteilt. Indirekt, vielleicht durch phönizische Vermittlung, standen also griechische Stämme schon lange vor dem Trojanischen Kriege mit dem Metallande im fernen Westen in Verbindung. Es ist daher schlechterdings unbegreiflich, wie noch bis in die allerjüngste Zeit hinein rein philologisch eingestellte Kreise, aber auch Geographen (Alb. Herrmann) und Archäologen (Dörpfeld) immer wieder und wieder behaupten können, die Griechen müßten noch rund 600 Jahre nach Mykenäs Blüte durchaus nicht das Geringste vom westlichen Mittelmeer, von Spanien, ja sogar von Sizilien gewußt haben! Bei nur leidlicher Vertrautheit mit den Ergebnissen der vorgeschichtlichen Forschung wäre eine derart veraltete Anschauung völlig undenkbar, denn an Verkehrsbeziehungen zwischen dem östlichen Mittelmeer und der atlantischen Küste Spaniens schon rund 1000 Jahre vor dem trojanischen Kriege und 1400 Jahre vor Homer kann schlechterdings ein Zweifel nicht mehr bestehen. Einen weiteren Beweis für diese Handelsbeziehungen liefern steinerne Gewichte, die man in Höhlen am

Meeresstrande bei Genua gefunden hat[41]) und die von der Art waren, wie sie die Ägypter, Babylonier und auch Phönizier in früher Zeit benutzten.

Doch auch Mittelmeerbewohner von Ländern, die es nicht zur Berühmtheit in der Geschichte der Händler oder Helden gebracht haben, müssen zeitweilig ansehnlicher Leistungen zur See fähig gewesen sein. Wir besitzen aus dem berühmten Archiv von Tel el Amarna unter anderem 7 Briefe, die der König von Alasia auf Cypern an den Ägypterkönig Amenhotep IV. (um 1360 v. Chr.) gelangen ließ. Aus ihnen geht hervor, daß zur Zeit ihrer Abfassung cyprische Handelsschiffe regelmäßig in Ägypten zu verkehren pflegten[42]). Außerdem aber wissen die ägyptischen Inschriften von einem großen überseeischen Kriegszug zu berichten, den nach 1200 v. Chr. sonst unbekannte nördliche Völker nach Ägypten unternahmen, der aber mißlang, da jene Völker bei Piaru im Delta von Ramses III. geschlagen wurden (nach Myres und Frost im Jahre 1194 v. Chr.). Sie werden als Schekelesch, Schirdana und Turuscha bezeichnet. Es ist behauptet worden, daß wir darin Sikeler, Sardinier und Tyrrhenier zu erblicken haben[43]), die also im Bündnis miteinander einen Feldzug großen Stils ins Nilland unternommen haben müssen, was auch bei ihnen eine hochentwickelte und sehr leistungsfähige Schiffahrt voraussetzen würde. Von eigenartigem Reiz ist Theodor Lenschaus Vermutung[44]), daß an diesem Kriegszug die Trojaner beteiligt gewesen sein könnten, daß sie dabei ihre Flotte eingebüßt hätten und daß der Fortfall dieses Schutzes zur See die Griechen erst zum Zuge nach Troja ermutigt habe. Dies ist freilich Konjektur.

Die Phönizier, die Bewohner der syrischen Küste, treten erst verhältnismäßig spät als leistungsfähige Seefahrer auf. Man sah ehedem in ihnen gewissermaßen die einzigen, jedenfalls die weitaus bedeutendsten Seefahrer des Altertums, nannte sie antike Normannen und sagt ihnen zum Teil noch bis auf den heutigen Tag die erstaunlichsten nautischen Taten nach, Seereisen bis in die Ostsee und zur Samlandküste, in den arktischen Norden (auf Grund von Homers Kimmerier- und Lästrygonen-Erzählung), zum Zinnlande Britannien usw. Von all dem kann in Wirklichkeit durchaus keine Rede sein. Die Phönizier waren einige Jahrhunderte hindurch gewiß vortreffliche Seeleute und sehr gewiegte Händler. Aber Abenteurernaturen waren sie ganz und gar nicht, und sie haben anscheinend ziemlich ausschließlich solche Meere befahren und solche Länder besucht, die jahrtausendelang vor ihnen schon die Kreter und Ägypter —, vielleicht auch noch andere Völker (Karer?) — kennengelernt hatten. Der bis zu den Sternen reichende Ruhm der phönizischen Seefahrer ist lediglich auf den zufälligen Umstand zurückzuführen, daß sie die Lehrmeister der Hellenen und auch der Israeliten auf der See waren, daß die frühesten griechischen Schriftsteller, insbesondere Homer, nur durch phönizische Vermittlung etwas von der den Griechen noch verschlossenen Welt da draußen erfuhren und daß sie in einem der größten Werke der Weltliteratur, den Homerischen Gesängen, als die antiken Seefahrer κατ' ἐξοχὴν hingestellt sind.

In Wahrheit liegen die Dinge recht erheblich anders: von dem maßlos übertriebenen phönizischen Seefahrerruhm muß der weitaus größte Teil gestrichen werden. Es scheint, daß sie kein einziges neues Handelsgebiet zu den schon von ihnen bekannt gewesenen hinzuentdeckt haben — vielleicht abgesehen von den „Inseln der Seligen" im Westen, d. h. von einem Teil der Kanaren, von Madeira und Porto

Santo, die sie, antiker Überlieferung nach[45]), zufällig auffanden, als sie durch einen Sturm von der spanischen Küste aus dorthin verschlagen wurden (vgl. S. 27ff.). Die Phönizier waren eben Händler und weiter nichts; erdkundliche Interessen allein lagen ihnen offensichtlich ebenso fern wie Lust an Abenteuern oder Kämpfen.

Die Phönizier waren im Bereich des Mittelmeeres lediglich die Erben der Kreter. Als deren Rolle nach 1400 infolge der Eroberung durch die Achäer ausgespielt war, legten sich die Phönizier gewissermaßen in das fertig gemachte Bett und lösten die Kreter in Tartessos beim Metallhandel, an der Pomündung beim Bernsteinhandel und anderswo einfach ab. Anscheinend freilich hat es noch geraume Zeit gedauert, ehe die Phönizier sich in ihre Rolle als Seefahrer hineingefunden haben, denn nachzuweisen ist phönizische Betätigung zur See nicht vor der Gründung von Gades um 1100 v. Chr., die freilich die Annahme einer schon langen, vorausgehenden Handelsschiffahrt unvermeidlich macht und die nur ein vollendetes historisches Mißverständnis gelegentlich[46]) als „Anfang des Rückganges der älteren Handelsstadt" Tartessos ansprechen konnte, während in Wahrheit die Gründung von Gades gerade den Auftakt zur höchsten, halbtausendjährigen Blüte von Tartessos darstellte. Die Phönizier sind auch nur etwa ein halbes Jahrtausend, also wesentlich kürzere Zeit als die Kreter, das führende Seevolk des Mittelmeeres gewesen, denn etwa seit der Mitte des 7. Jahrhunderts werden sie verhältnismäßig schnell von ihrer im Jahre 814[47]), also erst 300 Jahre später als Gades, begründeten Tochterkolonie Karthago einerseits, von den Griechen andererseits verdrängt. Wann die eigentliche phönikische Schiffahrt begonnen hat, läßt sich nur ungefähr feststellen. Als terminus ante quem kommt die ums Jahr 1100 erfolgte Gründung der phönizischen Kolonie Gades in Betracht, aus der meines Erachtens einwandfrei hervorgeht, daß eben nahe bei Gades der wichtigste antike Metallmarkt Tartessos lag[48]), als terminus post quem dagegen die Zeit der oben erwähnten Briefe vom Archiv in Tel el Amarna, aus denen deutlich wird, daß um 1370 v. Chr. von einer irgendwie nennenswerten phönizischen Eigenschiffahrt noch nicht die Rede sein konnte. Schuchhardt vermutet sogar[49]), die phönizische Betätigung zur See habe sich erst entwickelt, „als die mykenische Kultur völlig abgeblüht war, von etwa 1100 an". Da andererseits mit der Erreichung von Tartessos durch das erste griechische, dem Kolaios von Samos[50]) gehörende Schiff zwischen 670 und 650 v. Chr., ja, eigentlich sogar schon seit der ersten Belagerung von Tyrus durch die Assyrer um 700 v. Chr. die phönizische Handelsvormacht im Mittelmeer ihrem Ende zuneigte, so haben die Phönizier insgesamt nur rund 4—500 Jahre lang eine Hegemonie wirtschaftlicher Art zur See ausgeübt, viel kürzere Zeit hindurch als andere Völker vor ihnen. Sie scheinen auch, wie gesagt, von den Glückseligen Inseln vielleicht abgesehen (vgl. S. 27ff.), gar keine neuen Handelsgebiete erschlossen zu haben. Wenn sie trotzdem — fälschlich — als der Typus höchster Seetüchtigkeit im Altertum allenthalben in der Welt bekannt und geschätzt sind, so ist hieran lediglich der Umstand schuld, daß zur Zeit, als die ersten großen griechischen Dichter und Schriftsteller wirkten, die Phönizier den Handel zur See gerade fast monopolistisch beherrschten. Man hat daher ziemlich wahllos fast alles, was jemals zur See geleistet worden ist, ja sogar alles, was an Handelsbeziehungen zur See vor 700 v. Chr. überhaupt erschlossen war, den Phöniziern aufs Konto gutgeschrieben. Heute dagegen können wir erweisen, daß die Zeit der phönizischen Seefahrten nur eine einzige, nur kurze, späte und keineswegs die hervorragendste Episode in der Geschichte des antiken Seewesens darstellte. Die phönizischen Schiffer haben die beiden geschlossenen Meeresbecken des Mittelmeeres und Roten Meeres, in denen Stürme, Nebel und Unwetter aller Art in der guten Jahreszeit selten sind, kaum jemals oder doch nur zu Fahrten in den allernächst benachbarten Randmeeren verlassen, niemals Erkundungsfahrten in unbekannte Meere freiwillig unternommen, niemals Abenteuer ohne Not aufgesucht. Sie mit anderen wirklichen Seeheldennationen gleichzustellen, den Normannen, Germanen, Briten, Malaien, ja selbst nur den alten Kretern, Griechen und Karthagern, ist ganz und gar nicht angängig: ihr einst so üppig grünender Lorbeerkranz muß heute zum größeren Teil verwelken. — —

Daß trotzdem die kulturhistorische Bedeutung der Phönizier für die Morgenröte des Hellenentums sehr groß ist, soll und kann natürlich keinen Augenblick bestritten werden. Vielleicht ist sie sogar noch bedeutender, als man gemeinhin annimmt, denn es wird immer wahrscheinlicher, daß gewisse mythologische Vorstellungen der Griechen nicht einfach dichterische Phantasiegebilde, sondern auf phönizische erdkundliche Schilderungen zurückzuführen und durch phönizische Autopsie angeregt worden sind.

Da die Meere westlich der Gibraltarstraße nachweislich von Phöniziern regelmäßig aufgesucht wurden und nur Phönizier die geographischen Gewährsmänner der Griechen der frühen Zeit gewesen sind, vermag ich nicht zu verstehen, warum sich einzelne Forscher gegen die einzig möglichen Schlußfolgerungen sperren und noch immer die veraltete Meinung vertreten können, daß ein Homer, der vom Hörensagen Ägypten bis Theben (bei Luxor) hinauf, der die syrische Küste, der das Schwarze Meer bis Paphlagonien hin kannte, weder vom Ozean noch vom westlichen Mittelmeer, von Sizilien und selbst Korfu irgend etwas gewußt habe[51]). Die von mir mit einem reichlichen Dutzend schwerwiegender Gründe belegte These, daß mit dem Phäakenlande Scheria nichts anderes als Tartessos und Gades gemeint sein könne, ist seither von einer ganzen Anzahl namhafter und berufener Forscher gutgeheißen worden und erscheint auch mir heute besser begründet denn je[52]). Als einen neuen Beleg darf ich folgenden Umstand erwähnen. Auf Grund einer Deutung Schliemanns hatte ich den Namen Scheria mit dem phönizischen Schchr ($\sigma\chi\varrho$) = Schacher, Handel in Verbindung gebracht und somit als „Handelsstätte" gedeutet. Diejenigen, die da meinen sollten, daß eine solche Namengebung doch wohl kaum sehr wahrscheinlich sei und anderswo keine Parallele finde, seien darauf hingewiesen, daß auch der alte Name der heutigen Stadt Assuan in Ägypten, Siwene, griechisch Syene, nach Brugsch, „so viel als Handelsplatz bezeichnet"[53]).

Gewiß haben die Griechen in den Zeiten, da die homerischen Gesänge entstanden, den Phöniziern den einträglichen Handel in fernen Ländern noch neidlos überlassen, ohne auch nur auf den Gedanken zu kommen, ihnen dort Konkurrenz zu machen. Daß immerhin die griechische Schiffahrt auch schon damals nicht mehr so ganz in den Kinderschuhen steckte, wie es in der Regel dargestellt wird, geht hervor aus einer Fülle von Einzelzügen. Bereits der Zug nach Troja, mag er auch sagenhaft sein, zeigt, was an natürlichen Leistungen als möglich angesehen wurde. In der Odyssee gilt es als eine durchaus nicht auffällige Leistung, daß ein Grieche in Temesa (Tempsa) in Bruttium Kupfer „bei unverständlichen Völkern" einhandelt (Od. I, 184), daß der König von Kreta „häufig" den Menelaus in Sparta besucht (Il. III, 232), daß ein Schiff von Ithaka nach Sizilien fahren soll (Od. XX, 382/3); griechische Schiffe, die volle 120 Mann aufnehmen können, werden nicht als Ausnahme empfunden (Il. II, 510), ebensowenig eine Seefahrt von Kreta nach Ägypten in 4 Tagen (Od. XIV, 257/8). Reisen an die phönizische Küste werden nicht nur selbstverständlich regelmäßig von Phöniziern, sondern gelegentlich, gleichviel ob freiwillig oder nicht, auch von Griechen ausgeführt (Il. VI, 290—292, Od. IV, 617—618, Od. XIV, 290, Od. XV, 116—118); ja, es bestehen gar persönliche freundschaftliche Beziehungen zwischen den Herrscherpaaren von Sparta und des ägyptischen Theben (Od. IV, 125—127). Und welches andere Meer als das Rote mitsamt dem anschließenden Indischen Ozean kann gemeint sein mit dem von Menelaus jenseits von Ägypten besuchten Gewässer, „woher auch selbst nicht die Vögel fliegen können im Jahre: so furchtbar und weit ist die Reise" (Od. III, 321—322)? Auch hierin tritt offensichtlich die Erzählung phönizischer Gewährsmänner zutage, denn die Phönizier verkehrten ja schon um 1000 v. Chr. im Roten Meer und fuhren von dort, der Bibel zufolge, nach Ophir an der südostafrikanischen Küste und nach dem südarabischen Saba. Sie müssen notwendig auch gewußt haben, daß man von der Nilmündung durch den von Sethos I und Ramses dem Großen um 1325 v. Chr. gegrabenen ersten Vorläufer des Suezkanals ins Rote Meer zu gelangen vermochte, und es ist zumindest nicht ausgeschlossen, daß diese geographische Kenntnis sich in jener merkwürdigen Odyssee-Stelle widerspiegelt. Den Weg aufs Rote Meer fanden die Griechen selber erst nach der Gründung Alexandriens (330 v. Chr.), den auf den Atlantischen Ozean aber schon seit der von Herodot überlieferten[54]) Tartessos-Fahrt des Samiers Kolaios, die, wie gesagt, auf etwa 670—650 v. Chr. anzusetzen ist.

In homerischer Zeit haben die Hellenen noch nicht daran gedacht, daß sie den Phöniziern bei der Aufsuchung wertvoller, ferner Handelsgebiete Konkurrenz machen könnten. Nur nach einer Richtung hin ist dies schon in vorhomerischer Zeit, wenn auch anscheinend nur in einem anfänglich vereinzelt gebliebenen Versuch, geschehen: im Schwarzen Meer. Die berühmte Argonautensage enthält, wirtschaftsgeschichtlich betrachtet, offensichtlich die Erinnerung an ein griechisches Unternehmen zur See, das die Süd- und Südostküste des Schwarzen Meeres zum Ziel hatte. Schon dem Dichter der Ilias ist ums Jahr 800 v. Chr. die Sage in ihren Grundzügen vertraut; eine Reihe von Namen, die durch die Argonautensage allbekannt waren, tritt uns in der Ilias, zum Teil auch in der Odyssee, entgegen, so die Namen Jason (Il. VII, 468, Od. XII, 72), Argo (Il. XII, 70), Aietes (Od. X, 137 und XII, 70), Pelias (Od. XI, 255), Hellespont (Il. II, 845 usw., Od. XXIV, 82), Plankton-Symplegaden (Od. XII, 61, XXIII, 327). Da Argo ausdrücklich das Beiwort πᾶς μέλουσα, die von Allen besungene, erhält, muß demnach die Sage von Jasons Fahrt im 9. Jahrhundert schon sehr bekannt gewesen sein. Es ist von sehr kompetenter Seite (Seeliger) die Auffassung geäußert worden[55]), das Ziel der Fahrt, das Land Kolchis mitsamt dem Fluß Phasis, sei im Laufe der Jahrhunderte verschieden lokalisiert und im Laufe der Zeit immer weiter ins Schwarze Meer hinausgeschoben worden, bis schließlich der Name Kolchis am späteren Mingrelien und Imerethien haften blieb und der Name Phasis am Rion-Fluß. Ich möchte dieser Auffassung nicht zustimmen, weil nur im späteren Lande Kolchis jene von Strabo erwähnte[56]) Sitte heimisch gewesen zu sein scheint, durch Felle von Widdern und Schafen, die ins Wasser goldführender Flüsse gelegt wurden, die Goldkörnchen aufzufangen. Diese lokale Sitte klingt allzu charakteristisch in der Überlieferung vom „Goldenen Vließ" an, als daß man nicht meinen müßte, Jasons Fahrt habe von Anfang an eben diese Gegenden zum Ziele gehabt, anscheinend das einzige Goldland, das von Griechenland aus auf dem Seewege überhaupt erreichbar war (die Goldlager der Insel Thasos im Ägäischen Meer sind offenbar erst später bekannt geworden, da die Insel Thasos vor Herodot[57]) nirgends genannt wird). Dagegen dürfte Glümner recht haben[58]), der die Argonautenfahrt nicht als einen Handels-, sondern als einen Kriegs- und Raubzug ins Gebiet des Rion anspricht, genau ebenso wie Salomos berühmte Ophirexpedition, von der die Bibel erzählt, nichts anderes gewesen sein kann als ein außergewöhnlich ergiebiger Raubzug auf Gold[59]).

Verkehrs- und wirtschaftsgeschichtlich betrachtet, scheint mir die Argonautensage die poetische Verherrlichung eines ersten griechischen Versuches darzustellen, ohne phönizische Vermittlung nach einem golderzeugenden Küstenlande vorzudringen.

Man darf als sicher annehmen, daß den Griechen die Süd- und Südostküste des Schwarzen Meeres früher bekannt war als die Länder im Westen und Norden des Pontus. Die primitive Seefahrt der älteren Zeit pflegte ja nicht nur tunlich in Sichtweite der Küste zu bleiben, sondern sich auch möglichst von den Meeresströmungen tragen zu lassen. Ein Schiff aber, das durch den Bosporus ins Schwarze Meer gelangt, wird von der Strömung an der kleinasiatischen Küste entlang nach Osten geführt. Ich halte es für bezeichnend, daß Homer in diesen Gegenden einigermaßen Bescheid weiß, während von ihm die Donau und die nördlichen Küsten nicht genannt werden. In der Ilias werden erwähnt die Länder Mysien am Marmarameer (Il. II, 358), Phrygien (II, 862) und sogar das pontische Küstenland Paphlagonien (Il. II, 851 usw.). In letzterem kennt Homer schon die Küstenstadt Sesamos, das heutige Amasra (II, 853), und der in II, 854 genannte Strom Parthenios, der Paphlagonien durchfließt, ist identisch mit dem heutigen Fluß Bartin Tschai. Angesichts einer derartigen Vertrautheit mit den Küstenländern von Thrazien bis nahe an Sinope, deren Völker alle als Bundesgenossen der Trojaner genannt werden, ist es geographisch und psychologisch schlechterdings unbegreiflich, daß Altphilologen[60]) aus dem Namen Artakia einer westlich von Kyzikos fließenden Quelle den Schluß haben ableiten wollen, hier, am Marmarameer, in nächster Nähe von Troja, hätten die — — menschenfressenden Lästrygonen der Odyssee gehaust, in deren Land es ebenfalls eine Quelle Artakia geben sollte (Od. X, 108). Wahrscheinlich wird umgekehrt ein Schuh daraus: der Quelle bei Kyzikos legte man, wie es nicht selten vorkam, einen in der Odyssee vorkommenden, allbekannten Namen später bei!

Daß man zu Homers Zeit vom Schwarzen Meer schon mehr wußte, als aus der Ilias hervorgeht (die Odyssee scheint über den Hellespont nordwärts hinaus [Od. XXIV, 82] überhaupt nichts von den östlichen Meeren zu erwähnen), beweist die Tatsache, daß Homers ungefährer Zeitgenosse Hesiod bereits die Donau wie auch den Rion-Fluß (Phasis) nennt[63]). Eine Kenntnis der Nordufer des Schwarzen Meeres und insbesondere der Halbinsel Krim ist dagegen vor dem 6. Jahrhundert nicht mit Sicherheit nachzuweisen. Alle dahin zielenden Versuche müssen als unzureichend begründete Vermutungen bezeichnet werden. Die Sage von der nach Tauris (Krim) entrückten Iphigenie ist erst verhältnismäßig jungen Datums, und die Versuche, einen Großteil der Irrfahrten des Odysseus im Schwarzen Meer sich abspielen zu lassen, müssen als geographisch ganz unsinnig und völlig aus der Luft gegriffen bezeichnet werden. Die wichtigste griechische Kolonie am Nordufer des Pontus, Olbia (Nikolajewsk), ist erst im Jahre 455 v. Chr. von den Milesiern begründet worden, Panticapaeum (bei Kertsch) etwa 100 Jahre früher. Homer kann von diesen Gegenden, die wahrscheinlich auch von Phöniziern nie besucht wurden, keinerlei Kenntnis gehabt haben.

Weil der Volksstamm der Kimmerier, der im 7. Jahrhundert, von den Skythen verdrängt, verheerend in Kleinasien einfiel, ehedem in der Krim wohnte, hat man gemeint, daß sie im Anfang des 11. Gesanges der Odyssee erwähnt seien, weil dort Homer ein Volk der Kimmerier am Eingang der Unterwelt im steten Nebelgewölk wohnen läßt. Daß aber Homers Kimmerier nicht das geringste mit den historischen Kimmeriern zu tun gehabt haben können, hat bereits im Jahre 1906 Bury einwandfrei nachgewiesen[62]). Die Namensgleichheit kann nur zufälliger Art sein, denn Homers Kimmerier wohnten am Ozean, und haben dem keltischen Stamm der Kymri zumindest sehr nahe gestanden[63]) (vgl. S. 21/22). Man hat auch versucht, Homers Lästrygonen nach der Krim zu versetzen. v. Baer hat sich große Mühe gegeben, nachzuweisen[64]), daß die Beschreibung des in der Odyssee beschriebenen Lästrygonenhafens Telepylos ganz genau auf die wirkliche Beschaffenheit des Krimhafens Balaklava passe, und neuerdings hat der sonst verdiente Albert Herrmann, auf Grund wunderlichster Hypothesen, auf die veraltete v. Baersche Anschauung zurückgegriffen[65]). Andere haben dafür, wie oben dargelegt, die Lästrygonen in die Gegend von Kyzikus verpflanzt, wieder andere in den hohen subarktischen Norden, Schulten ist geneigt, sie in Amrum anzusetzen, und Dörpfeld sucht sie gar in Südwestafrika, wieder andere (schon im Altertum) in Nordafrika! Die letztere Annahme ist anscheinend die einzige, die einer scharfen Kritik standhält — es ist in diesem Zusammenhang aber ohne Wert, das Für und Wider abzuwägen, und es genügt die Feststellung, daß sowohl die Kimmerier- wie die Lästrygonen-Ansetzung in der Krim auf denkbar schwächsten Füßen steht. In der Literatur ist keinerlei Erwähnung der Krim und der gesamten pontischen Nordküste vor Herodot nachzuweisen.

Dieser „Vater der Geschichte", der im atlantischen Westeuropa (wie er selbst zugestand) schlecht Bescheid wußte, viel schlechter als fast ein Jahrhundert vorher Hekatäus von Milet, war in den europäisch-asiatischen Grenzländern so vortrefflich bewandert, daß er, im Gegensatz zu fast allen anderen gelehrten Griechen, mit aller Bestimmtheit schon erklärte: „Das Kaspische Meer ist in sich abgeschlossen", ja, daß er an derselben Stelle sogar schon über die Wolga (Oaros) beachtenswert genaue Angaben machen und selbst den Uralfluß (Lykos) bereits flüchtig erwähnen konnte[66]). Von ihm an strahlt erst das volle Licht der Geschichte auf die erdkundlichen Kenntnisse in den Mittelmeerländern herab. Vorhanden aber waren diese Kenntnisse schon lange vorher in sehr weitem Umfang.

Selbst wenn wir nur die vorhandene altgriechische Literatur mit einem durch die festgestellten prähistorischen Handelsbeziehungen geschärften Blick genauer auf ihren geographischen Inhalt hin durchmustern, vermögen wir also Hinweise genug zu finden, daß die Seefahrt der Mittelmeeranwohner in der Frühzeit der Geschichte nicht unbeträchtlich ausgedehnter war, als man es sich auf Grund der altüblichen, für maßgeblich erachteten „homerischen Geographie" vorzustellen beliebt. Es ergibt sich, daß ums Jahr 1000 v. Chr. die direkten Seefahrten von Mittelmeervölkern im Westen bis zu den Kanaren und nach Madeira, im Norden bis zur nördlichen Adria und zum Pontus, im Süden sogar bis etwa zum heutigen Mozambique (Ophir) reichten. Indirekte Handelsbeziehungen von leidlich regelmäßigem Charakter bestanden zur See im Norden bis nach Irland und Westjütland, im Südosten bis nach Indien. Dagegen ist die von Rosellini und Nissen aufgestellte Behauptung von Handelsbeziehungen zwischen China und Ägypten um 1600 v. Chr. geschichtlich keinesfalls aufrecht zu erhalten [67]).

Wollen wir darüber hinaus noch betrachten, welche mehr zufälligen, unregelmäßigen und gelegentlichen Handelsbeziehungen von den Mittelmeerländern und auch übers Mittelmeer hinweg sonst noch in ungefähr der gleichen Zeitepoche oder doch nur wenig später nachgewiesen werden können? Man lese die klassischen Arbeiten von Montelius[68]), in denen dargelegt ist, daß in Massen Kunstgegenstände, Schmucksachen, Waffen, Gefäße, Urnen, Fibeln usw. als Handelsware zwischen den Gestaden des Mittelmeers und den skandinavischen Ländern hin und her wanderten, natürlich ohne festes Ziel, von Hand zu Hand, aber doch in steter Wiederkehr durch den ganzen Erdteil hindurch und noch darüber hinaus (vgl. S. 74/75). Und es befinden sich darunter manche erstaunlich gewichtigen und großen Gegenstände. So heißt es z. B. einmal bei Montelius[69]):

„Der aus einem Schonenschen Torfmoore gehobene kleine Bronzewagen, der einmal ein großes Bronzegefäß trug, wie ein gleicher in Mecklenburg gefundener Wagen, der jetzt noch ein solches Gefäß trägt, sind von Süden eingeführt mehr als 100 Jahre vor dem zweiten vorchristlichen Jahrtausends. Aus einem dänischen Grab ist ein ähnlicher Wagen gehoben, der ungefähr zur selben Zeit wie die zwei letztgenannten hierher nach dem Norden gekommen ist .... Überraschend für manchen ist es vielleicht, daß, wenn wir noch weiter zeitlich zurückgehen — um 2000 v. Chr. und bis ins 3. Jahrtausend hinein — wir viele(!) Zeugnisse dafür finden, daß der Norden bereits damals in Verbindung mit dem Süden stand."

Weiter sei erwähnt, daß man eine ägyptische Bronze-Isis im Jahre 1860 bei Gnesen, ein ägyptisches Gewicht in einer Höhle Frankens entdeckt hat. Kaurimuscheln vom Indischen Ozean, das noch heut in Afrika beliebte Zahlungsmittel, fanden sich in einem prähistorischen Grab bei Rügenwalde, das zwischen 1000 und 800 v. Chr. angelegt worden ist. Ebenso wurden derartige Muscheln bei prähistorischen Grabungen in Schweden, Livland und England entdeckt[70]). Umgekehrt sollen Pelze von Tieren, die nur im hohen Norden vorkommen, so z. B. vom finnischen Zobel, schon ziemlich früh in der Geschichte am Mittelmeer verwendet worden sein (vgl. S. 81). Indirekt geht auch aus der reichlichen, frühzeitigen Verwendung der im Lande selbst nicht herzustellenden Metalle Gold und Bronze in Skandinavien, aus dem in weit vorhistorischer Zeit von Ägypten über Griechenland und Italien nach dem Norden gewanderten Mäander-Motiv und manchen ähnlich schlagenden Beweisen hervor, daß eine lebhafte kulturelle Beziehung zwischen Mittelmeer- und Ostseeländern sehr früh im Gange und „daß die Verbindung von großer Bedeutung war"[71]). Mag auch dieser Handel sich zum größten Teil auf Überlandwegen abgespielt haben (vgl. S. 77), so wirft die Tatsache selbst doch auch ein helles Schlaglicht auf den Seeverkehr eines Zeitalters, für den die literarischen Quellen fast gar keine Belege liefern. Das unbedingt großartigste, ja, geradezu verblüffende Zeugnis für einen Handelsverkehr zwischen Süd und Nord, der selbst recht umfangreiche Stücke über Land und Meer zu verfrachten wußte, ist jedoch ein heute im Museum zu Florenz befindlicher Wagen, der in Ägypten gefunden, aber zweifellos im nördlichen Mitteleuropa gebaut worden ist, da lediglich nordische Holzarten in ihm zur Bearbeitung gelangt sind, denn die Deichsel ist aus Ulmenholz, die Felgen stammen von der Esche, für die Verbindungsstücke und die Umwicklung aber ist Bast von der Birke verwendet worden [72])!

Welche endlos weite Perspektive in ein erst ganz oberflächlich beackertes Land prähistorischer Forschung eröffnet ein einziger derartiger Fund, der nun einmal greifbar dasteht und durch nichts hinwegzudiskutieren ist, so sehr sich auch der humanistisch geschulte Verstand dagegen auflehnt! So viel verblüffende Aufklärung uns die letzten Jahrzehnte über den frühesten Seeverkehr der Mittelmeervölker bereits geschafft haben, wir stehen sicher noch lange nicht am Ende der Überraschungen, die wir der „Wissenschaft des Spatens" zu danken haben.

Literaturnachweise.

1) Ludw. Borchardt: „Die Annalen und die zeitliche Festlegung des alten Reiches der ägyptischen Geschichte". Berlin 1917.
2) August Köster: „Seefahrten der alten Ägypter", S. 12, Sammlung „Meereskunde", Heft 165.
3) Ebendort, S. 10—12.
4) Georg Ebers: „Ägypten in Wort und Bild", Bd. I, S. 192. Stuttgart 1880.
5) Karo in Pauly-Wissowas Realenzyklopädie, Bd. XI, 2, Sp. 1764.
6) Adolf Schulten: „Tartessos", S. 7. Hamburg 1922.
7) Sir Arthur Evans, Scripta Minoa, p. 96. London 1909.
8) Adolf Schulten: „Numantia", Bd. I, S. 28.
9) Karl Schuchhardt: „Alt-Europa", 1. Aufl., S. 58. Berlin 1919.
10) Schulten: „Tartessos", S. 7/8; derselbe: „Die Säulen des Herakles" in O. Jessens „Straße von Gibraltar", S. 175. Berlin 1927.
11) Vgl. über kretisch-spanischen Handel der Frühzeit Diedrich Fimmen: „Die kretisch-mykenische Kultur", S. 121. Leipzig-Berlin 1921.
12) Berliner Philologische Wochenschrift 1919, S. 89.
13) „Janus", Festschrift zu Lehmann-Haupts 60. Geburtstag, S. 1. Wien-Leipzig 1921.
14) Plinius, nat. hist. III, 14/5.
15) Ptolemäus: II, 4, 11.
16) Eduard Meyer: „Geschichte des Altertums", Bd. I, 2, S. 474. Berlin-Stuttgart 1913.
17) Schulten: „Tartessos", S. 15, Anm. 3.
18) Pauly-Wissowas Realenzyklopädie, Bd. XI, 2, Sp. 1750.
19) a. a. O., 2. Aufl., S. 207.
20) Schulten: „Tartessos", S. 9ff.
21) II. Chron., 9., 20.
22) II. XI, 25; XVIII, 475 und 574; XXIII, 503.
23) J. Pokorny in Hoops Reallexikon der Vorgeschichte, Bd. II, S. 142.
24) Tacitus, „Agricola", Kap. 11.
25) Oskar Montelius: „Der Handel in der Vorzeit" in der „Prähistor. Zeitschrift", 1910, S. 249.
26) Bei Schulten, a. a. O., S. 15.
27) a. a. O., S. 59 (1. Aufl.).
28) a. a. O., S. 212.
29) Obermaier in den „Mitteilungen der Wiener Anthropologischen Gesellschaft", 1920, S. 119 (Note 1) und S. 131.
30) L. Siret: „Questions de Chronologie ibérique", S. 194. Paris 1913.
31) Schulten, a. a. O., S. 7, Anm. 8.
32) Evans: B. S. A. VIII, 121f., Abb. 72.
33) August Köster, a. a. O., S. 18.

I. Zur Frühgeschichte des Seeverkehrs der Mittelmeervölker.

34) Diedrich Fimmen, a. a. O., S. 107.
35) Ernst Aßmann, a. a. O., S. 6.
36) Robert Eisler in der Festschrift für Lehmann-Haupt (s. oben), S. 18.
37) Hans Philipp: „Tacitus' Germania", S. 17/8. Leipzig 1926.
38) Fimmen, a. a. O., S. 98.
39) Wilke: „Südwesteuropäische Megalithkultur", S. 161, Fig. 139.
40) Bosch-Gimpera: „I rapporti fra le civietà mediterranee nella fine dell'era del bronzo" in Atti del convegno arch. Sardo 1920.
41) George de Thierry: „Weltgeschichte und Seehäfen" im „Jahrbuch der Hafenbautechnischen Gesellschaft" 1918, S. 55.
42) Petrie: „History of Egypt", Bd. II, S. 118. 1896.
43) Wilhelm Webers Versuch („Die Staatenwelt des Mittelmeeres in der Frühzeit des Griechentums", S. 44/5. Stuttgart 1925), die genannten Volksstämme als kleinasiatisch anzusprechen, ist als verunglückt zu betrachten und ganz vereinzelt geblieben.
44) Jahresbericht über die Fortschritte der klassischen Altertumswissenschaft, 54. Jahrg. (1927), S. 11.
45) Plinius, nat. hist. VI, 203.
46) „Herodots Reisen und Forschungen in Afrika", bearbeitet von Dr. H. Treidler, S. 113. Leipzig 1926. (Alte Reisen und Abenteuer, Bd. XVII.)
47) „Rheinisches Museum" 1911, S. 603ff.
48) Gegenüber dem wunderlichen Versuch Alb. Herrmanns, Tartessos nach Tunis zu verlegen (Petermanns Mitt. 1927, S. 148/9), kann hierauf gar nicht nachdrücklich genug hingewiesen werden. Die Gründung von Gades wäre eine vollendete Sinnlosigkeit gewesen, wenn der erste Metallmarkt der damaligen Welt, statt an der Mündung des Guadalquivir, in Tunis gelegen hätte! In diesem Falle hätte vielmehr notwendig Karthago 3—400 Jahre älter sein müssen. Früher hat Herrmann übrigens selber die Tartessier in Spanien gesucht („Die Irrfahrten des Odysseus", Heft 169 der „Meereskunde", S. 30).
49) a. a. O., S. 235.
50) Herodot, IV, 152. — Über den regen griechischen Handel in Spanien zwischen 660 und 540 v. Chr. vgl. Schulten: „Tartessos", S. 28ff., sowie Carpenter: „The Greeks in Spain", 1925.
51) Albert Herrmann: „Die Bedeutung Homers für die griechische Geographie", in der Zeitschr. der Berliner Gesellsch. f. Erdkunde 1926, S. 171.
52) R. Hennig: „Von rätselhaften Ländern", S. 38—64. München 1925. — Mit größerer oder geringerer Bestimmtheit haben sich für meine These der Identität von Homers Scheria mit den altspanischen Kulturstätten u. a. ausgesprochen:
   von Prähistorikern: Geh. Rat Prof. Dr. Karl Schuchhardt in der „Prähist. Zeitschrift", Maiheft 1927, S. 260,
   Prof. Dr. Konstantin Koenen in der „Philolog. Wochenschrift", 19. VI. 26;
   von Geographen: Prof. Dr. Siegfried Passarge in der „Literar. Wochenschrift",
   Prof. Dr. Max Eckert in der „Köln. Zeitung" 24. IV. 26,
   Prof. Dr. Otto Jessen, vgl. „Petermanns Mitteilungen", 1926, S. 68,
   Dr. W. J. Beckers in der „Geograph. Zeitschrift", 1926, S. 367;
   von Philologen: Geh. Rat Prof. Dr. Adolf Trendelenburg,
   Prof. Dr. Heinrich Wolf;
   von Historikern: Dr. Conrad Müller im „Reichsboten", 17. XII. 25;
   von anderen Gelehrten: Prof. Dr. Fritz Netolitzky im „Neuen Wiener Journal", 22. II. 26,
   Prof. Dr. Edwin Hennig im „Schwäb. Merkur", 7. I. 26.
53) Heinrich Brugsch: „Aus dem Morgenlande", S. 82. Reclams Univ.-Bibliothek, Nr. 3151/2.
54) Herodot IV, 152.
55) Roschers Mythologisches Lexikon, Bd. I, 1, Sp. 532.
56) Strabo XI, 499.
57) Herodot II, 44.
58) Pauly-Wissowas Realenzyklopädie, Bd. VIII, Sp. 1556.
59) Vgl. den eingehenden Beweis in meinem Buch „Von rätselhaften Ländern", S. 65—81. München 1925.
60) Ulrich v. Wilamowitz-Möllendorff: „Homerische Untersuchungen", S. 166. Berlin 1884.

61) **Hesiod**, theog. 338—340.
62) **J. B. Bury**: „The homeric and the historic Kimmerians" in „Klio", Bd. VI, S. 79.
63) **Rich. Hennig**: „Die Frage des Lästrygonen- und Kimmerierlandes" in „Petermanns Mitteil." 1926, S. 164.
64) **Karl Ernst v. Baer**: „Über die homerischen Lokalitäten in der Odyssee". Braunschweig 1877.
65) **Albert Herrmann**: „Die Irrfahrten des Odysseus", Heft 69 der Sammlung „Meereskunde". Berlin 1926.
66) **R. Hennig**: „Herodots Araxes — die Wolga" in „Petermanns Mitteil." 1928, Heft 11/12.
67) **Rosellini**: „Monumenti dell' Egitto", Bd. II, 2, S. 337. Pisa 1834 u. **Heinr. Nissen**: „Italische Landeskunde", Bd. I, S. 4. Berlin 1883. Die Widerlegung bei **Friedr. Hirth**: „Die chinesische Porzellanindustrie im Mittelalter" in den „Chinesischen Studien", Bd. I, S. 47. München-Leipzig 1890. — Vgl. „Historische Zeitschrift" 1928 (R. **Hennig**: „Die Anfänge des kulturellen und Handelsverkehrs in der Mittelmeer-Welt").
68) **O. Montelius**, a. a. O. und „Kulturgeschichte Schwedens", Leipzig 1906.
69) „Prähistorische Zeitschrift", a. a. O., S. 265/6.
70) **Gustav Kossinna**: „Die deutsche Vorgeschichte, eine hervorragend nationale Wissenschaft", S. 10. Würzburg 1912.
71) **Montelius**, a. a. O. („Prähistorische Zeitschrift"), S. 267.
72) **Schuchhardt** in der „Prähistorischen Zeitschrift" 1912, S. 447.

II. Die Kenntnis des Atlantischen Ozeans im Altertum.

In den westeuropäischen Meeren ist spätestens seit 3000 v. Chr. verhältnismäßig rege Schiffahrt getrieben worden, ohne daß wir bislang sicher angeben können, welche Völker daran beteiligt waren. Die Tatsache selbst aber wird erwiesen durch die auffällig weite Verbreitung der Sitte, vor allem in der Nähe der Küste Dolmen zu errichten, jene Grabdenkmäler aus großen Steinen, die sich über einen erstaunlich großen Teil Europas erstrecken und zumal an west- und südeuropäischen Küsten heimisch sind. Die seltsame Sitte geht zurück bis ins 4., nach Wilke[73]) sogar bis ins 6. vorchristliche Jahrtausend und legt Zeugnis ab, daß in so früher Zeit schon Seefahrt betrieben wurde, denn gerade die schiffahrttreibende Bevölkerung hat die Dolmen errichtet und über sehr verschiedene Länder verbreitet. Besonders eng sind dabei die Beziehungen zwischen spanischen und irischen Megalithgräbern[74]). Wenn auch keine eigentliche Megalithkultur angenommen werden kann, da diese sich ebenso in Schweden, Britannien, Spanien, wie in Nordafrika, Palästina, in der Krim, in Indien, Korea, der Südsee findet, so ist doch die charakteristische Verbreitung des „Seelenloches" im Verschlußstein der Megalithgräber vom Götaelf, in England, im mittleren Westdeutschland, in Westfrankreich und Belgien von der Saône bis nach Brüssel hinauf, in Sardinien, Korsika, Algerien, Tripolis, Syrien, im Kaukasusgebiet, in Nordpersien und im Dekhan[75]) ein Beweis, daß eine gewisse, gegenseitige Beeinflussung stattgefunden haben kann, über deren Umfang sich freilich vorläufig noch recht wenig aussagen läßt. Neuerdings scheint sich die Meinung zu befestigen, daß der Hauptursprung der Sitte iberisch ist[76]), während die Megalithgräber in Irland und Schottland die jüngsten in Europa sind, die mit einer Kulturströmung aus der Bretagne dorthin gelangt sind und in denen sich verschiedentlich, so in Loughcrew, jütischer Bernstein gefunden hat[77]). Freilich ist das ganze Problem der Dolmen noch weitgehend ungeklärt, zumal da sie unter anderem auch in Korea, im Sudan, in Peru und Nordamerika gelegentlich vorkommen, während sie andererseits, z. B. in Ost-, Mittel- und Süddeutschland, im alten Österreich-Ungarn ganz und in der Schweiz fast ganz fehlen[78]).

Zwei Mittelpunkte scheint der vorgeschichtliche, atlantische Seeverkehr gehabt zu haben: Westspanien und britische Inseln. Dort waren Träger des Verkehrs und der Kultur die reichen Silber- und Kupferschätze der Sierra Morena, hier Gold und Zinn. Kupfer und Zinn vereint bildeten die für die Kulturgeschichte der Menschheit so unendlich wertvolle Bronze. Aber welche technischen und seemännischen Leistungen waren notwendig, ehe es gelang, die beiden Metalle zu der geeignetsten „klassischen Legierung", 90% Kupfer + 10% Zinn, zu vermählen!

Zinn war stets ein seltenes, begehrtes und nur aus weiter Ferne herbeizuschaffendes Metall für die Mittelmeervölker. Die heute wichtigsten Zinnfundstätten in der hinterindischen Inselwelt waren natürlich noch nicht entdeckt, auch die verschiedenen Zinnlager in Mitteleuropa, z. B. im jetzigen Sachsen, Böhmen und im Erzgebirge kannte man noch nicht. Im Bereich des Mittelmeers kam Zinn überhaupt nirgends vor, während das für die Bronzebereitung ebenso wichtige Kupfer auf der Sinai-Halbinsel schon ums Jahr 3800 v. Chr. sowohl von Ägyptern wie Babyloniern gewonnen und auch auf Cypern (von dem es den Namen hat) sowie in der Sierra Morena und anderswo bereits im 2., zum Teil schon im 3. vorchristlichen Jahrtausend regelmäßig ausgebeutet wurde. Nur in Nordwestspanien, in Galaecien gab es einige Zinnvorkommen, die bis zum Einbruch der Araber im Jahre 711 n. Chr. verwertet wurden, aber bis etwa 100 v. Chr. ohne Bedeutung, wahrscheinlich nicht einmal bekannt waren. Auch die persischen Zinnvorkommen der heutigen Provinzen Chorassan, Drangiana, Asterabad, Täbris und Midian sind im Altertum für die Mittelmeervölker ohne Wichtigkeit geblieben, da sie auf dem Seewege nicht zu erreichen waren; Sieglin hat überdies nachgewiesen[79]), daß die persischen Zinnlager „vor Ausgang des 5. Jahrhunderts nicht eröffnet" worden sein können, da sie dem Herodot noch unbekannt waren und vor Ktesias nirgends erwähnt werden.

Dafür wurden im Mittelmeer zunächst die Zinnvorkommen der Bretagne von Wichtigkeit, die bestimmt ums Jahr 1400 v. Chr. abgebaut worden sind, wie Funde von Bergwerksgeräten aus jener Zeit beweisen, aber schon vor dem Beginn der Eisenzeit aufgegeben waren. Als die Zinnlager in der Bretagne und im benachbarten Limousin den Bedarf nicht mehr befriedigten, wurden die wichtigsten Fundstätten Westeuropas in Angriff genommen, in Irland, das damals auch Gold in reicher Fülle barg, und (später) auf der Halbinsel Cornwall.

Das britische Zinnerz hat schon vor 2000 v. Chr die Aufmerksamkeit des Menschen erregt. Britanniens Kupferzeit fällt in die Jahrhunderte von 2500—2100, und bereits um 2100 v. Chr. beginnt die dortige Bronzezeit. Die Bronze konnte ganz aus einheimischem Material bereitet werden. Ob die Eingeborenen die Kunst der Herstellung selber entdeckt haben, oder ob sie ihnen von außen gebracht worden ist, wird sich schwerlich feststellen lassen. In Spanien hatte man die Bronzebereitung schon ums Jahr 2500 v. Chr. erfunden[80]). Ursprünglich dürfte man dort die einheimischen Metalle Kupfer und Silber zu einer Legierung verarbeitet haben[81]), bis man später entdeckte, daß das dem Silber ähnliche und anfänglich wohl mit ihm verwechselte Zinnerz sich ungleich besser zur Verhüttung und zu Legierungen mit Kupfer eignete. Ehe man das „klassische" Verhältnis der Bronze fand, wird natürlich geraume Zeit vergangen sein. In den ägyptischen Gräbern ist noch zur Zeit der 12. Dynastie (um 2000 v. Chr.) die aufgefundene Bronze bemerkenswert zinnarm.

Die spanischen Bergwerke, die spanischen Bronzen, die ganze sogenannte „Almeriakultur", müssen frühzeitig eine wichtige Rolle im Mittelmeerhandel gespielt haben. Wahrscheinlich hat bereits damals an der Guadalquivirmündung ein Handelsplatz an der Stelle des späteren Tartessos geblüht, den Adolf Schulten, da wir den Namen nicht kennen, Vor-Tartessos nennt[82]).

Es ist nicht unwahrscheinlich, daß spanische Einflüsse beim Aufkommen der britischen Bronzebereitung seit 2100 mitgewirkt haben. Waren doch auf den britischen Inseln vor den Kelten Einwohner zu finden, die ziemlich dunkle Hautfarbe und gelocktes Haar hatten, die aber noch nicht die Urbewohner bildeten, vielmehr den Iberern stammverwandt erscheinen, wie schon Tacitus für die in Wales wohnenden Silurer hervorhebt[83]). Der Prähistoriker Hubert Schmidt hegt keinen Zweifel, daß ein Volk aus Südspanien frühzeitig auf den britischen Inseln einwanderte. Nach einer Mitteilung Schultens[84]) äußerte sich Schmidt ihm gegenüber:

„Es handelt sich um eine brachykephale Völkergruppe, die ihren Ursprung in Südwesteuropa hat und von dort die sogenannte ‚Glockenbecherkultur' nach dem Rhein und dem Donautale bringt. Dieselbe Gruppe geht von der Rheinmündung nach Britannien und schiebt sich vom Kanal aus nordwärts an der Ostküste von England und Schottland entlang in kleineren Gruppen zwischen die ältere, dolichokephale Bevölkerung; sie bringen zuerst Metall (Kupfer, Gold, Bronze) nach Britannien und haben dort die Metallgewinnung begründet."

An anderer Stelle[85]) betont Hubert Schmidt:

„Wahrscheinlich sind sie auf der Suche nach Kupfer- und Zinnminen über das Wasser gegangen und haben, als sie ihre Hoffnungen erfüllt sahen, eine lohnende Bronzefabrikation im Lande begründet, sind aber so seßhaft geworden und in der einheimischen Bevölkerung aufgegangen."

Hierbei ist zu beachten, daß die Meeresströmungen eine Erreichung Irlands von der Biscaya aus begünstigen. Als gutes Zeugnis für die durch das Zinn bedingte, sehr frühzeitige Kulturbeziehung zwischen Südspanien und Britannien führt Schulten[86]) des ferneren an, daß der Kriegsgott der Turdetaner Neto, der der Iren Net hieß, sowie auf die Wiederkehr des Namens eines Berges der Sierra Nevada, des *mons Silurus*, im Namen der in Wales ansässigen Silurer. Auch das verhältnismäßig häufige Vorkommen spanischer Dolchstäbe in Irland[87]) gibt zu denken. Pokorny[88]) glaubt sogar „unbedenklich" eine Beziehung herstellen zu dürfen zwischen dem Namen des schottischen Flusses Varar und dem libyschen Vararos.

Jedenfalls genügt die Erwägung, daß die Vortartessier, nachdem sie einmal eine beachtenswerte Rolle als Bronzebereiter bzw. Bronzeversorger erlangt hatten, zwangsläufig den Weg zum wichtigsten Zinnlande des Altertums so bald wie möglich gefunden haben müssen. Wir wissen, wie sich später, in der Blütezeit von Tartessos, der Zinnhandel dieser Stadt mit Britannien abspielte, und die Annahme hat nicht ganz geringe Wahrscheinlichkeit, daß auch schon im zweiten vorchristlichen Jahrtausend das Zinn auf ungefähr gleiche Weise von Britannien nach

Spanien gelangte. Wenigstens muß man sich an diese Vermutung halten, solange nicht die Wahrscheinlichkeit oder auch nur Möglichkeit einer anderen Zinnstraße nachgewiesen wird.

In der Zeit, über die wir durch Aviens „*Ora maritima*" leidlich gut unterrichtet sind, d. h. etwa zwischen 530 und 500 v. Chr., vollzog sich der Zinnhandel in der Weise, daß die an der Küste der Bretagne wohnenden Oestrymnier das Zinn von den britischen Inseln zum Festland herüber holten, wobei noch zur Zeit jenes Periplus die Fahrt nach Irland wichtiger als die nach Cornwall gewesen sein muß[89]). Auf der Insel Ouessant (Uxisame) verkauften sie das geschätzte Metall den von Süden bis hierher kommenden Tartessiern, und von Tartessos aus gelangte dann das Zinn in rohem oder verarbeitetem Zustande, durch Vermittlung der Phönizier, seit etwa 660 v. Chr. auch der Griechen, ins Mittelmeer.

Daß es in der Tat das britische Zinn war, das den Mittelmeervölkern vermittelt wurde, geht aus der sprachlichen Namengebung hervor. Im Koptischen hieß, wie schon oben (S. 6) hervorgehoben wurde, das Zinn *pitran*, was ziemlich sicher mit Britannien zusammenhängen dürfte. Die griechische Bezeichnung für Zinn, *kassiteros*, pflegte man früher gern aus dem Sanskrit abzuleiten, in welcher Sprache das Zinn *kastira* heißt. Da aber in Indien Zinn nicht vorkommt, vielmehr dort stets eingeführt wurde, ist es sehr viel wahrscheinlicher, daß umgekehrt das Sanskrit die Bezeichnung aus dem Griechischen entlehnt hat und daß das Wort ursprünglich aus dem Keltischen stammt, wie zuerst E. Reinach nachwies, und wie es auch Nansen und Schulten vermuten. Die Silbe *kass*, *kassi* findet sich ja nicht selten im Keltischen (z. B. *Cassivelaunus*). Daß die Inder erst durch die Griechen auf den hohen Handelswert des Zinnes aufmerksam wurden, geht ferner daraus hervor, daß sie das Zinn auch *javaneshta* nannten, d. h. das von den Bewohnern des Landes Javan (= Griechenland) begehrte (Metall). Im Arabischen klingt das griechische Wort übrigens ebenfalls an, denn dort heißt das Zinn *guasdir*.

Es ist kaum anders möglich, als daß die Phönizier in Tartessos vom Ursprungslande des Zinnes vernommen haben, von jenen nördlicheren Ländern, wo während des größten Teiles des Jahres der Himmel mit Wolken bedeckt ist und die Sonne so sehr viel seltener sichtbar ist als in den sonnengesegneten Ländern des Mittelmeers. Über Südbritannien und Irland hinaus dürfte freilich der erdkundliche Blick der Tartessier und somit auch der Phönizier schwerlich nach Norden gereicht haben. **Wohl über ein Jahrtausend lang bildeten die südlichen Teile der britischen Inseln das Ende der für die Mittelmeervölker in Betracht kommenden, fremden Schiffahrt auf dem Ozean.**

Ich habe auf Grund solcher Erwägungen die Meinung vertreten[90]), daß das im Anfang des 11. Buches der Odyssee[91]) erwähnte **Kimmeriervolk auf die britischen Kymri gedeutet werden müsse**. Die Annahme, daß Homer mit seinem Lande der „ewigen Dunkelheit" einen Hinweis auf die hochnordische Winternacht habe geben wollen, muß bedingungslos als völlig unhaltbar bezeichnet werden. Es ist gänzlich unmöglich, daß Homer irgendeine noch so leise Kunde von den astronomischen Zuständen im arktischen Norden gehabt haben kann, denn sonst wäre es schlechterdings unbegreiflich, daß keinem von den vielen geographischen und naturwissenschaftlichen Schriftstellern der Griechenwelt jahrhundertelang nach Homer ein Sterbenswörtchen von diesen

Verhältnissen bekannt gewesen ist. Im übrigen ist die verbreitete Vorstellung von der „ewigen Nacht" im Kimmerierlande erst durch eine ungenaue Übersetzung des alten Johann Heinrich Voß verschuldet worden. Im Original steht kein Wort von beständiger Nacht, vielmehr heißt es nur, die Kimmerier seien „von Wolken und Nebel eingehüllt" (ἠέρι καὶ νεφέλῃ κεκαλυμμένοι), und Helios bescheine sie nie, „weder wenn er die Bahn der sternichten Himmels hinansteigt, noch wenn er wieder hinab vom Himmel zur Erde sich wendet", sondern „verderbliches Dunkel" (νὺξ ὀλοή) bedecke „die elenden Menschen"[92]). Daß diese Schilderung im hohen Maße auf das „Kanalklima", auf das Klima Südwest-Englands und Irlands, paßt, ist keinesfalls zu bestreiten. Selbst das bessere Klima an der bretonischen Küste, wo die Oestrymnier wohnten, mag auf die tartessischen Schiffer aus dem Sonnenlande Andalusien schon trübselig genug gewirkt haben. So ist die psychologische Wahrscheinlichkeit groß, daß wir gar nicht höher als bis zum 48. oder allenfalls 50. Grad Nordbreite hinaufzublicken brauchen, um Homers Erzählung vom Kimmerierlande in ebenso ungezwungener wie ansprechender Weise zu erklären.

Daß Homers Kimmerier nicht die geringste Beziehung haben können zu den historischen Kimmeriern, die am Schwarzen Meer wohnten, hat Bury nachgewiesen (vgl. S. 15). Schon die Alten haben häufig[93]) die bekannten Kimbern mit den Kimmeriern identifiziert. Es scheint, als liege hier mehr als bloße Namenspielerei vor, als sei der Grundgedanke durchaus haltbar. Die Kimbern, die in der Zeit ihrer mit den Teutonen gemeinsam unternommenen Wanderung nach Süden in Jütland, der „Kimbrischen Halbinsel", ansässig waren, waren offenbar ursprünglich ein keltischer Stamm, der ums Jahr 1000 v. Chr. noch am Englischen Kanal wohnte, im 7. Jahrhundert[94]) aber nach Norden wanderte und germanisiert wurde[95]). Zwischen den Kelten an der festländischen Kanalküste und den Kelten in Südwestengland und Irland bestanden nun enge, stammesverwandtschaftliche Beziehungen. Keltische Druiden führten den Ursprung ihres Volkes auf die im Nordwesten gelegenen, äußersten Inseln zurück[96]). Somit kann sehr wohl zwischen den Kymri und den Kimbri eine sehr nahe Stammesverwandtschaft bestanden haben, und die mit merkwürdiger Bestimmtheit immer wiederkehrende Behauptung der alten Schriftsteller, daß in den Kimbern Homers Kimmerier zu erblicken seien, wird nicht nur durch die auffällig ähnlichen Namen gestützt, sondern weist dazu eine erhebliche innere Wahrscheinlichkeit auf. Kymri, Kimbri, Kimmerier scheinen in der Tat ursprünglich ein und dasselbe keltische Volk zu bezeichnen, auf das auch der römische Name für Wales, *Cambria*, unverkennbar hindeutet. Interessant ist es, daß die wallisischen Kelten sich selber noch heute *Cymry* (sprich: kömmrei) nennen. Es läßt sich somit behaupten, daß klimatische, handelsgeschichtliche und etymologische Gründe gleich eindringlich dafür sprechen, Homers Kimmerier im Bereich des Englischen Kanals, sei es an der Küste der Bretagne, sei es in Südwestengland, anzusetzen, im Bereich des uralten iberischen Zinnhandels, wo in der Tat auch „des tiefen Ozeans Ende" (Od. XI, 13) in dem Sinne zu finden war, daß diese Gegenden rund 1000 Jahre und länger, bis auf Pytheas Zeit (um 350 bis 300 v. Chr.), das Non plus ultra der für die Mittelmeervölker bedeutungsvollen Ozeanschiffahrt darstellten.

Es fragt sich nur, ob wir berechtigt sind, das Volk der Kymri schon in den Tagen des Homer und vorher in Südwestengland sitzen zu lassen. Die Kelten, zu denen jener Stamm gehörte, sind ja nicht Urbewohner der britischen Inseln, sondern erst später als die Iberer eingewandert. Wann dies geschehen ist, kann nicht festgestellt werden. Mannert betont in seiner alten, sorgfältigen Studie[97]):

„Auch Britannien wurde von ihnen (den Kelten) meist besetzt, ohne daß sich auf die Zeit auch nur raten läßt."

Demgegenüber erklärt Holder, ein besonders guter Kenner der altkeltischen Kultur[98]):

„Auf den pretanischen Inseln hatten sich vielleicht schon im 9. Jahrhundert Kelten angesiedelt."

— Demnach liegt kein Grund vor, zu bezweifeln, daß die Kymri im 8. oder 7. Jahrhundert, als die Odyssee in ihren letzten Teilen entstand, schon im Zinnlande Cornwall oder einem nahe benachbarten Gebiet ansässig waren.

Daß in der Tat, ganz unabhängig von Homer, im 8. Jahrhundert v. Chr. eine Kunde vom äußersten Nordwesten Europas nach Ionien gelangt sein muß, gibt Hübner in Pauly-Wissowas „Realenzyklopädie" ausdrücklich zu[99]), ebenso daß das in der Ilias häufig erwähnte (dagegen in der jüngeren Odyssee merkwürdigerweise ganz fehlende) Zinn nur aus Südengland durch phönizische Vermittlung in die Welt Homers gelangt sein kann. **Die indirekten Handelsbeziehungen der Mittelmeervölker zur See reichten also schon lange vor Homers Zeit einwandfrei bis Südengland und Irland.**

Auf die frühe Betätigung der Kreter und Phönizier in den Meeresteilen westlich der Gibraltarstraße zurückzuführen sind offensichtlich ferner die griechischen Vorstellungen von dem die ganze Erdscheibe umfließenden Okeanos. Man pflegte sonst stets und pflegt noch in unseren Tagen zumeist anzunehmen, dieser Bestandteil des frühgriechischen erdkundlichen Weltbildes sei rein in der Phantasie des Volkes entstanden, und erst später, etwa seit Anaximander[100]) um 550 v. Chr., sei ganz willkürlich der zunächst rein mythische Okeanos auf das Atlantische Weltmeer gedeutet worden. Ja, ein sonst so hochverdienter Mann wie Dörpfeld, dessen geographische Hypothesen allerdings merkwürdig bizarr und verworren sind, meint sogar[101]), schon das Ionische Meer sei gelegentlich als Okeanos angesprochen worden, wovon natürlich keine Rede sein kann. In Wahrheit müssen sich die Dinge wesentlich anders abgespielt haben: zuerst wurden von den Kretern bzw. den Ägyptern und Phöniziern der Atlantische und Indische Ozean gesichtet und befahren, und dann erst hat sich aus dieser realen erdkundlichen Erkenntnis heraus die Anschauung entwickelt, daß alles feste Land vom Okeanos umgeben sei. Das läßt sich meines Erachtens durchaus eindeutig beweisen.

Zunächst einmal kann die Lehre vom Okeanos kein Bestandteil der allgemein geglaubten griechischen Mythologie, der religiösen Vorstellungen der Hellenen, gewesen sein, denn andernfalls wäre ein recht unwirscher Ausruf des sonst durchaus pietätvollen Herodot unverständlich, der einmal meint[102]):

„Der aber von Okeanos gesprochen, hat den Gegenstand zu dunklen Märchen geführt und gar keinen Grund dazu. Ich wenigstens kenne keinen Strom Okeanos, sondern Homer oder ein anderer der früheren Dichter hat jenen Namen erfunden und in die Poesie eingeführt."

In der Tat scheint die Überlieferung vom Okeanos fast im ganzen Umfang auf Homer und Hesiod zurückzugehen. Diese aber lebten zur Zeit der höchsten Blüte der phönizischen Schiffahrt und fußten in ihren erdkundlichen Vorstellungen über fremde Länder in weitgehendem Maße auf phönizischen Berichten und phönizischen Seemannsgespinsten. Gerade für ihre Okeanos-Erzählungen läßt sich die phönizische Quelle mit aller Deutlichkeit erweisen. Sobald dies aber geschieht, ist gar kein Zweifel mehr möglich, daß die altmythologische Vorstellung von Okeanos nicht etwa erst um 600 v. Chr. willkürlich auf den Atlantischen Ozean übertragen worden, sondern umgekehrt aus der Kenntnis dieses Ozeans selbst hervorgegangen ist. Tatsächlich läßt bereits das urgriechische Wort Okeanos die phönizische Herkunft ganz unzweideutig erkennen. Schon Müllenhoff[103]) und Movers[104]) haben sie vermutet; L. Lewy hat sie dann in einer Spezialuntersuchung sicher gestellt[105]). Begriff und Name des Kreisstroms Okeanos leitet sich nämlich ab vom semitischen Wort og = Kreis. Dieser Wortstamm kehrt auch wieder im Namen der Kalyso-Insel Ogygia (ogeg = das einen Kreis bildende), die schon vor einigen vierzig Jahren v. Wilamowitz-Möllendorff auf Grund sprachlicher Erwägungen als „Insel im Okeanos" ansprach (ὠγυγίη = ὠκεανίη)[106]).

Trifft diese Beweisführung zu, so haben wir allen Anlaß, auch das, was Homer, Hesiod, Pindar und andere frühe Dichter vom Okeanos sonst noch zu erzählen wissen, viel mehr, als es bisher zu geschehen pflegte, unter die erdkundliche Lupe zu nehmen. An dieser Stelle soll der Versuch nicht gemacht werden, aber es möge ein Hinweis auf die Spezialliteratur erlaubt sein[107]). Die griechische Entlehnung des Okeanosbegriffes von den Phöniziern ist übrigens bei Diodorus Siculus[108]) ganz offen zugegeben, womit sich die Beweisführung lückenlos schließt.

Eine solche Abhängigkeit hellenischer mythologischer Vorstellungen von fremden Völkern würde keineswegs vereinzelt dastehen. Es sei nur darauf verwiesen, wie die Figur des hellenischen Totenrichters Rhadamanthys unmittelbar der ägyptischen Mythologie entnommen ist, da Rha amenthes in der koptischen Sprache „Herr der Unterwelt" bedeutet. Auch die Figur des Totenfergen Charon ist, Diodorus Siculus zufolge[109]), dem Ägyptischen entlehnt, wie überhaupt ein sehr großer Teil der griechischen Anschauungen vom Reich der Toten mit der ägyptischen Lehre von der im fernsten Westen, im Bereiche des Sonnenunterganges, gelegenen Unterwelt Duat übereinstimmt. Wieviel dabei erdkundliche und kulturhistorische Wahrnehmungen Pate gestanden haben, muß erst noch klargestellt werden. Übrigens kannten auch die Ägypter ein „Meer des Wasserkreises"[110]).

Der geographische Hintergrund und seine phönizische Wurzel scheint ebenfalls ausnehmend deutlich noch bei einer anderen berühmten mythologischen Figur der Griechen nachweisbar zu sein, und es lassen sich daraus bedeutsame Rückschlüsse ziehen: beim Riesen Atlas und allem, was mit ihm zusammenhängt. Daß die Vorstellung von dem den Himmel tragenden Atlas nur auf die Augenwahrnehmung eines besonders hohen „himmelragenden" Gebirges oder Einzelberges zurückgehen kann, ist heute wohl allgemein zugegeben, wenn auch vor 70 Jahren Welcker noch Zweifel daran hegte[111]). Die Anschauungen, wo der „Ur-Atlas" zu suchen sei, gehen allerdings nicht unwesentlich auseinander. Ich selbst habe mir die von Alexander v. Humboldt gebilligte, auf den Altphilologen Ideler zurückgehende Deutung zu eigen gemacht[112]), daß der Pik von Teneriffa, den die Phönizier notwendig gekannt haben müssen, dieser unmittelbar aus dem tiefen Weltmeer zu 3730 m Höhe sich auftürmende Riesenberg am alleräußersten Westrande der den alten Völkern zugänglichen Landmassen, der Ur-Atlas gewesen sei. Von anderer Seite (Paul Borchardt) ist auf Grund einer Stelle bei Herodot[113]), der aber, wie schon erwähnt, im fernen Westen sehr wenig Bescheid wußte, vermutet worden, der Ur-Atlas sei das Hoggar-Massiv in der Wüste Sahara[114]). Es wäre unter Umständen denkbar, daß in der Zeit des Herodot, als die Straße von Gibraltar den Griechen seit 100 Jahren versperrt war, dieses Hoggar-Massiv, wie noch später das noch heute Atlas heißende Gebirge in Marokko, für den echten Atlas gehalten wurde. In der älteren Zeit aber, als Homer dichtete, als die Heraklessage entstand, kann nur ein Berg, der vom Meer bzw. von der Küste aus sichtbar war, Anlaß zur Atlassage gegeben haben. Eine andere als eine phönizische Quelle darf nämlich unter den obwaltenden Umständen kaum angenommen werden. Die Phönizier aber haben sich in den fernen Meeresteilen, die sie aufsuchten, anscheinend niemals von der Küste ins Landinnere entfernt, hatten auch schließlich, da sie Handel treiben wollten und sonst nichts, gar keine Veranlassung dazu. Es ist daher in jeder Hinsicht äußerst unwahrscheinlich, daß sie die marokkanischen Gebirge oder gar das meerferne Hoggar-Massiv je zu Gesicht bekommen haben, während umgekehrt ihre Bekanntschaft mit dem Pik de Teyde auf Teneriffa nahezu sicher scheint.

Der enge Zusammenhang des Atlas mit dem Okeanos im Westen ist zudem in den Überlieferungen mit Nachdruck hervorgehoben und kann keinesfalls als unerheblich beiseite geschoben werden. Bereits im Anfang der Odyssee findet sich eine Stelle, welche von den „ragenden Säulen" des Atlas spricht. Kalypso wird dort nämlich bezeichnet als[115]):

„Atlas Tochter, des Allerforschenden, welcher des Meeres
Dunkle Tiefen kennt und selbst die ragenden Säulen
Aufhebt, welche die Erde vom hohen Himmel sondern."

— Diese „ragenden Säulen" sind, soviel ich sehe, früher stets auf die Meerenge von Gibraltar gedeutet und mit den späteren Säulen des Herakles, dem Felsen von Gibraltar und dem Djebel Musa bei Ceuta, identifiziert worden. Noch in neuester Zeit hat sich Schulten diese These unbedenklich zu eigen gemacht[116]). Bei genauerer Nachprüfung scheint sie aber doch nicht haltbar zu sein und die betreffende Homerstelle grundsätzlich eine andere Deutung erfahren zu müssen.

Die flankierenden Felsen der Gibraltarstraße sind nämlich an keiner anderen Stelle der bekannten antiken Literatur mit dem Atlas in Verbindung gebracht worden, was schon von vornherein die übliche Deutung der obigen Homerstelle verdächtig erscheinen läßt. Dazu kommt, daß beim besten Willen nicht zu erkennen ist, wie die gar nicht sehr hohen, von Bergen im Hintergrund überragten „Säulen" zu beiden Seiten der Gibraltarenge als Himmelsträger jemals haben angesprochen werden sollen. Der Fels von Gibraltar ist ganze 425, der Djebel Musa 856 m hoch. Die Hellenen waren doch im eigenen Lande wesentlich höhere Berge gewohnt; sie kannten auch schon zu Homers Zeit Sizilien, das in der Odyssee als ein öfters besuchtes Land erwähnt wird[117]), und somit den Ätna. Wie sollen sie da wohl auf den Gedanken gekommen sein, jene nur mäßig hohen Felsen, die später die Säulen des Herakles genannt wurden, seien die Säulen, auf denen Atlas die Erde und das Himmelsgewölbe trage? Das scheint mir psychologisch eine glatte Unmöglichkeit zu sein!

Vom heutigen Atlasgebirge in Marokko konnte man zu Homers Zeit und noch viel später ebenfalls nicht das geringste wissen. Der erste flüchtige Hinweis auf dieses Gebirge findet sich erst um 500 v. Chr. im Periplus des Hanno, der vom Flusse Lixos (Wad Draa) sagt[118]:

„Der Lixos kommt von sehr hohen Bergen."

— Von diesem hohen Gebirge, das wir jetzt Atlas nennen, weiß der Periplus sonst nichts, teilt auch den Namen nicht mit. Zu Homers Zeit muß also notwendig ein anderer großer Berg im Westen als Atlas, als Träger des Himmelsgewölbes, angesprochen worden sein, und zwar ein Berg, der in der Nähe des Meeres stand, da sonst das Beiwort „der des Meeres dunkle Tiefen kennt" sinnlos wäre. Der Ur-Atlas kann nur ein Berg gewesen sein, der aus dem Grunde des Meeres sich zu gewaltiger Höhe emporreckte, denn nach der ältesten Vorstellung mußte eine solche Atlassäule ja gleichzeitig die scheibenförmige, kreisende Erde und den hohen Himmel tragen. Zum Beweise hierfür berufe ich mich auf Roschers klassisches Lexikon, wo es in einer Studie Furtwänglers über Atlas heißt[119]):

„Auch andere sahen die Säulen als unter der Erde befindlich und auf dem Meeresgrunde stehend an und lassen von ihnen den Erdkreis und zugleich das rings darauf liegende Himmelsgewölbe getragen werden, und zwar ἀμφίς, ringsum am Ende der Erde oder auf zwei Seiten."

Einer ganz gleichen Vorstellung, daß die Erdscheibe, wie der Himmel, von Säulen getragen werde, begegnen wir übrigens in der Bibel, in der es einmal heißt[120]):

„Er beweget ein Land aus seinem Ort, daß seine Pfeiler zittern."

Auch die nordische Mythologie kennt die den Himmel im Norden, Osten, Süden und Westen stützenden Säulen. Diese werden z. B. sogar in der „Frithjofsage" Tegnérs erwähnt[121]):

„Der Säulen viere tragen das Himmelsrund."

Einer derartigen Vorstellung gemäß durften also die Atlassäulen doch nur am äußersten, alleräußersten Ende der bekannten Welt stehend gedacht werden. Der Gibraltarfels und der Djebel Musa konnten hierfür nicht in Frage kommen: ihnen sah man geradezu an, daß sie den Himmel nicht trugen, und außerdem fuhr man an ihnen seit Jahrhunderten vorbei, viel weiter nach Westen, auf den Ozean hinaus.

Unter solchen Umständen kann meines Erachtens als Ur-Atlas nur der Pik von Teneriffa angesprochen werden. Auf ihn treffen alle Kennzeichen zusammen, die man gemäß dem obigen Furtwängler-Zitat von einer Säule des Atlas erwarten kann: er steht tatsächlich am alleräußersten Rande der im Altertum bekannt gewordenen Welt, ragt zu mächtigster Höhe auf, viel höher als der Ätna und Olymp, und steht zudem auf dem Grunde des Meeres oder „kennt des Meeres dunkle Tiefen", um mit Homer zu reden, so daß man dieser „Säule" wohl zutrauen konnte, auf ihr ruhe die Erdscheibe und das Himmelsgewölbe.

Auf den Pik von Teneriffa passen alle Vorstellungen, die das hellenische Altertum an den Riesen Atlas knüpfte, beispiellos gut. Wie suggestiv diese aus dem unermeßlichen Ozean plötzlich zu Alpenhöhe emporsteigende Bergmasse den Eindruck einer Riesensäule erweckt, beweist eine Notiz Franz v. Löhers[122]), der wahrscheinlich von Idelers gelehrter These und vom Ur-Atlas nie etwas gehört hatte und der dennoch auf Grund eigenen Augenscheines schrieb:

„Spazierte er auf ihrem Walle, so hatte er drüben die schneeige Säule des Pik von Teneriffa vor Augen, der das Gewölbe des Himmels zu tragen schien."

Idelers Vermutung ist, außer von Humboldt, auch von anderen Forschern gutgeheißen worden[123]). Dagegen haben sich die Altphilologen und Archäologen, denen das geographische Denken weniger vertraut war, merkwürdigerweise überwiegend ablehnend verhalten[124]), obwohl nicht zu verkennen ist, daß jede andere geographische Deutungsmöglichkeit in Fortfall kommt, wenn man Idelers glänzenden Einfall ablehnt. Wer das Problem, das ursprünglich weit mehr erdkundlicher als mythologischer Art ist, rein als Geograph betrachtet, wird nicht einen Augenblick zögern, zu erklären, daß kein anderer Berg der den Alten bekannten Welt — den Ätna vielleicht ausgenommen, der ja gelegentlich auch eine „Säule, die den Himmel hält", genannt wird[125]) — die Vorstellung von den himmeltragenden Säulen des Atlas so machtvoll anregen und nähren konnte wie der Pik de Teyde. War Teneriffa den Mittelmeervölkern vor Homers Zeit bekannt, so mußte sich mit fast mathematischer Zwangsläufigkeit der Gedanke entwickeln, hier habe man die eine der am Rande der Erde stehenden Himmelssäulen vor sich.

Nun, und daß die Kanarengruppe samt Teneriffa bereits vor Homer von den Phöniziern oder Tartessiern (vgl. S. 10) aufgefunden war — sei es bei einem freiwilligen Vorstoß in den Ozean, sei es, wie Timaios[126]) berichtet, bei einer unfreiwilligen Sturmfahrt aus der Gegend von Gades —, kann kaum einem Zweifel unterliegen. Die verschiedenen Hinweise des Odyssee auf glückselige Inseln im fernen ozeanischen Westen[127]) sind ohne die tatsächliche Grundlage phönizischer Berichte kaum zu deuten. Sowohl die Kanaren (doch anscheinend ohne Ferro und Palma) wie Madeira und Porto Santo müssen von antiken Seefahrern frühzeitig erreicht worden sein; die Insel Ogygia, auf der die Nymphe Kalypso, die „Tochter des Atlas", wohnte, muß dann notwendig, entsprechend der antiken Verquickung von erdkundlichen und mythologischen Begriffen, in der Nähe von Teneriffa gesucht werden. Die Spezialforscher zweifeln nicht im geringsten an einer phönizischen Kenntnis dieser Inseln[128]). Auch ein wirtschaftliches Motiv ist zu erkennen, das die handelsfrohen Phönizier immer wieder nach den fernen Inselgruppen locken mußte, nachdem diese einmal entdeckt worden: die von den Phöniziern besonders lebhaft begehrten Purpurschnecken kamen auf Madeira und Port Santo so zahlreich vor, daß die beiden Inseln in römischer Zeit geradezu die „Purpurinseln" (Purpurariae) hießen und daß der königliche Kaufmann Juba II. von Mauretanien ihretwegen eine Purpurfärberei daselbst ins Leben rief[129]). Es ist sogar sprachlich und sachlich wahrscheinlich, daß die Tyrier die von ihnen entdeckten Inseln zunächst nach ihrem Stadtgott Melkart benannten und daß sich daraus durch sprachliche Umdeutung erst der berühmte und so gut passende Name „Inseln der Seligen" gebildet hat, denn der Name Melkartinseln dürfte von den Griechen lediglich mundgerecht gemacht worden sein. Ruge[130]) meint, ohne den geringsten Zweifel zu hegen:

„Daß auch die Kanarischen Inseln von den Phöniziern aufgefunden sind, läßt sich aus ihrem ursprünglichen Namen: die Inseln des Melkart oder Makar beweisen, ein Name, der bei den Griechen ursprünglich in der Form Μακάρων νῆσοι auftritt."

Diese Ableitung des Namens Makáron nesoi (Inseln der Seligen) hat unter anderem Kiepert[131]) gut geheißen. Daß man bei den Phöniziern auch sonst gern wichtige Inseln nach dem Stadtgott Melkart oder

Makar benannte, geht aus der Bezeichnung „Makars-Insel" für Lesbos in der Ilias[132]) hervor. Es kann sich bei den griechischen Inseln der Seligen nicht um ein reines Fabelland handeln, wie mit feinem, psychologischem Verständnis schon K. Müllenhoff[133]) betont hat: sonst ist immer nur von einem Land, einer Insel der Glückseligkeit, in den Sagen die Rede; der Plural zeigt eben an, daß man wirklich die verschiedenen Inseln westlich der Enge von Gibraltar kannte.

Demnach sprechen viele und sehr gewichtige Gründe dafür, eine frühzeitige Kenntnis der Kanaren und somit des Piks von Teneriffa durch die Phönizier anzunehmen. Dann aber ergibt sich fast von selbst die Notwendigkeit, die oben zitierten Odyssee-Verse vom Atlas, der des Meeres dunkle Tiefen kennt (ein bisher völlig unverständlich gewesener Ausdruck[134])) und die ragenden Säulen emporhebt, auf eben diesen Pik von Teneriffa zu deuten. Als die korrespondierenden Atlas-Säulen spricht Müllenhoff[135]) im Norden die Alpen an, im Osten den Imaus „auf der Grenze der Scythen und Inder" (Tienschan), im Süden Hannos „Götterwagen", der anscheinend der Kamerunberg gewesen ist (vgl. S. 44).

Anscheinend ist bei Homer auch bereits ein einwandfreier Hinweis zu finden auf die einzige Stelle, wo das innere (Mittelländische) Meer, die κῦμα θαλάσσης, mit dem Ozean, dem ῥόον Ὠκεανοῖο, zusammenhing[136]) und da die Straße von Gibraltar zu Homers Zeit wahrscheinlich schon seit vielen Jahrhunderten von kretischen und phönizischen Seefahrern durchfahren worden war, so wird man sich endgültig von der veralteten Auffassung frei machen müssen, daß dem Homer noch gar keine Kunde vom fernen Westen und vom Atlantischen Ozean zugegangen sei.

Ebenso wird man richtige geographische Grundlagen anzunehmen haben, wenn Hesiod die Töchter des Atlas, die Hesperiden, auf einer Okeanos-Insel angesichts ihres Vaters Atlas wohnen läßt[137]). Die Hesperiden setzte man von je gern auf den Kanaren an, meines Erachtens mit vollem Recht, da die mir von Schulten brieflich gegebene Deutung der Sage von den goldenen Äpfeln der Hesperiden auf den merkwürdigen und auffälligen, mit goldgelben Früchten behängten Charakterbaum der Kanarischen Inseln, den kanarischen Erdbeerbaum (*Arbutus canariensis*), außerordentlich viel psychologische Wahrscheinlichkeit für sich hat. Gerade in dieser Inselgruppe steht ja aber der mächtige Pik de Teyde gegenüber den Orten, wo der genannte Erdbeerbaum vorkommt. Auch Stoll ist der Meinung[138]), der Atlas könne nur „an einer Stelle im Westen, wo auch Kalypso wohnt", angenommen werden, denn Kalypso soll ja die Tochter des Atlas sein[139]), und ihre Insel, die bereits Strabo, ebenso wie neuerdings Wilamowitz, im westlichen Ozean suchten[140]), ist mit schwerwiegenden Gründen schon 1889 von Breusing[141]) und 1925 von mir selbst[142]) auf Madeira oder auch eine der mittleren oder östlichen Kanaren (Gran Canaria?) gedeutet worden. Die phönizische Herkunft der Atlasfabel geht ferner aus der Bemerkung des Hesiod hervor[143]), Atlas sei der Sohn des Japetos, denn Japetos ist nichts anderes als der semitische Japhet.

Wenn man selbst nur einen Teil dieser Deutungen gelten läßt, so bleibt kaum eine andere Möglichkeit übrig, als daß die homerischen Dichter, die den Atlas, die Kalypso-Insel Ogygie-Okeanie, die Inseln der Seligen[144]) usw. kannten, eine Kunde vom Atlantischen Ozean gehabt haben müssen, und daß die Hesperidengärten auf den Kanaren zu suchen sind.

Schon die Heraklessage, die anscheinend älter als die Odysseussage ist, greift offensichtlich weit über die Enge von Gibraltar hinaus: die Äpfel der Hesperiden, die der Held holt, weisen auf die Glücklichen Inseln und die Atlasinsel Teneriffa hin; die Sage vom Riesen Geryoneus dagegen ist unverkennbar befruchtet durch den geschichtlich nachweisbaren, durch Rinderreichtum ausgezeichneten König Geron von Tartessos (um 800 v. Chr.). Um so beachtenswerter ist es daher, daß auch Hesiod eben diesen Riesen Geryoneus und die von ihm bewohnte Insel abermals am Okeanos ansetzte[145]). Schon Müllenhoff erkannte in der Geryoneussage eine „vollkommen klare und bestimmte Lokalanschauung des Tartessoslandes"[146]), die Schulten bestätigt[147]).

Daß in der karthagischen Zeit Westfahrten weit über die Meerenge hinaus etwas ganz Gewöhnliches waren, beweist uns des Aristoteles[148]) Mitteilung über die nach ihm von den Karthagern aufgefundene Insel Madeira:

„Als auf ihr die Karthager häufig (!) verkehrten, einige sich auch wegen der Fruchtbarkeit des Bodens daselbst ansiedelten, untersagten die Suffeten von Karthago bei Todesstrafe, nach jener Insel zu segeln."

Ad. Schulten[149]) vermutet, daß schon die in der Odyssee[150]) erwähnte Insel Syre, die Heimat des Eumaios, mit Madeira zu identifizieren sein, was auch ich für möglich halte.

Von den Kanaren scheinen die beiden westlichsten, Ferro und Palma, dem Altertum dauernd unbekannt geblieben zu sein; die anderen sind bei Plinius, nach Statius Sebosus, aufgezählt[151]) und in der Folge, unter mannigfach wechselnden Bezeichnungen, noch oft erwähnt. Es treten uns die Inseln unter folgenden Namen entgegen:

Lanzarote = Pluvialia (Plinius), Pluitana (Ptolemäus), Embrios (Solinus), Membrion (Marcianus Capella),
Fuerteventura = Capraria (Plinius), Casperia (Ptolemäus), Pireon (Geogr. Rav.),
Gran Canaria = Canaria (Plinius), Planasia (Ptolemäus), Azanasia (Geogr. Rav.),
Teneriffa = Convallis oder Invallis (Nivalis? [Plinius]), Nivguaria oder Nivaria, Pintuaria (Ptolemäus), Nivcaria (Geogr. Rav.).

Die fortlaufenden Namensirrtümer sind der beste Beweis, daß die einzelnen Schriftsteller nur nach Hörensagen berichteten oder abschrieben und daß wenig Zuverlässiges zu erfahren war. Machte doch der Ravennaer Geograph aus den „beatae insulae" später eine eigene Insel Beathee! Und aus einer Notiz des Solinus „tertia huic proximat eodem nomine" wurde bei Marcianus Capella[152]), der offenbar fälschlich las „tertia huic proxima Teode(m) nomine", eine neue Insel Teode, die dann beim Ravennaten sich gar in eine Insel Theatrum verwandelt hat!

Außer den fünf östlichen Kanaren, Madeira und Porto Santo scheinen auch die Kapverdischen Inseln schon flüchtig bekannt gewesen zu sein. Es ist wenigstens nicht zu erkennen, welche andere Inseln unter den Hesperiden zu verstehen sein sollen, die bei Plinius[153]) und Pomponius[154]) erwähnt werden. — Unsicher ist ferner, ob im Altertum die Azoren bereits entdeckt waren, aber die Wahrscheinlichkeit ist nicht gering. Die meisten Beweisversuche halten zwar einer kritischen Prüfung nicht stand, am allerwenigsten diejenigen für eine frühe Entdeckung durch die Phönizier oder gar durch die Juden[155]), die sich — außer im Roten Meer — nie als Seefahrer betätigt haben. Dagegen ist die mannigfach umstrittene Erreichung durch Karthager nicht leicht zu leugnen.

Seit langer Zeit spielte in den geographisch-historischen Schriften die Überlieferung eine Rolle, daß die Karthager gelegentlich, freiwillig oder unfreiwillig, bis zu den Azoren gelangt sein sollen. Als einziger Beleg dafür wurde, da in den literarischen Überlieferungen des Altertums keine Spur eines entsprechenden Hinweises zu finden ist, ein Fund karthagischer Münzen erwähnt, der irgendwann einmal auf den Azoren gemacht worden sei. Abgesehen von A. v. Humboldt, der in seinen „Kritischen Untersuchungen" diese Tatsache erwähnt, und von Karl Müllenhoff, standen jedoch die Forscher dem angeblichen Münzfunde ausgesprochen skeptisch gegenüber, und da in der gesamten deutschen Literatur meines Wissens bis 1928 keine sicheren Einzelheiten über die Münzen und die Art ihrer Auffindung mitgeteilt sind, schien diese Skepsis zu Recht zu bestehen. Eine sehr wertvolle Monographie über die Geschichte der Azoren, die der Belgier Mees im Jahre 1901 veröffentlicht hat[156]), läßt keinen Zweifel, daß sie die Erzählung von dem Funde karthagischer Münzen auf Corvo, für den alle Unterlagen fehlen, in den Bereich der Fabel verweist[157]). Der treffliche Kenner der Frühgeschichte des europäischen Westens, A. Schulten, äußert in einer neueren Studie[158]) geradezu seine Befriedigung darüber, daß durch Mees' Untersuchung „die Legende von karthagischen Münzen auf den Azoren erledigt wird".

Und doch, es handelt sich um keine Legende! Wenn selbst Mees' eifrigem Spürsinn die Originalstudie, die über den Münzfund berichtet, derart entgangen ist, daß er nicht einmal das Jahrhundert nennt, in dem der Fund gemacht worden sein soll, so scheint es allerdings hoch an der Zeit zu sein, die halbvergessenen Belege für die Echtheit des Fundes neu zu erbringen. Im Gegensatz zu Mees hegte Humboldt zwar keinen Zweifel an dem Funde selbst, vermutete aber, die Münzen könnten unter Umständen im Mittelalter von Normannen oder Arabern nach Corvo verschleppt worden sein[159]). Diese Vermutung ist nun ein wenig seltsam und muß abgelehnt werden. Ganz abgesehen davon, daß auch ein Normannen- oder Araberaufenthalt auf den Azoren nirgends bezeugt ist und nur auf Kombination beruht, ist doch ceteris paribus die Wahrscheinlichkeit weitaus am größten, daß in fernem Boden gefundene, fremde Münzen nur von denen dorthin gebracht worden sind, bei denen sie Kurswert hatten. Daß Normannen oder Araber antike Münzen beachtet oder gar mit sich geführt hätten, ist meines Wissens ohne Beispiel. Durch die Araber sind zwar Millionen von Münzen in die Ostseeländer gebracht worden (vgl. S. 86 ff.), aber ausnahmslos solche, die zu ihrer Zeit Kaufkraft hatten. Und wie sollten nun gar die Normannen in den Besitz karthagischer Münzen gelangt sein, und warum sollten sie sie dann nach den Azoren transportiert und dort zurückgelassen haben? Das mutet so unwahrscheinlich wie möglich an. Die Annahme, daß die Azoren-Münzen durch karthagische Seefahrer dorthin gelangt sind, ist sehr viel einleuchtender. Prof. Regling, der als Sachkenner der Münzkunde um seine Meinung befragt wurde, meinte ebenfalls, daß die Münzen „nur durch antike Karthager selbst dorthin gelangt sein können". — Aber was hat es nun eigentlich mit dem Fund auf sich?

Soviel ich sehe, gibt es nur einen einzigen authentischen Bericht über den Fund, und dieser Bericht ist anscheinend in ganz Deutschland nirgends vorhanden, findet sich vielmehr an einer recht entlegenen Stelle der schwedischen Literatur. Ein schwedischer Münzforscher, Podolyn, berichtete im Jahre 1778, was er bei einem Aufenthalt in Madrid vom dortigen Pater Florez über den Vorfall erfahren hat, und bringt von den auf den Azoren gefundenen Münzen, die ihm der Pater Florez sogar zum

Geschenk gemacht hatte, eine Abbildung. Wahrscheinlich befinden sich jene Münzen also noch in irgendeiner schwedischen Münzsammlung, doch vermochte ich hierüber nichts in Erfahrung zu bringen.

Den Podolynschen Originalbericht[160]) aber konnte ich mir verschaffen, unter gütiger Hilfe mehrerer schwedischer Herren, denen ich für ihre große und wertvolle Freundlichkeit meinen herzlichen Dank aussprechen möchte.

Der Podolynsche Originalbericht lautet in deutscher Übersetzung:

„Einige Anmerkungen zur Seefahrt der Alten, in Anlehnung an einige karthagische und cyrenäische Münzen, die im Jahre 1749 auf einer der Azoreninseln gefunden wurden.

Von Johan Podolyn.

Im Novembermonat 1749, nach einigen Tagen Weststurm, der bewirkte, daß vom Meer ein Teil des Fundaments eines am Strand stehenden zerstörten Steinbaues auf der Insel Corvo bloßgespült wurde, gewahrte man ein zerbrochenes, schwarzes Tongefäß, in dem man eine Menge Münzen fand, die zugleich mit dem Gefäß nach einem Kloster gebracht wurden, wo die Münzen unter die von der Insel stammenden Neugierigen verteilt wurden. Ein Teil dieser Münzen wurde nach Lissabon und von dort später an den Pater Florez in Madrid gesandt.

Wie groß die Anzahl war, die man in dem Gefäß gefunden hatte, ist nicht bekannt, auch nicht, wie viele nach Lissabon geschickt wurden, aber nach Madrid gelangten 9 Stück, nämlich[160a]):

2 karthagische Goldmünzen, Nr. 1 und 2 auf Tafel VI.
5 karthagische Kupfermünzen, Nr. 3—7.
2 cyrenäische Münzen vom selben Metall, Nr. 8 und 9.

Pater Florez schenkte mir diese Münzen, gelegentlich meines Besuches in Madrid im Jahre 1761 und berichtete, daß der ganze Fund nicht aus mehr Sorten als diesen 9 bestanden habe und daß diese Münzen ausgesucht worden waren, als die am besten erhaltenen.

Daß die Münzen teils aus Karthago, teils aus der Cyrenaika stammen, ist gewiß. Sie sind nicht besonders selten, mit Ausnahme der zwei goldenen; das Auffällige hierbei ist aber der Ort, wo sie gefunden wurden.

Es ist bekannt, daß die Portugiesen, zuerst zu Alfons' V. Zeit, die Azoreninseln entdeckt haben, und man hat keinen Anhalt zu der Annahme, daß nach dieser Zeit jemand diese Münzen dort vergraben haben sollte; sie müssen also mit irgendwelchen punischen Fahrzeugen dorthin gekommen sein, ohne daß ich jedoch zu behaupten wage, dieses Fahrzeug sei absichtlich hierher gesegelt; es konnte ebensowohl hierher verschlagen worden sein.

Karthago und mehrere mauretanische Städte sandten manche Schiffe über die Gibraltarstraße hinaus; Hannos Expedition an die afrikanische Westküste ist bekannt, und eines von diesen verschiedenen Fahrzeugen dürfte durch ständige östliche Winde nach Corvo getrieben worden sein. Faria sagt in seiner portugiesischen Geschichte, daß die Portugiesen, die damals zuerst in dies Land kamen, an einem Vorgebirge eine Statue zu Pferde fanden, die mit der Rechten nach Westen zeigte. Diese Statue habe auf einem Stein-Piedestal gestanden, auf dem überall unbekannte Buchstaben eingesetzt waren. Dieses Denkmal wurde zerstört, was ein großer Verlust war. Blinder Eifer war die Ursache davon, denn man glaubte, es sei ein heidnischer Abgott. Diese Statue bestärkt mich in dem Gedanken, daß die Inseln entweder von den Phöniziern oder den Karthagern, nicht nur zufällig oder bei einer Sturmverschlagung, besucht worden, sondern daß sie dort auch schon festen Fuß gefaßt hatten; denn man kann nicht annehmen, daß ein entweder für den Handel oder für Entdeckungen bestimmtes Schiff das genannte Denkmal an Bord hatte, sondern man muß vielmehr schließen, daß sie auf einem oder mehreren Fahrzeugen, auf einer oder mehreren Reisen dorthin kamen, und der Besatzung das Land gefiel, daß sie sich dort ansiedelte, ein Gemeinwesen begründete, die Verbindung mit dem Vaterland aufrecht erhielt und zu solchem Wohlstand gelangte, daß das erwähnte Denkmal errichtet werden konnte. Es ist auch möglich, daß die Karthager, deren Eifer in Handel und Seefahrt bekannt ist, von dieser Insel aus eine Expedition nach Westen unternahmen und daß die nach Westen weisende Statue auf die Expedition Bezug nahm. Es können auch Stürme, Erdbeben und Vulkanausbrüche, die auf diesen Inseln großen Schaden anrichteten, die Ursachen für die Auswanderung der Bewohner gewesen sein, die zum Zeichen, auf welchem Wege sie davonzogen, das Denkmal mit dem Hinweis auf den Westen errichteten, wo sie vielleicht von irgendeinem Lande wußten. Mehrere Mutmaßungen oder Einwendungen können für und wider gemacht werden, aber daß diese Inseln von den Alten besucht worden sind, scheint sicher genug zu sein, doch muß dahingestellt bleiben, ob dabei ein Zufall oder Absicht im Spiele war."

An der Glaubwürdigkeit dieses Berichts scheint ein Zweifel kaum möglich. Florez selbst ist ein bekannter und noch heute geschätzter spanischer Numismatiker gewesen, bei dem von einer Täuschungsabsicht unter gar keinen Umständen die Rede sein kann. Es hindert demnach nichts, die Erzählung von dem Münzfunde auf Corvo im November 1749 als unbedingt glaubhaft zu unterstellen. Die Münzen selbst sind durchaus übereinstimmend mit anderen karthagischen und cyrenäischen Münzen und die Abbildungen Podolyns sehr scharf und klar. Es ist im einzelnen auf ihnen abwechselnd eine Palme, ein Pferdekopf und ein menschlicher Kopf dargestellt. Vermutlich gehören die Münzen der zweiten Hälfte des 4. Jahrhunderts v. Chr. an, jedenfalls können sie nicht viel später oder früher geprägt worden sein. Demnach kann in der Tat nicht bestritten werden, daß eine vorübergehende oder dauernde Anwesenheit von Karthagern auf den Azoren damit als nahezu erwiesen angesehen werden muß.

Einige Worte müssen aber noch über die seltsame eherne Reiterstatue gesagt werden, die Podolyn so lebhaft beschäftigt und ihm zu recht kühnen Hypothesen Anlaß gegeben hat. Auch Humboldt hat sich über dieses verschollene Denkmal geäußert und ist geneigt, die Geschichte ins Reich der Fabel zu verweisen. Er vermutet[161]), daß vielleicht ein nach Westen vorspringendes Vorgebirge menschenähnlich ausgesehen habe, daß dadurch die Geschichte von der Reiterstatue entstanden und möglichenfalls auch Kolumbus zu seiner Fahrt erheblich angeregt worden sei. Es bedarf aber wohl nicht einmal der Humboldtschen Annahme, sondern dieser Teil des Podolynschen Berichts kann sehr wohl im ganzen Umfang eine Fabel sein.

Diese Geschichte ist ja weder vom Pater Florez noch von einem anderen Zeitgenossen Podolyns verbürgt, vielmehr stützt sie sich auf den portugiesischen Geschichtsschreiber Manuel de Faria e Sousa, der von 1590—1649 lebte und im Jahre 1628 ein als wenig kritisch geltendes Werk „Epitome de las historias portuguezas" in Madrid erscheinen ließ. Im übrigen ist auch Faria nicht der ursprüngliche Gewährsmann. Vielmehr findet sich die seltsame Erzählung schon 60 Jahre zuvor in dem 1567 in Lissabon erschienenen Werke des Damian de Goes: „Cronica de Serenissimo Principe D. Joao". Corvo ist im Jahre 1445 von den Portugiesen wiederentdeckt worden und war übrigens damals vollkommen unbewohnt. Das von de Goes, Faria und Podolyn behauptete Ereignis müßte sich also, wenn ihm überhaupt irgendein historischer Kern innegewohnt haben sollte, schon sehr bald nach dem Jahre 1445 abgespielt haben, ist also ohnehin schlecht verbürgt. Die Geschichte leidet jedoch an verschiedenen schwerwiegenden inneren Unwahrscheinlichkeiten:

Wie sollen denn die Karthager auf einer Insel, die keine Erzlager besitzt, ein derartiges Denkmal hergestellt haben? Ein solches fertiges Kunstwerk aber etwa aus Spanien nach den Azoren zu schaffen, wäre doch etwas gar zu umständlich gewesen und hätte meines Wissens keine Parallele im Altertum. Der Kraftaufwand hätte auch in keinem rechten Verhältnis zum Zweck gestanden. Vor allem aber bleibt auffällig und in diesem Falle psychologisch völlig unverständlich die Aufstellung einer Figur zu Pferde. Wenn wirklich, wie Podolyn ein wenig voreilig vermutet, eine karthagische See-Expedition von Corvo aus nach Westen geplant war oder stattgefunden oder gar zur Auffindung neuen Landes geführt hat (das dann nur in amerikanischen (!) Gewässern gelegen haben könnte) — ja, was sollte dann dabei das Pferd bedeuten? Allein diese eine „Stillosigkeit" muß die ganze Erzählung äußerst verdächtig machen, zumal da die etwa auf Corvo hausenden Punier schwerlich Pferde bei sich gehabt haben werden. Was sollten sie damit auf einer nur 18 qkm großen, hügeligen Insel anfangen? Die an sich schon wenig glaubhafte Geschichte von der Statue wird gerade durch das eherne Pferd, das in diesem Zusammenhang völlig sinnlos ist, mehr als verdächtig.

Als Podolyn 1761 in Madrid die Münzen in Empfang nahm, lag der Münzfund auf Corvo erst 12 Jahre zurück und war also gut beglaubigt, während die Zerstörung des Denkmals sich bereits vor mehr als 300 Jahren abgespielt haben mußte, so daß die Legendenbildung bereits reichlich Gelegenheit gehabt haben konnte, sich des Vorfalls zu bemächtigen. Auch das anscheinend älteste Zeugnis für die merkwürdige Geschichte, die Goessche Chronik, ist erst rund 120 Jahre nach dem Ereignis aufgezeichnet worden, verdient also nur bedingtes Zutrauen.

Ich möchte nun glauben, daß der Fabelcharakter des Berichtes sich nachweisen läßt, da fast genau dasselbe Motiv uns einmal in der orientalischen Märchenwelt entgegentritt. In „Tausendundeiner Nacht" kommt unter anderem eine abenteuerliche „Geschichte des dritten Kalenders und Königssohnes", des Prinzen Agib, vor. In diese ist die alte Schifferfabel vom Magnetberge wirkungsvoll-dramatisch verwoben. Dem Schiffbruch am Magnetberg entgeht Agib als einziger Überlebender, und es gelingt ihm, den steilen Felsen zu erklimmen. Auf dessen Gipfel steht ein eherner Dom auf ehernen Säulen, und nun heißt es wörtlich:

„Auf dem Dome befindet sich ein ehernes Pferd mit einem Reiter, dessen Brust ein bleiernes Schild bedeckt, auf welches Talismane eingegraben sind. Der Sage nach ist diese Bildsäule hauptsächlich am Untergange so vieler Menschen und Schiffe in diesen Gewässern schuld und hört nicht auf, allen denen verderblich zu sein, welche unglücklicherweise in ihre Nähe kommen, bis sie umgestürzt sein wird".

Es gelingt dann dem Prinzen Agib mit Hilfe eines weissagenden Traumes, der ihm die nötigen Verhaltungsmaßregeln gibt, den verhängnisvollen Erzreiter ins Meer zu stürzen und den Zauber des Magnetberges zu brechen.

Die Ähnlichkeit dieser Fabel mit der Geschichte von der Bildsäule auf Corvo ist überraschend groß und erstreckt sich sogar bis auf die geheimnisvollen Schriftzeichen, die an der Statue eingeritzt sind. Ich möchte daher glauben, daß eine aus irgendeinem nicht mehr nachprüfbaren Grunde erfolgte Übertragung der arabischen Schifferfabel vom Magnetberg auf die Insel Corvo sehr viel mehr Wahrscheinlichkeit für sich hat als die Podolynsche These, wonach von den Karthagern oder einem anderen antiken Seefahrervolk unter ausnehmend starken Erschwerungen eine solche im Motiv verfehlte Statue errichtet worden sein soll, zumal da in vielwöchiger Fahrt gegen Westen kein anderes Land zu finden war.

Wir dürfen also getrost die Geschichte von der ehernen Reiterstatue als eine Fabel streichen. Die Hauptsache, auf die es hier ankommt, bleibt davon unberührt: die mindestens gelegentliche Anwesenheit von Karthagern auf Corvo oder in den westlichen Azorengewässern überhaupt scheint erwiesen zu sein, zumal da die Meeresströmungen bei den Azoren von WNW nach OSO laufen, so daß das Gefäß mit den Münzen nicht wohl mit irgendeinem Wrack etwa von der Gibraltargegend nach Corvo abgetrieben sein kann. Im übrigen scheint mir der Umstand, daß die Karthager gerade auf der nordwestlichsten, also entlegensten, dazu kleinsten und unbedeutendsten Azoren-Insel geweilt haben, nicht mit geringer Wahrscheinlichkeit dafür zu sprechen, daß sie gegen ihren Willen dorthin gelangt und zu einem erzwungenen Aufenthalt daselbst genötigt gewesen sind. Mehr wird sich zu der Angelegenheit schwerlich sagen lassen, wenn nicht neue Funde zu Hilfe kommen. Die kühnen, weitergehenden Folgerungen Podolyns sind jedenfalls abzulehnen.

Die Vermutung, daß die Alten über die Azoren hinaus nach Westen gelangt sind, daß sie das große Sargassomeer gekannt oder gar Amerika erreicht haben, schwebt völlig in der Luft. Es wäre möglich, daß schon im Altertum dieser oder jener Bewohner der alten Welt in unfreiwilliger Seefahrt in die amerikanischen Gewässer und an die Gestade der neuen Welt verschlagen worden ist, wie es ja auch in neuerer Zeit hier und da vorkam (vgl. S. 100f.); eine Rückkehr war dann aber ohne weiteres ausgeschlossen, und eine Kunde solchen Erlebnisses kann deshalb nie zur Kenntnis antiker Schriftsteller gekommen sein. Die verschiedenen, alten Literaturstellen, aus denen man des öfteren eine dunkle Kunde von Amerika hat ableiten wollen, sind samt und sonders nicht beweiskräftig, wie ich an anderer Stelle eingehend bewiesen habe[162]). Die Sprache der antiken Münzen zeigt uns eine Erreichung der Azoren an; die Literaturbelege aber gehen an keiner Stelle über Madeira und Porto Santo westwärts hinaus.

Anders liegen jedoch die Dinge bezüglich des Blickfeldes der alten Welt gegen Süden. Von der Necho-Expedition ganz abgesehen (S. 60) läßt sich erweisen, daß alte Seefahrer auch an der westafrikanischen Küste sicher gelegentlich bis ungefähr zum Äquator vorgedrungen sind.

„Die Karthager beschlossen, daß Hanno über die Säulen des Herakles hinausfahren und liby-phönikische Städte gründen sollte. Und er fuhr ab mit 60 Fünfzigruderern, einer Menge von Männern und Weibern, 30000 an der Zahl, mit Lebensmitteln und der übrigen Ausrüstung."

Mit diesen schlichten Worten beginnt die Schilderung einer der rühmlichsten geographischen Großtaten des Altertums, des sogenannten Periplus des Hanno. Wer der Verfasser des Berichtes gewesen ist, ob Hanno selbst (wofür hohe Wahrscheinlichkeit spricht) oder ein anderer Teilnehmer der Fahrt, wissen wir nicht sicher. Die Sprache des Dokuments ist schlicht, nüchtern, prunklos, die ganze Darstellung von einer fast militärischen Knappheit, die eigentlich bedauerlich ist, weil wir gern oft mehr erfahren würden, als der Verfasser mitzuteilen für gut befindet. War wirklich Hanno selbst der Verfasser, so muß er ein ungewöhnlich sachlicher und phantasieloser Mann ohne die leiseste Neigung zu irgendwelcher Ruhmredigkeit gewesen sein. Nur nackte Aufzählung von Tatsachen wird in denkbar kürzester Form geboten, der Liebhaber von aufregenden und abenteuerlichen Schilderungen kommt bei dieser Beschreibung einer der kühnsten Forschungsfahrten des Altertums auch nicht im geringsten auf seine Rechnung; kaum wird auch nur irgendeine Gemütsbewegung der Teilnehmer einmal angedeutet, von ihrem Freud und Leid nichts erzählt.

Hanno war ein karthagischer Suffet, also einer der Inhaber der obersten Regierungsgewalt im Staate, denn die beiden Suffeten Karthagos waren ungefähr den spartanischen Königen und römischen Konsuln an Macht gleichgestellt. Wenn demnach ein Suffet amtlichen Auftrag erhielt, eine Kolonisationsfahrt großen Stils in die Wege zu leiten, so muß es sich um eine Haupt- und Staatsaktion allerersten Ranges gehandelt haben. Hieraus ist ein leidlich sicherer Anhalt für den sonst ganz unsicheren Zeitpunkt des großartigen Unternehmens zu gewinnen. Zumeist pflegt man die Reise um die Mitte des 5. vorchristlichen Jahrhunderts anzusetzen. Eine sehr gründliche und gewissenhafte Studie von Illing[163]) glaubt sogar erst auf die zweite Hälfte des 5. Jahrhunderts schließen zu müssen. Zumeist wurde nämlich die Meinung vertreten, der Periplus müsse ausgeführt sein, nachdem Herodot etwa 440 oder 430 v. Chr. sein berühmtes Werk verfaßt hatte, da in diesem zwar der Umseglung Afrikas unter König Necho (ca. 605) und des mißlungenen Umschiffungsversuches des Sataspes (um 475) gedacht wird, nicht aber der Fahrt des Hanno. Der Beweis ist jedoch wenig stichhaltig, denn da der Bericht über den Periplus lediglich im Tempel zu Karthago aufbewahrt wurde, wo ihn Polybius erst in den Tagen der Zerstörung Karthagos (146 v. Chr.) abschrieb — wie sollte er zur Kenntnis des Herodot haben gelangen können? Mir scheint bereits vor 100 Jahren Kluge mit vollem Recht betont zu haben[164]), daß als Zeitpunkt wahrscheinlich schon das ausgehende 6. Jahrhundert, unter allen Umständen aber die Zeit vor 480 v. Chr. in Frage kommt, denn nach der Katastrophe von Himera auf Sizilien im Jahre 480, in der ein karthagisches Heer von angeblich 300000 Mann durch Gelon von Syrakus vernichtet wurde, kann Karthago eigentlich Jahrzehnte hindurch nicht daran gedacht haben, Kolonialpolitik und „Menschenausfuhr" in so großem Maßstab zu treiben, wie es der Anfang des Periplus schildert. Falls der Suffet Hanno etwa identisch mit dem gleichnamigen Vater des bei Himera geschlagenen karthagischen Feldherrn Himilko war, worauf eine Notiz des Herodot hinzudeuten scheint[165]), so muß der offenbar durch Übervölkerung bedingte Periplus schon um 510 stattgefunden haben. Es ist dieser Termin auch aus dem Grunde wahrscheinlich, weil nicht lange zuvor, ums Jahr 530, Karthago das südliche Spanien mit Tartessos erobert und deren Handelsmonopol an sich gerissen hatte. Daß man unmittelbar danach ein Bedürfnis empfand, neugewonnene Handelsgebiete, die bis dahin im wesentlichen verschlossen waren, kennenzulernen, wäre wohl zu verstehen. Nun soll aber der karthagische Admiral Himilko, der als Bruder des Hanno angesehen wird, zur selben Zeit[166]), da Hanno seine Kolonisationsfahrt an die westafrikanische Küste vollführte, eine Forschungsreise nach Norden, zur Küste der Bretagne und nach Süd-England, zu den Zinnländern, ausgeführt haben (vgl. S. 43). Die Himilko-Fahrt muß notwendig sehr bald nach der Eroberung von Tartessos stattgefunden haben, und die Hanno-Expedition dürfte daher, wenn sie wirklich gleichzeitig erfolgte, meines Erachtens dem Jahr 520 noch näher gelegen haben als dem Jahre 510. Des Plinius Notiz, der Periplus des Hanno habe stattgefunden „Carthaginis potentia florente", weist wohl ebenfalls auf die Jahrzehnte vor 480 mit Bestimmtheit hin.

Geographisch erheblich wichtiger als die Bestimmung des genauen geschichtlichen Zeitpunktes des Periplus ist die Klarstellung der wesentlichsten darin erwähnten erdkundlichen Namen und vor allem der vielumstrittenen Frage, bis zu welchem äußersten Punkt im Süden Hanno vorgedrungen ist. Nachdem dieser nämlich seine Hauptaufgabe erfüllt und Kolonien an der NW-Küste Afrikas in Thymiaterion, Soloeis, Karikon Teichos, Kytte, Akra, Melissa, Kerne und wahrscheinlich auch an der

Mündung des Lixos angelegt hatte, unternahm er, offenbar ebenfalls im heimischen Auftrag, einen weiten Vorstoß zur See nach Süden längs der Küste, entweder um festzustellen, ob sich dort neue, lohnende Handelsgebiete ausfindig machen ließen oder um den 100 Jahre zuvor geglückten Versuch König Nechos zu wiederholen und die Südspitze Afrikas zu erreichen.

Es gibt eine große Reihe von Untersuchungen, welche Punkte der heutigen Küste Afrikas Hanno wohl angelaufen und beschrieben hat. Die Meinungen gehen in dieser Hinsicht ziemlich weit auseinander. Während z. B. Vivien de St. Martin, etwas allzu sanguinisch, dereinst erklärte[167]):

„Trotz aller Kürze des Berichts gibt es auch nicht eine Angabe, die nicht mit unserer heutigen genauen Kenntnis der Westküste Afrikas übereinstimmte, weder in bezug auf die Örtlichkeiten noch die Entfernungen .... Von dem Punkte der Abreise bis zum Ende der Fahrt decken sich die Angaben des Periplus Schritt für Schritt in staunenswerter Genauigkeit mit unseren besten Karten",

waren andere Gelehrte sehr viel mehr im Zweifel, auf welche Gegenden Hannos Angaben zu beziehen seien, und W. Ruge meinte nüchtern[168]):

„Die Angaben Hannos sind nicht so unzweifelhaft, wie manche behaupten."

Ein Landsmann Vivien de St. Martins, Tauxier, verfiel sogar in das gegenteilige Extrem und bezweifelte, mit übrigens wenig durchschlagenden Gründen, die Glaubwürdigkeit des ganzen Berichtes[169]).

Das ist nun erheblich übers Ziel hinausgeschossen. Erdichtete und gefälschte Reiseschilderungen würden niemals diese fast trockene Sachlichkeit aufweisen, würden ausgeschmückt und abenteuerlich-interessant aufgemacht sein. Nichts hiervon findet sich im Periplus. Wohl aber enthält er gewisse Einzelheiten, die nur durch eignen Augenschein gewonnen und niemals erdichtet werden konnten. Erhalten ist uns allein eine griechische Übersetzung des punischen Originalberichtes, und zwar lediglich in einer aus dem 10. Jahrhundert stammenden Handschrift, dem Codex Heidelbergensis Nr. 398, der im Jahre 1533 erstmalig im Druck erschien[170]). Neuerdings sind besonders sorgfältige Bearbeitungen des Periplus veröffentlicht worden von Carl Müller[171]) und Curt Fischer[172]).

Leider besteht erheblicher Grund zu der Annahme, daß nicht der ganze Periplus auf uns gekommen ist. Zwar macht er an sich einen zusammenhängenden Eindruck, und man vermutete daher zumeist, die Reiseschilderung sei lückenlos erhalten, wenn es auch auffällig war, daß für gewisse Teile der Reise, z. B. von Thymiaterion nach Soloeis sowie von Arambys zum Lixos, nicht angegeben ist, wie lange man unterwegs war. Der Beweis dafür, daß der Original-Periplus mehr Angaben enthielt als der allein auf uns gekommene Codex Heidelbergensis Nr. 398, liegt in den Schriften des Arrian, denn dieser zitiert aus Hannos Periplus gewisse Angaben, die wir heute vergeblich darin suchen[173]). Im jetzt vorliegenden Periplus findet sich ein Nachweis für insgesamt 32 Reisetage jenseits der Säulen des Herakles. Diese Zeitdauer erscheint an sich schon viel zu kurz, um eine Reihe von Kolonien zu begründen und außerdem noch an unbekannten Küsten, bei zum Teil schwierigen Strömungen und Gegenwinden, eine weit ausgedehnte Entdeckungsfahrt zu unternehmen. Arrian weiß nun aber, daß die Fahrt von der Gegend bei Gibraltar bis zu einem Punkte, wo die Küste einen west-östlichen Verlauf annahm (ἔστε μὲν πρὸς ἀνίσχοντα ἥλιον ὁ πλόος αὐτῷ ἐγένετο), allein 35 Tage währte, und daß geraume Zeit später die Küste sich wieder nach Süden wandte (ὡς δὲ δὴ ἐς μεσημβρίην ἐξετράπετο). Unser Periplus-Text enthält hiervon nichts. Demnach bleibt nur die Annahme übrig, daß des Arrian Gewährsmann[174]) einen vollständigeren Bericht in der Hand gehabt hat, als wir ihn besitzen. Auch Aly[175]) hat neuerdings diese Meinung vertreten.

Die im Periplus vorkommenden erdkundlichen Namen zu identifizieren, ist bisher nicht restlos gelungen. Fischer zählt nicht weniger als 22 ältere Veröffentlichungen auf, die sich eingehend mit einer solchen Aufgabe befaßt haben. An dieser Stelle soll der Versuch nicht wiederholt werden.

Insbesondere besteht eine weitgehende Meinungsverschiedenheit über das unstreitig merkwürdigste geographische Gebilde, das Hanno wenige Tage vor Erreichung des südlichsten Punktes seiner Fahrt erblickte. Es war dies ein „sehr hoher Berg" (ὄρος μέγιστον), der den Namen „Götterwagen" (ϑεῶν ὄχημα) führen sollte. Bald hinter diesem Götterwagen fand die Fahrt des Hanno ein Ende an einem „Südhorn" (Νότου κέρας). Hier hatte man noch einen Kampf mit weiblichen „Gorillas"[176]) zu bestehen, erlegte einige von ihnen und kehrte dann um, weil die Lebensmittel knapp wurden. — Unstreitig wird das Problem, welcher Berg der „Götterwagen" des Hanno gewesen ist, zum Brennpunkt der Frage, wie weit südwärts eigentlich die karthagische Entdeckungsreise zur See geführt hat. Die westafrikanische Küste ist ja alles andere denn reich an hohen Bergen, die man von der Küste aus sehen kann, und dennoch gingen die Vermutungen recht stark auseinander, mit welchem Punkt Westafrikas Hannos Götterwagen identifiziert werden müsse.

Wahrscheinlich ist der Name „Götterwagen" übrigens nur verderbt, indem irgendeinem Abschreiber des griechischen Textes einmal ein einziger Buchstabe unter den Tisch fiel, wodurch der ganze Sinn geändert wurde. Nach Sieglins einleuchtender Konjektur hieß der Berg im ältesten griechischen Text nicht ϑεῶν ὄχημα, sondern ϑεῶν οἴχημα = Göttersitz.

Im Laufe der Zeit hat man die Lage des „Götterwagens" (wir wollen bei diesem Namen verbleiben) immer weiter nach Süden vorgeschoben. Noch vor 100 Jahren suchte Heeren[177]) Hannos Berg am Kap Verde; A. v. Humboldt[178]) war im Hinblick darauf, daß es an der nordwestafrikanischen Küste nirgends einen „sehr hohen Berg" gibt, gar geneigt, einen Irrtum Hannos und eine Verwechselung mit dem Pik von Teneriffa anzunehmen; Ritter[179]) hielt, ebenso wie vor ihm Bougainville[180]), Kap Palmas oder Three Points für den Götterwagen, Entz[181]) dagegen den Ningo Pik. Weitaus am häufigsten aber ist der Berg Kakulima oder Monte Sagres in Sierra Leone mit dem Götterwagen identifiziert worden. Er ist zwar nur 910 m hoch, dazu mit dichtem Tropenwald völlig bedeckt, so daß der Bergcharakter dem Seefahrer nicht allzu sehr auffällt, geschweige denn der Eindruck eines ὄρος μέγιστον entsteht. Aber er ist der einzige nennenswerte Berg an der Küste, der in den für die Hanno-Fahrt ehedem allein in Betracht gezogenen Gebieten Nordwest-Afrikas in Sicht kommt. Obwohl man sich sagen mußte, daß ein Hanno, der doch wohl den Ätna und andere hohe Gebirge kannte, vom Kakulima eigentlich keinen allzu imposanten Eindruck bekommen haben könne, haben der Reihe nach Ukert[182]), C. Müller[183]), Vivien de St. Martin[184]), Kan[185]) und verschiedene andere eben diesen Berg als den Götterwagen angesprochen.

Gegen die Kakulima-These erheben sich aber die allerschwersten Bedenken. Sie läßt sich mit der Überlieferung des Periplus-Berichts, obwohl dieser ganz und gar nicht eindeutig ist, unter keinen Umständen in Einklang bringen. Die betreffende Stelle des Periplus lautet nämlich folgendermaßen[186]):

„Schnell von dort weiterfahrend gelangten wir in ein Land, das voll Rauch war. Von ihm aber fielen gefüllte, feurige Bäche ins Meer. Die Erde war vor Hitze nicht zu betreten .... Auch hier segelten wir aus Furcht schnell wieder ab. Nun sahen wir während einer raschen Fahrt von 4 Tagen nachts das Land von Flammen erfüllt. Mitten darin befand sich ein hohes Feuer, größer als die übrigen, das, wie es schien, bis zu den Sternen reichte. Dies war, wie sich bei Tage zeigte, ein sehr großer Berg, Götterwagen genannt."

Unstreitig mutet diese seltsame, vielumstrittene Schilderung so an, als ob darin ein Vulkanausbruch geschildert sei. Da aber an der afrikanischen Nordwestküste auf dem Festland bis in den innersten Golf von Guinea hinein nirgends Spuren vulkanischer Tätigkeit zu entdecken sind, glaubte man eine völlig andere Deutung wählen zu müssen.

Von jeher haben die afrikanischen Eingeborenen in den verschiedensten Gegenden das in der Regenzeit üppig aufschießende Gras nach Eintritt der Trockenzeit niedergebrannt. Bereits die Afrikareisenden des 18. Jahrhunderts haben dieser Sitte Aufmerksamkeit geschenkt[187]). Dort an der afrikanischen Westküste kann man von See aus noch heute, wie es sicher auch schon vor mehr als 2000 Jahren der Fall war, nicht selten Feuer auf dem Lande sehen, sobald die Trockenzeit begonnen hat. Zum Teil könnte also Hannos Bericht ohne weiteres durch diesen Hinweis erklärt werden, wenn auch die „feurigen Bäche" oder gar das „bis zu den Sternen" auflodernde Feuer auf dem sehr hohen Berge damit schwer in Einklang zu bringen waren. Gerade in der Gegend des Kakulima aber kann Hanno niemals Grasbrände beobachtet haben. Der Berg ist im ganzen Umfang mit Urwald bedeckt, der keinen Platz läßt für Steppengras. Auch ist hier die Luft dauernd derart mit Feuchtigkeit geschwängert, daß selbst etwa vorhandenes Gras gar nicht niedergebrannt werden könnte. Die Angabe, das Land sei „vor Hitze nicht zu betreten" gewesen, paßt ferner auf diesen Teil der Küste so wenig wie möglich, wenn man die „Hitze" auf die Lufttemperatur bezieht. Zwar die Schwüle wird zuweilen außerordentlich groß, aber die Temperatur steigt nach einer mündlichen Angabe Prof. Thorbeckes vom 6. November 1926 nicht oft über 24°, bleibt also ganz bedeutend hinter den in Hannos Heimat üblichen Wärmegraden von 40° und mehr zurück.

Wollte man demnach im Kakulima den „Götterwagen" erblicken, so fiel jede Möglichkeit einer Deutung der „feurigen Bäche" auf sich ausbreitende Grasbrände fort. Was sollte aber sonst damit gemeint sein?

Die so ungewöhnlich deutlich auf einen Vulkanausbruch hinweisende Schilderung Hannos gab Veranlassung, zu untersuchen, wo auf dem afrikanischen Festland in Sichtweite der Küste ein unzweifelhafter Vulkan zu finden ist. Der einzige seiner Art war das Kamerungebirge, das auch der einzig wirklich „sehr hohe" Gebirgszug auf dem gesamten Festland von der Gibraltarstraße bis Kapstadt in Küstennähe ist (bis 4075 m hoch). Dennoch hegte man erhebliche Bedenken gegen die Annahme, daß Hannos Fahrt sich so weit nach Süden erstreckt haben könne, weil eben im Periplus nur 32 Reisetage nachgewiesen sind, und in dieser Zeit jene Fahrt bis fast zum Äquator nicht ausgeführt werden konnte.

Doch auch aus anderen guten Gründen weigerte man sich, eine Fahrt Hannos bis auf die Höhe von Kamerun und noch darüber hinaus anzunehmen. Haben doch die Portugiesen auf ihren Entdeckungsfahrten im Mittelalter so ausnehmend lange Zeit gebraucht, ehe sie im Jahre 1432 auch nur Kap Bojador erstmalig umschifften, und ist doch selbst der wagefrohe Prinz Heinrich der Seefahrer auf seinen Vorstößen nach Süden nie über den Senegal hinausgelangt! Und die Karthager sollten gleich beim ersten „Anhieb" Kamerun erreicht haben? Das schien durchaus unglaubhaft! Freilich muß man dabei berücksichtigen, daß die Menschen des 14. und 15. Jahrhunderts fest von einer völligen Unbewohnbarkeit der Tropenzone überzeugt waren, dazu auch an alle möglichen Schrecken in unbefahrenen Meeren (Magnetberg, geronnenes Meer usw.) glaubten, weshalb sie sich nur sehr langsam und ängstlich tastend vorgewagt haben werden. Die Karthager waren 2000 Jahre vorher frei von solchen psychischen Hemmungen, und nichts hindert anzunehmen, daß sie die verfügbare Zeit kräftig ausgenutzt haben, um möglichst weit nach Süden zu kommen, und, wenn möglich, die 100 Jahre zuvor auf König Nechos Befehl vollzogene Umschiffung Südafrikas zu wiederholen. Die merkwürdig gute Beschreibung des Küstenverlaufs bei Arrian gestattet die Annahme einer Erstreckung des Periplus bis nach Kamerun ohne weiteres.

Aber selbst wenn man die Konzession einer bis Kamerun reichenden Hanno-Fahrt zu machen geneigt war, so schien man damit um nichts gebessert zu sein, denn das Kamerungebirge galt noch vor kurzem als ein in weit vorgeschichtlicher Zeit erloschener, „nicht mehr tätiger, aber gut erhaltener Vulkan"[188]). — Wie sollte da Hanno hier einen Ausbruch haben beobachten können? —

Trotzdem trat der Engländer Richard Burton 1863 als Erster dafür ein[189]), daß Hannos „Götterwagen" auf das Kamerungebirge gedeutet werden müsse, weil dies eben der einzige wirklich ganz große Berg ist, den man an der gesamten westafrikanischen Küste von See aus sieht und in mehrtägiger Fahrt nicht aus den Augen verliert. Diese These ist in der Folge z. B. von Mer[190]), Berlioux[191]), Scharnik[192]) u. a. noch während des 19. Jahrhunderts, neuerdings von Passarge[193]), Hassert[194]), Waldau[195]) ebenfalls vertreten worden. Man findet Stütze in dem Umstand, daß gerade auf dem Abhang dieses Berges Grasbrände, welche die Eingeborenen entzündet hatten, noch in neuerer Zeit fälschlich mit Vulkanausbrüchen verwechselt worden sind, so vom Engländer Lilly 1851/52, von Eingeborenen Fernando Poos 1865, von Mary Kingsley 1895[196]). Dazu kommt, daß der von Hanno höchstwahrscheinlich überlieferte richtige Name $\vartheta\varepsilon\tilde{\omega}\nu$ $o\check{\iota}\chi\eta\mu\alpha$ = Götterwohnsitz eben diesem Berge noch heute bei den Eingeborenen zu eigen ist, denn die Duala-Neger nennen ihn Mongo ma Loba = Götterberg und weigern sich, den Wohnsitz der Götter zu besteigen, hindern nach Möglichkeit auch Fremde daran.

Demnach scheint die Deutung des „Götterwagens" auf den Kamerunberg erheblich an Wahrscheinlichkeit zu gewinnen. Unstreitig hatte die Annahme, daß Hanno lediglich Grasbrände beobachtet habe, etwas Gequältes an sich, um so mehr, als im Gebiet der großen Tropenwälder sich wirkliche Grasbrände niemals bis ans Meer fortpflanzen und am Kamerungebirge überhaupt nicht unter 2000 m Meereshöhe hinabsteigen können, „weil in dem dichten, feuchten Urwalde, der die unteren Abdachungen bekleidet, derartige Grasbrände ausgeschlossen sind"[197]).

Aber lange schien keine andere Erklärung übrig zu bleiben, wenn das Kamerungebirge in der Tat ein seit vorgeschichtlicher Zeit erloschener Vulkan war. Noch die sehr gründliche Studie Fischers vom Jahre 1893 hat darauf verzichtet, die von ihr behauptete Identität des Kamerunberges mit dem Götterwagen durch einen Hinweis auf eine vor 2500 Jahren vielleicht noch vorhandene vulkanische Tätigkeit zu belegen, weil eine solche Annahme damals, auf Grund der geologischen Gutachten, ausgeschlossen erscheinen mußte. Illing in seiner gewissenhaften Untersuchung vom Jahre 1899 kannte das Kamerungebirge ebenfalls nicht als tätigen Vulkan und kam bemerkenswerterweise dennoch zu dem Ergebnis[198]:

„Jeden Tag können die Zeitungen die Nachricht bringen, daß wieder einmal ein Ausbruch stattfindet."

Es wies darauf hin, daß der Engländer Comber im Kamerungebirge frische Lavaströme gefunden habe und daß im Jahre 1868 anscheinend ein verläßlicher Ausbruch des Vulkans beobachtet worden sei[199].

Die Illingsche Prophezeiung ging überraschend schnell in Erfüllung: der Kamerunberg selber hat eine weitgehende Berichtigung der herrschenden Ansichten herbeigeführt. Der angeblich seit Jahrtausenden erloschene Vulkan war neuerdings mehrfach (1909, 1922, 1925) in Tätigkeit. Schon vorher muß aber während der Zeit der deutschen Herrschaft in Kamerun eine unbemerkt gebliebene vulkanische Tätigkeit leichterer Art mehrfach erfolgt sein, denn bereits im Januar 1901 beobachtete der Oberrichter Diehl bei einem Besuch des Gebirges, daß der Boden verschiedentlich rauchte[200], und 1902 berichtete der Missionar Münch[201], er habe auf dem Berge rote, fast frische Asche angetroffen und beim Hineintreten ein starkes Wärmegefühl verspürt. Unwillkürlich denkt man bei dieser Münchschen Schilderung an des Hanno Wort: „Die Erde war vor Hitze nicht zu betreten" ($\dot{\eta}$ $\gamma\tilde{\eta}$ $\dot{\upsilon}\pi\dot{o}$ $\vartheta\acute{\varepsilon}\varrho\mu\eta\varsigma$ $\ddot{\alpha}\beta\alpha\tau o\varsigma$ $\tilde{\eta}\nu$). Diese Äußerung kann letzten Endes nur mit der Hitze der Lavaströme bzw. der Asche in Verbindung gestanden haben, denn daß in einem Lande, dessen Luftwärme gegenwärtig niemals unerträglich wird, der hitzegewohnte Karthager die Hitze des Klimas als unerträglich empfunden habe, ist mehr als unwahrscheinlich, zumal da die Fahrt im Winter stattfand, wie die ebenfalls beobachteten Grasbrände erkennen lassen.

Über die jüngsten Ausbrüche des Kamerunberges, die vollauf geeignet zu sein scheinen, das Rätsel des Hannoschen „Götterwagens" endgültig zu klären, besitzen wir verschiedene, sehr genaue Schilderungen von Augenzeugen, und es ist in mehr als einer Hinsicht sehr interessant, diese Schilderungen mit den Wahrnehmungen des Hanno zu vergleichen. Der erste Ausbruch vom 26. April 1909, der aus dem Okoli-Krater über der Waldregion stattfand und den Mann beschrieben hat[202], ist in dieser Hinsicht noch lange nicht so charakteristisch wie der zweite, der spätestens am 3. Februar 1922 begann und der dann bis zum 13. März 1922 fortdauerte. Er ist von H. Reck als Augenzeugen fachmännisch genau dargestellt worden[203]. Wir erfahren, daß am 23. Februar aus zwei Kratern Flammen emporschlugen, die für den von Kalabar (Nigerien) nach Victoria (Ambas-Bucht) fahrenden Dampfer „Ehumia" sogar bei Tage 90 km weit sichtbar waren. In einer brieflichen Mitteilung Recks, der an Bord der „Ehumia" das Phänomen beobachtete, an „Petermanns Mitteilungen"[204] lesen wir folgende Schilderung, die in mehreren Punkten geradezu verblüffend an des Hanno Wahrnehmungen in der Nähe des „Götterwagens" anklingt:

"Aus zwei 150 m voneinander liegenden Kratern schlugen die Flammen bis zu 100 m hoch und waren auf 50 Seemeilen sichtbar. Als es dunkel wurde und das Schiff sich dem Vulkan näherte, konnte man einen Strom roter Lava beobachten, der von 1000 m Höhe beinahe bis zur See floß, wo er unsichtbar wurde... Asche mit Dampfgeruch konnte meilenweit auf See bemerkt werden.. Auf der Reise am 27. Februar konnte man einen neuen dritten Krater in Tätigkeit sehen, und der eigentliche Lavastrom war nach zwei Seiten auseinander geflossen, so daß drei Lavaströme sichtbar waren, die, nachdem sie ihren Lauf für etwa 600 m getrennt genommen hatten, sich wieder zu einem Strom vereinigten."

Es heißt dann ebendort von dem Lavastrom noch weiter:

"Am selben Abend (8. März) erreichte er das Meer ... (Ein neuer, sehr großer Strom, der am 11. März ins Meer mündete), schob sich 300 m hinaus und bildet jetzt eine Landzunge von beinahe 1000 m Breite."

Die Lavaströme drangen mit solcher Gewalt ins Meer vor, daß (nach einer privaten Mitteilung Thorbeckes) die Eingeborenen Massen von gekochten Fischen aus der See entnehmen konnten, was sie veranlaßte, zu erklären, der für böse gehaltene Geist im Fako-Krater müsse doch gut sein, da er ihnen jetzt so viele Fische gespendet habe.

Die oben wiedergegebene Schilderung Recks ist gerade für unsere Zwecke ungemein wertvoll. Wir haben hier in einem einwandfreien Augenzeugenbericht vom Jahre 1922 vereint: des Hanno „feurige Ströme", die „ins Meer fielen", seinen „Rauch", sein „hohes Feuer", seinen „sehr großen Berg", der obendrein noch heute den ursprünglich vom Periplus überlieferten Namen „Götterwohnung" führt. Mehr Übereinstimmungen kann man in der Tat nicht verlangen. Reck sah bei Tage die Feuersäule, die aus verhältnismäßig niedrigen Seitenkratern des Kamerungebirges in nur 1000 m Meereshöhe aufschlug, in 90 km Entfernung. Ein Ausbruch aus einem oberhalb der Waldregion gelegenen Krater, wie der vom Jahre 1909, mußte, zumal in der Nachtzeit, auf sehr viel größere Entfernung wahrzunehmen sein. Daß Hanno demnach bei einer viertägigen Fahrt, die sicher nicht entfernt die in bekannten Meeren bei gutem Wind erreichbare Tagesleistung antiker Schiffe von 185 km ergab, eine von einem hochgelegenen Krater stammende Feuersäule allnächtlich gesehen haben kann, ist also schwerlich zu bezweifeln. Nach einer freundlichen, mündlichen Angabe Prof. Thorbeckes sieht man den Kamerunberg auf der Vorbeifahrt noch jetzt von einem Küstendampfer zuweilen 4—5 Tage lang, während der 910 m hohe Kakulima im günstigsten Falle nur 129 km sichtbar weit ist. Wenn Hannos „feurige Bäche" dem Kamerungebirge entquollen, können sehr wohl die Eruptionen nachts noch vier Tagereisen weit wahrnehmbar gewesen sein. Herr Geh.-Rat Bücher schreibt mir hierzu:

„Im Jahre 1909 erfolgte in einer Höhe von 2500 m auf der Ostseite des Kamerunberges ein Ausbruch, der in der Literatur wiederholt besprochen worden ist. Ich besinne mich aus der damaligen Zeit, wo die Bevölkerung geflüchtet war und sich die Beamten des Gouvernements in Duala aufhielten, daß man abends auf der Veranda saß und mit Staunen dem sich darbietenden Phänomen zusah. Ich glaube, daß von einem Feuer, das „bis zu den Sternen" emporloderte, gesprochen werden konnte, und kann mir denken, daß die Karthager, falls sie bis dorthin gekommen sind, denselben Eindruck gehabt haben."

Unter solchen Umständen bleibt in der Tat, mangels jeder Möglichkeit einer anderen befriedigenden Deutung der „Götterwagen"-Stelle des Periplus, gar nichts anderes übrig, als Hannos „Götterwagen" im Kamerungebirge zu suchen. Wenn die für den erhaltenen Periplus verfügbare Zeit nicht ausreicht, eine so weit nach Süden ausgedehnte Reise zu ermöglichen, so muß man sich eben zu der auch aus anderen

Gründen recht wahrscheinlichen Annahme verstehen, daß Teile der Reiseschilderung verloren gegangen sind.

Sieben Tagefahrten jenseits des Götterwagens fand Hannos Periplus an einem Punkt, der Νότου κέρας = Südhorn genannt wird, sein Ende. Man ist lange im Zweifel gewesen, ob unter „Horn" ein Vorgebirge zu verstehen sei, wie noch Fischer vor 34 Jahren behauptete, oder ein Meerbusen. Seit Illings Untersuchung dürfte die Diskussion im Sinne der letzteren Annahme erledigt sein. Braucht doch auch die heutige Erdkunde die Bezeichnung „Horn" gelegentlich noch für Meeresbuchten: z. B. Goldenes Horn. Im Altertum scheint der Ausdruck geographisch ausschließlich für Wasserflächen benutzt worden zu sein. In einem fälschlich dem Poseidipp zugeschriebenen Epigramm eines griechischen Autors auf den alexandrinischen Pharos (vgl. S. 136) wird die Nilmündung mit dem Horne eines Stieres verglichen[205]), in des Apollonius Argonautica[206]) wird der Istros-Fluß (Donau) als „oberstes Horn des Ozeans" (ὕπατον κέρας Ὠκεανοῖο) bezeichnet, und ebenso nennt Vergil den Rhein bicornis = zweihörnig[207]). — Illing vermutet[208]), Hannos „Südhorn" sei entweder die Corisco-Bai, 300 km südlich des Kamerungebirges, oder der noch 10 km südlichere Gabun gewesen; die Fahrt habe sich also bis ans heutige Französische Kongogebiet erstreckt. Die Auffassung deckt sich ungefähr mit einer Berechnung des Kapitänleutnants Vanselow, der auf Grund nautischer Erwägungen erklärte, Hannos Fahrt müsse bis in die Biafra-Bai, den östlichen Meeresteil des Golfs von Guinea, geführt haben. Illings These scheint durchaus überzeugend. Falls Hanno die Absicht gehegt haben sollte, Afrikas Südspitze zu erreichen, so mußte er wohl schon an der breiten Sanaga-Mündung erkennen, welch gewaltiges Hinterland hier noch vorhanden und daß demnach ein baldiges Erreichen der Südspitze ausgeschlossen sei. Das mag für seinen Entschluß, die Fahrt abzubrechen, ausschlaggebend gewesen sein, während ein Grieche durch den mächtigen Kamerunberg vielleicht gerade zu der Annahme verleitet worden wäre, er müsse dem Südrand der Welt nahe sein, da er ja die offenbare südliche Himmelssäule des Atlas am Rande der Welt schon vor Augen habe.

Ein glücklicher Zufall hat bewirkt, daß die Schilderung der Reise des Hanno, von der wir sonst so gut wie nichts wissen würden, sich erhalten hat. Vielleicht haben ähnlich bedeutsame Unternehmungen noch mehrfach stattgefunden, aber sie sind vergessen worden, oder es hat sich von ihnen nur flüchtige, dunkle Kunde erhalten. Die von Herodot gemeldete, angebliche Fahrt des Persers Sataspes an die afrikanische Westküste muß, wie an anderer Stelle (S. 60) nachgewiesen wird, als unglaubhaft angesehen werden. Dagegen wissen wir, daß ein gewisser Euthymenes aus Massilia, der in der 2. Hälfte des 6. Jahrhunderts v. Chr. gelebt haben muß, noch weite Fahrten im Atlantischen Ozean, anscheinend auch längs der afrikanischen Westküste, unternahm. Leider ist nichts Näheres darüber bekannt. Es scheint, daß er bis zum Senegal oder einem anderen größeren Fluß der nordwestafrikanischen Küste gelangt ist, und daß er diesen für den Oberlauf des Nils hielt[209]). Man darf vermuten, daß der um 517 v. Chr schreibende, große Geograph Hekataios des Euthymenes Erkundungen schon gekannt und benutzt hat[210]). Dagegen spricht manches dafür, daß der Verfasser des berühmten Pe iplus maris exteri, den 1000 Jahre später Avienus seinem etwas trockenen, aber geographisch ungemein wertvollen Lehrgedicht zugrunde legte und dessen ursprünglicher Autor leider nicht bekannt ist, eben jener Euthymenes war. Diese von Schulten[211]) aufgebrachte Hypothese hat manches für sich, denn der Periplus ist zu Lebzeiten des Euthymenes verfaßt worden, kennt bereits die von den Karthagern um 530 v. Chr. verhängte Sperre der Gibraltarstraße, so daß der Verfasser einen Umweg zu Lande von der Guadalquivir-Mündung nach dem heutigen Malaga in Kauf nehmen muß[212]), schildert aber andererseits Tartessos als noch bestehend, das in einem nicht bekannten Jahr, vermutlich gegen 500, aus unbekanntem Anlaß von den Karthagern zerstört worden sein dürfte. Demnach scheint der Periplus um 520 entstanden zu sein. Der Periplus schildert den Verkehr mit den Zinninseln, ist aber dabei doch wohl, wenigstens in der von Avien benutzten Form, zum Teil karthagischen Gruselmärchen zum Opfer gefallen, die zur Abschreckung der Konkurrenz erdacht und verbreitet wurden. Die Angaben[213]) über unbewegte, seichte, mit Seetang angefüllte, von Meerungeheuern bevölkerte Gewässer etwa im Bereich des Busens von Biscaya, schmeckt stark nach Seemannsgespinnst, kann überdies, wie ich gezeigt habe[214]), als erste Erwähnung des berüchtigten „geronnenen Meeres" angesehen werden, das dann bis ins späte Mittelalter spukte, in allen Teilen der Erde vermutet wurde und immer wieder panischen Schrecken unter den Seefahrern hervorrief.

Außerordentlich bemerkenswert ist die verhältnismäßig recht gute Vertrautheit des Periplus mit den südlichen Teilen der britischen Inseln, die sonst den Griechen stets nur höchst mangelhaft oder gar nicht bekannt waren. Der Periplus kennt um 520 schon die keltischen Namen Albion für England und Hierne für Irland[215]) — ein meines Erachtens unbedingt verläßlicher Beweis dafür, daß im 6. Jahrhundert die Kelten bereits auf den britischen Inseln heimisch waren. Es ist durchaus wahrscheinlich, daß auch eine verschollene Schilderung der Erkundungsreise des karthagischen Admirals Himilko, des Bruders des Hanno, zum Zinnlande in die Periplus-Darstellung verwoben ist. Himilko und seine Fahrt werden von Avien ausdrücklich mehrfach genannt[216]), charakteristischerweise immer in Verbindung mit den furchtbaren Schrecken des Westmeeres, aber es ist leider über den verlorenen Originalreisebericht des Karthagers durchaus nicht das Geringste daraus zu entnehmen.

Die zeitliche Aufeinanderfolge der verschiedenen, nahezu gleichzeitigen Reisen ins mare exterum, d. h. in den Ozean, und ihrer Beschreibungen scheinen mir durch nachfolgende Erwägungen leidlich klargestellt zu werden. Die Fahrt des Euthymenes an die westafrikanische Küste muß notwendig vor dem Periplus des Hanno stattgefunden haben, denn es ist schlechterdings unvorstellbar, daß die Karthager, nachdem sie verschiedene Kolonien an der nordwestafrikanischen Küste angelegt und die Straße von Gibraltar gesperrt hatten, einem Griechen gestattet haben sollten, eine Erkundungsfahrt an den atlantischen Gestaden Afrikas zu unternehmen. Andererseits muß unbedingt die Hanno-Fahrt ausgeführt worden sein, bevor Hekatäus sein leider verlorenes Werk verfaßte, weil einer der erst von Hanno neuangelegten nordwestafrikanischen Kolonien Melissa, dem Hekatäus bereits bekannt war[217]). Da Hekatäus ums Jahr 517 seine Erkundungen über den Ozean, anscheinend in Massilia, einzog, ergibt sich sonach ein ungefährer Zeitpunkt für die Reisen des Euthymenes und Hanno. Wenn weiterhin die sonst nicht nachprüfbare, an sich aber nicht unwahrscheinliche Angabe des Plinius[218]) als richtig unterstellt wird, daß die Forschungsseereisen des Hanno und des Himilko etwa gleichzeitig unternommen wurden, ist das Jahr 517 auch für die Himilko-Expedition ein terminus ante quem. Andererseits ist die von Avien benutzte, unzweifelhaft von einem Griechen verfaßte Beschreibung einer Reise von Ouessant bis Massilia, mag sie von Euthymenes oder einem anderen unternommen worden sein, unstreitig in dem verhältnismäßig kurzen Zeitraum zwischen der karthagischen Eroberung und der Zerstörung von Tartessos, also zwischen 530 und 500 v. Chr., anzusetzen, da der betreffende Seefahrer Tartessos selber noch erblickte, die Meerenge aber schon von den Karthagern gesperrt fand. Es müssen demnach in den 4 Jahrzehnten von 540—500 nicht weniger als vier große atlantische Studienreisen stattgefunden haben, an denen zweimal Griechen (Euthymenes und ein Unbekannter) und zweimal Karthager (Hanno und Himilko) beteiligt waren. Die noch spätere persische Seefahrt des Sataspes, die erst um 475, bestimmt erst nach 485, stattfand, kann, wie noch gezeigt werden wird (S. 60), den Bereich des Mittelmeeres kaum verlassen haben, kommt also als atlantische Forschungsreise nicht in Betracht.

Das völlige Verschwinden aller genaueren Kenntnisse vom Atlantischen Ozean nach 500 v. Chr., das sich symbolisch in Platos berühmtem Atlantisbericht widerspiegelt und das durch die konsequent durchgeführte karthagische Gibraltarsperre verschuldet wurde, wird besonders klar erkennbar, wenn man mit der verhältnismäßig recht guten Vertrautheit eines Euthymenes und Hekatäus mit dem Ozean die nahezu völlige Unwissenheit des fast ein Jahrhundert später lebenden Herodot vergleicht. Dieser schreibt einmal geradezu[219]):

„Über das Ende von Europa gegen Westen zu kann ich nichts mit Gewißheit sagen... Auch weiß ich nichts von den Zinninseln, von denen das Zinn herkommt... Freilich kommt das Zinn und ebenso der Bernstein vom äußersten Ende her."

Sogar Hesiod und in gewissem Sinne Homer haben im 8. Jahrhundert v. Chr. vom Ozean und von Britannien schon mehr Kunde gehabt als 3 Jahrhunderte später Herodot. Insbesondere die Erwähnung[220]) des nordischen Singschwanes bei Hesiod als Charaktertier des Okeanos beweist dies durchaus einwandfrei[221]).

Nachdem die Fahrt durch die Gibraltarstraße den Hellenen abgeschnitten worden war, also nach 500 v. Chr., waren unter allen Mittelmeeranwohnern nur noch die Bewohner von zwei Städten in der Lage, den Atlantischen Ozean an den westlichen Küsten Europas aufzusuchen: von Karthago und von Massilia. Die ersteren hatten das Monopol der Meerengenschiffahrt, die letzteren dagegen hatten sich Umgehungswege zum Ozean geöffnet, die sie anscheinend als strenges Geheimnis behandelten, so daß noch lange nach der Sprengung der Gibraltarsperre (206 v. Chr.) ein Scipio Africanus und Polybius um 135 v. Chr. in Massilia selbst so gut wie nichts über die Handelswege der Bewohner zu erfahren vermochten und Polybius schrieb[222]), alles Land nördlich einer Linie vom Don nach Narbonne sei unbekannt. Schon aus dem von Avien benutzten Periplus ist zu ersehen, daß die Massilioten verstanden haben, sich durch Gallien hindurch einen dem karthagischen Zugriff entzogenen Überlandweg nach der Küste der Bretagne zu öffnen. Drei französische Flüsse, die nahe an das Rhônegebiet heranreichen, öffnen sich bekanntlich zum Atlantischen Ozean: die Garonne, Loire und Seine. Alle drei sind offenbar vom massiliotischen Zinnhandel benutzt worden, als wahrscheinlich ältester und bestgelegener der Loireweg, der in nicht allzu großer Entfernung vom Hauptzinnmarktplatz Ouessant den Ozean erreichte. Sowohl an der Loire- wie an der Garonnemündung legten die Massilioten Tochterstädte an (emporia), dort Corbilo, hier Burdigala (Bordeaux), die bei Strabo[223]) und Diodor[224]) erwähnt werden, wenn auch erstere Stadt schon vor Caesars Zeit aus unbekannter Ursache zugrunde gegangen war. Diodors Bericht, wonach das Zinn durch Saumpferde zur Rhônemündung gebracht wurde[225]), stützte sich auf Timäus, indirekt auf Pytheas[226]). Mindestens der Garonneweg wurde gegen 500 v. Chr., kaum 100 Jahre nach Massilias Gründung, benutzt, denn schon der aus dieser Zeit stammende massiliotische Periplus des Avien kennt den Übergang Narbo-Burdigala (Narbonne—Bordeaux), der in 7 Tagen zurückgelegt wurde[227]). Schultens Vermutung[228]), daß dieser Isthmus-Übergang der Abkürzung der Reise von Massilia nach Tartessos diente, dürfte richtig sein. Aber noch näher mußte der Gedanke liegen, wenn man Zinn einhandeln wollte, von der Garonne zur Zinninsel Ouessant direkt vorzudringen, wohin der Weg kürzer als nach Tartessos und wo überdies das Zinn sicher billiger als in Tartessos erhältlich war. In Tartessos selbst wird Massilia vermutlich mehr Kupfer und Silber als Zinn eingekauft haben.

Auf einen leidlich regelmäßigen Handel der Massilioten mit dem Zinnlande Cornwall deuten nicht zum wenigsten einige höchst seltsame und nur auf Britannien passende Züge in der von Hekatäus überlieferten, bei Diodor erhaltenen[229]) Hyperboreersage. Diese überaus reizvollen Beziehungen, auf die Sieglin[230]) und Schuchhardt[231]) erstmalig aufmerksam gemacht haben, können hier nicht näher erörtert werden; es muß genügen, darauf hinzuweisen, daß die Legende von einem „jenseits des Nordwindes" in einem glücklichsten Klima wohnenden Volk ihre Ursache darin zu finden scheint, daß Marseille und das untere Rhônetal im Winter unter den kalten, aus N bis NW wehenden Mistralwinden erheblich zu leiden haben, während zur selben Jahreszeit die südenglische Küste mit Wight trotz einer um 8 Breitengrade nördlicheren Lage sich eines fast subtropischen Winterklimas erfreuen und vor den rauhen Nordwinden vollkommen geschützt sind[232]). Die Massilioten haben offenbar zeitig herausgefunden, daß sie unter Umgehung des Oestrymniergebietes und ihres Zinnmarktes auf Ouessant nach Britannien gelangen konnten, wenn sie der Rhône und Saône genau nordwärts folgten und dann auf die Seine übergingen. Sie gelangten dann zur heutigen Normandie und kamen den Oestrymniern im wahren Sinne des Wortes in den Rücken. Daß der Rhône-Seine-Weg in der Tat von ihnen benutzt wurde, ist mehrfach in der alten Literatur bezeugt[233]). Wir erfahren bei dieser Gelegenheit, daß die Überlandreise zwischen der Rhône- und der Seinemündung 30 Tagereisen in Anspruch nahm. Dieser Weg öffnete sich zum Ozean in gerader Richtung auf die gesegneten Gestade, deren Klima den Hekatäus zu seiner Ausdeutung der Hyperboreerfabel angeregt haben muß. Von Wight aus konnten die Massilioten im Schutze der britischen Küste dann unschwer zum Zinnlande Cornwall vordringen, wo der Hafen am St. Michaels Mount, im Altertum Ictis genannt, der wichtigste Zinnausfuhrhafen war[234]).

Wenn man sich diese Sachlage vergegenwärtigt, so erkennt man, daß der Massiliote Pytheas, um im 4. Jahrhundert nach Britannien zu kommen, durchaus nicht auf eine reine Schiffsreise angewiesen war. Man nahm in der Regel an, die Fahrt des Pytheas sei die einzige gewesen, die in den ganzen drei Jahrhunderten der Gibraltarsperre von einem nicht-karthagischen Schiff jenseits der Säulen des Herakles ausgeführt worden sei. Ich habe selbst ehedem der Meinung Ausdruck gegeben[235]), daß die ganze Reise des Pytheas wohl nur mit karthagischer Erlaubnis, wenn nicht gar im karthagischen Auftrag, ausgeführt worden sein könne. Es zeigt sich nun, daß es einer derartigen Annahme nicht bedarf, daß Pytheas sehr wohl Britannien umschifft haben und nach Thule sowie nach der jütischen Bernsteinküste vorgedrungen sein kann, ohne daß die Karthager je das Geringste davon je erfahren bekamen. Der Umstand, daß Pytheas auch an der spanischen Küste geweilt und dort als Erster Beobachtungen über Ebbe und Flut angestellt hat, kann nicht dagegen ins Feld geführt werden, denn durch nichts ist bewiesen, daß er auf derselben Reise in Spanien, in Britannien und Thule weilte. Es ist sogar wenig wahrscheinlich, daß eine zusammenhängende Reise ihn in alle diese Länder geführt hat. Mir scheint heute die Annahme erheblich mehr Hand und Fuß zu haben, daß er auf dem Rhône-Seine-Weg zum Kanal gelangte und von dort aus seine glänzende Forschungsfahrt begann, daß er auch auf demselben Überlandweg wieder zurückkehrte. Allerdings schließt diese sonst meines Erachtens recht glückliche Annahme die Unannehmlichkeit in sich, daß wir dann jegliche Möglichkeit verlieren, die Reise des Pytheas zu datieren. Der recht geistvolle Versuch Sieglins[236]), die Reise des Pytheas etwa auf die Jahre 348—345 v. Chr. anzusetzen, weil in dieser Zeit die Gibraltarsperre nach der keltischen Eroberung Iberiens lockerer gehandhabt wurde, wird natürlich gegenstandslos, wenn Pytheas nach Britannien gelangen konnte, ohne die spanischen Gewässer zu berühren. Der Zeitpunkt dieser größten Entdeckungsreise, die die vorchristliche Zeit aufzuweisen hatte, rückt demnach wieder völlig ins Ungewisse und kann wohl in der ganzen Zeit zwischen 350 und 300 v. Chr. gesucht werden. Jedenfalls spricht der Umstand, daß Diodors Kenntnis des Rhône-Seine-Wegs über Timäus auf Pytheas zurückgeht, sehr stark dafür, daß Pytheas diesen Weg auch selbst benutzt hat.

Das eigentlich Ziel der Pytheas-Reise ist wahrscheinlich eine genauere Erkundung der Ursprungsländer des Zinns und Bernsteins im Interesse massiliotischer Kaufleute gewesen. Dieses hauptsächliche Ziel wurde auch vollkommen erreicht: Britannien wurde von dem griechischen Gelehrten vollkommen umsegelt, und ebenso tastete er sich vom Englischen Kanal an den Küsten entlang bis zur Deutschen Bucht, dem Hauptbernsteingebiet damaliger Zeit, hinauf. Diejenige Leistung aber, die von jeher des Pytheas Namen ganz besonders berühmt gemacht hat, war eigentlich mehr eine Nebenleistung, die ursprünglich nicht auf dem Reiseprogramm stand: die Fahrt nach Thule, dem äußersten Lande der Welt, das er von Nordschottland in 6 tägiger Seereise erreichte. Das seit mehr als 1000 Jahren vielumstrittene Problem, welches Land als Thule anzusprechen sei, kann heute wohl als gelöst gelten. Frithjof Nansen hat bereits 1911 eine Reihe von wuchtigen Beweisen zusammengetragen, daß Thule nur im mittleren Norwegen gesucht werden dürfe[237]). Ich selbst habe 1925 in eingehender Diskussion des ganzen Fragenkomplexes diese Argumente noch vermehrt[238]) und gewissermaßen den indirekten Beweis geführt, daß die wenigen für Thule sicher vorliegenden Anhaltspunkte, die Dauer der kürzesten Nacht von 2—3 Stunden, d. h. die Lage unter dem 64.—65. Grad, das Vorhandensein einer leidlich kultivierten, ackerbautreibenden Bevölkerung, das Vorkommen von

Honig, d. h. von Bienen, durchaus hinreichen, um jede andere Deutung (Island, Mainland, Südnorwegen usw.) als die auf die Drontheimer Bucht restlos auszuschließen. Auch handelsgeschichtlich bleibt kaum eine andere Annahme übrig, denn man darf als nahezu sicher annehmen, daß Pytheas den Vorstoß nach Thule nicht ins Blaue hinein über den offenen Ozean unternahm, sondern daß es sich dabei für ihn darum handelte, ein Land kennenzulernen, von dem er in Schottland gehört hatte und mit dem von dort aus ein laufender Warenaustausch (vermutlich Metalle gegen Pelze) gepflogen wurde. Alle diese meines Erachtens durchaus zwingenden Beweise, daß Pytheas ins mittlere Norwegen gelangt ist, können hier unmöglich nochmals aufgeführt werden. Die Diskussion der Thulefrage in meinem erwähnten Buch ist, soweit ich sehe, von keinem Kritiker beanstandet worden. Es ist demnach wohl erlaubt, das Ergebnis bis auf weiteres als einwandfrei zu betrachten.

Auf einen regelmäßigen Handelsverkehr zwischen Nordschottland und Thule läßt auch eine einmalige, leider nicht näher erläuterte Bemerkung des Plinius schließen [239]): „Von dort segelt man nach Thule." Uralte Handelsbeziehungen zwischen Britannien und Skandinavien über die Nordsee hinweg muß man ohnehin annehmen [240]); der starke Metallbedarf Skandinaviens läßt zudem vermuten, daß dieser Verkehr lebhaft war. Eine Annahme, daß gerade mit der Drontheimer Bucht, als der für Besiedlung und Ackerbau geeignetsten Stelle Mittelnorwegens und gleichzeitig der gegebenen Auffangstelle für die nordische Pelzjägerei, von Britannien her Waren ausgetauscht wurden, hat also durchaus Hand und Fuß.

Der Seeverkehr Britanniens mit den verschiedensten Ländern des Festlandes muß seit ältester Zeit lebhaft gewesen sein, wie die mannigfache Verwendung britischer Metalle in den meisten Ländern Europas beweist. Aber die beteiligten keltischen Stämme haben keinerlei literarische Aufzeichnungen vorgenommen, und da bis zu Caesars Tagen die Berührungen schriftkundiger Mittelmeerbewohner mit den britischen Inseln nur ganz sporadisch vorkamen, so sind wir leider auf wenige, dürftige Andeutungen in der Literatur angewiesen, um uns ein Bild von dem geschichtlichen Geschehen zu machen. Noch Caesar muß sich darüber beklagen, daß es ihm, als er im August 55 v. Chr. seine Expedition nach Britannien plant, fast unmöglich ist, irgend etwas Zuverlässiges über die Inseln irgendwo in Gallien zu erfahren [241]), ebenso wie 8 Jahrzehnte vorher der große Scipio Africanus und Polybius sich vergeblich bemühten, in Massilia und Narbo etwas von dem Herkunftlande des Zinns zu erfragen [242]). Es muß notwendig ein absichtliches Verschweigen dieser Handelsbeziehungen vorgelegen haben, denn Caesar selbst spricht an anderer Stelle [243]), als er das glücklich erreichte Britannien schildert, von der Küste in Kent (Cantium), „wo fast alle aus Gallien kommenden Schiffe landen", und bezeugt hiermit das Bestehen eines regelmäßigen gallisch-britannischen Seeverkehrs. In diesem Zusammenhang muß auch eine Stelle aus Strabo [244]) zitiert werden, aus der ein verhältnismäßig lebhafter Verkehr des Festlandes mit Britannien zu entnehmen ist:

„Es gibt vier Übergangspunkte vom Festland nach der Insel, nämlich von den Mündungen des Rheins (bei Katwyk), der Seine, Loire und Garonne... Wer von der Rheingegend (Oberrhein!) die Überfahrt antritt, fährt nicht von der Mündung selbst aus, sondern vom Gebiet der den Menapiern benachbarten Moriner, in dem auch der Hafen Ition liegt (d. h. von der Gegend um Calais)."

Wir dürfen also annehmen, daß wohl schon seit dem 2. vorchristlichen Jahrtausend mit wenigen Unterbrechungen regelmäßige Handels- und Kulturbeziehungen zwischen dem festländischen Westeuropa und den britischen Inseln stattfanden. Caesars Expedition machte dann endlich die Bahn frei zur jahrhundertelangen Festsetzung eines Mittelmeervolkes in Britannien und damit zur endgültigen Eroberung der westeuropäischen Meere für das literarische Wissen der Zeit, wenn auch erst unter Kaiser Domitian durch den vortrefflichen Statthalter Agricola Britannien nordwärts bis zum Firth of Tay unterworfen und gleichzeitig im Jahre 83 der Inselcharakter des Landes durch einen bis halbwegs zu den Shetlands hinaufführenden Flottenvorstoß abermals und nunmehr endgültig erkannt wurde [245]).

Literaturnachweise.

73) G. Wilke: „Südwesteuropäische Megalithkultur und ihre Beziehungen zum Orient", S. 47. Würzburg 1912. — Derselbe im „Reallexikon der Vorgeschichte", Bd. VIII, S. 81.

74) Obermaier in den „Mitteilungen der Wiener Anthropolog. Gesellschaft" 1920, S. 119, Note 1, und S. 131.

75) „Reallexikon der Vorgeschichte", Bd. VIII, S. 79.

76) G. Wilke in der Mannus-Bibliothek, Bd. VII, S. 156ff.; G. Kossinna: ebendort, Bd. XXVI, S. 72.

77) Bosch-Gimpera im „Reallexikon der Vorgeschichte", Bd. VIII, S. 93.

78) Oskar Montelius: „Kulturgeschichte Schwedens", S. 52.

79) Verhandlungen des 7. (Berliner) Internationalen Geographenkongresses, 1899, S. 845.

80) H. u. L. Siret: „Les premiers âges du metal dans le Sud-Est de l'Espagne", 1887.

81) Fritz Netolitzky: „Das Atlantisproblem" in der „Wiener Prähistorischen Zeitschrift", 1926, S. 46.

82) Adolf Schulten: „Tartessos", S. 9ff. Hamburg 1922.

83) Tacitus: „Agricola", Kap. 11.

84) a. a. O., S. 11.

85) Hubert Schmidt: „Vorgeschichte Europas", S. 252. Leipzig 1924.

86) Schultens Ausgabe des Avien: Ora maritima, v. 433.

87) L. Siret: „Questions de chronologie ibérique", S. 194. Paris 1913.

88) J. Pokorny im „Reallexikon der Vorgeschichte", Bd. II, S. 142.

89) Schulten: „Tartessos", S. 67.

90) „Petermanns Mitteilungen", 1926, S. 164.

91) Od. XI, 13—19.

92) Schon die aus vorchristlicher Zeit stammenden Scholien zur Odyssee betonen: „Die Sonne bescheint die Kimmerier, aber sie leuchtet nicht" (zu XI, 16).

93) Strabo VII, 2, 2 (293), nach Poseidonius; Diodorus Siculus V, 32, 4; Plutarch, Marius, c. 11.

94) Schultens Avien-Ausgabe „Ora maritima", S. 83.

95) Lehmann-Haupt in Pauly-Wissowas Realenzyklopädie, Bd. XXI, Sp. 432. Stuttgart 1921.

96) Angabe des Poseidonius, bei Ammianus Marcellinus XV, 9, 4.

97) Konrad Mannert: „Geographie der Griechen und Römer", 2. Teil, Bd. I: „Das transalpinische Gallien", S. 23. Nürnberg 1804.

98) Alfred Holder: „Altkeltischer Sprachschatz", Bd. I, Sp. 889. Leipzig 1896.

99) Bd. III, S. 858—859.

100) Alb. Herrmann: „Die Irrfahrten des Odysseus", S. 30/1.

101) Wilh. Dörpfeld: „Homers Odyssee", Bd. I, S. 240. München 1925.

102) Herodot II, 23.

103) Karl Müllenhoff: „Deutsche Altertumskunde", Bd. I, S. 61. Berlin 1870.

104) Friedr. Wilh. Movers: „Die Phönizier", Bd. II, 2, S. 62.

105) L. Lewy: „Semitische Fremdwörter im Griechischen", S. 208. Berlin 1895.

106) Ulr. v. Wilamowitz-Möllendorff: „Homerische Untersuchungen". Berlin 1884.

107) Vgl. den Artikel über Okeanos von Weizsäcker in Roschers Mythologischem Lexikon, Bd. III, 1, Sp. 810.

108) Diodor V, 20, 1.
109) Diodor I, 92, 96.
110) J. H. Breadsted: „Ancient Records of Egypt", Bd. II, S. 30/1. Chicago 1906.
111) Friedr. Gottlieb Welcker: „Griechische Götterlehre", Bd. I, S. 743. Göttingen 1857.
112) A. v. Humboldt: „Ansichten der Natur", S. 239. Stuttgart 1871. — R. Hennig: „Zum Verständnis des Begriffs Säulen in der antiken Geographie" in „Petermanns Mitteil.", 1927, S. 80.
113) Herodot: IV, 184.
114) „Petermanns Mitteil.", 1924, S. 221.
115) Odyssee I, 53/4.
116) Avien-Ausgabe, S. 101.
117) Odyssee XX, 383; XXIV, 306.
118) Hanno, Periplus § 7.
119) Roschers Lexikon der griechischen und römischen Mythologie, Bd. I, 1, Sp. 705. Leipzig 1884.
120) Buch Hiob, Kap. 9, Vers 6.
121) Tegnérs Frithjofs-Sage, 2. Gesang, Vers 11.
122) Franz v. Löher: „Nach den glücklichen Inseln", S. 176. Bielefeld u. Leipzig 1876.
123) Bolle in Zeitschr. f. allgemeine Erdkunde, N. F., Bd. X, S. 161; A. J. Letronne: Oeuvres choisies, 2. Ser., I, S. 297. Paris 1883.
124) Furtwängler: a. a. O., Sp. 784; Wernicke in Pauly-Wissowas Reallexikon, Bd. II, Sp. 2118. Stuttgart 1896.
125) Pindar, Pyth. I, 40.
126) Diodorus Siculus V, 20.
127) Odyssee IV, 560ff.,; VII, 63ff.; XV, 403ff.; vgl. A. Schulten: „Die Inseln der Seligen" in Geogr. Zeitschr. 1926, S. 229.
128) Richard Pietschmann: „Geschichte der Phönizier". Berlin 1889.
129) Jubas Schriften in Müllers „Fragmenta Scriptorum graecorum", Bd. III. Paris 1849; Plinius, nat. hist. VI, 203.
130) Sophus Ruge: „Geschichte des Zeitalters der Entdeckungen", S. 13. Berlin 1881.
131) Heinrich Kiepert: „Lehrbuch der alten Geographie, S. 222. Berlin 1878.
132) Ilias XXIV, 544.
133) Deutsche Altertumskunde, Bd. I, S. 65. Berlin 1870.
134) Über die Unverständlichkeit vgl. U. v. Wilamowitz-Möllendorff: Homerische Untersuchungen, S. 23.
135) a. a. O., S. 90.
136) Od. XII, 1—2.
137) Hesiod, theog. 215.
138) Roschers Lexikon der griechischen und römischen Mythologie, Bd. I, 1, Sp. 705.
139) Od. I, 52.
140) Strabo III, 4,4.
141) A. Breusing: „Die Irrfahrten des Odysseus", S. 71. Bremen 1889.
142) Rich. Hennig: „Von rätselhaften Ländern", S. 41. München 1925.
143) Hesiod, theog. 507.
144) Od. IV, 563—569.
145) Hesiod, theog., v. 287—294.
146) Karl Müllenhoff: „Deutsche Altertumskunde", Bd. I, S. 65. Berlin 1870.
147) Schulten: „Tartessos", S. 19.
148) Aristoteles: De mirab. auscult., cap. 84.
149) „Die Inseln der Seligen" (Geogr. Zeitschr. 1926, S. 238).
150) Od. XV, 403.
151) Plinius, nat. hist. VI, 37.
152) VI, 702.
153) Plinius, nat. hist. VI, 36/37.
154) Pomponius Mela III, 10.
155) Thevet: „Cosmographie universelle" II, S. 1022. Paris 1575.
156) J. Mees: „Histoire de la découverte des iles Açores. Gent 1901.
157) a. a. O., S. 24.
158) Geograph. Zeitschrift 1926, S. 238.
159) A. v. Humboldt: Kritische Untersuchungen, Bd. II, S. 452ff. Berlin 1852.
160) Göteborgske Wetenskap og Witterhets Samlingar 1778, I, 106. —

Eine Abbildung der Münzen habe ich in „Petermanns Mitteilungen", 1927, S. 209, sowie im „Jahrbuch des Deutschen Archäologischen Instituts" 1927, Sp. 14, veröffentlicht.

161) „Kritische Untersuchungen", Bd. II, S. 228. Berlin 1852.
162) „Von rätselhaften Ländern", S. 162—169.
163) Karl Emil Illing: „Der Periplus des Hanno" im Programm des Wettiner Gymnasiums zu Dresden 1899.
164) Fr. Wilh. Kluge: „Hannonis navigatio", S. 3. Leipzig 1829.
165) Herodot VII, 165.
166) Plinius, nat. hist. II, 169.
167) Vivien de St. Martin: „Le Nord de l'Afrique dans l'antiquité", S. 397. Paris 1863.
168) W. Ruge: „Der Periplus Hannos" in „Petermanns Mitteil." 1894, S. 185.
169) „Le Globe" 1867, S. 333: „Le periple d'Hannon et la découverte du Sénégal".
170) Ausgabe von Siegmund Gelenius. Basel 1533.
171) Geographi graeci minores, Bd. I. Paris 1855.
172) Curt Th. Fischer: „De Hannonis Carthaginensis Periplu". Leipzig 1893.
173) Arrian, Indica XLIII, 11 und 12 (Geographi graeci minores, Bd. I, S. 369. Paris 1855).
174) Wer dieser Gewährsmann war, ist nicht bekannt. Eratosthenes, den Berger dafür ansieht („Wissenschaftliche Erdkunde der Griechen", Bd. III, S. 73) und den auch Illing dafür hält (a. a. O., S. 36) kommt als Quelle nicht in Betracht, da er lange vor der Zerstörung Karthagos lebte (275—195 v. Chr.) und Polybios als erster Grieche den Periplus im Jahre 146 v. Chr. G. kennenlernte. Möglichenfalls war Polybios selbst des Arrian Gewährsmann?
175) „Hermes" 1927, S. 305 und 488/9.
176) Diese „Gorillas" waren wohl sicher keine Affen, sondern Angehörige eines Eingeborenenstammes. Der Name Gorillas ist erst im Jahre 1847 von Savage auf die von ihm am Gabun erstmalig entdeckte Gattung von Menschenaffen übertragen worden — und zwar aus dem Bericht des Hanno!
177) Arn. Herm. Ludw. Heeren: „Geschichte des Studiums der klassischen Literatur", Bd. II, 2, S. 718/719. Göttingen 1802.
178) A. v. Humboldt: „Kritische Untersuchungen", Bd. II, S. 95.
179) Carl Ritter: „Die Erdkunde im Verhältnis zur Natur und zur Geschichte des Menschen", Bd. I, S. 22. Berlin 1817.
180) L. A. de Bougainville: „Voyage autour du monde". Paris 1771.
181) Entz: „Der Periplus des Hanno", Programm des Gymnasiums Marienburg 1884, S. 46.
182) Fr. Aug. Ukert: „Handbuch der Geographie der Griechen und Römer", Bd. I, 1, S. 66. Weimar 1816.
183) a. a. O., S. 13.
184) a. a. O., S. 394.
185) Kan: „De Periplus van Hanno" in „Tijdschrift van het Kon. nederlandsch aardrijkskundig genootschap" (Leiden), 1891, S. 598.
186) § 15 und 16.
187) Vgl. z. B. James Bruce: „Travels to discover the sources of the Nile 1768—1773", Bd. II, S. 545. London 1790; Mungo Park: „Travels in the interior districts of Africa", S. 233. London 1799.
188) M. Neumayr: „Erdgeschichte", Bd. I, S. 203. Leipzig-Wien 1895.
189) Richard Burton: „Abeokuta and the Camaroons Mountains", Bd. II, S. 209. London 1863.
190) Mer: „Mémoire sur le periple d'Hannon", S. 52/53, 1885.
191) Berlioux: „La terre habitable vers l'équateur, S. 25, 1884.
192) Scharnik: „Die Umschiffung der westafrikanischen Küste durch Hanno" im „Archiv für Post u. Telegraphie" 1887, S. 398.
193) S. Passarge: „Erforschung und Eroberung Kameruns" in der „Deutschen Kolonial-Zeitung" 1908, S. 560ff. und Geograph. Zeitschr. 1926, S. 449ff.
194) Kurt Hassert: „Das Kamerun-Gebirge" in „Mitteilungen aus den deutschen Schutzgebieten" 1911, S. 55ff. und Geograph. Zeitschr. 1926, S. 449ff.
195) G. Waldau: „Debundscha Plantation" in „Geograph. Journal" 1922, S. 135ff.
196) Frhr. Stromer von Reichenbach: „Geologie der deutschen Schutzgebiete in Afrika", S. 165. München-Leipzig. — Mary Kingsley: „Travels in West Africa", S. 447, London 1900.
197) Hassert, a. a. O., S. 88; vgl. auch meine Darlegungen in „Geograph. Zeitschr." 1927, S. 387/8.

198) a. a. O., S. 40.
199) Zöller: „Die deutschen Besitzungen an der westafrikanischen Küste", Bd. II, 1, S. 128. Berlin-Stuttgart 1885.
200) Hassert, a. a. O., S. 87.
201) Deutsches Kolonialblatt 1902, S. 73.
202) „Mitteilungen aus den deutschen Schutzgebieten" 1909, S. 277 ff.
203) „Zeitschrift für Vulkanologie" 1923, S. 56; vgl. auch „West Africa" (engl. Zeitschrift) vom 8. April 1922.
204) „Petermanns Mitteilungen" 1922, S. 123.
205) R. Hennig: „Beiträge zur älteren Geschichte der Leuchttürme" im „Jahrbuch des Vereins Deutscher Ingenieure", Bd. VI, S. 35 ff. (besonders S. 38/39).
206) Argonautica, IV, 282.
207) Vergil, Äneis VIII, 717.
208) a. a. O., S. 40/41. — Vgl. auch Sieglin in der „Wochenschrift für klassische Philologie" 1910, S. 700.
209) Jacoby in Pauly-Wissowas Realenzyklopädie (1909), Bd. VI, Sp. 1509.
210) Diels in den Sitzungsberichten der Berliner Akademie der Wissenschaften, 1891, S. 582, 3.
211) Avien-Ausgabe, S. 10.
212) Vers 178—182.
213) Vers 120—129.
214) R. Hennig: „Liegen der Erzählung vom Geronnenen Meer geographische Tatsachen zugrunde?" in der „Geogr. Zeitschr.", 1926, S. 62—73.
215) Vers 111/2.
216) Vers 117—129, 380—389, 410—413.
217) W. Aly: „Die Entdeckung des Westens" im „Hermes" 1927, S. 311.
218) Plinius, nat. hist. II, 169.
219) Herodot III, 115.
220) Hesiod, scut. Herc., v. 315—317.
221) Vgl. meine eingehende Beweisführung im Aufsatz „Die Kunde von Britannien im Altertum" in der „Geograph. Zeitschrift", 1928, S. 95/6.
222) Polybius III, 38.
223) Strabo IV, 177, 189—390.
224) Diodorus Siculus V, 18,5.
225) Diodor V, 22—23.
226) Müllenhoff, a. a. O., Bd. I, S. 375.
227) Avien v. 151.
228) Avien-Ausgabe S. 84.
229) Diodorus Siculus II, 47. — Eine ziemlich späte Quelle (Stephanus von Byzanz, 6. Jahrh.) gibt zwar an, der Gewährsmann der Hyperboreer-Erzählung sei nicht der im 6. Jahrhundert v. Chr. lebende Hekatäus von Milet gewesen, sondern der erst dem 3. Jahrhundert v. Chr. angehörende Hekatäus von Abdera. Ich halte diese ganz vereinzelt gebliebene Angabe aus zwei gewichtigen Gründen aber für einen Irrtum. Der ältere Hekatäus weilte um 517 v. Chr. persönlich in Massilia und wußte nachweislich am westlichen Ozean ungewöhnlich gut Bescheid, kannte auch vom Hörensagen die Zinninseln (Herodot III, 115), auf die ein Großteil der Hyperboreerfabel notwendig bezogen werden muß. Der jüngere Hekatäus lebte dagegen zu einer Zeit, in der der griechischen Welt jegliche Kunde vom atlantischen Westen restlos verloren gegangen war, scheint auch selbst niemals Reisen unternommen zu haben. Es ist daher ganz unvorstellbar, daß Hekatäus von Abdera je eine Kunde gehabt haben kann von „einer Insel, dem Keltenlande gegenüber im jenseitigen Ozean gegen Norden, die nicht kleiner ist als Sizilien. Ihre Bewohner heißen Hyperboreer" (Diodor II, 47). Dazu kommt, daß als Autor der Hyperboreerfabel bei älteren Schriftstellern stets Hekatäus ohne jeden Zusatz genannt wird. Der berühmtere und bekanntere Hekatäus war aber stets der Milesier, der auch sonst immer gemeint ist, wo uns der Name Hekatäus ohne Zusatz begegnet (z. B. Plinius, nat. hist. VI, 55).
230) Verhandlungen des 7. Internationalen Geographen-Kongresses zu Berlin, 1899, S. 857—859.
231) Karl Schuchhardt: „Stonehenge" in der „Prähistorischen Zeitschrift", 1911, S. 292 ff.
232) Genaueres in meinem Aufsatz: „Die Kunde von Britannien im Altertum" in der „Geographischen Zeitschrift", 1928, S. 22 ff. und 88 ff.
233) Diodor V, 22; Strabo IV, 189/190.
234) Edward Herbert Bunbury: „A history of ancient geography", Bd. II, S. 197. London 1883.
235) „Von rätselhaften Ländern", S. 95/6 (Kapitel: Thule).

236) a. a. O., S. 859.
237) **Frithjof Nansen**: „Nebelheim", Bd. I, S. 47—71. Leipzig 1911.
238) „Von rätselhaften Ländern", S. 95—138.
239) **Plinius**, nat. hist. IV, 104.
240) Vgl. den eingehenden Beweis in **Montelius'** Aufsatz: „Der Handel der Vorzeit", a. a. O., S. 256ff.
241) **Caesar**, Bellum Gallicum IV, 20.
242) **Strabo** IV, 190.
243) Bellum Gallicum V, 13.
244) **Strabo** IV, 4.
245) **Tacitus**, Agricola, Kap. 10.

III. Der Verkehr auf dem Indischen Ozean im Altertum und Mittelalter.

Welches Volk auf dem Indischen Ozean und in seinen Randgewässern als erstes Seeschiffahrt getrieben hat, wird sich wohl schwerlich jemals einwandfrei ermitteln lassen. Urkunden in allerdings auch nur sehr beschränktem Umfang liegen ausschließlich aus der ägyptischen Geschichte vor. Es hat den Anschein, daß die ägyptische Schiffahrt auf dem Roten Meer schwerlich viel jünger als die des Mittelmeers war. **Eduard Meyer**[246]) erklärt, die ägyptische Schiffahrt zum Weihrauchlande „Punt" sei „jedenfalls schon weit älter" als die 5. Dynastie. Diese 5. Dynastie ist aber nach **Ludwig Borchardts**[247]) sehr eingehenden Untersuchungen am wahrscheinlichsten auf die Zeit 3160—2916 v. Chr. anzusetzen.

Man hat lange hin und her diskutiert, ob dieses geheimnisvolle, berühmte Weihrauchland Punt auf der arabischen oder der ostafrikanischen Seite des Indischen Ozeans gelegen habe. Noch **Eduard Meyer** wollte es an die Somalilandküste verlegt wissen. Da aber **Max Müller** ermittelt hat[248]), daß bei den Ägyptern Punt auch den Namen Habasât führte und da genau dieser Name auch den Bewohnern der südarabischen Weihrauchregion zu eigen war, so kann es wohl kaum einem Zweifel unterliegen, daß Punt in Südwestarabien angesetzt werden muß. Wie lebhaft der Verkehr war, geht aus alten Inschriften hervor, wonach allein im 13. Jahre des Pharao Safuré, d. h. im Jahre 2661 v. Chr., 80000 Myrrhen und andere edle Hölzer aus Punt nach Ägypten gebracht wurden[249]). Aber nicht nur Wohlgerüche, sondern auch Gold, Edelsteine, Gewürze und Gummi gelangten schon um die Mitte des 3. Jahrtausends auf dem Seewege von Punt nach Ägypten[250]). Aus den berühmten Bilddarstellungen im Tempel von Dehr el Bahri, die eine große Schiffsexpedition des 17. vorchristlichen Jahrhunderts nach Punt zur Zeit der Königin Hatasu veranschaulichen, geht weiter hervor, daß die Ägypter dort gegen Waffen, Ringe und Perlen außer den schon genannten Waren auch Elfenbein, Ebenholz, Pantherfelle und Paviane, also indische und wohl auch ostafrikanische Produkte, eintauschten.

Das Gold konnte sehr wohl aus Arabien selbst stammen, denn diese Halbinsel muß ehedem, zumal in ihren südlichen Teilen, ziemlich goldreich gewesen sein. Noch im Anfang des 10. nachchristlichen Jahrhunderts wurde dort Gold in ansehnlichem Umfang gewonnen, wie wir aus dem zeitgenössischen Bericht des arabischen Geographen Al Hamdâni wissen[251]). Die meisten anderen von den Ägyptern in Punt geholten Waren, vor allem die Edelsteine, das Elfenbein, die Pantherfelle, lassen dagegen mit sehr hoher Wahrscheinlichkeit auf Herkunft aus Indien bzw. Ceylon schließen. Indirekt folgt hieraus, daß in Südwestarabien ein tüchtiges Seefahrervolk saß, das seinerseits Schiffahrt nach Indien schon in sehr früher Zeit trieb. Es war dies offensichtlich dasselbe Handelsvolk, das das aus der Bibel bekannte Königreich Saba bewohnte. Saba und Punt scheinen im großen und ganzen identisch gewesen zu sein.

Es kann heute als ziemlich sicher gelten, daß dieses gepriesene Weihrauchland Punt die Wiege des Seeverkehrs im Indischen Ozean überhaupt gewesen ist. W. Sprenger[252]) nennt es „das Herz des alten Welthandels, das schon in vorhistorischer Zeit zu pulsieren angefangen" habe, und bezeichnet die Bewohner der Weihrauchregion als die „Gründer des Welthandels, wie er im Altertum bestand". Sicher ist wohl, daß die Sabäer zu den kühnsten und erfolgreichsten Seefahrervölkern aller Zeiten gehört haben. Die Phönizier haben ihren Homer gefunden: nicht nur die homerischen Gesänge selbst, sondern auch andere altgriechische Quellen geben uns Kunde, was dieses Volk für den Welthandel und die erdkundliche Kenntnis ums Jahr 1000 v. Chr. zu bedeuten hatte. Was jenes arabische Volk der Sabäer an gleichwertigen Leistungen aufzuweisen hatte, das „meldet kein Lied, kein Heldenbuch". Wenn der Name Saba überhaupt einen gewissen Klang auch außerhalb des Kreises der Fachgelehrten aufweist, so ist dies lediglich auf den bekannten biblischen Bericht über die Beziehungen König Salomos zur Königin von Saba zurückzuführen, die ihn in Jerusalem besuchte[253]). Auch die arabische Sage hat die Erinnerung an diese Königin bewahrt, deren Name als Bilkîs überliefert wird[254]).

Selbstverständlich wird sich die Königin Bilkîs zu der weiten Reise nach Jerusalem nur entschlossen haben, wenn sie sich eines sicheren, von ihren Untertanen häufiger benutzten Karawanenweges zu bedienen vermochte; auf ungewissen Pfaden, wie sie der Forschungsreisende wandelt, wird sich ihre Besuchsreise keineswegs bewegt haben. In der Tat muß zwischen Saba und Palästina schon frühzeitig ein Karawanenweg bestanden haben, der wohl schwerlich einen anderen Verlauf nahm als die heutige, das westliche Arabien von Süd nach Nord durchziehende Handels- und Pilgerstraße. Franz Stuhlmann sagt von diesem alten Verkehrsweg[255]):

> „Teils nahm der Handel den Landweg, wobei der Transport durch die Nomaden monopolisiert wurde. Man ging vom eigentlichen Weihrauchlande Hadramaût und seinem Hauptort Sabwat, dem Sabbatha des Ptolemäos, einesteils nach dem Lande der Minäer in Westarabien und von dort nach Norden auf der heutigen Pilgerstraße, und weiter entweder über das Rote Meer nach Ägypten oder nordwärts nach Ghazza oder Damaskus. Anderseits ging der Weg von Hadramaût (Punt, Saba) nach den Uferländern des Perser Golfes, nach der alten Handelsmetropole Gerra, die an der Festlandsküste gegenüber den Bahrein-Inseln lag. Hier vereinigte sich der Weg mit einem anderen, der übers Wasser von Indien (Pattala am Indus?) und besonders von Persien kam. Von Gerra ging es entweder nach Norden über Teredon an der Mündung des Euphrat nach Babylon oder quer durch Arabien nach Petra-Ghazza, nach Ägypten oder Damaskus. Dies waren die uralten Handelsstädte und Handelswege, und letztere sind bis auf den heutigen Tag als Pilgerstraßen geblieben."

Daß das Erscheinen von sabäischen Händlern in Palästina dem Volke eine wohlvertraute Tatsache war, lehrt eine Stelle im Jesajas[256]):

„Die Menge der Kamele wird dich bedecken, die Läufer aus Midian und Epha. Sie werden aus Saba alle kommen, Gold und Weihrauch bringen und des Herrn Lob verkündigen."

Man darf somit als gewiß annehmen, daß ums Jahr 1000 v. Chr. Jahrhunderte hindurch ein Karawanenverkehr zwischen Palästina und Südarabien mit Saba als Handelsmittelpunkt bestand. Dieses selbe Volk aber war es, das schon in sehr früher Zeit die Kunst der Seefahrt zu hoher Blüte entwickelt haben muß.

Nach Benfey[257]) sollen noch vor den Sabäern die Inder die Schiffahrt in der westlichen Hälfte des Indischen Ozeans gepflegt haben. Benfey weist zur Unterstützung seiner These auf eine Reihe von Umständen hin, die aber zumeist aus dem für den Geographen etwas verdächtigen sprachlichen Gebiet entnommen sind. Er glaubt, daß die südöstlich von Aden am Eingang zum Indischen Ozean gelegene Insel Sokotora zuerst von Indern besiedelt wurde, da ihr Name Sanskrit-Ursprung verrät und da dort dauernd bis zur römischen Kaiserzeit eine indische Kolonie ansässig war (Dvipa Sukhatara). Im „Periplus" heißt es nämlich[258]):

„Es sind dort (im Süden der Insel) aber Einwohner vorhanden, gemischt aus Arabern, Indern und auch Griechen, die wegen des Handels die Schiffahrt pflegen."

Benfey meint nun, daß die Sabäer sich eine solche Festsetzung eines fremden Volkes gewissermaßen vor ihrer Haustür, auf einer Insel, die ihnen zur Zeit des „Periplus" untertänig war, niemals hätten gefallen lassen, wenn die Besiedelung nicht schon zu einer Zeit erfolgt wäre, die über die Anfänge ihrer eigenen Seefahrt hinausreichte. Weiter macht Benfey darauf aufmerksam, daß auch an der ostafrikanischen Festlandsküste viele alte geographische Bezeichnungen auf Sanskrit-Ursprung hindeuteten. So kehrt der Name Sofâla oder Supâra, den Benfey als „schöne Küste habend" deutet, an der indischen Malabarküste wie an der heutigen Mozambiqueküste wieder. Ptolemäos kennt an der Malabarküste in der Tat eine Stadt Supara, die Abulfeda Sofâla nennt, und die offenbar mit dem heutigen Goa identisch ist. Die Verwandtschaft dieses Namens mit Sophir-Ophir ist augenscheinlich. Sophir ist der koptische Name für Indien, und Ophir, das nur in Afrika gesucht werden kann (vgl. S. 59), mag ebenso wie Sofâla den Namen vom ursprünglichen Mutterland, einem Teil der Malabarküste (nach Benfey von Sifferdam [Sefer] bis nach Surate), entlehnt haben.

So gewagt zunächst die Vermutung scheint, daß die Inder schon in grauer Vorzeit so weite Seefahrten unternahmen, es kommt ihr doch eine innere Wahrscheinlichkeit zu, wenn man berücksichtigt, daß indische Schiffe sicherlich oft auch gegen ihren Willen durch den Nordostmonsun übers Meer nach Afrika verschlagen werden mußten. Aus den anfänglich wider Willen erfolgten Reisen mag sich allmählich ein regelmäßiger See- und Handelsverkehr dadurch entwickelt haben, daß zur Zeit des Gegenmonsuns auch die Rückkehr nach Indien unter glücklichen Umständen ziemlich mühelos gelingen konnte. Daß aber die alten Inder Hochseefahrer waren, bestätigen uns griechische Quellen, die vom Verkehr indischer Schiffe in Arabien berichten[259]):

„Auf ihnen (den glücklichen Inseln) kann man einen Platz für Handelsschiffe sehen, die zumeist dorther kommen, wo Alexander in der Nähe des Indus eine Schiffswerft anlegte."

Keinem Zweifel kann es unterliegen, daß schon zur Zeit Homers indische Handelsprodukte, voraussichtlich durch Vermittlung phönizischer Händler, bis nach Griechenland gelangten. Benfey gibt den unwiderleglichen Beweis, daß das Elfenbein, das Homer kennt, nur indischer Herkunft gewesen sein kann, denn das homerische Wort Elephas für Elfenbein ist sicher aus „al ibha" entstanden, worin al der arabische Titel und ibha die Sanskritbezeichnung für Elefant ist. Auch in altägyptischen Gräbern haben sich indische Produkte, wie Indigo, Tamarindenholz usw., gefunden[260]). Nach all dem kann man wohl Lassen[261]) und v. Bohlen[262]) beipflichten, daß der Seeverkehr zwischen Indien und Arabien bis in die früheste Epoche der Kulturgeschichte zurückreiche. Daß Sabäer es waren, durch deren Vermittlung der Zimt aus Ceylon zuerst ins Mittelmeergebiet kam, bestätigt Theophrast[263]).

Ich möchte jedoch auf Grund der Erfahrungen, die uns die Geschichte des Verkehrslebens in anderen Teilen der Erde an die Hand gibt, der Meinung Ausdruck geben, daß bei diesem anscheinend bis ins 3. vorchristliche Jahrtausend zurückgehenden Handel zwischen Indern und Sabäern die letzteren das treibende Element und auch die hauptsächlichen Seefahrer waren. Sie waren es, die das vornehmliche Interesse an diesem Verkehr, an den Edelsteinen, dem Elfenbein, den Tierfellen usw. hatten; sie werden daher auch zum Erzeugungsland dieser Schätze ebenso gefahren sein, wie die Kreter zum Silber-, die Tartessier und Oestrymnier zum Zinnland. Diejenigen, die begehrte Güter im eignen Lande haben, können sich erfahrungsgemäß das Leben behaglicher einrichten als die Händler anderer Gegenden, die danach Begehr tragen.

Wenn in der Tat, wie es aus den Inschriften im Tempel von Dehrel-Bahri (vgl. S. 52) hervorgeht, die Ägypter indische Waren bereits im 18. Jahrhundert v. Chr. in Punt einkauften, so scheint damit der Beweis erbracht zu sein, daß die Sabäer (bzw. Vor-Sabäer) schon damals den Weg nach Indien gefunden hatten und regelmäßigen Handel daselbst trieben.

Dagegen möchte ich es als äußerst unwahrscheinlich, ja als nahezu ausgeschlossen bezeichnen, daß jemals die Ägypter nach Indien gefahren sind. Die Ägypter haben zwar Schiffahrt getrieben, aber nie mehr, als unbedingt nötig war. Wenn sie in Punt indische Waren erhalten konnten, werden sie nie auf den Gedanken gekommen sein, selber Indien aufzusuchen, so wenig wie sie je den Versuch gemacht haben, nach Tartessus zu fahren, da sie die tartessischen Waren Silber und Bronze jederzeit in Kreta erhalten konnten und durch Kreter bzw. Phönizier wohl gar ins Land gebracht erhielten. Es bleibt auch zu beachten, daß schon die Seefahrt nach Punt ein ungemein mühevolles und äußerst zeitraubendes Unternehmen war. Das Rote Meer konnte von Ägypten nur in einer langwierigen Wüstenreise erreicht werden. Die hauptsächlichen erythräischen Häfen der Ägypter waren Berenike (bei Bender Kebir) und Myos hormos (nahe Kosseir), wohin man vom Nil in 1½ wöchentlicher Karawanenreise gelangte.

Eine sehr heikle Frage ist es, woher die Ägypter für ihre im Roten Meer schwimmenden Schiffe eigentlich das Bauholz genommen haben sollen. Für das Mittelmeer konnten sie es, wie wir sahen, vom Libanon holen, aber wo gab es im Reich des fast baumlosen Roten Meeres Schiffbauholz, das ja bekanntlich aus der dort noch zumeist vorkommenden Palme nicht zu gewinnen ist?

Heut wächst im ganzen Bereich des Roten Meeres kein Baum, der Schiffsholz liefern könnte. Es bleibt fast nur die Annahme übrig, die auch aus anderen Gründen wahrscheinlich ist, daß ehedem das Sinaigebirge reicher als heute mit Vegetation bestanden war und dazu Holzarten trug, die für den Schiffbau geeignet waren. Der Umstand, daß später, ums Jahr 1000 die Phönizier sowohl wie die Israeliten eine eigne Schiffahrt vom Nordende des Roten Meeres aus betrieben, deren Stützpunkt, soweit die israelitische Schiffahrt in Betracht kam, Ezeon Geber, das heutige Akaba, war[264]), macht jene Annahme nicht unwahrscheinlich. Die Hypothese, daß das Sinaigebirge vor 4000 Jahren noch eine Art von üppiger Alpenlandschaft dargestellt habe, findet ja auch darin eine Stütze, daß hier das ganze Volk Israel 40 Jahre lang geweilt haben soll. Ohne ein gänzlich anderes Klima, als es heute am Sinai herrscht, mußte derartiges völlig unmöglich sein.

Die für Segelschiffe ungemein schwierigen nautischen Verhältnisse im Roten Meer, zumal in seinem nördlichen Teil, müssen einer Entwicklung der ägyptischen Schiffahrt sehr böse Hemmnisse bereitet haben. Und dennoch lehren uns die Urkunden, wie erwähnt, daß im 27. Jahrhundert v. Chr. die Schiffahrt im Roten Meer bereits im vollen Gange war und daß dieser Verkehr als königliches Monopol, als Regal, gepflegt wurde. Die Puntfahrer hatten nicht nur unter den häufigen Windstillen zu leiden, durch die besonders der Norden des Roten Meeres verrufen ist, und durch die Gluthitze, die auf keinem anderen Meere der Welt so spürbar ist wie hier, sondern vor allem auch durch den Mangel an Trinkwasser. Da die Küsten so gut wie wasserlos und Regenfälle eine große Seltenheit sind, begreift man kaum, wie die antiken Seefahrer dieser größten aller Schwierigkeiten Herr geworden sind. Die Dauer einer Fahrt von Berenike bis zum arabischen Hafen Okelis nahe der Bab el Mandeb-Straße wird in späterer Zeit, von Plinius[265]), mit 30 Tagen angegeben, offenbar bei günstiger Witterung, mag aber gelegentlich auch viel länger gewährt haben.

Ihrer anscheinend einzigen Aufgabe im Roten Meer, mit dem wichtigsten Handelsmittelpunkt Punt Beziehungen aufrecht zu erhalten, haben die alten Ägypter offenbar, den ungemein schlechten Segelverhältnissen in diesen Gewässern zum Trotz, mit Eifer obgelegen. Hören wir doch gelegentlich von einem Steuermann namens Khnemhotep, dem nachgerühmt wurde, daß er 11 mal die Reise mit dem Kapitän Hwj nach Punt und zurück glücklich beendet habe[266]).

Der Persische Golf spielte gegenüber dem Roten Meer stets eine geringere Rolle in der Geschichte der antiken Schiffahrt. Auch in diesem Randmeer des Indischen Ozeans müssen jedoch die Anfänge der Seeschiffahrt bis tief in die vorhistorische Zeit zurückgehen. Unmittelbare Zeugnisse hierfür liegen wieder nicht vor, aber gewisse Tatsachen berechtigen doch mit einer an Gewißheit grenzenden Wahrscheinlichkeit zu diesem Schluß, so vor allem der Umstand, daß man auf mesopotamischen Denkmälern Tiere, die nur in Indien vorkommen, abgebildet findet, wie das Zebu und den indischen Hund[267]).

Die Assyrer haben Seefahrt im größeren Maßstabe nicht betrieben. An der Küste des Persischen Golfs waren die Assyrer allerdings tätig. Das beweist eine von Oppert[268]) mitgeteilte assyrische Inschrift aus der Zeit Sardanapals III. (930—905 v. Chr. Geb.):

„In den Meeren der wechselnden Winde (d. h. Pers. Golf) fischten ihre Kaufleute Perlen."

Ebenso wissen wir, daß die Assyrer die Bahrein-Inseln kannten, die wichtigsten Mittelpunkte der Perlenfischerei im Persischen Golf, die bei ihnen die Namen Dilmun und Tilvun (hieraus entstand die griechische Namensform Tylos für die wichtigste Insel) führten. Weit aufs Meer hinaus aber haben sie sich schwerlich begeben, zum mindesten nicht regelmäßig. Vielmehr muß ein anderes Volk der Vermittler des Seeverkehrs nach Indien gewesen sein.

Wieder war es, ähnlich wie im Reiche Saba, ein arabischer Handelsplatz, der der wichtigste Zwischenträger des Handels zwischen Indien und Vorderasien gewesen ist. Wir kennen von diesem Hafenort nicht viel mehr als den Namen Gerrha. Verschiedene antike Schriftsteller tun Gerrhas Erwähnung[269]). Wir hören, daß diese Stadt 2400 Stadien von der Euphratmündung, 200 Stadien (= 40 km) vom offenen Meer entfernt gelegen habe, aus Salzblöcken erbaut gewesen sei und von vertriebenen Chaldäern bewohnt wurde. Einleuchtend ist Stuhlmanns Vermutung[270]), daß die Bewohner von Gerrha den Sabäern stammverwandt waren. Das alte Gerrha führte im 5. nachchristlichen Jahrhundert den Namen Khata und ist identisch mit dem heutigen unbedeutenden Orte Djera in Nordostarabien.

Es muß auffällig scheinen, daß ein verhältnismäßig weit vom Meer entfernter Ort eine bedeutende Handelsstadt werden konnte, die nicht zum wenigsten aus dem Seehandel nach Indien ihre Nahrung bezog. Dennoch lehrt uns die Naturgeschichte des Handelsverkehrs, daß derartiges unter zwei Voraussetzungen möglich ist: entweder muß das binnenländische Handelszentrum an einem schiffbaren Fluß liegen oder Knotenpunkt verschiedener Handelsstraßen von besonderer Bedeutung sein. Dieser letztere Umstand trifft für Gerrha zu, denn hier vereinigte sich die vom Süden (Saba) kommende transarabische Karawanenstraße mit dem von Westen (Gaza, Ägypten) und dem von Norden (Babylon, Ninive) ausgehenden Handelsweg. Für den Seeverkehr nach dem Osten (Indien) muß selbstverständlich am Meere eine Zwillingsstadt von Gerrha gelegen haben, deren Name uns nicht bekannt ist.

Ähnlich scheint am Persischen Golf ein bei Hesekiel[271]) und Ptolemäus[272]) erwähnter Seehafen Raema (= Rhegma oder Regama) mit einer benachbarten Handelsstadt Dedân[273]) gelegen zu haben. Letztere wird in der Genesis[274]) als „Kind" von Raema und Bruder von Seba (Saba) bezeichnet. Auch bei griechischen Schriftstellern finden wir Hinweise auf diese Zusammengehörigkeit der beiden arabischen Handelsvölker, so wenn es bei Agatharchides heißt[275]):

„Keine Nation der Menschen scheint reicher zu sein als die Sabäer und Gerrhäer, die alles, was ins Gebiet des Transports fällt, aus Asien und Europa zur Verteilung bringen."

Alle diese Überlieferungen sind aber doch äußerst dürftig. Im Grunde können wir nur feststellen, daß seit sehr alter Zeit eine Schiffahrt auf dem Persischen Meer zwischen Nordostarabien und Indien im Gange war. Umfang und Ergebnis bleiben in Dunkel gehüllt. Im übrigen bietet der geschichtliche Anfang der Schiffahrt in beiden Meeren, die die arabische Halbinsel bespülen, gute Parallelen: im Persergolf ist Gerrha der Vermittler des Handels und Assyrien das wichtigste Verbraucherland, im Roten Meer nehmen die Sabäerhafen und wohl auch die Hauptstadt von Saba, die bei Strabo und Plinius Mariaba heißt[276]), die Stellung von Gerrha ein, und Ägypten spielt dort im wesentlichen die Rolle Assyriens. Natürlich laufen die Fäden der Handelsbeziehungen aber mannigfach kreuzweise hin und her. Ägypten, das unter König Tandmesu III. übrigens im Jahre 1570 v. Chr. Naharina, d. h.

das nördliche Mesopotamien, eroberte, hatte zweifellos auch Verkehr mit Gerrha, und ebenso bestanden Beziehungen zwischen Saba und Assyrien, bei denen notwendig wieder Gerrha der Vermittler gewesen sein muß. Saba findet sich nämlich auf Keilinschriften erwähnt, die uns berichten, ein König Ithamar von Saba habe dem König Sargon Kamele und Spezereien, angeblich als Tribut, übersandt[277]).

Anscheinend bestand eine nahe Verwandtschaft zwischen dem in Südarabien beheimateten Handelsvolk vom Roten Meer und den Bewohnern der arabischen Küste des Persischen Golfs, da gelegentlich zwischen Sabäern in Süd- und Nordarabien unterschieden wird, und nach der Angabe der Geschlechtertafel der Bibel Saba und Dedân Geschwister und Kinder Raemas waren. Bei der hohen Bedeutung Gerrhas muß es auffallen, daß in der Bibel von diesem Platz nicht die Rede sein soll. Ich möchte daher vermuten, daß Gerrha und Dedân als identisch zu bewerten sind und daß dann Raema oder Regma der Hafenplatz Gerrhas gewesen ist, dessen Name uns sonst nicht überliefert ist.

Es ist möglich, daß die Phönizier auf ihren Seefahrten nach Ophir Schüler der Sabäer gewesen seien. Bei ihrer Befahrung des Persischen Golfs, die wir ebenso als gesichert ansehen können wie ihren Verkehr in Gerrha[278]), wandelten sie wohl auf den Pfaden der arabischen Küstenbewohner des Golfs.

Die Sabäer müssen in einer nicht näher zu bestimmenden, vorgeschichtlichen Zeit eifrigen Zwischenhandel zwischen Indien, Ophir, Zanzibar (Rhapta) und dem Mittelmeergebiet getrieben haben, denn zur Zeit König Salomos war ihnen offenbar die Seereise nach Indien und Ophir ganz geläufig.

Diese Leistungen der sabäischen Schiffahrt haben sich möglichenfalls schon bis in die östlichen Teile des Indischen Ozeans erstreckt. Gewisse Tatsachen zwingen fast zu dieser Annahme. Das heutige Singapur erscheint bei Ptolemäos als „Emporium" Sabana[279]) und scheint damit seine Vaterschaft anzudeuten; ebenso läßt nach Alb. Herrmann[280]) der Name eines Hafenortes Zabae (Kampot) im Golf von Siam darauf schließen, daß es sich um eine Kolonie des Sabäervolkes handelte. Bemerkenswert ist ferner, daß nach A. v. Humboldt eine javanische Sage die ersten Bewohner des Landes vom Roten Meer nach Java kommen läßt. Ob es ein bloßer Zufall oder Erinnerung an alte Zeit ist, daß die Insel, auf der Singapur-Sabana liegt, noch in unseren Tagen Sabong heißt, wage ich nicht zu beurteilen.

Es ist durchaus wahrscheinlich, wenn es sich auch nicht beweisen läßt, daß die Sabäer für die Fahrt nach Indien und zurück bereits die Monsune auszunutzen verstanden, d. h. daß sie von Südostarabien aus quer über den Arabischen Busen zur Malabarküste fuhren. Als später, nach der Gründung Alexandriens (330 v. Chr.), die griechischen Kaufleute dieser neuen Handelsstadt, die rasch die erste der Welt wurde, vom Roten Meer aus ebenfalls zur See nach Indien fuhren, war ihnen jahrhundertelang das Wesen der Monsune noch nicht bekannt, und die Reise samt der Rückfahrt hat wohl kaum je weniger als 2 Jahre gedauert, da die Schiffe eben allen Biegungen der Küste folgten und nicht das offene Meer aufzusuchen wagten. Im 1. Jahrhundert vor Chr. Geb. versuchte jedoch ein griechischer Kaufmann aus Alexandria, namens Hippalos, mit Erfolg zum ersten Male seit der Sabäerzeit wieder den Südwestmonsun zur sommerlichen Durchquerung des Arabischen Meeres auszunutzen, während für die Rückfahrt die Zeit des Nordostmonsuns, also der Winter, gewählt wurde. Diese geschickte Seemannstaktik wurde in der Folge wohl regelmäßig angewandt. Die Indienfahrten konnten nun in Jahresfrist bewältigt werden. Von der Bab el Mandeb-Straße dauerte die Fahrt zur Malabarküste in grader Linie übers offene Meer hinweg 40 Tage.

Ob vor den Griechen bereits die Phönizier nach Indien gefahren sind, sei es vom Roten Meer, sei es vom Persischen Golf aus, ist nicht sicher zu ermitteln. Behauptet worden ist dies oft, ja, es wurde lange fast als selbstverständlich angesehen, denn da die Phönizier angeblich so ungefähr überall gewesen sein sollten, mußten sie ohne weiteres auch Indien aufgesucht haben. Heute sind wir, wie wir hörten (S. 9—11), berechtigt, hinter einen erheblichen Teil der ehedem behaupteten phönizischen Leistungen zur See ein ganz großes Fragezeichen zu setzen, und haben daher allen Anlaß, auch ihre Anwesenheit in Indien anzuzweifeln. Wenn sie im westlichen Europa nicht über Gades-Tartessos bzw. Madeira und die Kanaren hinausgelangt sind, weil sie dort schon alle Waren einzuhandeln vermochten, nach denen sie Begehr trugen, so brauchten sie auch im Osten sich nicht weiter als bis zum Sabäerland zu begeben, wo sie einen Stapelplatz für die Schätze Indiens und wohl auch für ostafrikanische Produkte vorfanden. Es wäre daher ohne weiteres denkbar, daß sie in Indien selbst so wenig, wie im Zinn- und Bernsteinlande, jemals persönlich geweilt haben. Aber leider läßt sich diese Behauptung weder beweisen noch widerlegen.

Durch phönizische Berichte muß jedoch jener eine flüchtige Hinweis auf das Rote Meer in die Odyssee gelangt sein, der sich in der Schilderung der Abenteuer des Menelaus findet, wenn es einmal heißt[281], Menelaus sei über den Nil zu einem gewaltigen Meer gelangt, „woher nicht einmal die Vögel fliegen können im Jahr — so furchtbar und weit ist die Reise" (vgl. S. 12).

Jedenfalls scheinen die Phönizier an der ostafrikanischen Küste verhältnismäßig weit nach Süden gelangt zu sein, wobei es dahingestellt bleiben mag, ob nicht auch hier die Sabäer schon vor ihnen geweilt haben, wofür viel Wahrscheinlichkeit spricht. Es ist sicher, daß die Phönizier über den Äquator auf die südliche Halbkugel gelangt sind. Aller Voraussicht nach lag im Bereich des heutigen Mozambique das sagengefeierte Goldland Ophir.

An dieser Stelle will ich auf das unendlich erörterte Ophir-Problem nicht näher eingehen. Ich darf auf meine sehr eingehende Untersuchung dieser Frage an anderer Stelle verweisen[282], wo ich dargelegt habe, weshalb die von Mauch[283] und Karl Peters[284] aufgestellte Hypothese, daß nicht Indien, sondern Südostafrika Ophir gewesen sei, Glauben verdient, worin ich auch bewiesen zu haben glaube, daß die unermeßlich reiche Goldausbeute des zur Zeit König Salomos gemeinsam unternommenen phönizisch-israelitischen Ophirzuges[285] weder auf dem Wege des gewöhnlichen Handels noch im eigenen Bergwerksbetrieb erworben worden sein kann, sondern ganz ausschließlich auf einer kriegerischen Beutefahrt. Da es sonst bekanntlich ganz und gar nicht phönizische Art war, andere Völker an ihren einträglichen Handelsreisen teilnehmen zu lassen, ist die phönizische Einladung an die Israeliten, mit ihnen zusammen dem reichen Goldlande Ophir einen Besuch abzustatten, m. E. psychologisch überhaupt nicht zu verstehen, wenn man nicht annimmt, daß sie, die selber unkriegerisch durch und durch waren, die Hilfe der damals noch sehr kriegstüchtigen Israeliten bei der geplanten Piratenfahrt nicht entbehren konnten. Die Wahrscheinlichkeit, daß diese Deutung richtig ist, dürfte um so größer sein, seitdem Niebuhr und Oppert erklärt haben[286]), der übliche Bibeltext, der von mitgebrachten thukkijim-Pfauen erzählt[287]), müsse vermutlich berichtigt werden in sukkijim-Sklaven. Der Umstand, daß verschiedene der in der Bibel genannten, von Salomos Ophir-Expedition mitgebrachten Gegenstände offensichtlich indischer Herkunft waren, so die Affen-kophim (sanskr. kapi) und das Ebenholz = schenhabbim, bei dem freilich die Übersetzung unsicher ist, beweist durchaus nichts gegen die Ansetzung von Ophir in Südostafrika, da die Expedition wohl sicher unterwegs Saba angelaufen hat und dort die indischen Produkte eingehandelt haben kann. Andererseits führt das goldreiche Hinterland von Mozambique noch im späten Mittelalter, zur Araberzeit, den stark an Ophir anklingenden Namen Yoûfi[288]).

Mag es sich aber mit der Ophirfrage verhalten wie es will, die Anwesenheit von Phöniziern in Südost- und Südafrika ist dennoch nicht zu bestreiten. Zwar die gelegentlich behauptete[289]) Auffindung eines phönizischen Schiffsrestes nahe dem Kap der Guten Hoffnung hat sich anscheinend nicht bestätigt. Aber durchaus unantastbar in bezug auf Glaubwürdigkeit ist heute die berühmte, früher zu Unrecht angezweifelte Erzählung des Herodot[290]), daß im Auftrag Pharao Nechos ums Jahr 600 v. Chr. phönizische Seeleute im Roten Meer abgefahren und nach 3jähriger Reise von Westen her durch die Meerenge von Gibraltar nach Ägypten zurückgekehrt seien.

Wenn an dieser phönizischen Umseglung Afrikas ein Zweifel schlechterdings nicht mehr bestehen kann, so ist kein Beweis dafür zu erbringen, daß der Versuch nochmals mit Erfolg wiederholt worden ist. Wohl wurde vom König Xerxes ums Jahr 475 nochmals befohlen, daß Sataspes, ein zum Tode verurteilter Prinz, Afrika in der umgekehrten Richtung, wie dereinst die Phönizier, umsegeln solle[291]). Der Versuch wurde aber vorzeitig abgebrochen, wahrscheinlich sogar sehr vorzeitig, denn wenn auch Sataspes allerhand Abenteuer zu berichten wußte, die er fern an der westafrikanischen Küste erlebt haben wollte, um seinen guten Willen zu beweisen, so muß man es doch als sehr zweifelhaft bezeichnen, ob er zur See je aus dem Mittelmeer herausgekommen ist (vgl. S. 44), weil damals eben schon seit längerer Zeit von den Karthagern jedem fremden Schiff die Durchfahrt durch die Säulen des Herakles bei Todesstrafe untersagt worden war und kein sonstiger sicherer Fall bekannt geworden ist, daß ein nicht-karthagisches Schiff in der Zeit von etwa 530—206 v. Chr. jemals diesem Verbot mit Erfolg getrotzt hätte. Und der Wüstling Sataspes war schwerlich der Mann dazu, den karthagischen Befehl zu mißachten.

Von alten Schriftstellern sind verschiedentlich Tatsachen gemeldet worden, aus denen weitere erfolgreiche Umschiffungen Afrikas gefolgert werden sollten. Aber alle diese Nachrichten sind derartig unbestimmt und zum Teil auf ganz unzuverlässiges on dit gestützt, daß damit keine Tatsachen bewiesen werden können. — Am ausführlichsten äußert sich Strabo über derartige erdkundliche Bestrebungen älterer Zeit mit folgenden Worten[292]):

„Zu Gelon[293]) soll ein Magier gekommen sein, der behauptete, ganz Afrika umfahren zu haben. Aber er (Heraklit) sagt, hierfür sei kein Beweis erbracht. Und er erzählt auch, ein gewisser Eudoxus aus Knidos sei in der Regierungszeit Euergetes'[294]) nach Ägypten gekommen und habe mit dem König und seiner Familie Unterhaltungen gehabt, insbesondere über die Möglichkeit einer Nilschiffahrt stromaufwärts... Grade damals sei von den Wachen des Arabischen Busens zum König ein Inder gebracht worden; sie berichteten, er sei von ihnen halbtot in einem Schiff allein gefunden worden, und sie wüßten nicht, wer er sei und woher er stamme, weil sie seine Sprache nicht verstünden... Der Mensch habe dann erzählt, er sei von Indien auf gradem Wege abgefahren und hierher gelangt, nachdem er seine Genossen durch Hunger verloren hatte."

Durch dieses Erlebnis wurde Eudoxus nach Strabo veranlaßt, zwei Seereisen südwärts in unbekannte Fernen zu machen. Auf der zweiten, so berichtete er nach seiner Rückkehr, habe er oberhalb Äthiopien

„den hölzernen Aufbau eines Schiffsvorderteils gefunden, als Überrest eines einstigen Schiffbruchs, mit einer darauf befindlichen Pferdedarstellung, und er habe erfahren, es habe sich um den Schiffbruch eines von Westen gekommenen Schiffes gehandelt... Er hätte von einem gaditanischen Schiff gestammt[295])... Hieraus habe Eudoxus die Erkenntnis geschöpft, daß Libyen zu Schiffe umfahren werden kann."

Auf derartige Gerüchte darf nicht viel Wert gelegt werden, da Irrtümer von mancherlei Art in die Schlußfolgerung hineinwuchern konnten. Um so bedeutsamer sind einige positive Angaben, die nach Art obiger Herodot-Notiz erkennen lassen, daß die antiken Schriftsteller am Äquator und jenseits von ihm Bescheid wußten und selbst vom afrikanischen Südkap schon vereinzelt gehört hatten. Bei Diodorus Siculus[296]) ist die Rede von südlichen Gegenden, in denen mittags „kein Gegenstand einen Schatten wirft, weil die Sonne über dem Scheitel steht".

Aus des Ptolemäus Darstellung der Küste Ostafrikas ist zu ersehen, daß er mindestens bis zum 11., vielleicht gar bis zum 15. Grad Südbreite Bescheid wußte. Verwunderlich ist freilich, daß Ptolemäus den Indischen Ozean zum Binnenmeer machen wollte und eine bogenförmige Landverbindung zwischen Ostasien und Südafrika südlich vom Indischen Ozean bestehen ließ. Merkwürdig ist dies, weil der ums Jahr 60 n. Chr. verfaßte Periplus maris Erythraei, den anscheinend ein alexandrinischer Kaufmann Alexander ausgeführt und beschrieben und den Ptolemäus sonst eifrigst benutzt hat, bereits mit aller Deutlichkeit betont, daß der Atlantische und Indische Ozean im Süden Afrikas miteinander zusammenhängen. Es heißt nämlich im Periplus[297]):

„Hinter diesen Gegenden wendet sich der noch unerforschte (Indische) Ozean nach Westen, zieht sich längs der entlegenen Südküsten Äthiopiens, Libyens und Afrikas hin und vereinigt sich mit dem Westmeer (εἰς τὴν ἑσπερίαν συμμίσγει θάλασσαν)."

Unter solchen Umständen mutet es fast seltsam an, daß in Portugal des 15. Jahrhunderts nicht allein schon die Kenntnis der antiken Schriften genügt hat, die Umschiffbarkeit Afrikas im Süden darzutun, ähnlich wie die alte Literatur nachweislich die Westfahrt nach Indien und damit die Entdeckung Amerikas ausschlaggebend beeinflußt hat. Die Portugiesen sind bei ihrem Vordringen ums Kap unzweifelhaft mehr durch arabische Erkundungen als durch Herodot, Diodor, Strabo und den Periplus maris Erythraei beeinflußt worden. Die Araber des ausgehenden Mittelalters sind wohl sicher, wenn auch kein Zeugnis dafür in Gestalt einer unmittelbaren Reisebeschreibung vorliegt, auf ihren Seefahrten wieder bis zur Südspitze Afrikas vorgedrungen. Die große Entdeckertat eines Vasco da Gama geht ja mittelbar auf arabische Anregung zurück. War auch schon des Bartolomeo Diaz Vordringen bis zum Kap im Jahre 1486 für kühne Abenteurer Ansporn genug, darüber hinaus in unbekannte Fernen zu streben, so wurde doch Vasco da Gama zu seiner epochalen Leistung vom 20. November 1497 erst angeregt durch eine Mitteilung seines Landsmannes Covilham, der auf der Rückreise von Indien 1488 die Sofalaküste aufsuchte und dort von den Arabern vernahm, daß man Afrika im Süden umsegeln könne.

In den Tagen der höchsten Blüte des Reiches der Perser hat offensichtlich auch dies Volk Schiffahrt vom Persischen Golf nach Indien und bis zum Roten Meer und Ägypten getrieben. Der vom König Darius erneuerte Schiffahrtskanal zwischen dem westlichen Nildelta und dem Roten Meer wird geradezu als ein Mittel angesprochen[298]), direkte Schiffahrt zwischen Persien und Ägypten pflegen zu können, nachdem die von Darius befohlene Erkundungsfahrt des Skylax[299]) vom Indus bis ins Rote Meer im Jahre 508 den Verlauf dieser Küsten erkundet hatte.

Nach der Gründung der griechischen Stadt Alexandria auf ägyptischem Boden (330 v. Chr.) waren es vor allem griechische Kaufleute, die sich als Indienfahrer auf dem Roten Meer und Indischen Ozean betätigten. Jahrhundertelang aber führten alle diese Fahrten nicht über die Malabarküste und Ceylon hinaus nach Osten. Von den alten, wahrscheinlich bis Malakka sich erstreckenden Reisen der Sabäer hatte sich offenbar keine Kunde erhalten. Auch die Eigenschaften der Monsune blieben neuerdings lange unbekannt. Mühsam tasteten sich die persischen und griechischen Schiffe, allen Biegungen des Arabischen Meerbusens folgend, vom Roten Meer nach Indien hinüber.

Als die Griechen unter Alexander zuerst am Indischen Ozean erschienen, hatten sie von diesen unbekannten Meeren zunächst so wenig Kenntnis, daß Alexanders Flottenführer Nearchos im Jahre 325 mit vieler Mühe den Seeweg von der Indus- zur Euphrat- und Tigrismündung erkunden mußte. Die Absicht des Nearchos, Arabien umfahren und die Expedition des Skylax wiederholen zu lassen, scheiterte an des Herrschers frühem Tode (323). Jedenfalls mußten die Griechen sich mit den Eigenheiten des Indischen Ozeans und Roten Meeres erst ganz neu vertraut machen, was natürlich jahrhundertelang dauerte.

Wann zuerst Mittelmeerbewohner nach Hinterindien kamen, wissen wir nicht sicher; es muß aber bald nach des Hippalos Entdeckung der Monsune geschehen sein, denn die langgestreckte Malakka-Halbinsel tritt uns unter dem Namen Chryse bereits bei zahlreichen Schriftstellern des ersten nachchristlichen Jahrhunderts entgegen, am frühesten bei Pomponius Mela[300]) (um 43 n. Chr.).

Ungefähr ums Jahr 60 n. Chr. Geb. fand dann jenes Ereignis statt, das für die Geschichte des Indischen Ozeans epochemachend war: der Periplus maris Erythraei in den östlichsten Teil dieses Ozeans und noch darüber hinaus in die Randmeere des Stillen Ozeans.

Ob der Gewährsmann des Marinus von Tyrus (um 100 n. Chr.), aus dem wieder Ptolemäus einen großen Teil seiner Kenntnisse schöpfte, der in China gewesene griechische Kaufmann Alexander aus Alexandrien, selber jener kühne Periplusfahrer war, ist nicht zu ermitteln. Die Möglichkeit hierfür ist jedenfalls vorhanden. Der Periplus, dessen erhalten gebliebene Beschreibung eine der kostbarsten Quellen antiker Geographie ist, erstreckte sich ostwärts bis zu einer großen Hafenstadt Kattigara am Flusse Kottiaris, die in der Folge der wichtigste Seehafen im fernen Osten wurde. Über ihre Lage sind die Meinungen erheblich geteilt. Eine der letzten Studien zu dieser Frage, von Alb. Herrmann verfaßt[301]), hat es wahrscheinlich gemacht, daß Kattigara im heutigen Annam lag, etwa dort, wo jetzt Hatinh auf der Karte verzeichnet ist. Herrmann ist der Ansicht, daß der Periplusfahrer von Ceylon quer über den Bengalischen Golf nach Hinterindien gefahren sei, das er in Arakan oder jenseits der Gangesmündung erreicht habe, um dann an der Küste entlang zunächst südwärts bis Sabana-Singapur und weiter bis nach Kattigara zu gelangen.

Über die Lande jenseits Kattigara, die der Fahrer nicht mehr aufsuchte, meldet der Periplus[302]):

„Jenseits dieses Landes geht das Meer im Lande Thin irgendwo zu Ende. Im Innern dieses Landes, ganz im Norden, liegt eine sehr große Stadt namens Thinae. Von hier werden rohe und gesponnene Seide und seidene Gewebe über Land, über Baktrien nach Barygaza verschickt, und sie gelangen auch über den Ganges nach Limyrike. Nach diesem Lande Thin zu gelangen, ist aber nicht leicht, und nur wenige kommen in langen zeitlichen Zwischenräumen von dort."

Dieses Land Thin ist kein anderes als China, das sagenhafte Sererland, das bis dahin ausschließlich auf dem Landwege, über die Pässe des Pamir und durchs Tarymbecken, bekannt geworden war[303]), und nach dem nun zum ersten Male auf dem Meere ein Anwohner des Mittelmeers den Weg gefunden hatte. Das Bewußtsein freilich, daß das Thin-Land mit dem der Serer identisch sei, blieb im Periplus sehr schwach. Sonst hätte man wohl sicher die Seeverbindung mit dem gesegneten Sererlande in der Folgezeit auf das kräftigste auszunutzen gesucht. Noch bis zu den Tagen Marco Polos blieb die Mittelmeerwelt im unklaren darüber, daß China auf dem Wasserwege erreichbar sei.

Die bei Ptolemäus erwähnte Insel Agathodaemonis[304]) ist voraussichtlich Sumatra, die südöstlich davon gelegene Insel Jabadiu[305]), die Ptolemäus als reich an Bodenprodukten und Gold preist, läßt selbst im Namen die Identität mit Java erkennen. Dabei ist es übrigens auffällig, daß Jabadiu ein zweifellos dem Sanskrit entlehntes Wort ist, dessen richtige Deutung Ptolemäus selbst gibt, wenn er sagt: „Jabadiu, was Gersteninsel bedeutet".

Bis nach Cattigara, der vom „Periplus" neu erschlossenen Handelsmetropole, unterhielten in der Folgezeit die alexandrinischen Großkaufleute der Mittelmeernationen von der ägyptischen Rotmeer-Küste aus einen regelmäßigen Warenverkehr zur See[306]), und es ist durchaus ein Wirklichkeitsbild, wenn Fr. Hirth[307]) spricht von der

„Zeit des syrischen Einflusses in der Geschichte des Welthandels, in der vielleicht derselbe Handelsherr, der seinen Sozius in Massilia sitzen hatte oder in Alexandria, irgendwo am großen Mittelmeer, mit Spannung Nachrichten über den Verkauf großer Sendungen an syrischen purpurgefärbten Zeugen, imitierten Edelsteinen, römischen Kuriositäten, Skarabäen, Glasperlen u. dgl. mehr an die Handelsfreunde in Cattigara erwartete".

Es liegt auf der Hand, daß Kattigara, als es zum ersten Male für den Mittelmeer-Gesichtskreis erschlossen wurde, bereits ein sehr bedeutender Seehandelsplatz war. Andernfalls wäre ja eine so hohe Blüte des Mittelmeer-Handelsverkehrs daselbst fast vom Tage der Entdeckung an durchaus unbegreiflich. Daß an diesem Handel das uralte Kulturvolk der Chinesen beteiligt war, liegt von vornherein nahe und wird durch eine eigentümliche Nachricht bei Plinius[308]) unterstützt, wonach der Anführer einer aus Ceylon in Rom eingetroffenen Gesandtschaft, Rachias, erzählte, es bestehe ein regelmäßiger Handelsverkehr zwischen Ceylon und dem Sererland, und sein eigener Vater sei zu den Serern gereist. Aber wir würden dennoch über die Art und Weise jenes frühen Seehandels im fernen Osten fast gänzlich im Dunkeln tappen, wenn nicht einige chinesische Literaturquellen, die erst in jüngster Zeit ans Licht gezogen worden sind, uns einige Erläuterungen dazu geben würden. Die Auflösung dieses kulturgeschichtlichen Rätsels ist bis zu einem gewissen Grade schlechtweg als sensationell zu bezeichnen, denn die Spuren eines chinesischen Seehandels, der sich schon vor der Entdeckungsfahrt des Periplus maris Erythraei abspielte, führen überraschend weit nach Westen, bis nach Abessinien hinüber! Es wird daher immer wahrscheinlicher, daß der Periplus-Fahrer nicht auf ganz neuen und nie betretenen Meerespfaden wandelte, als er seinen Vorstoß bis Kattigara unternahm, sondern daß er den Spuren älterer Handelswege folgte, von denen er vielleicht in Ceylon oder auch in Singapur eine Kunde vernommen hatte, ähnlich wie Pytheas erst in Nordbritannien von Thule gehört und sich dann zur Fahrt dorthin entschlossen haben dürfte.

Der chinesische Bericht, der uns einen so überraschenden Einblick in bisher völlig dunkle kulturhistorische Zusammenhänge gewährt, findet sich in den Annalen der Han-Dynastie, und das einschlägige 28. Kapitel ist erst im Jahre 1912 veröffentlicht worden[309]). Albert Herrmann danken wir eine kritische Wertung der genannten chinesischen Quelle[320]). Die Annalen der Han-Dynastie (206 v. Chr. bis 24 n. Chr.) berichten, es seien von Zeit zu Zeit fremde Kaufleute aus einem fernen Königreich Huangtschi in die südchinesischen Häfen gekommen, die ums Jahr 220 v. Chr. Geb. von den Chinesen erobert worden waren. Der Reiseweg ist so genau angegeben und die Zeitdauer der einzelnen Reiseabschnitte so sicher bezeichnet, daß man notwendig zu der Überzeugung gelangt, die Fahrt müsse nicht nur vereinzelt, sondern des öfteren zurückgelegt worden sein, wobei es beachtenswert ist, daß der Rückweg völlig anders als der Hinweg verlief — offenbar um für die Heimreise noch allerhand Waren einhandeln zu können, die man auf andere Weise schwer oder gar nicht zu erwerben vermochte. Die dabei aufgezählten Ländernamen sind zunächst unverständlich, dürften aber von Alb. Herrmann richtig identifiziert worden sein. Nach seiner wirtschaftsgeographisch einleuchtenden Deutung nahm der antike Verkehr zwischen Abessinien und China folgenden Verlauf:

Hinweg	Rückweg.
Huangtschi = Abessinien (mit Erythraea).	China.
8 Monate Seefahrt nach:	5 Monate Seefahrt nach:
Pitsung = Besynga (Saluen-Mündung).	Tuyüan = Kittagong (östlich der Ganges-Mündung).
2 Monate Seefahrt nach der Grenze von Hsianglin = Gegend von Tourane und Jinan = nördliches Annam.	4 Monate Seefahrt nach: Ilumo = Ceylon.
	20 Tage (Seefahrt?) nach: Schönli = Ort an Malabar-Küste.
	10 Tage Landweg nach: Fukantulu = Ort an Malabar-Küste.
	2 Monate Seefahrt nach: Huangtschi = Abessinien.

Ist dieser vorchristliche Handelsverkehr über riesenhafte Entfernungen an sich schon von einer Großzügigkeit, die unsere staunende Bewunderung hervorrufen muß, so wird es fast unfaßbar, was man damals leistete, wenn man aus den Han-Annalen erfährt, daß eine chine-

III. Der Verkehr auf dem Indischen Ozean im Altertum und Mittelalter.

sische Gesandtschaft auf dem genannten Wege unter der Regierung des Kaisers P'ing (1—6 n. Chr. Geb.), wahrscheinlich im Jahre 2 unserer Zeitrechnung, bereits ein lebendes Rhinozeros von Abessinien nach China heimbrachte!

Aus diesem überaus wichtigen Bericht erfahren wir einmal, daß in der Zeit um Christi Geburt nicht nur die Chinesen gelegentlich Schiffahrt bis an die westlichen Küsten des Indischen Ozeans trieben, sondern daß ihnen bei diesem Vorgehen offenbar ein in Abessinien ansässiger Volksstamm als Lehrmeister und Pfadfinder gedient hat, von dessen großartigen Leistungen uns die Kulturgeschichte der Mittelmeervölker kein Wort zu berichten weiß. Was war dies nun für ein Volksstamm?

Es liegt nahe, an die älteren seemännischen Taten der Sabäer zu denken, von denen wir so wenig wissen, und zu vermuten, daß jener Volksstamm in Abessinien von ihnen die seemännischen Kenntnisse übernommen habe. In der Tat lassen sich, wenn auch nur in schwachen Spuren, alte Beziehungen zwischen dem Sabäerreiche und Äthiopien erkennen.

Beachtenswert bleibt, daß eine alte äthiopische Sage die Herkunft des Volkes der Äthiopier von der Königin von Saba behauptet, die in diesen Überlieferungen Makeda oder Magunda genannt wird, und von der es heißt, sie habe mit König Salomo einen Sohn Menelech erzeugt, der der erste König in Äthiopien gewesen sei. Auffällig ist auch Homers Bemerkung[311]) über die Αἰϑίοπες τοὶ διχϑὰ δεδαίαται und Herodots entsprechende Unterscheidung vom westlichen und östlichen Äthiopien[312]). Nun war ja zwar der Name Aethiopes sicherlich ein Sammelname für allerhand im fernen Süden wohnende, farbige Völkerstämme, wie besonders deutlich Herodot lehrt, der Äthiopier nicht nur in Südarabien und Afrika, sondern auch in Südindien kennt, aber die Unterscheidung in „westliche" und „östliche" Äthiopier könnte doch auf bestimmte engere Beziehungen schließen lassen. Dazu wird berichtet, daß die uralte Stadt Heliopolis in Oberägypten von Arabern gegründet worden sei, und die Tatsache, daß Sonne und Mond, deren Kult man in Heliopolis pflegte, auch bei den Arabern religiöse Verehrung genossen, läßt diese Überlieferung nicht unglaubhaft erscheinen. Noch bemerkenswerter ist der Umstand, daß die Hauptstadt der reichen Landschaft Meroë in Äthiopien, die am Kreuzungspunkt vom Roten Meer und von Libyen kommenden Karawanenstraßen zu einer führenden Rolle berufen sein mußte, ursprünglich Saba hieß[313]) und erst später von Kambyses in Meroë umgetauft wurde!

Auch nannten sich die Äthiopier gelegentlich selbst Inder[314]). Eusebius gibt an, die Äthiopier seien vom Indus ums Jahr 1615 v. Chr. Geb. in die Nähe Ägyptens gezogen. Manche Ähnlichkeiten zwischen äthiopischer und indischer Religion, Baukunst usw. sind schon früher hervorgehoben worden, und Arrian schreibt[315]):

> „Auch in anderen Dingen ist Indien Äthiopien nicht unähnlich... Nicht einmal durch Gesichtszüge und Gesichtsausdruck unterscheiden sich Inder und Äthiopier. Sicherlich sind die im Süden des Landes wohnenden Inder den Äthiopiern noch ähnlicher."

Die Entscheidung, was von Verwandtschaftsbeziehungen zwischen Bewohnern Indiens, Arabiens und Äthiopiens zu halten sei, sei Ethnologen von Fach vorbehalten. Für unsere Zwecke genügt der Nachweis alter kultureller Beziehungen, die es verständlich machen könnten, daß um Christi Geburt ein in der Seefahrt bewandertes Volk in Äthiopien, im damaligen Reich Axum, gewohnt haben soll. Schiffahrt war bei den Bewohnern der Küsten von Nubien, Erythraea, Berbera usw. schon früh zu Hause. Der äthiopische Haupthafen war Adulis, das heutige Djibuti, von wo nach Ägypten Elfenbein, Rhinozeroshörner, Schildkrötenschalen, Sphinxe, Affen und Sklaven verfrachtet wurden. Weiter südlich lagen dann die Häfen Mossylon und Barygaza. Die Schiffahrtskunst der Äthiopier bezeugt uns ferner Diodorus Siculus[316]), wenn er von einer 4 Monate entfernten Insel spricht, in die die Äthiopier Menschenopfer sandten. Was mit den Menschenopfern gemeint ist, sei dahingestellt; wenn wir unter der 4 Monate entfernten Insel etwa Ceylon verstehen, für das die Zeitangabe ebenso wie das wirtschaftsgeographische Interesse zumeist sprechen dürfte, so hätten wir eine leidlich tragfähige Brücke geschlagen zwischen den Literaturberichten der Mittelmeervölker zu den anfangs unbegreiflichen Meldungen der chinesischen Han-Annalen.

Ungefähr in der Zeit des 2. nachchristlichen Jahrhunderts erreichte der uralte Landverkehr zwischen China und dem Zweistromlande einen nie übertroffenen Höhepunkt. Abendland und fernstes Morgenland wünschten in freundschaftliche Handelsbeziehungen miteinander zu treten. Beide Teile hatten gerade damals das lebhafteste Interesse daran. China dehnte sich unter Kaiser Hoti (89—106 n. Chr.) territorial so weit nach Westen aus wie niemals vorher und nachher, nämlich bis zum Kaspischen Meer. Kein Wunder, wenn unter solchen Umständen China handelspolitisch mit besonderem Eifer westwärts strebte!

Andererseits hatte der von den Römern gegen die Parther geführte Krieg (162—165 n. Chr.), der mit Zerstörung der damals wichtigsten vorderasiatischen Binnenhandelsplätze Ktesiphon und Seleucia endete, die sperrende Zwischenhandelsschranke zwischen beiden Weltreichen zerstört, und der Weg zur unmittelbaren Fühlungnahme war frei.

Kurze Zeit hindurch ist in der Tat eine direkte Berührung zwischen dem Römischen Reiche und China auf dem Landwege erfolgt. Chinesische Annalen berichten, daß im Jahre 166, also bezeichnenderweise sofort nach Beendigung des Partherkrieges, eine römische Gesandtschaft des Kaisers Antun (Antoninus Pius) in China eingetroffen sei. Die abendländischen Quellen wissen hiervon nichts. Es ist durchaus wahrscheinlich, daß es sich lediglich um ein Privatunternehmen syrischer Kaufleute aus Antiochia handelte, die sich wohl nur als Sendboten des römischen Kaisers bezeichneten, um sich etwas mehr Nimbus zu geben. Die persönliche Fühlungnahme blieb offenbar vereinzelt, aber ein Handel Roms sowohl mit China wie mit Indien scheint doch für etwa 100 Jahre in Gang gekommen zu sein. Ums Jahr 1835 fand man in der Provinz Schansi 16 römische Münzen der Kaiser Tiberius bis Aurelian, die ein Bankier in Schanghai ankaufte[317]). 30 Jahre später wurde eine große Kupfermünze Maximins I. (235—238) in Kotschinchina ans Tageslicht befördert[318]). Offenbar sind dies nur schwache Überreste eines sehr starken Edelmetall- und Münzabflusses nach dem fernen Osten, denn die Chinesen nahmen für ihre Handelsprodukte keine Waren, sondern nur Metalle, und wir hören, daß der Abfluß von Edelmetallen nach China schließlich beunruhigend großen Umfang annahm. — Ebenso sind zahlreiche römische Münzen bei Tellichery an der Malabarküste, auf Ceylon und anderswo in Indien gefunden worden[319]). 1871 wurden bei Kalkutta zahlreiche Goldmünzen der späteren römischen Kaiserzeit im Boden entdeckt[320]). Wegen weiterer derartiger Spuren eines starkentwickelten

III. Der Verkehr auf dem Indischen Ozean im Altertum und Mittelalter. 67

römischen Handelsverkehrs im ausgehenden Altertum, der sich auf der anderen Seite auch bis zur Kongomündung hat verfolgen lassen, wo man bei Matadi eine Silbermünze Kaiser Trajans im Erdboden entdeckte[321]), muß auf die Spezialliteratur verwiesen werden[322]).

Es scheint so (mehr läßt sich aus Mangel an Beweisen nicht sagen), als habe nach dem Jahre 165 die Eröffnung des direkten Überlandhandels von Rom nach Indien und China den alexandrinischen Seeverkehr durch den Indischen Ozean allmählich einschlummern lassen. Jedenfalls hört man nichts mehr von ihm, und da zur selben Zeit ungefähr eine neue Epoche chinesischer Seeschiffahrt beginnt, darf man hierin ein Anzeichen erblicken, daß der Besuch fremder Schiffe in chinesischen Häfen zu versiegen begann, denn die Geschichte Chinas lehrt es uns in ihrem ganzen Verlauf: solange die Fremden selber regen Seehandel mit China unterhalten und regelmäßig dorthin fahren, bleibt die eigene Schiffahrt der Chinesen unbedeutend; sowie aber der Fremdenstrom aus irgendeinem Grunde versiegt, leisten die Chinesen selber Ansehnliches in weiten Seereisen.

Der rasche Niedergang des römischen Reiches in der Zeit nach 200 und sein Untergang in den Stürmen der Völkerwanderung richtete aufs neue eine undurchdringliche Scheidemauer zwischen dem Abendland und dem fernen Osten auf, und die neu emporsteigenden Araberreiche sorgten seit dem 8. Jahrhundert als kluge Zwischenhandels-Nutznießer dafür, daß diese Scheidemauer so unübersteiglich wie möglich blieb. Die letzten Spuren der römischen Handelsbeziehungen mit China sind die oben erwähnten Münzen des Kaisers Aurelian. Dieser regierte von 270—275 n. Chr. Genau 1000 Jahre später sind dann die ersten neuen direkten Berührungen zwischen Europa und China in Gestalt der berühmten beiden Reisen der drei Venezianer Polo nachweisbar.

Zwischendurch hatte sich jedoch, fern von dem Gesichtsfeld der europäischen Nationen, ein ansehnlicher, zeitweilig überaus lebhafter, neuer Seeverkehr auf dem Indischen Ozean entwickelt, an dem aber nun ausschließlich asiatische Völker, vornehmlich Araber und Chinesen, beteiligt waren. Schon vor dem Auftreten Mohammeds und dem meteorgleichen, glänzenden Erscheinen der arabischen Kultur und Staatsmacht war die chinesische Seeschiffahrt im Indischen Ozean wieder zu erheblicher Bedeutung gelangt. Wir erfahren[323]), daß chinesische Handelsfahrzeuge gegen Ende des 5. Jahrhunderts wieder in Ceylon verkehrten. Spätestens ein halbes Jahrhundert danach, vielleicht auch schon etwa gleichzeitig, suchten aber die Chinesen bereits die Euphrat-Tigris-Mündung auf. In Hira am Euphrat lagen im 7. Jahrhundert alljährlich chinesische Schiffe. In Kanton gab es eine arabische Handelsniederlassung, ebenso gingen arabische Kaufleute in Kiautschou ihrem Berufe nach: selbst Korea und Japan waren den Arabern bekannt: unter den Namen Schyla und Wâkwâk treten sie uns bei Geographen des 10. Jahrhunderts entgegen[324]). Nach dem Emporkommen des blühenden Araberreiches im Zweistromland erreichte dieser Verkehr im 8. und 9. Jahrhundert einen Höhepunkt ersten Ranges. Die Araber waren dabei jedoch das wesentlich aktivere Element. Reisen vom Khalifenreich in Mesopotamien bis zu den Sundainseln und nach China hinüber waren im 8. und 9. Jahrhundert häufig[325]). Ein mohammedanischer Kaufmann Suleiman hat gleich mehrere derartige Reisen unternommen und ums Jahr 851 eine Beschreibung davon verfaßt. Andere Kaufleute, Ibn Wahb und Ibn Habbar, haben Ähnliches geleistet, dazu sicher zahllose andere, deren Namen man nicht kennt. Es muß damals ein verhältnismäßig sehr reger Verkehr arabischer Schiffe in chinesischen wie auch chinesischer in arabischen Häfen geherrscht haben.

Der Verkehr zwischen Chinesen und Arabern erlitt jedoch im Jahre 878 ein jähes Ende. In der chinesischen Stadt Khanfu (nach Richthofen identisch mit dem heutigen Hangtschou), die einen blühenden Handel trieb und zahlreiche Araber und Juden beherbergte, fand eine gewaltige Rebellion mit katastrophalen Folgen unter Führung eines gewissen Baïshú Shirrir statt. Diese Empörung war gegen die Fremden gerichtet, von denen angeblich 20000 ihr Leben verloren. Dabei muß Khanfu völlig zugrunde gegangen sein. Fast 400 Jahre lang soll danach der direkte Verkehr zwischen dem Zweistromland und China aufgehört haben; doch vermutete schon Richthofen, daß dies wohl übertrieben sei und daß auch in diesen 4 Jahrhunderten auf halbem Wege, in Kala, Kalikut und Kanlem, ein Handel bald wieder in Gang kam. Darüber hinaus läßt sich beweisen, daß schon um die Mitte des 10. Jahrhunderts Araber wieder in China weilten. Der große Reisende Masudi († 956) berichtet[326]) von seinen Seereisen im Chinesischen Meer und darüber hinaus von seinem Besuch in Kanton-Khaniku, das er in sehr interessanter Weise schildert, es sei:

„eine sehr große Stadt, an einem Fluß gelegen, der größer als der Tigris oder doch ebenso groß ist... Durch diesen Fluß kommen die Schiffe von Balsora, Siraf und Oman, den verschiedenen Städten Indiens und dem Indusgebiet, den Inseln von Zanij, aus Sinf und anderen Ländern".

Eine weitere Vorstellung von der Intensität des damaligen arabischen Seeverkehrs liefern uns die Erzählungen der berühmten „Tausendundeinen Nacht". Diese Sammlung abenteuerlicher Geschichten ist zwar voll von märchenhaften Zügen und Unglaubwürdigkeiten aller Art. In ihrer geographischen Einkleidung aber, soweit es sich um erdkundliche Namen handelt, ist sie glaubhaft und dabei belehrend genug. Wenn wir etwa hören, Sindbad der Seefahrer, dessen Erzählungen schon auf die Zeit um 830 zurückgehen sollen[327]), habe zweimal eigene Handelsreisen von Bagdad nach Ceylon und dreimal nach den Sundainseln unternommen, so dürfen wir hierin eine Angabe erblicken, was für Seefahrten unternehmungslustige arabische Großkaufleute der Zeit vor 1100 Jahren des öfteren gewagt haben. Verkehrsgeschichtlich ungemein reizvoll scheint mir übrigens auch ein kurzer Vermerk in der 7. Sindbadreise nach Indien zu sein:

„Um die Gefahren einer Seereise bis Balsora zu vermeiden, ließ ich mein Elfenbein ausschiffen, um mich zu Lande dahin zu begeben, ... und schloß mich einer zahlreichen Karawane von Kaufleuten an."

Man hatte also in gewissen Fällen für Reisen zwischen Indien und Mesopotamien bereits die Wahl zwischen dem Land- und Seeweg! Da übrigens die Sindbad-Erzählungen nur bis zu den Sundainseln reichen und von China kein Wort berichten, möchte ich die Frage aufwerfen, ob diese Reisen oder zumindest ihre Aufzeichnungen in der uns geläufigen Form nicht erst aus der Zeit nach 878 stammen, als die Beziehungen zwischen Balsora und den chinesischen Häfen eingeschlummert waren. Wenigstens vermag man sonst nicht recht einzusehen, daß ein Kaufmann, wie Sindbad, gerade das wichtigste der überseeischen Handelsgebiete der Erwähnung so gar nicht für wert erachtet haben soll. — Ums Jahr 953 wurde dann eine weitere arabische Schilderung von Seereisen nach Indien und zu den Sundainseln verfaßt, das „Buch der Wunder"[328]), das trotz aller phantastischen und märchenhaften Züge, wie sie dem orientalischen Geschmack entsprachen, dennoch ebenfalls einen erdkundlich richtigen Kern aufweist. Ungleich wertvoller noch sind die schon erwähnten Schriften des Masudi aus etwa derselben Zeit.

Überall an den westlichen Rändern des Indischen Ozeans waren die Araber die Träger und Nutznießer des wertvollen Handels mit Indien, China und dem sonstigen fernen Osten. Den modernen Briten gleichend, hatten sie ihre politische Macht territorial gleichzeitig in Mesopotamien, Arabien, Syrien, Ägypten und noch in weiten Strecken Ostafrikas südwärts aufgerichtet, und sie wachten eifersüchtig darüber, daß keine unmittelbare Berührung von Angehörigen der Mittelmeervölker mit den Kulturvölkern Süd- und Ostasiens ihr wertvolles Handelsmonopol durchbrach. Nahezu ausschließlich mohammedanische Reisende scheinen damals die großen Handelsfahrten zwischen dem Mittelmeer und dem fernen Osten, teils zu Lande, teils zu Wasser, ausgeführt zu haben — abgesehen von fränkischen und spanischen Juden, die vermutlich eine gewisse Mimikry trieben und als Mohammedaner in vereinzelten Fällen die weite Reise zwischen dem Mittelmeer und Ostasien sogar mehrfach zurückgelegt haben sollen.

Auch nach Süden hin im Indischen Ozean übernahmen die Araber die Erbschaft der alten Sabäer und Phönizier. „Nach altem Herkommen" hatten, nach dem Bericht des Periplus, die Sabäer bis tief in den afrikanischen Süden Handel getrieben; die Araber taten nunmehr das Gleiche und legten seit dem 9. Jahrhundert längs der Küste des Indischen Ozeans eine Reihe von Faktoreien und Siedlungen an, die zum Teil noch heute erhalten sind und im Namen die arabische Herkunft erkennen lassen (z. B. Kilwa und Mombassa). Bereits im 9. Jahrhundert müssen die Araber in Madagaskar erschienen sein[329]), und noch vor der Zeit Masudis, der selber im Sofalagebiet weilte[330]), drangen die Araber wieder bis zur alten Ophirküste vor und belebten daselbst aufs neue die Goldausfuhr des reichen Hinterlandes, die von ihnen vorwiegend nach dem goldhungrigen Indien geleitet wurde. Eine zeitgenössische Beschreibung der Verhältnisse an der Sofalaküste zur Araberzeit nach eigenem Augenschein danken wir dem großen marokkanischen Weltreisenden des 14. Jahrhunderts, Ibn Batuta[331]). Die Hauptansiedlung der Araber in Südostafrika war Quiloa, eine große, aus Holz gebaute Stadt, 14 Tagemärsche von der Sofalaküste[332]).

Schon Masudi gibt uns eine Vorstellung davon, welchen Umfang im 10. Jahrhundert die Schiffahrt im Indischen Ozean und in den anderen warmen Randmeeren Asiens gehabt haben muß, wenn er einmal die Bemerkung hinwirft[333]):

„Ich bin oft zur See gefahren, sowohl im Chinesischen und Mittelmeer, im Kaspischen, Roten und Arabischen Meer".

Auch die Inder müssen an dem frühmittelalterlichen Seeverkehr im Indischen und Stillen Ozean wieder hervorragend beteiligt gewesen sein. Im Anfang des 5. Jahrhunderts fuhr ein indisches Schiff mit 200 Passagieren, unter denen sich ein chinesischer Pilger Fa-Hien befand, nach Java, und zwar zu Kolonisationszwecken[334]). Weiter wissen wir, daß im Juli 799 ein indischer Händler im Süden der japanischen Provinz Mikwa weilte[335]), daß im April 800 ein anderer daselbst erschien[336]). Ein Japaner hat daraus den Schluß gezogen[337]), „daß Baumwolle in Japan durch die Inder eingeführt wurde". Kulturhistorisch und politisch beachtenswert bleibt in diesem Zusammenhang ferner, daß aus Indien in den Jahren 1033 und 1077 Tribute nach China gingen [338]).

Die Chinesen scheinen nach der großen Katastrophe von Khanfu geraume Zeit dem Indischen Ozean fern geblieben zu sein, keinesfalls aber 400 Jahre, wie es behauptet worden ist. Schon im 12. Jahrhundert berichtet El Edrisi († um 1164) wieder von chinesischen Schiffen in Aden und im Roten Meer. Der Höhepunkt des chinesisch-arabischen Verkehrs auf dem Indischen Ozean wurde aber erst erreicht, nachdem der gewaltige Eroberer Dschingis Khan halb Asien den Mongolen untertan gemacht hatte. Das Araberreich sank im Zweistromland vor dem Ansturm der Mongolen in Schutt und Asche, 1258 wurde Bagdad unter Hulagus Führung verwüstet. Aber der Verkehr hörte damit nicht auf: waren doch nun Mongolenherrscher von China bis Vorderasien und Osteuropa zu finden! So gelangte im Jahre 1292 ein chinesisches Schiff über Kotschinchina, Sumatra und Ceylon nach dem Persischen Golf, wo allerdings nicht Balsora, sondern Ormuz das Ziel der Fahrt war. Marco Polo [339]) machte diese Fahrt in Begleitung seines Vaters und Oheims mit; die Reise bezweckte die Überführung einer chinesischen Prinzessin an den Hof des Königs Argon von „Indien". Schon diese dynastische Beziehung, in noch höherem Maße aber der Umweg über Sumatra, der nur zu Handelszwecken unternommen worden sein kann, lehren zur Genüge, daß die chinesischen Seefahrer, denen die Poli sich anvertrauten, sich in wohlbekannten Ländern und Meeren bewegten. Dieser Eindruck verstärkt sich, wenn man hört, daß nicht lange zuvor Marco Polo schon einmal als Gesandter Kublai Khans mit einem Schiff nach Indien, bei anderer Gelegenheit auch nach Japan geschickt worden war [340]). — Die 3jährige Heimreise der drei Poli begann in Zeitun und führte zur See bis Ormuz, dann zu Lande weiter.

Der abermalige direkte Seeverkehr zwischen China und Vorderasien reichte bis ins Rote Meer und sogar bis Ostafrika.

Nach Ibn Batuta seien aus dieser Periode (1340) zwei Hafenschilderungen mitgeteilt, die ein gutes Bild von dem rastlosen Seeverkehr jener fernen Tage vermitteln. Zeitun (Tsinantschou), das längere Zeit eine führende Rolle unter den Seehäfen des chinesischen Reiches spielte, nennt er [346]) eine „große, herrliche Stadt" und fügt hinzu:

> „Der Hafen von Zeitun ist einer der geräumigsten der Welt — ich irre mich: es ist der geräumigste von allen Häfen."

Im Anschluß daran beschreibt er, wie er von Zeitun, wo hauptsächlich der Handel mit kostbaren Stoffen blühte, auf dem „großen Fluß" (Hwangho) 27 Tage lang stromaufwärts gefahren sei bis nach Sinclân, von wo die kostbaren Porzellanwaren zum Teil in ferne Länder verfrachtet wurden. — Des weiteren schildert Ibn Batuta den Verkehr in Aden. Dieser Platz war schon damals eine „große Stadt", in der sehr reiche Kaufleute ansässig waren, darunter indische und ägyptische. Einige von ihnen seien so wohlhabend, daß sie allein ein ganzes Seeschiff besäßen. Vom Hafen aber heißt es [342]):

> „Große Schiffe kommen dort von Cambais, Tanna, Kulam, Kalikut, Fandarâinah, Châliyât, Mangalore, Fakanwar, Onor, Sindâbour usw."

Umgekehrt beobachtete Ibn Batuta aber auch massenhaft chinesische Schiffe an der Malabarküste und in Ceylon [343]).

Nautisch von besonderem Interesse ist folgende Zeitangabe Ibn Batutas [344]):

„Ich habe einmal die Reise von der indischen Stadt Kalikut nach Zhafâr in 28 Tagen gemacht."

Da Zhafâr im äußersten Yamam lag und von Aden durch einen Monat Wüstenmarsch getrennt war, haben wir hier eine wertvolle Angabe, in welcher Zeit unter besonders günstigen Umständen eine Fahrt übers Arabische Meer, offenbar mit Hilfe des Monsuns, möglich war.

Aus Ibn Batuta erfahren wir des weiteren, daß sich Bagdad von der großen Katastrophe des Jahres 1258 recht schnell erholt haben muß, denn kaum 100 Jahre später traf der große arabische Weltreisende daselbst aufs neue eine ungemein verkehrs- und volkreiche Stadt an[345]). Ibn Batuta ist ferner an der ostafrikanischen Küste bis ins heutige Mozambique hinuntergelangt. Überall an dieser Küste waren arabische Kolonien entstanden.

Chinas neuer Anteil am Verkehr im Indischen Ozean muß sehr groß gewesen sein. Erzählt doch Ibn Batuta[346]) auf Grund eigenen Augenscheines, daß der Kaiser von China ums Jahr 1340 an den Sultan Mohammed in Dehli ein Geschenk von 100 Sklaven und Sklavinnen, 500 Seidendamastgewändern, 5 Perlengewändern, 5 Minen Moschus, 5 goldgestickten Köchern und 5 Schwertern sandte. Sultan Mohammed erwiderte die Gabe und sandte im Jahre 1342 nach China als Gegengeschenk 100 prachtvoll gezäumte Pferde, 100 Sklaven, 100 Sklavinnen, 100 Bairamgewänder, 100 Stück Samtstoff, 15 Eunuchen, 100 Stück griechischer Leinwand, 4 goldene und 6 emaillierte Silberleuchter, goldene und silberne Schalen und Kannen, goldgestickte Köcher, perlengestickte Handschuhe und sehr viele andere wertvolle Schätze. Auch erfahren wir bei dieser Gelegenheit von einem in Indien gelegenen Wallfahrtstempel chinesischer Pilger.

Um die Mitte des 14. Jahrhunderts verkehrten ausschließlich chinesische Schiffe zwischen China und Indien[347]). Die Einrichtung dieser Fahrzeuge, von denen Ibn Batuta im Jahre 1342 allein im Hafen von Kalikut 13 auf einmal liegen sah, muß zum Teil erstaunlich modern gewesen sein. Ibn Batuta berichtet auf Grund eignen Augenscheines[348]):

„Auf einem dieser großen Schiffe gibt es 12 Segel, bis herab zu 3... Auf jedem dieser Schiffe dienen 1000 Mann, von denen 600 Matrosen und 400 Krieger sind... Dem Schiff setzt man vier Verdecke auf; es enthält Zimmer, Kabinen und offene Salons für die Kaufleute. Es gibt Kabinen, die Zimmer und Aborte enthalten. Sie haben einen Schlüssel, mit dem der Inhaber sie absperren kann. Man nimmt seine Sklavinnen und Frauen mit sich. Oft ist ein Passagier in seiner Kabine, und niemand sonst auf dem Schiffe weiß von ihm, bis man in irgendeiner Gegend angekommen ist... Ich war mit dem Superkargo der Dschunke bekannt und sprach zu ihm: „Ich will eine Kabine, die du mit mir teilst — wegen der Sklavinnen, denn so ist meine Gewohnheit, daß ich nur mit ihnen reise". Er antwortete mir: „Die chinesischen Kaufleute haben die Kabinen für die Hin- und Rückreise gemietet. Mein Schwager hat eine Kabine, die ich dir geben möchte, aber sie hat keinen Abort; vielleicht ist es möglich, sie gegen eine andere zu vertauschen."

Dieser erstaunlich großartige Überseeverkehr fand jedoch noch im ausgehenden 14. Jahrhundert sein Ende. Etwa in der Zeit, als in China die nationale Ming-Dynastie auf den Thron kam (1368), zerfiel die Schiffahrt zwischen China und Indien, nach v. Richthofen, in zahlreiche, kurze Küstenfahrten von mehr örtlicher Bedeutung. Wenn auch vereinzelt eine Flotte chinesischer Segler noch im Jahre 1430 im arabischen Rotenmeerhafen Djidda erschien[349]), so ist doch etwa nach 1370 ein starkes Sinken der kaufmännischen Unternehmungslust und geistigen Spannkraft in China unverkennbar. Vielleicht waren auch die großartigen außenpolitischen Beziehungen, die in der Zeit der Mongolenherrscher bestanden hatten, allzu empfindlich geschädigt worden, als die Chinesen ihre nationale Freiheit wiedererlangt hatten. Sobald die Chinesen auf sich selbst angewiesen waren, haben sie eben, um mit v. Richthofen zu reden[350]), „wenn ihnen der Handel zugebracht wurde, kein Bedürfnis gehabt, ihn wieder in die eigenen Hände zu nehmen". Seit dem 15. Jahrhundert kam infolgedessen die chinesische Schiffahrt langsam zum Erliegen. Bis etwa ums Jahr 1400 hatte dabei der Verkehr indischer Schiffe im Persergolf das Übergewicht; im 15. Jahrhundert verlegte sich der Schwerpunkt wieder ins Rote Meer. Nach der Epoche weitgehender Erstarrung des Verkehrs begann im 16. Jahrhundert die Zeit europäischer Seefahrten nach China: im Jahre 1517 erschien das erste portugiesische Schiff im Hafen von Kanton, nachdem 19 Jahre zuvor, am 20. Mai 1498, Vasco da Gamas Fahrzeug als erstes aus Europa nach Indien gelangt war. Die indische Schiffahrt selbst war lebhaft geblieben bis zu diesem weltgeschichtlichen Tage. Nach der Auffindung des Seeweges von Europa nach Ostindien aber veröderten die Randmeere derart, wie nie zuvor in der Geschichte, bis 1869 die Eröffnung des Suezkanals nochmals die nunmehr glanzvollste Periode in der Verkehrsgeschichte des Indischen Ozeans einleitete.

Literaturnachweise.

246) Eduard Meyer: „Geschichte des Altertums", I, 2, S. 44, 166, 211. Stuttgart-Berlin 1913.
247) Ludwig Borchardt: „Die Annalen und die zeitliche Festlegung des alten Reiches der ägyptischen Geschichte", S. 60/61. Berlin 1917.
248) Wilh. Max Müller: „Asien und Europa in altägyptischen Denkmälern", S. 116. Leipzig 1893.
249) Franz Stuhlmann: „Der Kampf um Arabien zwischen der Türkei und England", S. 7. Hamburg-Braunschweig-Berlin 1916.
250) Heinrich Kiepert: „Alte Geographie", S. 183, Anm. 2. Berlin 1878.
251) Al Hamdâni: „Geographie der arabischen Halbinsel", edid. David Heinrich Müller. Leiden 1884, 1892.
252) W. Sprenger: „Alte Geographie Arabiens", S. 299. Bern 1875.
253) 1. Kön. 10, 2; 2. Chron. 9; Josephus, ant. VIII, 5, 56.
254) Koran, Sure 27, 30; Gustav Rösch: „Die Königin von Saba als Königin Bilkis" in den „Jahrbüchern für protestantische Theologie" 1880, S. 524.
255) a. a. O., S. 8/9.
256) Jesajas 60, 6.
257) Theodor Benfey: „Indien" in Ersch und Grubers „Enzyklopädie", Ser. II, Bd. XVII.
258) Periplus maris Erythraei, cap. 30.
259) Agatharchides, de mari Erythraeo, Kap. 103 in „Geographi graeci minores" ed. Carolus Mullerus, Bd. I, S. 190/1. Paris 1855.
260) Sir John Gardner Wilkinson: „Ancient Egyptians", Bd. II, S. 237. London 1837.
261) Christian Lassen: „Indische Altertumskunde", Bd. II, S. 580. Bonn 1874.
262) Peter v. Bohlen: „Das alte Indien", Bd. I, S. 42. Königsberg 1830.
263) Theophrast, Historia plantarum, IX, 4/5.
264) 1. Buch Könige, 9, 16.
265) Plinius nat. hist. VI, 26, 8.
266) August Köster: „Seefahrten der alten Ägypter", S. 30. Sammlung „Meereskunde", Heft 165.
267) C. P. Thiele: „Babylonisch-assyrische Geschichte", Bd. II, S. 605/6. Gotha 1888.
268) Vortrag vom 9. Mai 1881 vor der „Société Asiatique".
269) Strabo XVI, 766 und 776; Diodorus Siculus III, 41; Polybius V, 45; Plinius, nat. hist VI, 32, anscheinend auch XII, 79.
270) a. a. O., S. 9.
271) Hesekiel, Kap. 27, 22.

III. Der Verkehr auf dem Indischen Ozean im Altertum und Mittelalter.

272) Ptolemäus VI, 7 und 14.
273) Hesekiel, Kap. 27, 15 und 20.
274) I. Mos. X, 7.
275) a. a. O., 102.
276) Strabo XVI, 766, 772, 782; Plinius nat. hist. VI, 159.
277) Eberhard Schrader: „Die Keilinschriften und das Alte Testament", S. 145. Gießen 1872.
278) A. H. L. Heeren: „Ideen über die Politik, den Verkehr und den Handel der vornehmsten Völker der alten Welt", 2. Aufl., S. 702, 857, 862, 872. Göttingen 1805.
279) Ptolemäus VII, 2, 25.
280) Zeitschr. d. Ges. f. Erdkunde zu Berlin, 1913, S. 779.
281) Odyssee III, 321.
282) „Von rätselhaften Ländern", S. 65—81.
283) Karl Mauch: „Reisen im Inneren Afrikas". Gotha 1874.
284) Karl Peters: „Im Goldland des Altertums". München 1902.
285) 1. Kön., Kap. 9 und 10; 2. Chron., Kap. 8 und 9.
286) Georg Oppert: „Tharshish und Ophir" in der „Zeitschr. f. Ethnologie", Bd. XXXV, S. 248.
287) 2. Chron., Kap. 9, Vers 21.
288) Ibn Batutas Reisewerk, Ausg. Defrémery et Sanguinetti, Bd. II, S. 193. Paris 1854.
289) Max G. Schmidt: „Geschichte des Welthandels", S. 7. Leipzig 1906.
290) Herodot IV, 42.
291) Herodot IV, 43.
292) Strabo II, 98.
293) Tyrann von Syrakus 485—478 v. Chr.
294) Ptolemäus III Euergetes 247—222 v. Chr.
295) Die Schiffe von Gades trugen einen Pferdekopf als Abzeichen.
296) Diodor II, 56.
297) Periplus maris Erythraei, cap. 18, in „Geographi graeci minores", ed. Carolus Mullerus, Bd. I, S. 272. Paris 1855.
298) Ed. Meyer, a. a. O., Bd. III, S. 100.
299) Die von Skylax verfaßte Beschreibung seiner Fahrt ist verloren gegangen.
300) Pomponius Mela III, 70.
301) Zeitschr. d. Gesellsch. f. Erdkunde zu Berlin, 1913, S. 771ff.
302) Periplus, Kap. 63/4. — Vgl. die wertvolle Studie von Schwanbeck im „Rhein. Mus." 1850, S. 321 und 481.
303) Albert Herrmann: „Die alten Seidenstraßen zwischen China und Syrien", Heft 21 der „Quellen und Forschungen zur alten Geschichte und Geographie". Berlin 1911.
304) Ptolemäus VII, 2, 27.
305) Ptolemäus VII, 2, 29; VIII, 27, 10.
306) Ferdinand v. Richthofen: „Über den Seeverkehr nach und von China im Altertum und Mittelalter" in „Verhandl. der Gesellsch. f. Erdkunde zu Berlin", 1876, S. 86.
307) Fr. Hirth: „China and the Roman Orient". Leipzig-München 1885.
308) Plinius nat. hist. VI, 88.
309) „T'oung Pao" 1912, S. 457.
310) Zeitschr. d. Gesellsch. f. Erdkunde zu Berlin, 1913, S. 553.
311) Odyssee I, 24.
312) Herodot III, 97.
313) Josephus, ant. II, 10, 2.
314) Valesius zu Sokrates, hist. eccl. I, 19, 13.
315) Arrian, Ind., cap. VI.
316) Diodor II, 55.
317) „The Academy", 1886, S. 316.
318) „Revue numismatique", 1864, S. 481.
319) Journal of the Asiatic of Bengal", 1851, S. 371.
320) Cunningham im „Archeological survey of India", Bd. XIII (1872).
321) Herm. Nissen: „Italienische Landeskunde", Bd. I, S. 6, Anm. Berlin 1883.
322) Theod. Mommsen: „Geschichte des Römischen Münzwesens", S. 762. Breslau 1860; Friedländer: „Repertorium", S. 388; Lassen: „Indische Altertumskunde", Bd. III, S. 82.
323) Ferd. v. Richthofen in den Verhandlungen der Gesellsch. f. Erdkunde zu Berlin", 1876, S. 93.

324) Ibn Khordadbeh: „Kitâb al-Masâlik wa'l Mamâlik", Ausg. de Goeje (Biblioth. Geogr. Arab.), S. 51. Leiden 1889.
325) Reinaud: „Relation des voyages faits par les Arabes et les Persans dans l'Inde et à la Chine", 2 Bd. Paris 1845.
326) Masudi-Ausgabe von Aloys Sprenger: „Meadows of gold and mines of gesus". London 1841. — Sehr genaue Angaben über China im Kap. XV (S. 286—325).
327) M. J. de Goeje: „De Reizen van Sindebaad" in „De Gids", 1889, Bd. II, S. 278—313.
328) „Livre des Merveilles de l'Inde", Ausgabe Dévic. Leiden 1883—86.
329) G. Ferraud: „Les Musulmans à Madagascar et aux îles Comores". Paris 1902.
330) a. a. O., S. 261 und 266.
331) Voyages d'Ibn Batouta, a. a. O., Bd. II, S. 1, 196. Paris 1854.
332) Ibn Batuta, a. a. O., Bd. II, S. 192.
333) Masudi, a. a. O., S. 263.
334) Radhakumud Mookerji: „A history of Indian shipping", S. 46. London und New York 1912.
335) Nihon-Ko-Ki, 8. Buch, bei Mookerji, S. 174.
336) 199. Kapitel des „Ruijukokushi", bei Mookerji.
337) Taka Kusu: „What Japan owes to India", im „Journal of the Indo-Japanese Association", Januarheft 1910.
338) Mookerji, a. a. O., S. 177.
339) Hans Lemke: „Reisen des Venezianers Marco Polo", Kap. 1. Hamburg 1903.
340) Marco Polos Reise, Buch I, Kap. 1.
341) a. a. O., Bd. IV, S. 269.
342) a. a. O., Bd. II, S. 177.
343) a. a. O., Bd. IV, S. 81.
344) a. a. O., Bd. II, S. 196.
345) a. a. O., Bd. II, S. 105 ff.
346) „Reise des Arabers Ibn Batuta durch Indien und China", Ausg. v. Mžik, S. 246—249. Hamburg 1911.
347) Ebendort, S. 303: „Das Meer von China wird nur mit chinesischen Schiffen befahren".
348) Ebendort, S. 304. — Ähnlich Marco Polo, Buch III, Kap. 1.
349) Alex. Supan: „Die territoriale Entwicklung der europäischen Kolonien", S. 9. Gotha 1906.
350) „Verhandlungen der Gesellschaft für Erdkunde zu Berlin", 1876, S. 96.

IV. Die Ostsee im Verkehrsleben des Altertums und frühen Mittelalters.

Ostseeschiffahrt wurde in kleinstem Umfang in den inselreichen und schmalen westlichen Meeresteilen bereits ums Jahr 4000 v. Chr. Geb. getrieben. Die Untersuchungen Walter Vogels über frühgermanische Schiffahrt lassen hieran keinen Zweifel; ihnen zufolge ist für jene sehr frühe Epoche „der Beweis geliefert, daß wir es hier bereits mit seefahrenden Stämmen zu tun haben"[351]. In der Zeit zwischen 3000 und 1000 v. Chr. Geb. ist dann im westlichen Ostseebereich, zusammen mit Ackerbau und Viehzucht, auch eine schon recht entwickelte Seeschiffahrtskunst an der Nord- und Ostsee zu Hause gewesen, wie die verhältnismäßig engen Kulturbeziehungen zwischen den beiderseitigen Küsten übers Meer hinweg bekunden. Montelius sagt hierüber[352]:

„Man konnte sich in der Steinzeit hier im Norden über ein weit größeres Gewässer helfen, als mancher sich vorstellen mag... Bereits vor 5000 Jahren können wir die Folgen eines Verkehrs zwischen unserem Land (Schweden) und dem Westen unseres Erdteils spüren, ... eines Verkehrs, der ganz intensiv gewesen sein muß, da er die Hinüberführung einer neuen Begräbnisart, des Brauches, den Toten eine Schlafkammer zu bauen, wie sie vorher in unseren Gegenden unbekannt war, von einem Lande zum anderen vermittelte"...

Indirekte Zeugnisse eines sehr frühzeitigen, primitiven Handelsverkehrs über die westliche Ostsee hinweg sind in erster Linie vorgeschichtliche Funde. Bereits in den schweizerischen Pfahlbauten, die der Zeit des 2. und 1. Jahrtausends v. Chr. Geb. entstammen, hat man Produkte aus nordischem Material, aus Nephrit, Jadeit und Chloromelanit, gefunden, die nur über die Ostsee hinweg auf unbekannte Weise nach Mitteleuropa gelangt sein können[353]). Dasselbe gilt für Funde von Hörnern der polaren Saiga-Antilope, die man zusammen mit atlantischen Muscheln in Höhlen des Périgord entdeckt hat[354]). Umgekehrt sind in der Steinzeit die wegen ihrer Härte geschätzten Feuersteine der deutschen Küste und Schonens übers Meer nach Bornholm und nach Gotland, ja bis nach Nordschweden und selbst über Schweden nach Finnland hinauf gelangt!

So völlig ungeregelt ein solcher vorgeschichtlicher Handel natürlich war, so sind die begehrten Tauschwaren zum Teil doch überraschend weite Wege von Hand zu Hand gewandert, ehe sie an ihren späteren Fundort gelangten. Montelius[355]) bildet z. B. eine prächtige nordische Bronzeschale des 9. Jahrhunderts v. Chr. Geb. ab, die in einem schweizerischen Pfahlbau bei Corcelettes am Neuchâteler See gefunden wurde. Bronze, die wohl nur von den britischen Inseln eingeführt worden sein kann, dazu Gold von wahrscheinlich irischer Herkunft sind in dem selber goldlosen und damals auch noch kupferlosen Schweden (die schwedischen Kupferlager sind erst im Mittelalter aufgefunden worden) in den Frühanfängen der Geschichte so zahlreich nachweisbar, daß ein schwedischer Forscher[356]) bereits 1863 den Schluß zog,

„daß die Altertümer nicht nur phönikischen Ursprungs, sondern auch, daß Völker dieses Stammes und Religion sie zu Anfang selbst hergebracht haben".

Dieser Schluß ist bezüglich der „Herbringung" durch Phönizier keinesfalls haltbar, aber daß Bronze und Gold nur über See nach Schweden gebracht worden sein können, ist nicht zu bezweifeln. Montelius bringt auf S. 262—269 seiner Abhandlung eine große Zahl von Abbildungen bronzener und tönerner Geräte, Gefäße, Schmuckstücke usw., die zum Teil von Italien und anderen Ländern in die skandinavischen Länder gewandert, zum Teil aber auch umgekehrt im Norden angefertigt und in Mittel- oder Westeuropa (Württemberg, Schweiz, Frankreich) dem Erdboden entnommen worden sind. Darunter befinden sich schöne Bronzewagen auf Rädergestellen von zweifellos südlicher Herkunft, die anscheinend für Kultzwecke benutzt worden sind. Diese bemerkenswert schweren, prachtvollen Wagen sind nach Montelius vor dem Jahre 1100 v. Chr. Geb., also etwa in der Zeit des Trojanischen Krieges, auf nicht feststellbare Weise den Ostseeländern zugeführt worden (vgl. S. 16). Bronzene Äxte und Dolche, die man in Schonen und Mecklenburg gefunden hat, von zweifellos italienischer (etruskischer) Herkunft, stammen nach Montelius sogar schon aus dem Anfang des 2. vorchristlichen Jahrtausends. Rings um die westliche Ostsee, zumeist in Mecklenburg, auf Fünen, in Nordjütland und Schonen, aber auch an der Elbe-, Oder- und Weichselmündung, auf Bornholm, Gotland, am Mälarsee, auf Seeland, Möen und anderswo hat man italienische Industrieprodukte der Zeit von 1500—500 v. Chr. Geb. in ansehnlicher Menge gefunden, wie die geographische Karte (Taf. 33) der Monteliusschen Arbeit erkennen läßt.

Das sicherste Kennzeichen eines frühzeitigen Handelsverkehrs ferner Länder mit den nordischen Meeren ist die weite Verbreitung des von der Nord- und Ostsee stammenden Bernsteins. Die außerordentliche kulturhistorische Rolle, die der Bernstein während der ganzen vor- und frühgeschichtlichen Entwicklung im Altertum spielte, ist ja bekannt. Gerade der „nordische" Bernstein von der Nord- und Ostsee ist nun aber ein ganz hervorragendes, ja geradezu untrügliches Kennzeichen für das Vorliegen alter Handelsbeziehungen. Man könnte ihn beinahe als kulturelles Leitfossil bezeichnen, da gerade dieser nordische Bernstein durch seine chemische Zusammensetzung, seinen hohen Gehalt an Bernsteinsäure (etwa 7%), durchaus unverkennbar ist. Bernstein findet sich zwar autochthon, wenngleich nur selten, auch in anderen Meeren und an ihren Küsten, so vereinzelt in England, an der Adria und in Sizilien, von wo z. B. in der Eisenzeit Bernstein bis in die schweizerischen Alpentäler hinaufgewandert ist. Aber dieser nicht-nordische Bernstein, der ohnehin nur in geringen Mengen vorkommt, ist durch seinen niedrigen Gehalt an Bernsteinsäure (1—2%) von dem anderen leicht und ziemlich sicher zu unterscheiden[357]).

Die Verwendung des Bernsteins zur Anfertigung von Schmuckstücken, vornehmlich Ketten, beginnt nun schon im Anfang des nordischen Voll-Neolithikums, bald nach 4000 v. Chr., wobei durchlochte und zu Halsketten zusammengereihte Stücke zuerst in Jütland nachweisbar sind[358]). In einer einzigen Fundstelle in einem jütländischen Moor bei Randers hat man 4000 Bernsteinperlen in einem Gesamtgewicht von 17 Pfund entdeckt. Auch anderswo hat man, insbesondere in Jütland, solche Massen von Bernstein zusammengehäuft gefunden, daß der Gedanke sich aufdrängt, man müsse es hier mit Depotfunden zu tun haben und der Bernstein müsse eine Art von vorgeschichtlichen Zahlungsmittels gewesen sein [359]), da die Vorstellung absurd erscheint, man könne solche Mengen des Bernsteins angehäuft haben, um daraus Schmuckstücke herzustellen. In einer steinzeitlichen Siedlung Schlesiens ist ein Depotfund von über 3 Zentnern Bernstein entdeckt worden, ein anderer von ebenfalls 3 Zentnern, allerdings aus neuerer, wohl nachchristlicher Zeit, auf der Feldmark von Leysuhnen im Kreise Heiligenbeil.

Es scheint also, als habe der Bernstein in Mittel- und Nordeuropa lange Zeit dieselbe Rolle gespielt, wie ein anderes Meeresprodukt, die Kaurimuschel, vielleicht schon seit Jahrtausenden im Bereich des westlichen Indischen Ozeans.

Mit der Annahme, der Bernstein habe frühzeitig Geldeswert besessen, steht die Tatsache gut im Einklang, daß schon in sehr früher Zeit der Bernstein weit gewandert ist. Bis in den Anfang des 3. Jahrtausends sind Spuren eines Tauschhandels mit Bernstein nachweisbar. Wir dürfen als sicher annehmen, daß vornehmlich Salz, später Gold, Kupfer, Bronze und Eisen die vornehmlichen Handelsgüter waren, die man gegen Bernstein kaufte. Es ist bezeichnend, daß sich schon in den paläolithischen Höhlenwohnungen Mährens, Niederösterreichs, Frankreichs und der Pyrenäen einiger Bernstein gefunden hat[360]). Am Schluß der Steinzeit ist Bernstein bereits nach Ostdeutschland, Polen und Galizien gewandert[361]), ebenso nach Schweden, vornehmlich nach Västergötland, wo man 1868 in einem einzigen steinzeitlichen Grabe bei Falköping über 200 Bernsteinperlen gefunden hat [362]), und nach Norwegen, wo bisher allerdings nur zwei Funde geglückt sind, vor allem aber auch nach den britischen Inseln, wo vermutlich das irische Gold, Kupfer und die vor 2000 v. Chr. bereitete Bronze begehrte Gegenwerte bildeten, und nach Spanien, in dessen Gräbern der nordische Bernstein bereits vor 2000 v. Chr. auftaucht [363]).

Offensichtlich ist der sogenannte samländische Bernstein, der zwischen Danzig und Memel ebenso zahlreich vorkam wie der jütische an der heute ostfriesischen Nordseeküste, ähnlich gern und ähnlich lebhaft von den vorhistorischen Völkern der östlichen Ostsee begehrt und als Handelsware benutzt worden. Im Kurischen Haff nahe Schwarzort sind an einer einzigen Stelle bei Baggerungen 434 bearbeitete Bernsteinstücke zutage gefördert worden [364]). Von dort sind die gelben Perlen ebenfalls weit gewandert. In Finnland kennt man vier Fundstellen, davon eine an der Süd-, drei an der Westküste, die nördlichste aus der Gegend von Uleåborg. Auffällig zahlreich sind die in Karelien, westlich vom Ladogasee, gemachten Funde [364]); sie gehen aber auch ins Beresina- und Dnjepr-, vereinzelt ins Okagebiet. Der später in der Hansezeit so ungewöhnlich wichtig gewesene Ilmensee, an dem Nowgorod lag, tritt bemerkenswerterweise auch in bezug auf prähistorische Bernsteinfunde schon ungewöhnlich betont hervor. Hier, im Bezirk Nowgorod, sind an einer Stelle, bei Končanskoje, 267 Bernsteinstücke auf einmal gefunden worden [365]), die aber wahrscheinlich nicht von der See gekommen sind [366]). Unbekannt ist auch die Herkunft zweier Bernsteinfunde, die man im Kaukasusgebiet, bei Koban und Samthawro, gemacht hat.

Ganz besonders bemerkenswert sind die sehr reichlichen Funde nordischen Bernsteins, die in Böhmen und Oberösterreich gemacht worden sind, zumal in dem berühmten Hallstatt. Dieser Ort, dem ja die ganze „Hallstatt-Periode" der Menschheit ihren Namen verdankt, ist offensichtlich eine der ältesten und ergiebigsten Salzgewinnungsstätten gewesen. Im Austausch gegen das Salz ist nun der Bernstein in solchen Massen hierher gewandert, daß man hier selbst an Leichen, deren Beisetzung sonst eine gewisse Ärmlichkeit anzeigte, schöne Schmuckgehänge aus Bernstein vorgefunden hat [367]). Ich halte es für möglich, daß die Hallstatt-Menschen der Zeit 1000—500 v. Chr. ein wichtiges Zwischenglied in der Abwicklung des uralten Bernsteinhandels zwischen der Nordsee und dem Mittelmeer waren. Südlich der Alpen waren ursprünglich wohl die Etrusker und Ligurer die vornehmlichen Empfänger und Zwischenhändler des Bernsteins. Die Ligurer waren ja so lebhaft an diesem Warenaustausch beteiligt, daß noch Theophrast im 4. Jahrhundert v. Chr. die falsche Meinung hegen konnte, der Bernstein sei in Ligurien selbst zu Hause [368]).

Nach Montelius [369]) sind „die vom Mittelmeer zur Ostsee führenden Handelswege mindestens seit der Mitte des 3. vorchristlichen Jahrtausends benutzt". Die Beweise, in Gestalt von Funden, sind zahlreich. Insbesondere über den Brenner hinweg müssen sowohl der nordische (jütische) Bernstein wie die Industrieprodukte, Bronzewaren usw. des Südens frühzeitig ihren Weg gefunden haben. Am Mühltaler Tunnel nördlich des Brenners fand man z. B. im Jahre 1857 5 m tief in der Erde einen etruskischen Bronzedolch aus der Zeit zwischen 2000 und 1500 v. Chr. Geb.

Der jütische Bernstein muß es auch gewesen sein, der (durch Vermittlung der Etrusker und Kreter? später der Phönizier) zeitig den Weg nach den Kulturländern im östlichen Mittelmeer fand. Der berühmte

Schatz von Mykenä, der aus der Zeit um 1400 v. Chr. stammt, enthielt Hunderte von Bernsteinstücken[370]), die nach der Untersuchung Helms[371]) einwandfrei nordischer Herkunft waren. Ungefähr zur gleichen Zeit, um die Mitte des 2. Jahrtausends, zur Zeit der 18. Dynastie, kommt zuerst nordischer Bernstein auch in den ägyptischen Gräbern vor[372]). Dagegen ist er in Kreta, dem frühesten Handelszentrum des Mittelmeeres, weit älter. Bernsteinperlen und Bernsteinschmuck gehen hier schon bis in die frühminoische Zeit, also ins 3. vorchristliche Jahrtausend, zurück[373]).

In Palästina ist mehrfach Bernstein gefunden worden. Man hat vermutet, dieser habe aus dem Libanon stammen können, wo in den Braunkohlenlagern einiger Bernstein autochthon vorkommt[374]). Das ist aber unsicher. Er kann auch vom Norden über Kreta nach dem Heiligen Lande gelangt sein. War doch der Volksstamm der Pulesata, der berühmten Philister der Bibel, ursprünglich in Kreta zu Hause, von wo er in der Völkerwanderung des 12. Jahrhunderts v. Chr. nach Südpalästina gelangt ist[375]). Chemisch untersucht scheinen die Bernsteinvorkommen in Palästina nicht zu sein. Sogar in einer assyrischen Keilschrift der Zeit vor 900 v. Chr. glaubte Oppert einen deutlichen Hinweis auf die Ostsee zu erkennen, denn der betreffende Text lautete angeblich[376]):

„In den Meeren der wechselnden Winde fischten ihre Kaufleute Perlen; in den Meeren, wo der Nordstern im Zenith steht, den gelben Bernstein."

Diesem Text, den Oppert in einem Vortrage vor der „Société Asiatique" am 9. Mai 1881 erstmalig bekannt gab, mußte man aber von vornherein mit einer gewissen Skepsis gegenüberstehen. Zwar die Kenntnis von der Herkunft des Bernsteins aus nordischen Meeren schien darin unzweideutig ausgesprochen zu sein. Daß aber Assyrier selber diesen Bernstein „gefischt" haben sollten, also persönlich bis in die Bernsteingegenden vorgedrungen seien, war ganz unwahrscheinlich und durfte um so nachdrücklicher bezweifelt werden, als in der Zeit Sardanapals (930—905 v. Chr.), da jene Inschrift verfaßt wurde, für die Mittelmeerländer wohl nur die Nordsee als Bernsteinland in Betracht kam, nicht die Ostsee, deren samländische Bernsteinschätze nicht vor 500 v. Chr. nach Süden gewandert sind[377]). In der Tat wird denn auch heute gemeint[378]), daß jene Inschrift Opperts falsch übersetzt und daß darin vom Bernstein und demgemäß auch von der Nord- und Ostsee überhaupt nicht die Rede ist. Die Kenntnis des Bernsteins bei den Assyrern aber wird bestätigt durch die Auffindung von Bernsteinperlen im alten Tempel von Assur[379]), deren Herkunft jedoch unbekannt und deren chemische Zusammensetzung noch nicht untersucht ist.

Jene assyrische Kunde vom Nordmeer im 10. vorchristlichen Jahrhundert konnte schon aus dem Grunde nicht wohl stimmen, weil noch ein halbes Jahrtausend später ein so großer griechischer Gelehrter wie Herodot keine Ahnung von den geographischen Verhältnissen in jenen Teilen der Erde hatte. Er zweifelte[380]) am Vorhandensein eines Flusses Eridanos (Elbe), von dessen Mündung der Bernstein kommen sollte, wußte nicht das Geringste vom Rhein, von der Oder, der Weichsel und somit auch nichts von der Nord- und Ostsee. In einer einzigen Herodot-Stelle hat man einen flüchtig-dunklen Hinweis auf die Ostsee erkennen wollen, doch ist die Deutung mehr als unsicher. Es handelt sich um den Bericht über Aristeas[381]), der zu den Issedonen gekommen sei und Kunde von den Arimaspen und von den „an das Meer grenzenden" Hyperboreern nach Hause gebracht habe. Da man aber die Issedonen wahrscheinlich im westlichsten Sibirien, die Arimaspen vielleicht gar am Tienschan anzusetzen hat und die Hyperboreer bei Herodot ein überhaupt nicht greifbares Fabelvolk sind, kann man das „Meer", an dem diese wohnen sollen, ganz beliebig in den denkbar verschiedensten Teilen der Welt oder auch ganz im Reiche der Phantasie suchen, und nichts spricht dafür, daß damit die Ostsee gemeint sein könne.

Auf der Ostsee selbst muß jedoch, wie schon allein die vielen Funde italienischer Industrieprodukte zeigen (s. oben), ums Jahr 1000 v. Chr. bereits eine verhältnismäßig rege Schiffahrt betrieben worden sein.

Das lehrreichste Beispiel hierfür sind die merkwürdig häufigen Schiffsdarstellungen auf den Felsbildern jenes Zeitalters, die man im Umkreis der westlichen Ostsee zahlreich gefunden hat. Konrad Müller[382]) sagt darüber:

„Am zahlreichsten sind diese Piktographien in der schwedischen Landschaft Bohuslän und in Östergötland sowie Skåne. Dänemark ist an den Felsenbildern wenig beteiligt, dort kennt man nur sehr wenige, z. B. den Stein aus dem Grevinga-Sogn (Seeland), auch auf Bornholm sind Spuren, auf deutschem Boden fehlen sie überhaupt... Sie sind ein untrüglicher Beweis, daß Schiffsbau und Meeresfahrt sich in den Buchten der oberen Ostsee und Nordsee viel früher und selbständiger entwickelt haben müssen, als man anzunehmen gewohnt ist. Die deutsche Vorgeschichte geht hier mehr, als man glaubt, ihre eigenen Wege, ist keineswegs immer vor Süden und Osten gegängelt, wenn auch selbstverständlich zum Teil befruchtet."

Es ist nun immerhin auffällig, daß ein so wichtiges Meer, von dem seit etwa 500 v. Chr. auch ein großer Teil des im Süden eingehandelten Bernsteins kam, in der gesamten vorchristlichen Literatur nirgends bekannt war, nirgends auch nur erwähnt zu sein scheint. Im 1. und 2. Jahrhundert n. Chr. Geb. ändern sich dann zwar die Dinge, die Ostsee wird wiederholt genannt und ist zumal von Ptolemäus um 125 n. Chr. in ihren südlichen Teilen leidlich gut gekannt. Dann aber breitet sich ein dunkler Schleier der Unkenntnis neuerdings für fast 1000 Jahre über dieses Meer aus, und erst seit dem 12. Jahrhundert, etwa gleichzeitig mit dem Wiedervordringen der germanischen Stämme an ihre südlichen Ufer, wird sie den christlichen Völkern endgültig vertraut.

In der Tat war also die Ostsee im Gegensatz zum Mittel-, zum Schwarzen, zum Roten Meer, zur Nordsee ganz unverhältnismäßig lange ein in der Literatur gar nicht oder nur äußerst mangelhaft bekanntes Meer. Seit rund 6000 Jahren wird Schiffahrt auf der Ostsee getrieben, aber noch vor wenig mehr als 1000 Jahren war sie, um einen Ausdruck Einhards, des Biographen Karls des Großen, zu gebrauchen[383]), „ein Meerbusen von unbekannter Ausdehnung".

Entgegen den alten, weitverbreiteten, aber grundfalschen Vorstellungen, wonach die Phönizier in der homerischen Zeit von der syrischen Küste mit nachtwandlerischer Sicherheit zu Schiffe um zwei Drittel Europas herum bis an die Samlandküste Ostpreußens fuhren, um dort den geschätzten Bernstein zu holen, muß mit allem Nachdruck festgestellt werden, daß höchstwahrscheinlich in der gesamten vorchristlichen Zeit nicht ein einziger Mittelmeerbewohner jemals die Ostsee gesehen hat, ja, es ist nicht einmal sicher zu erweisen, daß vor Christi Geburt ein Grieche oder Römer von ihr auch nur gehört hat! Die berühmte Reise des Pytheas von Massilia erstreckte sich unter anderem auf die Nordsee in ihren verschiedensten Teilen, hatte aber keinerlei Beziehung zur Ostsee. Die erste, sicher nachweisbare Berührung von Mittelmeerumwohnern wenigstens mit den äußersten westlichen Randgewässern der Ostsee fand erst im Jahre 5 v. Chr. Geb.

statt, als der damalige Thronfolger Tiberius unter Kaiser Augustus von der Rheinmündung (Katwijk?) aus einen Flottenvorstoß unternahm, auf dem er sicher bis zum Kap Skagen, ins Skagerrak und zum äußersten Süden Skandinaviens (vermutlich Telemarken) gelangte. Bei dieser Gelegenheit lernten die Römer, nach des Plinius Bericht[384], zum ersten Male „durch Hörensagen ein ungeheures Meer kennen", mit dem unsere Ostsee gemeint gewesen sein könnte, vielleicht aber auch nur das Kattegat.

Es vergehen dann nochmals 61 Jahre, ehe die einwandfreie Berührung eines Mittelmeerländers mit der Ostsee selbst zum ersten Male sicher nachweisbar wird. Ein indirekter Handelsverkehr dorthin fand in jedem Falle schon seit mindestens einem halben Jahrtausend statt; der samländische Bernstein gelangte seit vor 500 v. Chr. regelmäßig über das Weichsel- und Odergebiet, Carnuntum (nahe Wien) und den Ocra-Paß (Birnbaumer Wald) zur Adria, aber vom Ursprungsland wußte man in Rom während der ganzen Jahrhunderte vor Neros Zeit offenbar nichts. Es bestanden ausgeprägte „Handelsstraßen der Griechen und Römer an die Gestade des Baltischen Meeres" (v. Sadowski, Jena 1877), aber ihre beiderseitigen Enden im Süden und Norden hatten keinerlei Fühlung miteinander. Münzen (aus Olbia?) des 5. vorchristlichen Jahrhunderts sind, ein frühes Zeichen des samländischen Bernsteinhandels, 1824 bei Schubin gefunden worden[385], sizilische Kupfermünzen und Erzstatuetten der Zeit um 300 v. Chr. sogar am Rigaischen Meerbusen[386]. Auch römische Münzen aus der Kaiserzeit haben ihren Weg bis nach Kurland hinauf gefunden, wo man in Kapseden am Nordende des Tosmar-Sees eine Anzahl von ihnen, zusammen mit skandinavischen Altertümern, dem Erdboden entnommen hat[387]. Weiter sind derartige Münzen der frühen Kaiserzeit auf Ösel und bei Riga zutage gefördert worden[388], ebenso in Norwegen bis Drontheim hinauf[389]. Und dennoch wußte man noch im 1. Jahrhundert nach Chr. Geb. in Rom so wenig von der Ostsee und vom Bernsteingebiet der Samlandküste, daß im Jahre 56, als Kaiser Nero für ein beabsichtigtes Zirkus-Schauspiel eine besonders große Menge von Bernsteinschmuckstücken zu erwerben wünschte, eigens ein römischer Ritter, dessen Name nicht genannt wird, quer durch Europa nach dem Bernsteinland Ostpreußen gesandt wurde, von dem man, als der Ritter zurückkehrte, in Rom erstmalig etwas vernahm, so daß Plinius[390] das Samland nicht viel später als „erst kürzlich bekannt geworden" (percognitum nuper) bezeichnete. Des Ritters Bericht besagte, daß im Samland schon Faktoreien bestanden hätten — leider erfährt man nicht, von welchem Volk und zu welchem Zeitpunkt sie errichtet worden sind. Im übrigen ist die Plinius-Stelle lehrreich für die Beurteilung, welche Massen von Waren ein einzelner Handelsmann damals schon auf dem Landwege durch Mitteleuropa hindurch vom Samland nach Rom zu schaffen vermochte. Denn Plinius erzählt:

„Noch heute lebt der römische Ritter, der zur Untersuchung des Sachverhalts vom Julianus dorthin gesandt wurde, als dieser für ein Fechterspiel Kaiser Neros die Anschaffungen zu besorgen hatte, und der dabei die dortigen Handelsplätze (commercia) und Küsten durchwandert und eine solche Menge mitgebracht hat, daß die Netze und die Abwehren der wilden Tiere und zum Schutze des Erkers mit Bernstein verknotet wurden... Das größte von ihm mitgebrachte Stück wog 13 Pfund."

Bei Tacitus[391] hören wir erst Genaueres über die an der Ostsee wohnenden Stämme, unter anderem auch über die Estier (Esthen), d. h. die späteren Pruzzen oder Preußen im Umkreis des Frischen Haffs

IV. Die Ostsee im Verkehrsleben des Altertums und frühen Mittelalters.

und des Samlands, sowie über die in Südschweden wohnenden Suionen, ferner über den heiligen See der Erdgöttin Nerthus auf einer Ostseeinsel, dessen Identifizierung bis heute nicht gelungen ist. Tacitus erwähnt weiterhin als Erster den über die Ostsee sich abspielenden, uralten hochnordischen Pelzhandel, wenn er sagt[392]), man finde bei den Germanen „gewisse Tierfelle, die vom nördlichen Ozean und unbekannten Küsten kommen". Wir haben hier ein ganz klares Beispiel vor uns, wie spät die Literatur manche handels- und verkehrsgeschichtlichen Tatsachen von hoher Bedeutung zu erfassen pflegt und — wieviel großartiger und umfassender unser historischer Blick geworden ist, seitdem wir nicht mehr nur auf die schriftlich belegten Zeugnisse, sondern auch auf die Sprache des Erdbodens lauschen lernten.

Bei Ptolemäus tritt uns dann der südlichste Teil der Ostsee ganz unverkennbar in leidlich richtiger Gestalt entgegen. Selbst die dänischen Inseln sind bei ihm zu erkennen sowie Südschweden, wenn auch Scadia = Skandinavien von ihm noch als eine verhältnismäßig nicht große Insel angesehen wird, da eben über den äußersten Süden der Halbinsel der Blick der Mittelmeerwelt noch nicht hinausgestreift war — von Thule = Mittelnorwegen abgesehen, das aber allenthalben, auch bei Ptolemäus, als eine besondere Insel nordöstlich von Britannien betrachtet wurde.

Trotzdem wußte man ums Jahr 100 n. Chr. Geb. in den kulturell führenden Ländern Europas mehr von der Ostsee als in der gesamten sonstigen Epoche des vorhergehenden und folgenden Zeitalters der nächsten 1000 Jahre. Etwa seit dem 6. Jahrhundert entschwindet die Ostsee dem Blicke der Mittelmeerwelt und später der christlichen Völker Süd- und Westeuropas wieder vollständig, nachdem vorher noch Prokop leidlich gute Kenntnisse über Skandinavien entwickelt hat[393]). Die großen Stürme der Völkerwanderung machten Norddeutschland bis zur Elbe und Saale für 700 Jahre zu einem slawischen Land, und damit wurde auch die gesamte südliche Ostseeküste von heidnischen, eigner Literatur entbehrenden Slavenstämmen besetzt, die den Christenländern zumeist feindlich gegenüberstanden und sich gegen sie zwar nicht vollständig, aber doch sehr weitgehend abschlossen.

Dadurch ergibt sich die sehr eigenartige Tatsache, daß etwa vom 8.—11. Jahrhundert die Ostseeländer mit Ost- und Südosteuropa und selbst mit der mohammedanischen Welt Vorderasiens nicht unerheblich regere Handels- und Verkehrsbeziehungen unterhielten als mit den westlichen christlichen Völkern. Diese wußten noch nach 600 n. Chr. kaum etwas vom Vorhandensein der Ostsee. In dem halben Jahrtausend von 600—1100 wird die Ostsee in der erhaltenen Literatur nur dreimal erwähnt, davon zweimal wie ein sagenhaftes Gewässer am äußersten Rande der Welt, über das man nur vom Hörensagen einiges weiß. Karls des Großen Biograph Einhard spricht einmal ganz nebenbei von ihr (s. S. 79) oder richtiger nur von ihren westlichen Randgewässern:

„Ein Meerbusen von unbekannter Ausdehnung erstreckt sich vom westlichen Ozean gegen Osten, von einer Breite, die nirgends über 100 000 Schritte hinausgeht und an vielen Stellen noch geringer ist."

Da 100000 Schritte noch nicht 100 km sind, hat offensichtlich auch Einhard nur die Zugangsgewässer im Auge gehabt.

Ums Jahr 1075, fast 1000 Jahre nach Ptolemäus und 300 Jahre nach Einhard, tut dann der hamburgische Chronist Adam von Bremen, der persönlich in Kopenhagen weilte und die dänischen Ostseegewässer selber kennenlernte, neuerdings der Ostsee Erwähnung mit dem bezeichnenden Zusatz[394], daß er dies baltische Meer „bei keinem Schriftsteller erwähnt gefunden habe außer allein bei Einhard". Sogar von Skandinavien, wo damals seit Jahrhunderten schon Handel und Wandel blühte, sagte Adam noch, es sei „unserem Gesichtskreis (orbi) beinahe unbekannt"[395]. Adam, dem wir selbst ungemein wertvolle Kunde über die damalige wendische Periode der südlichen Ostsee verdanken, nennt freilich selbst noch eine christliche Quelle, die uns im 9. Jahrhundert von der Ostsee bereits wertvolle Kunde gibt.

Diese hochwichtige Quelle ist die Lebensbeschreibung des Heiligen Ansgar, des Schwedenapostels und ersten Erzbischofs von Hamburg, die von Rimbert, dem Reisebegleiter Ansgars und seinem Nachfolger auf dem erzbischöflichen Stuhle, verfaßt worden ist. Ansgar starb, 64jährig, am 3. Februar 865. Die Biographie dürfte also gegen 870 entstanden sein. Sie wirft ein höchst überraschendes Schlaglicht auf die verhältnismäßig rege Schiffahrt der damals noch fast ganz von heidnischen Völkern umwohnten Ostsee. Ansgar, ein Mönch im Kloster Corvey an der Weser, wurde von Kaiser Ludwig dem Frommen dem im Juni 826 in Ingelheim getauften Dänenkönig Harald als Reisebegleiter mitgegeben und fuhr mit ihm zu Schiff von Köln bis Dorestad (Wyk to Duurstede), um von dort aus auf dem Landwege durch Friesland zur Schlei und weiter zu Wasser nach den dänischen Inseln zu kommen (Kap. 7). Im Jahre 829 oder 830 wurde er von dort im Auftrag Kaiser Ludwigs weiter nach Schweden gesandt, dessen Hauptstadt damals Birca, im Hinterlande von Stockholm, auf der heutigen Insel Björkö im Mälarsee gelegen, war. Er schloß sich mit seinen Begleitern einer nach Birca fahrenden Karawane von Kaufmannsschiffen an. Unterwegs wurde die Flotte von Seeräubern überfallen, die anfangs zurückgeschlagen wurden, dann aber in einem zweiten Treffen die Oberhand erlangten und die Schiffe mit allen Gütern erbeuteten. Ansgar und seine Begleiter konnten sich ans Land retten und reisten nun zu Fuß nach Birca, wo sie unter anderen viele christliche Gefangene vorfanden und segensreich als Verbreiter des Christentums wirkten. Im Jahre 831 kehrte Ansgar nach Deutschland zurück, wurde zum Erzbischof in Hamburg ernannt, von wo er dem ihm befreundeten Dänenkönig Horich „häufig" (Kap. 24) Besuche abstattete, um im Jahre 852 nochmals nach Birca zu reisen, wo sein Werk inzwischen reiche Frucht getragen hatte.

Für die Ostseeschiffahrt sind folgende Züge von besonderer Bedeutung. Im Kap. 19 wird erzählt, daß der vertriebene Schwedenkönig in Dänemark für einen Kriegszug gegen Birca wirbt. Unvermerkt dringt eine Flotte von 21 dänischen und 11 schwedischen Kriegsschiffen von der See her in den Mälarsee ein. Die erschreckten Bewohner Bircas bieten ein Lösegeld von 100 Pfund Silber an, das sie auch sofort zusammenbringen. Die Dänen sind damit nicht zufrieden und lehnen es mit der überaus charakteristischen Begründung ab, aus der weitreichende Schlüsse auf Bircas ausgedehnten Handel und Reichtum zu ziehen sind: „daß jeder einzelne Kaufmann dort mehr besitze, als ihnen angeboten sei". Schließlich aber geben sie sich dennoch zufrieden, ziehen ab und heeren nunmehr im Slawenland an der südlichen Ostseeküste. — Geht schon hieraus hervor, daß rege Schiffahrt auf der Ostsee getrieben wurde, so hören wir im Kap. 33 nochmals vom Hafen Sliasvich (Schleswig), „wo die Schiffe mit den Kaufleuten sich befinden". Am eigenartigsten ist aber das 30. Kapitel. Hier heißt es, daß Kurland (!) lange den Schweden tributpflichtig gewesen sei, dann aber den Gehorsam aufgesagt habe. Darauf hätten erst die Dänen einen Beutezug zur See nach Kurland unternommen, wo ihnen aber eine vernichtende Niederlage beigebracht wurde. Danach warfen im Jahre 854 die Schweden ein gewaltiges Heer nach Kurland, in dessen Begleitung sich sogar christliche, also anscheinend deutsche Kaufleute befanden. Die über See gekommene schwedische Streitmacht war so groß, daß eine von 7000 Mann verteidigte, befestigte kurische Stadt Seeburg von ihr erobert und dann eine andere, 5 Tagereisen landeinwärts von der Küste gelegene Stadt Apulia, die von 15000 Mann verteidigt wurde, nach 8tägigen schweren Kämpfen nahezu ebenfalls schon genommen war, als die Besatzung ein Friedensangebot machte. Dieses ist kulturhistorisch von größtem Interesse, denn man muß daraus schließen, daß Kurland damals ein erstaunlich reiches Land war. Offensichtlich hat ihm der wertvolle Düna-Dnjepr-Handelsweg von Byzanz und Vorderasien viele Wertgüter zugeführt. Die kurische Besatzung bot nämlich ein Lösegeld von ½ Pfund Silber für jeden Kopf an, dazu alle den besiegten Dänen abgenommenen Schätze, und überdies wollten die Kuren freiwillig in die aufgesagte Tributpflicht zurückkehren. Die Schweden nahmen das Angebot an und fuhren dann „mit unermeßlichen Schätzen" in ihr Heimatland zurück. — Ohne die Vita St. Anscarii hätte unsere Nachwelt nie ein Wort von dieser großartigen See-Expedition auf der Ostsee vernommen, die deutlich zeigt, wie lebhaft die Schiffahrt daselbst in dieser sonst so „dunklen" Periode entwickelt war. Allerdings erhellt ja indirekt aus der bekannten geschichtlichen Tatsache, daß wenige Jahre nach jenem schwedischen Feldzug in Kurland schwedische „Rûs" (Normannen) am Ladoga-See, Ilmen-See und Bjelo Osero den Grundstein zum Reiche der Rus = Rußland legten, welche Massentransporte von Menschen damals über die ganze Breite der Ostsee möglich waren.

    Die christliche Welt West- und Mitteleuropas erfuhr von allen diesen Ereignissen so gut wie nichts und begann erst nach dem Jahre 1100 der Ostsee Aufmerksamkeit zu schenken, die die Missionsfahrt Ottos von Bamberg ins Slawenland an der pommerschen Küste im Jahre 1124 beweist. Ein einziges Mal begegnen wir einer hochbedeutsamen Ausnahme schon in älterer Zeit. König Alfred der Große von England nämlich (871—901), ein für seine Zeit hochgebildeter und erdkundlich merkwürdig stark interessierter Mann, nahm zwei Normannen in seinen Dienst und sandte sie zu Schiff in unbekannte Teile der Welt. Es ist dies während des ganzen Mittelalters bis auf die Tage Heinrichs des Seefahrers ein nahezu ganz vereinzeltes Beispiel für eine systematische organisierte erdkundliche Entdeckungsfahrt christlicher Völker; lediglich eine oder zwei normannische Fahrten von Grönland nach Vinland (um 1004) und die verschollene Expedition der Brüder Vivaldi zur Umseglung Afrikas (1291) können in dieser Hinsicht neben König Alfreds Leistungen genannt werden. Anscheinend in den letzten Jahren des 9. Jahrhunderts fuhr in König Alfreds Auftrag ein Normanne Ohtere oder Ottar zum Nordkap hinauf und weiterbis ins Weiße Meer und zur Dwinamündung, während ein anderer, Wulfstan, die Ostsee erforschte.

    König Alfreds leitender Gedanke war offensichtlich die Feststellung der vermeintlichen Inselnatur Skandinaviens und die Erkundung, wie weit diese Insel nach Norden reiche. In der erhaltenen Beschreibung der Reisen Ohteres und Wulfstans[396]) wird die „Ostsee" sehr bezeichnend mehrfach als ein „Seearm" bezeichnet und einmal dem Ärmelkanal gleichgestellt. So gute Ergebnisse beide Reisen zeitigten, der Irrtum wurde nicht erkannt. Ohtere gelangte ins Weiße Meer, Wulfstan in den Bottnischen Busen, Kwänersee genannt (Kwäner = Finnen), vielleicht auch in den Finnischen Busen. Der König nahm aber offensichtlich an, Ohtere und Wulfstan hätten schließlich dasselbe Meer erreicht und in der Tat zusammen eine Umschiffung ganz Skandinaviens bewerkstelligt.

Wulfstan ist, wie die wahrscheinlich von König Alfred selbst verfaßte Beschreibung der Reise durch die „Ostsee" erkennen läßt, von der Schlei ausgefahren, deren innerster Winkel damals die wichtigste Handelsstadt des Ostseegebietes, Haedum oder Hadeby (Hedaby bei Schleswig) barg. Von hier aus ist er bis zur Weichselmündung, nach Bornholm, Öland und Gotland, ja sogar in den Bottnischen Busen, vorgedrungen. Am wichtigsten erscheint die Schilderung der Fahrt an der heutigen deutschen Küste entlang. In siebentägiger, ununterbrochener Fahrt gelangte Wulfstan von Hadeby, das Wendenland (Weonodland) stets zur Rechten behaltend, bis zum Meer der Esten (= Preußen), dem Frischen Haff, in das damals noch die Hauptwassermasse der Weichsel mündete (erst ein Hochwasser vom Jahre 1371 ließ die Weichsel nach Norden zur Ostsee durchbrechen und machte die Nogat zum Nebenarm). Hier traf Wulfstan, nahe dem heutigen Elbing, eine Handelsstadt Truso an, deren Namen sich in unserem Drausensee erhalten hat. Das Estland ums Frische Haff wird geschildert als reich an Honig, Pferden und Fischen; auch sollen sich viele Städte darin gefunden haben, jede unter einem eigenen „König" (Bürgermeister). Wulfstan scheint ostwärts über das Frische Haff nicht hinausgefahren zu sein. Dennoch hat er so viele Teile der Ostsee durchsegelt, daß man seine Reise ohne weiteres als den ersten Periplus maris Baltici bezeichnen kann.

Gleichzeitig war ein ziemlich lebhafter Handel von Norwegen zur Ostsee auf dem Seewege zu verzeichnen. Am Kristiania-Fjord, am Skagerrak und Kattegat, am Öresund, an der Schlei zeugte eine ganze Anzahl von Namen blühender Häfen von einem lebhaften Handelsverkehr, so vor allem Skiringssal (bei Tönsberg), Hadeby und Sliaswich (Schleswig), ferner Hiostad (Ystad), Halsairi (Helsingör), Helsigiaborg (Helsingborg), Brännö am Göta-Elf, Halör am Öre-Sund, Wiken am Kristiania-Fjord.

Von einer weiteren, diesmal dänischen Forschungsreise auf der Ostsee, die im 11. Jahrhundert stattfand, wissen wir leider nur sehr wenig[397]). Ein dänischer Befehlshaber, Ganuz Wolf, unternahm im Auftrag eines Königs Harald (Harald Hein † 1080?) eine Seefahrt, um festzustellen, wie groß eigentlich die Ostsee sei. Die Seefahrer aber erreichten ihr Ziel nicht, sondern „kehrten heim, durch den doppelten Widerstand von Winden und Seeräubern gebeugt und überwunden". — Die Aufgabe war offenbar zu groß gewesen. Wie weit die Fahrt geführt hat, ist nicht gemeldet. Da aber Adam von Bremen Birca als erste schwedische Handelsstadt noch kennt, muß man annehmen, daß Ganuz Wolfs Seereise über die Stockholmer Gegend, bis wohin die Gewässer ja bekannt waren, hinausreichte.

Die Wenden dürften selbst nicht viel Seeschiffahrt und Überseehandel betrieben haben und sahen offenbar lieber fremde Händler und Schiffe in ihren Seestädten. Seit dem ausgehenden 10. Jahrhundert begannen die Dänen sich an den heutigen deutschen Küsten bis etwa zur Odermündung lebhafter zu betätigen, teils als Heerfahrer, teils als Händler und gelegentlich sogar als Kolonisatoren (siehe unten). Offensichtlich stellte in dieser Zeit das schon genannte Hadeby samt Sliaswich einen Brennpunkt des Ostseeverkehrs dar[398]). Insbesondere der Landweg zwischen Eider und Schlei war der Handelsweg schlechthin zwischen Nord- und Ostsee, denn die gefährliche Fahrt an der flachen und fast hafenlosen jütischen Westküste und die „Umlandfahrt" ums Kap Skagen kam erst seit etwa 1200 auf[399]) und scheint vorher nicht üblich gewesen zu sein. Die Gründung Lübecks durch Heinrich den Löwen im Jahre 1143, eine der bedeutendsten und dennoch am wenigsten gewürdigten Taten der deutschen Geschichte, ließ dann erstmalig wieder germanisches Volk an die südliche Ostseeküste vordringen und gab Anlaß, daß fortan für 400 Jahre Lübeck an Stelle von Hadeby die erste Seestadt der westlichen Ostsee wurde.

Vorher hatten germanische Völker an der heute deutschen Südküste der Ostsee nur aus militärischem Anlaß vorübergehend Fuß gefaßt. Der Wendenfürst Burisleifr (Boleslaw) lud den dänischen Wiking Palnatoki und seine Mannen zum besseren Schutze seines Landes ein, und die dänischen Normannen bauten sich darauf auf der Insel Usedom die sagenberühmte Jomsburg, die zwar wohl kaum mehr als eine Seeräuberveste war, aber in den nordischen Sagas eine ungewöhnlich bedeutende Rolle spielte[400]). Sie war mehrfach der Schauplatz blutiger Ereignisse, bis sie im Jahre 1042 oder 1043 von König Magnus dem Guten von Dänemark erobert und von Grund auf zerstört wurde. Bedeutsame historische Ereignisse der nordischen Kriegsgeschichte haben sich im 10. und 11. Jahrhundert, infolge der Jomsburg, an der heutigen pommerschen Küste und in ihrer Nähe wiederholt abgespielt. In der Jomsburg starb am 1. November 986 der Dänenkönig Harald Blauzahn, der in der Seeschlacht bei Bornholm gegen seinen aufständischen Sohn Sven Gabelbart besiegt und schwer verwundet worden war, aber noch nach der Jomsburg hatte entweichen können. Und an der Svolderoie (Ruden?) fand im Jahre 1000 jene berühmte Seeschlacht statt, in der der norwegische Nationalheld, König Olaf Tryggvason, von den verbündeten Schweden, Dänen und Jomswikingern besiegt wurde und schließlich in voller Rüstung ins Meer sprang, um den Feinden nicht in die Hände zu fallen. — Von allen diesen Vorgängen in der Ostsee künden jedoch nur die nordischen Sagas. Die Literatur der west-, mittel- und südeuropäischen Völker weiß bis zu Adam von Bremen nicht das geringste davon.

Es ist nun eine der seltsamsten Tatsachen der Kulturgeschichte, daß in jenen Jahrhunderten, da die christlichen Völker Europas von der Ostsee und den an ihr herrschenden Zuständen so gut wie überhaupt nichts ahnten, durch Osteuropa verhältnismäßig überaus rege Kultur- und Handelsbeziehungen im Gange waren zwischen den heidnischen (normannischen und wendischen) Umwohnern der Ostsee und der mohammedanischen Welt Vorderasiens. Anteil an diesen friedlichen Beziehungen, wenn auch in geringerem Umfang, hatte von Zeit zu Zeit die christliche Welt in Südosteuropa, im byzantinischen Reich, wenngleich dieses fast noch häufiger in kriegerische Verwicklungen mit den „Rûs" geriet, den schwedischen Normannen, die im Jahre 862 für 200 Jahre Herren von Rußland geworden waren und ihre bald kriegerischen, bald friedlichen Streifen nicht selten bis zum Schwarzen, ja vereinzelt selbst zum Kaspischen Meer ausdehnten. Alle diese überaus wichtigen Ereignisse spielten sich, soweit nicht einzelne byzantinische Schriftsteller des 10. Jahrhunderts einiges davon erwähnten, sozusagen unter völligem Ausschluß der abendländischen und christlichen Welt ab.

Erst seit dem Ende des 18. Jahrhunderts hat man langsam einen Einblick in jene erstaunlichen Vorgänge gewonnen, deren Schauplatz über 300 Jahre lang, vom 8.—11. Jahrhundert, Osteuropa und das Ostseegebiet waren. Nur in der arabischen geographischen Literatur des Mittelalters, die im 19. Jahrhundert sozusagen neu entdeckt wurde, und in der überaus wertvollen, aber auch erst seit 1¼ Jahrhunderten gewürdigten altrussischen Chronik des Kiewer Mönchs Nestor (12. Jahrhundert) finden wir literarische Niederschläge jener Ereignisse, deren ganze Tragweite jedoch erst erkannt wird durch die stumme Sprache der im Erdboden gemachten Funde.

Ein für ältere Zeit geradezu beispiellos großartiger Handelsverkehr hat damals, den russischen Flüssen folgend, zwischen den Ostseeländern und den mohammedanischen Reichen Vorderasiens stattgefunden. Alles, was sonst irgendwo an Münzfunden zutage gefördert ist und Aufklärung gegeben hat über alte Handelsbeziehungen, verblaßt an Umfang und Großartigkeit gegen die geradezu ungeheure Zahl von arabischen Münzen, die man nach und nach im Bereich der Ostsee gefunden hat. Seit der Mitte des 18. Jahrhunderts haben diese Funde begonnen, die Aufmerksamkeit der gelehrten Welt zu beschäftigen.

Zuerst machte Aurivillius in Upsala im Jahre 1755 aufmerksam auf Vorkommen von arabischen Münzen im schwedischen Land[401]). Im Jahre 1779 erfolgte ein gleicher Nachweis für Funde in Mecklenburg durch den Rostocker Gelehrten Tychsen[402]). Seither sind immer neue und immer zahlreichere arabische Münzen dem Boden der verschiedensten Ostseeländer entnommen worden, darunter zahlreiche Depotfunde von zum Teil erstaunlich großem Umfang. Ist doch bei Nowgorod am Ilmensee, einer der wichtigsten Zwischenstationen der genannten Handelswege, ein Depotschatz von 7000 Goldzechinen aus dem 10. Jahrhundert gefunden worden[403]) — meines Erachtens ein sicheres Anzeichen für die persönliche Anwesenheit eines sehr reichen arabischen Kaufmanns daselbst. 800 arabische Münzen wurden ferner im Jahre 1832 bei Münsterwalde nahe Marienwerder auf einmal dem Boden entnommen.

Es handelt sich bei den Münzfunden im Ostseegebiet durchweg um Münzen, die in den Jahren 762—1013 geprägt wurden[404]); von der Zeit nach 1013 scheint nirgends ein Geldstück aufgefunden worden zu sein. Prägungsorte der Münzen sind zumeist Bagdad, Balsora, Enderâbe, Kufa, Mohammedija, Nisabur, Merw, Samarkand, Schâch am Syr Darja, Sermen Rai und Wasit. In Schweden kannte Tornberg schon 1857 nicht weniger als 169 Fundstätten[405]), allein auf Gotland sind etwa 13000 arabische Münzen gefunden worden, und die Gesamtzahl der nach der Ostsee gewanderten arabischen Geldstücke muß, nach Jacobs Schätzung[406]), in die Millionen gegangen sein. Selbst nach Westeuropa gelangten die arabischen Münzen wohl in nicht allzu kleiner Menge. Zwar hat man dort ähnliche Funde wie an der Ostsee nur vereinzelt gemacht (vielleicht sind die arabischen Silber- und Goldmünzen daselbst eingeschmolzen worden!) —, aber eine sehr beredte Sprache spricht eine Mitteilung des im 13. Jahrhundert lebenden Arabers Qazwini[407]), der auf einer Deutschlandreise in Mainz (von ihm Magândja genannt) zu seiner Verwunderung Münzen aus Samarkand vorfand, die daselbst in Kurs (!) waren. Unter den im tieferen deutschen Binnenland geglückten Funden arabischer Münzen ist der bedeutendste bei Groß-Jena an der Unstrut in einem Grabhügel gemacht worden[408]). Anderseits sind Spuren des mittelalterlichen Araberhandels auch zu verfolgen bis nach Westsibirien, wo man nahe der Irtysch-Mündung in den Ob bei Samarowo einen Metallspiegel mit arabischer Inschrift gefunden hat, ferner bis zur Petschora hinauf, wo noch arabische Münzen im Erdboden entdeckt worden sind [409]), und nach Lappland, wo eine arabische Wage zutage gefördert wurde. Ja sogar in Island haben sich einige arabische Münzen gefunden [410]).

Es war jetzt nicht mehr so sehr der bereits weniger als ehedem geschätzte Bernstein, der den osteuropäischen Verkehr bedingte und ernährte, als der Pelzhandel, der nach dem Zeugnis Jornandes' des Guten [411]) spätestens im 6. nachchristlichen Jahrhundert schon einen recht bedeutenden Umfang gehabt haben muß. Über diesen Pelzhandel und die Art, wie er getrieben wurde, unterrichten uns am gründlichsten die arabischen Schriftsteller des Mittelalters. Der hauptsächlichste Umschlagplatz dieses Pelzhandels war die einst recht bedeutende Stadt Bulgar, die Hauptstadt des Chazarenreiches, das heutige kleine Dörfchen Bolgary am linken Ufer der Wolga, unterhalb der Kamamündung im Süden von Kasan genau auf dem 55. Breitengrad gelegen. Bulgar, dessen Blütezeit etwa ins 9.—14. Jahrhundert fiel, war eine Stadt von 10000 Einwohnern, in der die verschiedensten Völker und Religionen beisammen wohnten. Von hier begannen Marco Polos Vater und Oheim im Jahre 1255 ihre erste große Reise, die sie nach dem mittelalterlichen China Kublai Khans führte. Die genaueste Kunde über Bulgar und den von dort ausgehenden Pelzhandel mit dem „Lande der Finsternis" Wisû, das noch 40 Tagereisen nördlich von Bulgar lag, geben uns bemerkenswerterweise die arabischen Geographen, insbesondere Abulfeda und Ibn Batuta, beide im 14. Jahrhundert lebend. Abulfeda berichtet im Anfang des 14. Jahrhunderts folgendes über Bulgar [412]):

„Der König der Chazaren ist ein Jude. Er unterhält, wie man sagt, in seiner Umgebung 4000 Personen. Die Chazaren sind zum Teil Muselmänner, zum Teil Christen, ein großer Teil bleibt jüdisch. Es gibt auch Fetischanbeter."

Bezeichnend für die weite nördliche Ausdehnung des Mohammedanismus und des arabischen Handelsverkehrs ist die Tatsache, daß in Bulgar eine bedeutende mohammedanische Gemeinde bestand. Der große arabische Reisende und Geograph Ibn Batuta, der auf seinen fast die ganze bekannte Welt umfassenden Reisen ums Jahr 1340 auch nach Bulgar kam, betont ausdrücklich [413]):

„Während wir unsere Mahlzeit einnahmen, rief man die Gläubigen zum Abendgebet."

Der Pelzhandel muß ein recht einträgliches Geschäft gewesen sein. Erzählt doch Ibn Batuta, daß zu seiner Zeit in Indien ein Hermelinfell mit 400 Denaren bezahlt worden sei! [413]) Der natürliche Weg von Bulgar führte wolgaabwärts zum Kaspischen Meer und weiter nach Persien und Transoxanien, wo der Pelzhandel schon in sehr früher Zeit einen großen Umfang gehabt haben muß [414]). Auch auf dem umgekehrten Wege sind die Schätze des Ostens spätestens im 8. Jahrhundert nach Rußland und dem Ostseegebiet gelangt [415]). Im südlichen Teil des Kaspischen Meeres war der Haupthandelsplatz Djordjan, von wo vor allem nach Bagdad ein reger Handelsverkehr bestand. An der Nordseite des Kaspischen Meeres war der Umschlagshafen Itil, das heutige Astrachan, an der Wolgamündung. Von Itil nach Bulgar wurde selbstverständlich der Wolgaweg benutzt, und wie man von Bulgar zur Ostsee gelangte und umgekehrt, wird uns in überraschend klarer Weise durch Funde veranschaulicht, die die ehedem vom Handel benutzten Wege aufs deutlichste kennzeichnen. Die eine dieser Handelsstraßen lief, wie die Fundorte[416]) auf den ersten Blick erkennen lassen, von der oberen Wolga, eben aus der Gegend von Bulgar, ungefähr über Wladimir, die alte Residenzstadt der russischen Herrscher, fast genau westwärts zur Düna und zur Ostseeküste. Nach Rud. Virchow[417]) waren die wichtigsten Handelswege: Perm—Jaroslaw—Wladimir—Nowgorod—Pskow (oder Wladimir—Witebsk)—Kurland und Kasan—Rjäsan—Tula—Smolensk—Mohilew—Minsk.

Zur bedeutendsten Handelsstadt des westlichen Rußlands schwang sich schon ziemlich frühzeitig Nowgorod am Ilmen-See auf, das durch den Wolchow eine schiffbare Wasserverbindung zur Newa und somit zur Ostsee besaß. Als landinnerster Punkt Rußlands, der noch für die Ostseeschiffahrt verhältnismäßig gut erreichbar war, gelangte Nowgorod rasch zu sehr hoher Bedeutung, da es sowohl für den von der Wolga wie den vom Dnjepr kommenden Handelsverkehr der Araber und Byzantiner als auch für den normannischen und wendischen Handel ein überaus wichtiger Umschlagplatz war. Nowgorod ist uns ja zumeist als östlichste Hansastadt bekannt, als hochwichtiges Kontor der deutschen Hansa, die hier bis zu der rauhen Vertreibung der Deutschen durch Iwan III. am 5. November 1494 in Blüte stand. Die Hansa aber übernahm in Nowgorod nur das Erbe des vor ihr bestehenden Ostseehandels der Wenden und Normannen, zu einer Zeit, da Nowgorod durch die Mongolenüberschwemmung Rußlands, durch die Vernichtung der arabischen Khalifate in Vorderasien und den Niedergang der Byzantinermacht schon längst seine Glanzzeit überschritten hatte, die unter dem Zeichen des stolzen „Wer kann wider Gott und Groß-Nowgorod?" stand. Die Stadt hatte für die Hansa wohl nur noch als Zentrum des Pelzhandels Bedeutung; die von ihr bis zum Bosporus und bis zum Tigris führenden Handelswege waren seit dem 13. Jahrhundert völlig, großenteils schon seit dem 11. Jahrhundert verödet. Das 10. Jahrhundert sah bereits den Höhepunkt dieses Verkehrs. Die Annahme, daß der arabisch-normannische Handelsverkehr über Nowgorod und andere Ostseeplätze hinweg sich nur über eine Reihe von Zwischenhändlern hinweg erstreckt und zu keiner unmittelbaren Berührung geführt habe, ist keinesfalls zulässig. Die Normannen, die als Handelsvolk zeitweilig kaum minder groß denn als Wikinger waren, kannten nicht nur Nowgorod, das uns in der Edda als „Holmgard" entgegengetreten und das später in der Hansezeit den Namen Naugart führte, sondern sie gelangten auch von dort handeltreibend nach Konstantinopel, zum Kaspischen Meer, selbst bis nach Bagdad.

Nachfolgend seien einige Beweise hierfür erbracht. Die Olaf Tryggvason-Saga der Edda weiß zu berichten, daß ums Jahr 1000 Gris Sämingsson bis Konstantinopel Handel getrieben habe. In Konstantinopel gab es lange Zeit eine Fremdenlegion, die „Warägergarde", in der gleichzeitig dänische, schwedische und norwegische Normannen zu finden waren[418]). Masudi meldet im 10. Jahrhundert von den Rûs, d. h. den Normannen[419]):

„Sie fahren auf ihren Handelsschiffen sowohl nach Spanien wie nach Rom, nach Konstantinopel und zu den Chazaren."

Daß der Normannenverkehr nach Konstantinopel ganz oder doch sicher größtenteils durch Rußland hindurch stattfand, geht nicht nur aus der gleichzeitigen Erwähnung der Chazaren hervor, d. h. der Bewohner der Gegend von Bulgar, sondern noch deutlicher aus einer Bemerkung Ibrahim ibn Ja'qûbs, eines Zeitgenossen Masudis, über den gleichzeitigen Handel der an der heutigen deutschen Ostseeküste ansässigen Slawenvölker[420]):

„Es gelangen ihre Waren zu Wasser und zu Lande zu den Rûs und nach Konstantinopel."

Daß der Verkehr sich durchs Land hindurch, unter möglichster Ausnutzung der Flußläufe, abgespielt hat, berichtet ebenfalls Adam von Bremen[421]):

„Auch versichern ortskundige Leute, daß einige von Schweden auf dem Landwege bis nach Griechenland (Byzanz) gelangt seien. Aber die dazwischen wohnenden Barbarenvölker erschweren diese Reise; deshalb wird der Gefahr zu Schiffe getrotzt."

Auch Geijer bestätigt uns[422]), daß der skandinavische Verkehr mit Konstantinopel sich über Rußland abspielte. Als einwandfreiester Zeuge aus alter Zeit bemerkt der schon erwähnte Chronist Nestor von Kiew, daß der Verkehr zwischen Byzanz und Skandinavien bereits im 12. Jahrhundert in sehr alte Zeit zurückging[423]) und daß man aus Kiew (das mit Byzanz in regem Handelsverkehr stand), „auf der Düna zu den Warägern[424])" (Waräger = Normannen) gelangen könne. Er fügt ausdrücklich hinzu[425]):

„Den Dnjepr hinauf geht ein Schleppweg zur Lowat; auf dieser kommt man in den großen Ilmensee, aus dem der Wolchow strömt, der sich in einen großen See, Newo genannt, ergießt; dieser See fließt in das Warägermeer aus."

Der Schiffsschleppweg, der sich vom Dnjepr in der Gegend Orscha-Witebsk zur Düna und, infolge der verkehrsansaugenden Kraft Nowgorods, über diesen Fluß hinweg zur Lowat erstreckte, muß sehr stark benutzt worden sein. Die Geschichtsschreiber, die die Verhältnisse nicht aus eigener Anschauung kannten und von dem die Flüsse trennenden Schleppweg nichts gehört haben mögen, scheinen dadurch zu der Annahme verleitet worden zu sein, daß sich ein ununterbrochener Wasserweg vom Schwarzen Meer bis zur Ostsee erstrecke. Wir begegnen dieser Ansicht sowohl bei arabischen wie westeuropäischen Zeitgenossen. So schreibt Masudi[426]), beide Meere seien durch einen Fluß oder Kanal miteinander verbunden, und derselbe Irrtum tritt uns in noch verschärfter Gestalt in späterer Zeit bei westeuropäischen Schriftstellern entgegen, bei Adam von Bremen (11. Jahrhundert) und bei Helmold (12. Jahrhundert).

Adam von Bremen spricht von einem Zusammenhang der Ostsee mit dem Schwarzen Meer unter falscher Deutung ihres Namens[427]):

„Jener Meerbusen wird von den Anwohnern der Baltische genannt, weil er sich nach Art eines Gürtels (baltei) in langem Zuge durch die scythischen Regionen bis nach Griechenland erstreckt",

und Helmold erklärt ebenfalls[428]), die Ostsee erstrecke sich „usque ad Graecum", d. h. bis Byzanz (vgl. S. 112/113).

Noch deutlicher klingt die Kenntnis des Dnjepr-Lowat-Wegs uns entgegen, wenn wieder Adam von Bremen spricht[429]) von „Ostrogard im Russenland, dessen Hauptstadt Chive ist".

Unter Ostrogard, das nach Adam[430]) von Dänemark aus bei günstigem Winde in einem Monat erreicht werden soll, kann man, wie aus den übrigen Darlegungen ganz deutlich hervorgeht, kaum etwas anderes verstehen als Holmgard = Naugard = Nowgorod, während Chive zweifel-

los Kiew ist, das übrigens auch in der nordischen Sage unter dem Namen Kjänugard, bei den Arabern hingegen (Abulfeda) als Kutabah erscheint.
So weit es sich übersehen läßt, weilten die arabischen Händler schon im 7. Jahrhundert im inneren Rußland[431]); etwa am Ende des 8. Jahrhunderts müssen sie zur Ostsee selbst vorgedrungen sein. Die Pelzwaren waren ja allenthalben im Orient sehr hoch geschätzt, nicht zum wenigsten auch in Konstantinopel, dessen Händler freilich wohl zumeist nur im westlichen Rußland verkehrten. Wir hören nichts von byzantinischen Händlern in Bulgar, und wenn auch die Tatsache, daß Marco Polos Vater und Oheim sich auf ihrer ersten Chinareise von Konstantinopel nach Bulgar begaben[432]), immerhin darauf schließen läßt, daß auch hier ein ständig benutzter Verkehrsweg bestand, so wäre es doch denkbar, daß dieser Handel zumeist von Arabern vermittelt wurde. Die Verkehrsstraße führte zweifellos, wie schon in Herodots Zeit, vom Asowschen Meer den Don hinauf, dann auf dem uralten, bereits von Diodor (vgl. S. 112) erwähnten Schleppweg in der Gegend von Zarizyn zur Wolga hinüber und auf diesem Strom aufwärts nach Bulgar und zum Ural oder abwärts zum Kaspischen Meer. Auch hier begegnen wir bei denjenigen arabischen Geographen, die nur nach Hörensagen urteilten, der Vorstellung, daß Don und Wolga einerseits, Dnjepr und Düna andererseits zusammenhängende Wasserstraßen seien.

Die arabischen Autoren des 10. Jahrhunderts liefern besonders wertvolle Angaben: nach ihnen trieben die „Rûs", die scharf von den „Slawen" unterschieden wurden[433]), Handel, einerseits bis Spanien[434]), andererseits bis Bagdad, wo Felle und Waffen als die Haupt-Handelswaren genannt werden[435]) (vgl. S. 94).

Volkswirtschaftlich ist es zunächst unverständlich, wie jene gewaltige arabische Ausfuhr von Edelmetall, ein solcher Millionenabschluß von Münzen in ein einziges Handelsgebiet, überhaupt möglich war. Man vermag sich auch gar nicht recht vorzustellen, daß derartige Geldsummen fortgesetzt in Bewegung waren, um Felle und Bernstein einzukaufen, denn andere Ostsee-Waren konnten doch den Arabern kaum begehrenswert erscheinen. Im Gegenteil, man sollte eher annehmen, daß die Araber den Ostseevölkern mehr Waren zu bringen als von ihnen zu holen hatten. Es ist ja zu berücksichtigen, daß mit der Eroberung Südwestasiens, der Roten Meer-Länder, Ägyptens, Nordafrikas und Spaniens die Araber die in keiner Weise auszuschaltenden oder zu umgehenden Zwischenhändler der heißbegehrten Kostbarkeiten des Orients, der Seide, der Edelsteine und vor allem der Gewürze geworden waren. Daß die Byzantiner, die Wenden, die Skandinavier, ebenso wie später die Venetianer und Genuesen, Handelsbeziehungen mit ihnen suchten, ist ohne weiteres zu verstehen. Um so unbegreiflicher ist der Abfluß von ungeheuren Massen Bargeld aus Vorderasien zur Ostsee. Aber die Tatsache ist nun einmal gegeben, und es muß künftigen Forschungen vorbehalten bleiben, den volkswirtschaftlichen Sinn dieser ganz einzig dastehenden und zunächst völlig rätselhaften geschichtlichen Erscheinung zu ermitteln.

Der Grund, weshalb die bis zu den Jahren 1012/13 nach der Ostsee gelangten arabischen Münzen dann mit einem Schlage verschwinden, ist ebenso wenig klar. Große kriegerische Störungen sind in jener Zeit anscheinend nicht erfolgt, die dafür verantwortlich gemacht werden könnten, und die Blüte der Ostseehandelsstädte war gerade in jenem 11. Jahrhundert bedeutender denn zuvor. Ich möchte es nicht für unmöglich halten, daß der Grund der auffälligen Erscheinung darin zu suchen ist, daß die Araber in der späteren Zeit dazu übergingen, die Waren, die sie aus Rußland und von der Ostsee holten, mit Waren statt mit Edelmetall zu bezahlen, denn man kann es als sicher betrachten, daß der stets große Bedarf Europas an indischen und chinesischen Kostbarkeiten und den Produkten der „Gewürzinseln" mit wachsender Kultur auch bei den Wenden und Normannen größer wurde. Schon im Gudrunlied sind an zwei Stellen[436]) arabische Stoffe erwähnt, die ältere Edda[437]) kennt seidene Windeln, die jüngere seidene Bänder, und da den Normannen damals die Seide wohl nur durch Vermittlung der Araber (oder Byzantiner) zugeführt worden sein kann, liegt darin meines Erachtens ein Beweis für den frühzeitigen Seidenhandel durch Osteuropa hindurch. Auch Gold scheint auf diesem Wege in größeren Mengen nach dem Norden gelangt zu sein; es ist sonst kaum verständlich, woher die nordischen Völker die großen Massen von Gold bezogen haben sollen, die sie zu ihren zahllosen, kunstvollen Goldarbeiten verwendet haben, insbesondere etwa zu dem aus dem 10. Jahrhundert stammenden, berühmten Goldschmuck von Hiddensee und den beiden großen Goldschalen des Fundes von Langendorf, die wir im Stralsunder Provinzialmuseum bewundern können. Wenn wir ferner die zwei eigenartigen, von Arabern bezogenen kostbaren Meßgewänder der Danziger Marienkirche betrachten[438]) oder die in Mora (Dalekarlien, Schweden) gemachten Funde kostbarer und schwerer mittelalterlicher Teppiche mit Stickereien zentralasiatischer Herkunft[439]) und so manches andere orientalische industrielle Erzeugnis, das im Ostseegebiet gefunden worden ist, so erhält man eine Vorstellung, was für zahlreiche, große und gewichtige Schätze im Mittelalter durch das östliche Europa hindurchgewandert sein müssen.

Nach den südlich von der Ostsee gelegenen Ländern, den wendischen Seehäfen und den deutschen Gebieten, kamen für die arabischen und byzantinischen Händler noch zwei andere Wege in Betracht außer den beiden, die über die Wolga bzw. über Dnjepr-Düna-Lowat zur Ostsee führten (ersteres der Hauptweg der Araber, letzteres der Byzantiner). Der eine folgte vom Schwarzen Meer dem Dnjepr bis Kiew und wandte sich dann genau westwärts der Weichsel und der Krakauer Gegend zu; der zweite ging vom Dnjestr zur Weichsel und scheint gleichfalls viel benutzt worden zu sein[440]).

Zweifellos war Kiew neben Bulgar die bedeutendste Handelsstadt Osteuropas nächst Byzanz. Nach allen Himmelsrichtungen unterhielt Kiew einen starken Verkehr: südwärts bot der Dnjepr eine treffliche Handelsstraße nach Konstantinopel, nordwärts vermittelten Dnjepr und Lowat-Wolchow eine gute Verbindung mit Nowgorod, ostwärts wurde nach Itil und nach Mesopotamien ein guter Weg durch die Flüsse Desna, Don und Wolga geboten, und westwärts lief die wichtigste Straße durch die Mährische Pforte[441]) über Krakau nach Prag und Regensburg, die sämtlich als Handelsstädte eine zentrale Stellung für weite Gebiete einnahmen. Wenn daher der Araber Ibn Khordadbeh angibt[442]), es habe im Mittelalter eine Handelsstraße bestanden, die sich von Deutschland bis nach China erstreckte, so darf man diese zunächst verblüffende Meldung unbedenklich als richtig ansehen. Schon ums Jahr 900 erscheinen russische Kaufleute, die auf der genannten Straße von Kiew her gekommen waren, in Bayern, um Pferde und Sklaven zu kaufen[443]). Wie rege sich dieser frühe Handelsverkehr zwischen Rußland und Bayern gelegentlich gestaltet hat, beweist der Umstand, daß im Jahre 1068

Wechsler in Kiew Zahlungsanweisungen für Kaufleute in Regensburg ausstellten[444]).

Alle die genannten wichtigsten Handelsplätze waren den arabischen Geographen ebenfalls gut bekannt. Krakau begegnet uns bei Edrisi[445]) unter dem Namen Cracal, und das Prag des 10. Jahrhunderts schildert aus eigener Anschauung ein jüdischer Händler Ibrahim ben Ja'qûb, der im Jahre 965 von der Adria bis zur wendischen Ostsee reiste. Er sagt in dem von ihm verfaßten Reisehandbuch über Prag[446]):

> „Die Stadt Prag ist von Stein und Kalk gebaut; sie ist der größte Handelsplatz des slawischen Landes. Russen[447]) und Slawen kommen mit ihren Waren von der Stadt Krakau dorthin, und Muselmänner, Juden und Türken kommen mit Waren und byzantinischen Mithqâls aus dem türkischen Gebiet und nehmen dafür Sklaven, Biberfelle und anderes Pelzwerk in Empfang."

Außerdem bestand ein von Osten, d. h. sowohl vom Dnjepr wie Dnjestr kommender Handelsverkehr im Odergebiet und darüber hinaus. Über die Richtung dieses Verkehrs äußert sich auf Grund der gemachten Funde Rudolf Virchow folgendermaßen[448]):

> „Allem Anschein nach erreichte die Handelsstraße die Oder in der Gegend von Frankfurt, ging am rechten Oderufer aufwärts (zweifellos Schreibfehler für: abwärts), überschritt den Fluß, ging in die Uckermark, nach Pommern, Mecklenburg, Holstein, Schleswig, Jütland."

Der schon genannte Ibrahim ben Ja'qûb reiste von Prag über Dürrenberg, Nienburg, Kalbe und Magdeburg, das über Havelberg, Malchow und Demmin mit der Odermündung verbunden war[449]), nach der Wismarer Gegend hinauf, anscheinend nach der schon 809 erwähnten wichtigen wendischen Handelsstadt Reric bei Wismar, die den Dänen abgabepflichtig war. Vom Hörensagen nur berichtet er über eine große, nicht mit Namen genannte wendische Seehandelsstadt an der Ostsee, die weiter östlich lag, die er aber — leider! — nicht persönlich aufsuchte[450]):

> „Ein Stamm von den Slawen, der das Volk Wlnane heißt, (wohnt) in Sümpfen, vom Land Msekkar (Polen) nach Westen und einen Teil des Nordens (d. h. westnordwestlich). Sie haben eine bedeutende Stadt am umringenden Meer, die 12 Tore und einen Hafen hat, und sie haben dort ausgezeichnete Hafenordnungen."

Diese von Ibrahim ben Ja'qûb erwähnte Stadt muß an der Odermündung gelegen haben. Wie er jene Hafenstadt nicht aus eigenem Augenschein kannte, so vermag auch kein einziger anderer zeitgenössischer Schriftsteller aus eigener Kenntnis jenen wendischen Handelsplatz zu schildern. Wulfstans Ostseereise, von der wir oben hörten, erwähnt nur die Vorbeifahrt am Land der Wenden, d. h. der mecklenburgischen und pommerschen Küste. Auch bestand damals die Stadt noch nicht.

Es spricht ziemlich viel sachliche Wahrscheinlichkeit dafür, daß Ibrahim ben Ja'qûbs 12 torige Hafenstadt nichts anderes ist als das sagenberühmte Jumne, jener wendische Seeplatz, der das Urbild Vinetas ist. Die Gründe sollen hier nicht näher erörtert werden[451]).

Die lange Zeit behauptete Identität von Jumne mit Julin-Wollin ist unter gar keinen Umständen aufrecht zu erhalten. Verkehrsgeographische und geschichtliche Gründe, insbesondere auch die nicht mißzuverstehende Sprache der Münzfunde[452]), lassen kaum einen Zweifel zu, daß Jumne nur an der alten Peenemündung in einem heute verschwundenen und seit etwa 1304 im Meere versunkenen Zipfel der Insel Usedom gelegen haben muß, entsprechend jener berühmten Beschreibung Adams von Bremen[453]), der zur Zeit des höchsten Glanzes von Jumne seine berühmte Chronik verfaßte, aber leider wieder nicht auf Grund eigenen Augenscheins über Jumne zu berichten vermochte:

„Über die Leutizen hinaus, die mit anderem Namen Wilzen genannt werden, tritt uns der Oderfluß (Oddara) entgegen, der reichste Strom des Slawenlandes. An seinen Ufern, da, wo er die scythischen Gewässer bespült (Scythicas alluit paludes), bietet die sehr angesehene Stadt Jumne den ringsum wohnenden Barbaren und Griechen einen vielbesuchten Standort dar. Weil nun zum Preise dieser Stadt große und fast unglaubliche Dinge vorgebracht werden, so halte ich es für angebracht, hier einiges, das Erwähnung verdient, einzuschalten. Es ist in der Tat die größte aller Städten, die Europa umschließt. In ihr wohnen Slawen und andere Nationen, Griechen und Barbaren. Denn auch den dort ankommenden Sachsen ist unter gleichem Rechte mit den übrigen zu wohnen gestattet, freilich nur, wenn sie ihr Christentum nicht öffentlich zur Schau tragen, solange sie sich daselbst aufhalten. Denn alle sind noch im Irrwahn heidnischer Abgötterei befangen. Übrigens wird in bezug auf Sitte und Gastfreiheit kein Volk zu finden sein, das sich ehrenwerter und dienstfertiger bewiese. Jene Stadt, die an allen Waren des Nordens reich ist, besitzt alle möglichen Annehmlichkeiten und Seltenheiten."

Daß Vineta selbst ein reiner Phantasiename ist, der durch eine irrige Lesart des aus Jumne latinisierten Wortes Jumneta entstanden ist, darf man seit Jahrzehnten als endgültig klargestellt ansehen[454]). Daß weiterhin die Stadt Jumne irgendwie zusammenhängt mit der in nordischen Überlieferungen genannten, vor allem in der Palnatokisage genannten normannischen Seeburg Jomsburg, die im 9. Jahrhundert im slavischen Lande angelegt und im Jahre 1043 vom Dänenkönig Magnus zerstört wurde (vgl. S. 85), ist gleichfalls nicht mehr zu bezweifeln.

Wahrscheinlich ist der Handelshafen Jumne im Anschluß an die mächtige Jomsburg hochgekommen, um sich nach deren Zerstörung nur noch stolzer und glänzender zu entwickeln und nach einer kurzen Dauer unerhörter Blüte im Jahre 1098 der dänischen Eroberung und Verwüstung ebenfalls zum Opfer zu fallen.

Es spricht nicht nur der sehr deutliche Hinweis Adams von Bremen auf die Grenze zwischen Leutizen und Pommern, die nachweislich der heutige Peene-Arm der Oder war, sondern ebensosehr die geographische Wahrscheinlichkeit und die Erwägung, daß von den drei Odermündungen ehedem die Peene zweifellos die weitaus wichtigste, ja, der von der üblichen Schiffahrt allein benutzte war[455]), einwandfrei dafür, daß die Odermündungsstadt Jumne, von der uns Adam von Bremen so erstaunliche Dinge berichtet, nördlich vom heutigen Peenemünder Haken gelegen haben muß. — Diese verkehrsgeographisch allein mögliche Annahme ist neuerdings durch Schuchhardts[456]) persönliche Studien bei Wollin und an der Peenemündung sowie durch W. Petzschs Münzforschungen[457]) ganz bedeutend gestützt worden.

Von Byzanz abgesehen, beteiligte sich das christliche Europa auffällig wenig an den blühenden Handelsbeziehungen Jumnes, wie überhaupt Nord- und Osteuropas, in jenem Zeitalter. Die Straße Magdeburg—Havelberg—Malchow—Demmin—Jumne stellte anscheinend noch die wichtigste Ader dar, in der damals einiges Handelsleben zwischen dem christlichen Europa und dem wendischen Seehafen Jumne pulsierte. Daß dieser letztere vornehmlich mit dem schwedischen Birca, dem russischen Nowgorod und darüber hinaus mit Byzanz Handel trieb, geht aus Adams Schilderung deutlich hervor. Die eigentlichen Händler und Reisenden waren offensichtlich nicht so sehr die Slawen, von deren Erscheinen in anderen Ländern keine Überlieferung Kunde gibt, als die Normannen, Russen und Byzantiner (Griechen), deren lebhafter Verkehr in Jumne ausdrücklich hervorgehoben wird. Von einem Araberverkehr in Jumne weiß Adam nichts, aber die gerade auch auf Usedom und Wollin zahlreich gefundenen arabischen Münzen sprechen in dieser Hinsicht eine beredtere Sprache als die Chronik des Bremers, der vielleicht von Arabern keine klare Vorstellung hatte.

Die auf Usedom gemachten Funde von arabischen und skandinavischen Münzen beweisen, noch über Adam von Bremen hinaus, daß im Jumne der Zeit um 1000 die beiden größten Handelsvölker des Zeitalters, die Normannen und Araber, miteinander in Fühlung standen. Der Handelskreis der ersteren reichte damals von Grönland und dem östlichen Nordamerika bis Osteuropa und Vorderasien, der Handelskreis der letzteren von den Sundainseln, Ostasien und dem westlichen Polynesien bis zur Straße von Gibraltar und von Mozambique bis nach Skandinavien hinauf. Ob Araber persönlich bis Schweden hinaufgekommen sind, ist nicht zu ermitteln; ein Beweis dafür steht, trotz der in Schweden besonders zahlreich gefundenen arabischen Münzen, einstweilen aus. Die Wahrscheinlichkeit freilich ist sehr groß, denn die gelegentliche Anwesenheit arabischer Kaufleute in Schleswig und Reric ist urkundlich erwiesen, und warum sollten sie von dort aus, dem regen Strome des Handels folgend, nicht auch nach Skandinavien gelangt sein? Hingegen ist kein Zweifel möglich, daß Normannen umgekehrt bis nach Vorderasien gekommen sind. Der arabische Geograph Ibn Khordadbeh († 912) weiß nicht nur den Normannenweg genau zu beschreiben, sondern bestätigt sogar einwandfrei ihr persönliches Erscheinen in Bagdad! Er schreibt nämlich[458]):

„Sie befahren den Don, den Fluß der Slawen, und durchqueren das Land bei Khamlydj (Zarizyn), einer Hauptstadt der Chazaren. Dann schiffen sie sich wieder ein auf dem Meer von Djordjan (Kaspisches Meer) und fahren zu einem Punkt der Küste, den sie in Aussicht genommen haben. Dies Meer hat 500 Parasangen im Durchmesser. Manchmal bringen sie ihre Waren auf dem Rücken von Kamelen von der Stadt Djordjan nach Bagdad. Hier dienen ihnen slawische Eunuchen als Dolmetscher. Sie behaupten Christen zu sein."

Gelegentlich fanden sogar ganze Heereszüge der russischen Normannen bis in das ferne Gebiet des Kaspischen Meeres statt. Masudi erwähnt eine derartige Wikingfahrt, die im Jahre 944 das Kaspische Westufer im Gebiet von Baku drei Tagereisen landeinwärts heimsuchte[459]).

Das 12. Jahrhundert ließ die Mauer endlich fallen, die zwischen den abendländischen Christenvölkern und dem brausenden Verkehrsleben der Ostsee aufgerichtet worden war. Es war überwiegend ein kriegerisches Vorgehen, das die Sperre niederbrach, aber gleichzeitig das Bestehende zerstörte, um freilich rasch Neues und bald Gleichwertiges an die Stelle zu setzen. Sowohl die dänischen wie die deutschen Christen gingen gegen die heidnischen Wenden vor und machten im Laufe von wenig mehr als 100 Jahren die ganze südliche und östliche Küste der Ostsee zum Christenland. Die Dänen nahmen den Wenden im Jahre 1098 ihren Haupthafen Jumne ab, im Jahre 1161 Rostock, 1164 Wolgast, 1168 Rügen[460]), in den Jahren 1174 und 1177 Wollin. Die Deutschen wurden 1143 die Schöpfer der künftigen Hansekönigin Lübeck und gründeten 1201 Riga, 1241 Greifswald, 1248 Reval, 1252 Memel, 1255 Pernau, 1256 Königsberg usw.[461]). Und mit dem Jahre 1230 setzte jene unbegreiflich großartige Tätigkeit des Deutschen Ordens ein, die die Wenden vollständig von den Küsten der Ostsee vertrieb und die Germanisierung der Ostseeländer vom Danewerk bis zur Narowa einleitete.

IV. Die Ostsee im Verkehrsleben des Altertums und frühen Mittelalters.

Literaturnachweise.

351) Walter Vogel: „Von den Anfängen deutscher Schiffahrt" in der „Prähistor. Zeitschr." 1912, S. 1.
352) Oskar Montelius: „Der vorgeschichtliche Handel" in der „Prähistor. Zeitschr." 1911, S. 249 (obiges Zitat auf S. 258—266). — Für die ältere (falsche) Auffassung ist demgegenüber charakteristisch eine Bemerkung F. v. Richthofens („Allgemeine Siedlungs- und Verkehrsgeographie", S. 276. Berlin 1908): „An der Ostsee und Nordsee .. ist eine frühe Schiffahrt unbekannt."
353) Eduard Petri: „Verkehr und Handel in ihren Uranfängen", S. 9. St. Gallen 1888.
354) Oskar Peschel: „Völkerkunde", S. 38. Leipzig 1885.
355) a. a. O., Fig. 20, S. 265.
356) Nilsson: „Die Ureinwohner des skandinavischen Nordens", Bronze-Zeitalter, I, S. VI. Hamburg 1863.
357) O. Olshausen in der „Zeitschr. f. Ethnologie", Verhandl., 1890, S. 270 und 1891, S. 286.
358) M. M. Lienau: „Der nordische Bernstein in vor- und frühgeschichtlicher Zeit" in den „Ostdeutschen Monatsheften", 1928, S. 941.
359) Ebendort, S. 942.
360) Real-Lexikon der Vorgeschichte, Bd. I, S. 434.
361) F. Kossinna in „Mannus", 1909, S. 76/7.
362) Osk. Montelius: „Kulturgeschichte Schwedens", S. 22/3. Leipzig 1906.
363) Siret: „Questions de chronologie ibérique", S. 39. Paris 1913.
364) R. Klebs: „Der Bernsteinschmuck der Steinzeit von der Baggerei bei Schwarzort". Königsberg 1882.
365) Real-Lexikon der Vorgeschichte, Bd. I, S. 436.
366) Ebendort, Bd. VII, S. 23/4.
367) Eduard v. Sacken: „Das Grabfeld von Hallstatt", S. 77—79, in den „Denkschriften der philos. histor. Klasse der Wiener Akademie der Wissenschaften", 1868.
368) Theophrast, lapid. 29.
369) „Prähistorische Zeitschrift", 1911, S. 276.
370) Heinr. Schliemann: „Mykenä", S. 235, 283, 353. Leipzig 1877.
371) Zeitschr. der Naturforsch. Gesellsch. zu Danzig, 1885.
372) Real-Lexikon der Vorgeschichte, Bd. I, S. 444.
373) Diedrich Fimmen: „Die kretisch-mykenische Kultur", S. 120.
374) O. Fraas: „Drei Monate im Libanon", S. 67 und 92f. Stuttgart 1876.
375) Fimmen, a. a. O., S. 194.
376) Jules Oppert: „L'ambre jaune chez les Assyriens", S. 6. Paris 1880.
377) „Prähistor. Zeitschr." 1911, S. 276 und 282.
378) B. Meißner im Real-Lexikon der Vorgeschichte, Bd. I, S. 445.
379) Ebendort, S. 444.
380) Herodot III, 115.
381) Herodot IV, 13.
382) Konrad Müller: „Altgermanische Meeresherrschaft", S. 15. Gotha 1914.
383) Einhard, Vita Caroli Magni, Kap. 12, in Pertz' Monumenta Germaniae historica, SS., Bd. II, S. 448.
384) Plinius, hist. nat. II, 167.
385) Levezow: „Über mehrere im Großherzogtum Posen in der Nähe der Netze gefundene uralte griechische Münzen", in den Abhandl. der Kgl. Preußischen Akad. d. Wissenschaften, Hist. phil. Kl., 1833, S. 181.
386) Jahresverhandlungen der Kurländischen Gesellschaft für Literatur und Kunst. Mitau 1822. 2, S. 28—81.
387) K. R. Kupffer: „Baltische Landeskunde", S. 488. Riga 1911.
388) B. Koehns „Zeitschrift für Münz-, Siegel- und Wappenkunde", 1841, S. 173.
389) Moritz Hoernes: „Urgeschichte der Menschheit", S. 474. 1895. — Über weitere Funde von Münzen vgl. C. Fredrich: „Funde antiker Münzen in der Provinz Posen" in der „Zeitschr. d. Histor. Ges. f. d. Prov. Posen" 1909 und 1913, sowie Levezow, a. a. O., S. 181/2, wo unter anderem aufgeführt werden:

ein Fund einer griechischen Münze aus Neapel bei Fischhausen vom Jahre 1708,
ein Fund von 1123 römischen Denaren des 1. bis 3. Jahrhunderts bei Preuß. Görlitz vom Jahre 1740,
ein Fund von 150 goldenen byzantinischen Münzen bei Bresin (Westpreußen) vom Jahre 1795,
ein sehr großer Fund gleicher Münzen von Großendorf auf der Danziger Nehrung vom Jahre 1800/01,

ein Fund von 97 goldenen Münzen der römischen Kaiserzeit bei Klein-Tromp im Jahre 1822.
390) Plinius, nat. hist. XXXVII, 3.
391) Germania, Kap. 40, 44, 45.
392) Germania, Kap. 17.
393) Prokop, bellum Gothicum II, 15.
394) Adam von Bremen, IV, 20.
395) a. a. O., Kap. 60.
396) Joseph Bosworth: „A description of Europe and the voyages of Ohtere and Wulfstan". London 1855.
397) Adam von Bremen, IV, 11.
398) Paul Kletler: „Nordwesteuropas Verkehr, Handel und Gewerbe im frühen Mittelalter". Wien 1924.
399) Vgl. „Tijdschrift voor economische Geographie" (Haag), 1918, S. 354.
400) Vgl. „Von rätselhaften Ländern", S. 242—275 (Kapitel: Vineta).
401) Samuel Aurivillius: „De numis arabicis in Sveogothia repertis" in den „Nova acta regiae societatis scientiarum Upsaliensis", Bd. II, S. 78. Upsala 1755.
402) Claus Gerhard Tychsen: „Von den arabischen Altertümern in Mecklenburg und ihrem Entstehen" in den „Gelehrten Beiträgen zu den Mecklenburg-Schwerinschen Nachrichten", 1779.
403) Jules Oppert: „L'ambre jaune chez les Assyriens", S. 104. Paris 1880. — „Westpreußische Mitteilungen", Nr. 32, S. 125. Marienwerder 1832.
404) Hermann Frank: „Die baltisch-arabischen Fundmünzen" in den „Mitteilungen aus der livländischen Geschichte", XVIII, S. 311—486. Riga 1908; Karl Lohmeyer: „Geschichte von Ost- und Westpreußen", S. 11, Gotha 1908; Georg Haag: in den „Baltischen Studien", Bd. XXXI, S. 77.
405) Karl Tornberg: „Om de i Svensk jord funna Österländska mynt" in „K. Witterh. Hist. Handl.". Stockholm 1857.
406) Georg Jacob: „Der nordisch-baltische Handel der Araber im Mittelalter", S. 53. Leipzig 1887.
407) „Schriften der Petersburger Akademie der Wissenschaften", Serie 6, Bd. II; übersetzt von Frähn.
408) Verhandlungen des Thüringisch-Sächsischen Vereins für Erforschung vaterländischer Altertümer 1821, S. 12.
409) Oskar Peschel: „Abhandlungen zur Erd- und Völkerkunde", S. 107. Leipzig 1877.
410) Jacob, a. a. O., S. 25.
411) Mommsens Ausgabe der Getica, S. 59; Paul Saweljew: „Über den Handel der Wolgaischen Bulgaren im 9. und 10. Jahrhundert" in „Ermans Archiv für wissenschaftliche Kunde von Rußland 1848", Bd. VI, S. 91 ff.
412) Abulfedas Geographie, übersetzt von M. Reinaud, S. 302. Paris 1848.
413) Ausgabe Defrémery und Sanguinetti, Bd. II, S. 399 und 401. Paris 1854.
414) Georg Jacob, a. a. O. S. 49.
415) Heinrich Storch: „Historisch-statistisches Gemälde des russischen Reiches", S. 48. Riga und Leipzig 1800.
416) Wandkarte der Fundplätze im Historischen Museum zu Moskau.
417) Rud. Virchow: „Silberfunde im Norden und Osten Europas" in den „Verhandl. der Anthropologischen Gesellschaft", S. 207. Berlin 1878.
418) Alexander Bugge: „Die Wikinger", übersetzt von Heinz Hungerland, S. 310. Halle a. S. 1906.
419) Masudi-Ausgabe von Aloys Sprenger: „Meadows of gold and mines of gems", Bd. I, S. 417. London 1841.
420) Ibrahim-Ausgabe von Fr. Westberg in den „Abhandlungen der Petersburger Akademie der Wissenschaften", 8. Serie, S. 32. Petersburg 1898.
421) Adami gesta Hammab. eccles pont, IV, 19 in Pertz: „Monumenta Germaniae historica", SS. VII, S. 374.
422) E. G. Geijer: „Geschichte Schwedens", S. 39/40. Hamburg 1832.
423) Nestors Chronik, Ausgabe Schlözer, Bd. II, S. 88. Göttingen 1802.
424) Ebendort, Bd. II, S. 92.
425) Ebendort, S. 88.
426) a. a. O., Bd. I, S. 417.
427) a. a. O., IV, 10; bei Pertz, SS. Bd. VII, S. 372.
428) Helmold: „Chronica Slaworum" I, 1 in den „Monumenta Germaniae", SS. XXI.
429) a. a. O., II, 19 (S. 312/3).
430) a. a. O., IV, 11.

IV. Die Ostsee im Verkehrsleben des Altertums und frühen Mittelalters. 97

431) Frähn im „Bulletin scientifique", Teil 9, S. 301.
432) Marco Polos Reise, Buch I, Kap. 1, a. a. O., S. 45—47.
433) Masudi, a. a. O., Kap. 34, Bd. III, S. 64.
434) Ebendort, Kap. 17, Bd. II, S. 18.
435) Ibn Khordadbeh, a. a. O., S. 115/6.
436) Strophe 1326 und 1616.
437) Rigsmal 31.
438) Joseph Karabaček: „Die liturgischen Meßgewänder mit arabischen Inschriften aus der Marienkirche zu Danzig". Wien 1870.
439) J. R. Martin in „Stockholms Dagblad", Januar 1912.
440) L. Giesebrecht: „Wendische Geschichten", Bd. I, S. 23. Berlin 1843.
441) Hugo Hassinger: „Die mährische Pforte und ihre benachbarten Landschaften". Wien 1914.
442) S. 51.
443) Monum. Boicar., XXVIII, S. 203.
444) Hormayer im „Archiv für Geographie und Historie" 1820, S. 623.
445) a. a. O., Bd. II, S. 381.
446) Herausgegeben von Fr. Westberg. Petersburg 1898.
447) Da hier die Russen neben den Slawen genannt sind, dürfte der Ausdruck „Russen" in seinem ursprünglichen Sinne (= Normannen) gebraucht sein.
448) „Verhandl. der Berliner Anthropolog. Gesellschaft" 1878, S. 208.
449) Giesebrecht: a. a. O., Bd. I, S. 31; Goetze: „Geschichte der Stadt Demmin", S. 3. Demmin 1903.
450) A. a. O., S. 9. — Andere Übersetzer lesen statt Wlnane Awbaba oder Ubâbâ. Die Westbergsche Lesart dürfte durch den (sachlich unmöglichen) Wunsch, den Namen der Stadt an Wollin anklingen zu lassen, beeinflußt worden sein.
451) Näheres in meinem Buch: „Von rätselhaften Ländern", S. 268/9.
452) Alle diese Beweise zusammengestellt und diskutiert ebendort, S. 273/4.
453) Adam von Bremen, II, 19.
454) Robert Klempin: „Die Lage der Jomsburg" in den „Baltischen Studien" 1847, S. 211/2.
455) Der Vorstoß der dänischen Flotte ins Haff im Jahre 1174, der zur Niederbrennung Julins führte, erfolgte nur deshalb durch die Swine, weil die Fahrbarkeit der Peene bei Wolgast künstlich bedeutend erschwert worden war, und daß der Dievenow-Arm überhaupt nicht schiffbar war, geht aus Saxo Grammaticus, XIV, 891/2 klar hervor (Pertz' Monumenta Germaniae, SS., Bd. XXIX, S. 145).
456) Karl Schuchhardt: „Vineta". Vortrag vor der Berliner Akademie der Wissenschaften vom 1. November 1923, abgedruckt in ihren „Abhandlungen", 1924, S. 176—217.
457) W. Petzsch: „Wollin oder Peenemündung?" in „Unser Pommerland", 1925, S. 85.
458) a. a. O., S. 115/6.
459) Masudi, a. a. O., Bd. I, S. 417—420 und Bd. II, S. 20—23.
460) Die Eroberung des Rügener Nordkaps Arkona, auf dem das größte Nationalheiligtum der Wenden, Urkan, mit dem berühmten Tempel ihres Hauptgottes Swantewit stand, war recht eigentlich das eine neue Epoche einleitende Ereignis im Kampfe des Christentums mit dem Heidentum an der heutigen deutschen Ostseeküste. Die Eroberung und Verbrennung des Swantewit-Tempels fand statt am 15. Juni 1168, am St. Vitus-Tag. Dieser Kalendertag und die Namensähnlichkeit Swantewit = Sant Vit mag dazu beigetragen haben, daß es der christlichen Kirche ziemlich leicht gelang, den Heiligen Veit, einen ihrer „14 Nothelfer", dem wendischen Empfinden an die Stelle des Swantewit unterzuschieben.
461) Vgl. die eingehenden Darlegungen in Walter Vogels „Geschichte der deutschen Seeschiffahrt", S. 261 ff. Berlin 1915.

V. Unfreiwillige Seefahrten in ihrer Bedeutung für die Besiedlung des Erdballs und die Rassenmischungen.

Man darf die Frage, ob im Altertum Beziehungen zwischen den Mittelmeervölkern und Amerika stattgefunden haben (vgl. S. 34) nicht rundweg verneinen. Spricht auch keine leidlich sichere Andeutung in den Literaturquellen hierfür, und darf man jede psychologische Wahrscheinlichkeit für ein gewolltes, sehr weit westwärts gerichtetes Vordringen antiker Seefahrer leugnen, so bleibt doch mit der Möglichkeit zu rechnen, daß gelegentlich unfreiwillige Fahrten in weite westliche Fernen, vielleicht sogar bis an die amerikanische Küste, stattgefunden haben. Auf der Azoreninsel Corvo hat man karthagische Münzen gefunden (vgl. S. 30ff.). Keine noch so leise Andeutung der alten Literaturquellen weiß uns von dieser erst im Jahre 1431 entdeckten Inselgruppe etwas zu berichten, jede Wahrscheinlichkeit, daß Seefahrer des Altertums sich so weit nach Westen gewagt haben, fehlt, und doch haben Karthager hier bestimmt geweilt, aller Voraussicht nach, weil sie vom Unwetter so weit gegen Westen verschlagen wurden.

Für einen ganz bestimmten Fall läßt sich sogar mit nahezu völliger Sicherheit eine flüchtige Berührung der Neuen Welt mit der Alten in vorchristlicher Zeit nachweisen, wenn auch von den Beteiligten der wahre Zusammenhang verständlicherweise nicht erkannt wurde. Es handelt sich dabei um ein Ereignis des Jahres 62 v. Chr., dessen ursprünglich Cornelius Nepos in einer verlorengegangenen Schrift Erwähnung getan hat und das dann aus dieser von zwei anderen alten Autoren, Plinius[462]) und Pomponius Mela[463]), übernommen wurde. Beim ersteren wird es folgendermaßen erzählt:

„Dem Qu. Metellus Celer, dem Konsulationskollegen des L. Afranius, damaligem Prokonsul von Gallien, seien von König der Sueven Inder zum Geschenke gemacht worden, die zum Zwecke von Handelsgeschäften zu Schiff aus Indien gekommen, aber durch einen Sturm nach Deutschland verschlagen worden seien."

Diese zunächst höchst abenteuerlich und unglaublich anmutende Geschichte gewinnt sogleich an Wahrscheinlichkeit, sobald wir über die Worte „Inder" und „Indien" hinwegsehen. Wenn wir berücksichtigen, daß im Altertum Indien das große Wunderland und der Sammelname war für alles, was man sich ethnographisch oder überhaupt bezüglich seiner Herkunft nicht deuten konnte, so hat die Geschichte an sich nichts Unwahrscheinliches an sich. Allerdings dürfen wir auch hinter den Ausdruck „zum Zwecke von Handelsgeschäften" ein ganz großes Fragezeichen setzen. Wir können mit einer fast an Gewißheit grenzenden Zuversicht behaupten, daß die vorgeblichen „Inder" amerikanische Eingeborene waren, die durch Stürme auf ihrem kleinen Boot bis an die europäischen Küsten verschlagen worden sind. Diese Hypothese ist um so besser begründet, als nicht ganz wenige Fälle bekannt sind, daß Eskimos mit ihren Kajaks in die europäischen Gewässer verschlagen und hier, teils lebend, teils als Leichen an Land getrieben wurden. Die

Geschichte kennt besonders noch zwei derartige Fälle, einen, der sich unter der Regierung Kaiser Barbarossas im Jahre 1153 oder 1160 an der deutschen Küste abgespielt haben soll[464]), und einen weiteren, bei dem im Jahre 1507 oder 1509 ein Kajak mit sechs toten Eskimos und einem lebenden bei Rouen antrieb[465]). Auf den Britischen Inseln sind solche Funde von Eskimobooten sogar noch häufiger als an den festländischen Küsten zu verzeichnen gewesen; so sieht man noch heute in den Museen von Aberdeen und Edinburg sowie in der Kirche von Burra auf den Orkneys Eskimokajaks, die dereinst in den schottischen Gewässern aufgefunden worden sind. Auf Grund derartiger Erfahrungen hat man bereits im 16. Jahrhundert die sonst unverständlichen Berichte des Plinius und Pomponius Mela über des Qu. Metellus Celer „Inder" richtig auf amerikanische Eingeborene, vermutlich Eskimos aus Labrador (oder von der Davisstraße) gedeutet. So schrieb der Spanier Gomara[466]) über sie:

„Wenn sie nicht vom Lande Labrador stammten und nur wegen ihrer dunklen Farbe für Inder gehalten wurden".

Auch muß in diesem Zusammenhang daran erinnert werden, daß sich unter den verschiedenen bei den Azoren, auf Madeira und am Kap San Vicente aufgefundenen Gegenständen unbekannter Herkunft, die den Kolumbus zu seiner Westfahrt anregten, neben zwei männlichen Leichnamen einer unbekannten Menschenart verdeckte Barken mit Menschen darin befanden, die von Westen her auf den Azoren angetrieben worden waren[467]). Hatten derartige Vorkommnisse doch schon im Jahre 1452, vier Jahrzehnte vor Kolumbus, den Portugiesen Diego do Teive angeregt, von den Azoren aus einen allerdings ergebnislos gebliebenen Vorstoß zur See gegen Westen zu unternehmen.

Auf der geschichtlichen Vinlandfahrt des Normannen Thorfinn Karlsefni im Jahre 1904/06, die in Grönland begann und endete, wurde ferner auf der Hin- wie auf der Rückreise je ein Boot durch Stürme nach Irland verschlagen, wo die Insassen zu Sklaven gemacht wurden.

Wenn nun auch, wegen der auf dem nördlichen Atlantischen Ozean vorherrschenden Weststürme, eine Schiffsverschlagung von Amerika nach Europa viel häufiger als in umgekehrter Richtung vorgekommen sein wird, so sind doch auch die letzteren als durchaus möglich, ja, in den südlicheren Teilen sogar als wahrscheinlich anzunehmen. Soll doch schon die erste Auffindung der Kanarischen Inseln im frühen Altertum, wie wir oben (S. 27) hörten, durch Schiffer erfolgt sein, die durch Stürme nach Westen verschlagen worden waren, und auch der erste Besuch eines Griechen, des Kolaios aus Samos, in der Guadalquivirmündungsstadt Tartessos um 660 v. Chr. (vgl. S. 10) war eine Folge von Stürmen, die den Seefahrer wider seinen Willen in den freien Ozean hinaustrieben.

Später, in den Zeiten des mittleren Mittelalters, vor allem in der Periode der normannischen Schiffahrt, hören wir gar nicht selten von außerordentlich weiten und folgenreichen Schiffsversetzungen in ferne Meere infolge von Stürmen. So erfolgte die Entdeckung Islands durch Naddod und Gardar im Jahre 863 infolge von Stürmen, die ihre normannischen Drachenschiffe auf der Fahrt von Norwegen nach den Färöern weit über ihr Ziel hinausjagten[468]). Ebenso wurde Grönland im Jahre 876 oder 877 durch Gunnbjörn zufällig aufgefunden, als seine Schiffe durch langanhaltende Unwetter weit nach NW bzw. W abgetrieben worden waren[469]). Freiwillige Erkundungsfahrten in völlig unbekannte

Teile des unermeßlichen Ozeans sind aus psychologischen Gründen noch im Mittelalter, mindestens vor dem 12. Jahrhundert, durchaus unwahrscheinlich. Ist doch selbst die großartige, vom Glück ausnehmend begünstigte Entdeckerfahrt des Normannen Leif im Jahre 1000, die zur Auffindung von Helluland (Labrador), Markland (Neufundland) und des gesegneten Vinland (nahezu sicher Massachusetts) führte, der Sage nach nicht aufs Geratewohl unternommen, sondern durch den Reisebericht eines später nach Grönland gelangten Björn Herjolfson über ein von ihm gelegentlich einer Sturmfahrt im Jahre 985 fern im Westen von Island gesehenes, aber nicht betretenes Land erst veranlaßt worden. Die älteste und nach heutiger Auffassung verläßlichste Darstellung der Entdeckung von Vinland erzählt demgegenüber, Leif selber sei auf der Rückkehr von Norwegen, wohin er im Jahre 999 von Grönland aus an den Hof Olaf Tryggvasons gefahren war, durch Unwetter an die Vinlandküste vertrieben worden. Gleichviel, ob diese Erzählungen einen historischen Kern haben oder nicht, sie berichten immerhin, daß ums Jahr 1000 die Auffindung unbekannten Landes durch Sturmfahrten als möglich erachtet, also wohl schon mehrfach erlebt worden war.

Wenn derartige weite Verschlagungen nach West selbst im nördlichen Atlantischen Ozean vorkamen, wo die vorherrschenden Windrichtungen und Strömungen doch nach Osten führen, sind in den südlicheren Teilen des Ozeans, im Bereich der Passate, deren Wirkung im Sommer bis 35° nördl. Br. hinaufreicht, unfreiwillige Fahrten in der Richtung von Europa oder Afrika auf Amerika ungleich eher zu erwarten. In der Tat steht fest, daß von den Kanaren her kleine, nur für eine Fahrt von Stunden bestimmte Fahrzeuge mit ihrer Bemannung mehrfach unfreiwillig bis in die amerikanischen Gewässer verschlagen worden sind. Humboldt[470]) hat zwei derartige Fälle aus dem 18. Jahrhundert mitgeteilt, wahrscheinlich nur einen kleinen Bruchteil der wirklich vorgekommenen. Im Jahre 1731 wurde ein mit Wein befrachtetes Fahrzeug, das von Teneriffa nur nach Gomera segeln sollte, mit einer Bemannung von 6 Mann bis nach der Insel Trinidad getrieben[471]). Und ums Jahr 1760 fand ein englisches Schiff, zwei Tagereisen von Caracas entfernt, im Karaibischen Meer ein kleines, mit Getreide beladenes Fahrzeug, das von Lanzarote nach Sta. Cruz auf Teneriffa hatte segeln wollen, durch einen Sturm nach Westen gejagt und nicht imstande gewesen war, sich dagegen zu wehren. Das englische Schiff versah die Bemannung, soweit sie die erlittenen Mühsale überlebt hatte, mit frischem Wasser und geleitete das gebrechliche Fahrzeug in den Caracashafen La Guayra[472]). In dem schon zitierten Gumillaschen Werk wird des ferneren auch behauptet[473]), daß im Jahre 1504 französische Fischer aus der Bretagne unfreiwillig durch Witterungseinflüsse bis Kanada verschlagen worden seien.

Daß ähnliche Vorkommnisse auch schon im Altertum vorgekommen sein können, ja, in gewissen Zeitabständen sogar vorgekommen sein müssen, ist schwerlich zu bezweifeln. Die theoretische Möglichkeit also, daß etwa phönizische, tartessische, karthagische, mauretanische Fahrzeuge, die dereinst auf verschiedenen Kanarischen Inseln, auf Madeira und Porto Santo des öfteren verkehrten, gelegentlich ebenfalls schon an die südamerikanische Küste oder auf die Antillen verschlagen worden sind, darf also ganz gewiß nicht geleugnet werden. Nur darf man unter gar keinen Umständen erwarten, daß jemals irgendeine Kunde von solchen Vorkommnissen nach Europa gelangt sein kann. Die an sich schon sämtlich höchst fragwürdigen, angeblichen antiken Literaturhinweise auf neues Land im fernen ozeanischen Westen[474]) (vgl. S. 34) können unter gar keinen Umständen mit solchen hypothetischen Schiffsverschlagungen an die amerikanische Küste irgendwie in Zusammenhang gebracht werden, wenngleich nicht verkannt werden darf, daß die mehr theoretisch erdachten alten wissenschaftlichen Angaben, es müsse im Westen Land zu finden und Ostasien zu erreichen sein[475]), im ausgehenden Mittelalter stark dazu beigetragen haben werden, Ostasien und Hinterindien in der Westfahrt zu suchen[476]). Denkende Menschen mußten ja nicht nur durch die mit ungewöhnlicher Bestimmtheit geäußerten Zeugnisse des Altertums, sondern auch durch die an den verschiedensten europäischen Westküsten immer wieder antreibenden Gegenstände einer unbekannten Welt zur Erkenntnis gebracht werden, daß es noch außerhalb des bekannten Erdkreises bewohnte Länder gab. Im 19. und 20. Jahrhundert haben zahlreiche Ereignisse gelehrt, welche außerordentlich weiten Versetzungen infolge von Wind und Meeresströmungen möglich sind. Weinfässer, die aus einem scheiternden französischen Schiff bei den Antillen ins Meer gerieten, wurden später in Irland, auf den Hebriden und in Norwegen angetrieben, ebenso Trümmer eines bei den Antillen verbrannten englischen Kriegsschiffes in Irland; eine im März 1833 am Kap Cod ausgesetzte Flaschenpost wurde im November 1834 an der Küste bei Southport in Lancashire angespült usw.[477]).

Man muß ebenso mit der Möglichkeit rechnen, daß ostasiatische Seefahrer mongolischer Rasse zu wiederholten Malen wider ihren Willen an die amerikanische Westküste verschlagen wurden und, an der Rückkehr verhindert, zur Besiedlung der Neuen Welt Anlaß gaben. Auf den ersten Blick wird eine solche Behauptung vielleicht phantastisch erscheinen. In diesem Falle läßt sich aber noch eindringlicher als für den Atlantischen Ozean erweisen, daß die Annahme Hand und Fuß hat. Ungleich häufiger als im Atlantik sind nämlich im Pazifik bis in unsere Zeit hinein die Fälle, daß kleine, nur für kurze Lokalfahrten bestimmte Seefahrzeuge durch Unwetter in weiteste Fernen verschlagen, ja, über die gesamte Breite des größten Weltmeeres hinübergetrieben wurden. Zumal japanischen Barken scheint dieses Schicksal unverhältnismäßig oft beschieden zu sein. Der berüchtigte „Schwarze Strom" (Kuro Siwo) ist am häufigsten die Ursache solcher Schiffsversetzungen, wenn erst einmal ein Sturm die Schifflein auf das Weltmeer hinausgejagt hat. Die in San Francisco erscheinende Monatsschrift „Overland Monthly" zählte in ihrem Jahrgang 1873 nur aus den letzten 70 Jahren nicht weniger als zehn derartige einwandfrei nachgewiesene Fälle auf, die in knapper Übersicht nachstehend wiedergegeben seien:

1805 japanische Dschunke bei Sitka gescheitert; 1813 große Barke mit drei noch lebenden Japanern bei den Königin-Charlotte-Inseln geborgen; 1815 mastlose Barke mit 15—20 totmatten Japanern unter 40° N und 170° W aufgenommen; 1833 mehrere schiffbrüchige Japaner am Kap Flattery (Wash.) von Indianern getötet oder zu Sklaven gemacht; nach 1833 japanische Dschunke, mit Wachs beladen, an der Mündung des Columbiaflusses gestrandet; 1853 japanisches Wrack bei den San Benitoinseln (Unterkalifornien) gefunden; 1855 verlassene japanische Dschunke unter 42° N und 170° W treibend gesichtet; 1862 Dschunke mit 12 lebenden Japanern nach dreimonatiger Irrfahrt an der Insel Attu (Aleuten) gescheitert; Juli 1871 vier schiffbrüchige Japaner ebendort vom amerikanischen Zolldampfer aufgenommen; 16. Dez. 1871 drei schiffbrüchige Japaner als letzte Überlebende einer bei der Insel Atka gestrandeten Dschunke nach San Francisco gebracht.

Das ist also die Ausbeute von knapp drei Viertel Jahrhunderten, wobei sicher noch nicht entfernt alle vorgekommenen Fälle erkundet worden sind! Angesichts derart gehäufter Vorkommnisse muß man es als unzweifelhaft bezeichnen, daß auch schon in früheren Jahrhunderten, ja, vermutlich schon im Altertum, ähnliche Vorfälle sich öfters ereignet haben müssen. Die Besiedlung der amerikanischen Westküste durch ostasiatische Schiffbrüchige fast über die gesamte Küstenausdehnung der nördlichen Hälfte des Erdteils liegt also in jeder Hinsicht im Bereich der Möglichkeit, wenn nicht der Wahrscheinlichkeit. Da man in einem indianischen Grabhügel (mound) auf Vancouver Island unter anderem chinesische Münzen des 15. Jahrhunderts gefunden hat[480]), dürfte auch ein Beweis für die Richtigkeit der Annahme vorliegen.

Man erinnere sich nur daran, daß in Ostasien schon seit Jahrtausenden eine rege Schiffahrt im Gange war, um zu ermessen, wie sehr die öftere Verschlagung chinesischer und japanischer Schiffer auf amerikanischen, vornehmlich nordamerikanischen Boden vielleicht schon in der Zeit vor Christi Geburt im Bereich des Möglichen lag.

Was in dieser Hinsicht ohne weiteres vorausgesetzt werden darf, erkennen wir, wenn wir berücksichtigen, welche tatsächlichen Vorkommnisse im Bereich der Südsee wiederholt bezeugt worden sind. Als Beispiel sei angeführt, was Otto v. Kotzebue und sein Reisebegleiter Adalbert v. Chamisso über die eigenartige Persönlichkeit eines Mannes von den Karolinen, namens Kadu, zu erzählen wissen[481]), den sie am 23. Februar 1817 beim Anlaufen der Ratak-Inseln (östliche Gruppe der Marshallinseln) vorfanden und der sich ihnen dann auf ihrer weiteren Fahrt nach Alaska hinauf und wieder zurück anschloß. Jener Kadu hatte im Jahre 1813 oder 1814 ein in seiner Art typisches Erlebnis gehabt, als er, lediglich in der Absicht zu fischen, mit wenigen Begleitern eine kurze Seefahrt unternehmen wollte. Die interessante Schilderung des Vorfalles durch Kotzebue und Chamisso zeigt unter anderem auch in reizvoller Weise, wie sich solche unfreiwilligen Ozeanreisenden durch viel Monate hindurch am Leben erhalten können, obwohl sie bei der Abfahrt keine Vorräte für eine längere Reise an Bord genommen haben. Die Erzählung lautet folgendermaßen:

> „Kadu war auf einer letzten Reise von Ulea nach Feis mit zweien seiner Leute und einem Chef aus Eap (Yap), welcher letztere zu seinem Vaterlande zurückkehren wollte, begriffen, als Stürme das Boot von der Fahrstraße abbrachten. Die Seefahrer, wenn wir ihrer unzuverlässigen Zeitrechnung[482]) Glauben beimessen, irrten 8 Monate auf offener See. Drei Monate reichte der kärglich gesparte Vorrat hin; fünf Monate erhielten sie sich, ohne süßes Wasser, bloß von den Fischen, die sie fingen. Den Durst zu löschen, holte Kadu, in die Tiefe des Meeres tauchend, kühleres und, ihrer Meinung nach, auch minder salziges Wasser — in einer Kokosschale herauf. Der Nordostpassat trieb sie endlich auf die Gruppe Aur der Kette Radack, wo sie sich im Westen von Ulea zu befinden wähnten... Seefahrer aus Eap sollen einst auf Radack, und zwar auf die Gruppe Aur, verschlagen worden sein und von da über Nugor und Ulea den Rückweg nach Eap gefunden haben... Es werden oft (!) Boote aus Ulea und den umliegenden Inseln auf die östlichen Inselketten verschlagen."

Die Ratakinseln sind von Ulea über 2000 km entfernt. Die von Kadu und seinen Begleitern (die, trotz schwerer Erschöpfung, das Abenteuer alle lebend überstanden) in 8 Monaten zurückgelegte Entfernung muß aber noch wesentlich größer gewesen sein.

Schon **Chamisso** betont die Häufigkeit derartiger Ereignisse. Aus neuerer Zeit liegt für dieselben Gegenden der Erde ein ähnliches Zeugnis vor. **Hambruch** berichtet folgendes [483]:

„Refell (ein Mann aus Mogemog, Karolinen) erzählte mir noch einiges aus seinem Leben. Er ist ein vielgereister Mann. So war er vor sechs bis sieben Jahren mit vierzig Kanus von Mogemog nach Fais gefahren — unter gewöhnlichen Umständen ist es eine eintägige Reise. Da erhob sich ein Taifun... Mit dreizehn Mann trieben sie ungefähr zwei Monate auf dem Meere umher und wurden dann durch ein zufällig vorbeifahrendes amerikanisches Kriegsschiff aufgenommen und nach Manila gebracht. Sieben Mann waren allerdings unterwegs gestorben."

Ähnliche Vorkommnisse sind sicher zu Tausenden und Abertausenden zu verzeichnen gewesen, wenn auch nur ganz vereinzelt und nur in neuester Zeit glückliche Zufälle zu ihrer Erwähnung in der Literatur geführt haben. Auf solche Weise dürfte die Besiedlung eines großen Teiles der Südseeinseln im Laufe der Jahrtausende vor sich gegangen sein, vornehmlich durch den seltsamen, von Madagaskar bis zur Osterinsel verbreiteten Amphibienstamm der Malaien, der orang malaju (schweifende Menschen), das einzige Seenomadenvolk, das die Erde neben den normannischen Wikingern des Mittelalters hervorgebracht hat. Die Malaien unternehmen ja zuweilen sogar mit Absicht außerordentlich weite Bootfahrten auf offenem Ozean über Hunderte von Meilen, und man begreift gar nicht, wie sie in der Lage sind, ohne Kompaß mit großer Sicherheit eine gar nicht sehr große Zielinsel aufzufinden. Auch außerhalb der Südsee sind freiwillige Bootsfahrten über weite Entfernungen hier und da üblich. Die Kodiaken in Alaska z. B. haben ehedem des öfteren Fahrten bis San Francisco und wieder zurück in ihren kajakartigen Fahrzeugen unternommen. Was unter besonders glücklichen Umständen von winzigen Fahrzeugen geleistet werden kann, bewies in jüngster Zeit die tollkühne Kreuzung des Stillen Ozeans durch **Ward** in einer nur 23 t großen chinesischen Dschunke: am 22. Juni 1927 brach er, von 3 Amoy-Chinesen begleitet, aus Schanghai auf und erreichte nach einer Fahrt von 141 Tagen am 10. November wohlbehalten Vancouver. Das war Glück — gewiß! Aber solches „Glück" kommt gar nicht vereinzelt vor. Seitdem im Jahre 1892 zur Vierhundertjahrfeier der Entdeckung Amerikas ein getreulich nachgeahmtes Wikingerfahrzeug glücklich die Fahrt von Norwegen nach Nordamerika zurückgelegt hat, kommen derartige und noch kühnere Sportleistungen häufiger vor, als man denkt.

In einer kleinen Jolle „Islander" hat der Amerikaner **Harry Pidgeon** in aller Gemächlichkeit eine Reise rund um die Welt gemacht, die am 18. November 1921 im Hafen von Los Angeles begann und am 31. Oktober 1925 ebendort endete, also 4 Jahre währte. Auf dieser Reise traf Pidgeon auf den Kokosinseln im Indischen Ozean drei Dänen an, die in einem kleinen Schiffchen „Shanghai" auf der Reise von Schanghai nach Dänemark begriffen waren, und in Balboa am Panamakanal einen Franzosen **Alain Gerbault**. Der letztere war auf einem ähnlichen Unternehmen begriffen. In einem 40 t großen, 9 m langen Kutter „Firecrest" war er am 20. April 1923 ganz allein in Cannes zu einer Weltreise aufgebrochen, hatte zunächst den Nordatlantischen Ozean durchquert und war nach 148 tägiger, ununterbrochener Fahrt und Überstehung von drei schweren Stürmen am 15. September in Long Island eingetroffen. Erst 1925 erfolgte die Weiterfahrt von New York nach Panama. 1926 ging es dann auf den Stillen Ozean hinaus, dessen vollständige Durchfahrung ein Jahr beanspruchte. Sie endete in Nordaustralien. Gerbault langte am 21. April 1928 über Kapstadt in St. Helena an und dürfte demnächst nach Marseille zurückkehren. 1928 hat dann ein deutscher Kapitän Romer gar im Faltboot (!) von Lissabon nach S. Thomas (Antillen) den Ozean in 3 Monaten durchquert. Warum sollen solche überaus waghalsigen Sportfahrten häufiger glücklich geendet haben als unfreiwillig unternommene Seereisen im Boot in weite Ferne?

Mögen unzählige Fahrzeuge bei unfreiwilligen Reisen nebst ihren Insassen zugrunde gegangen sein, ein Bruchteil muß doch mit Naturnotwendigkeit an ferne, fremde Gestade gelangt sein und hat damit zur Besiedlung der Erde und in kultivierteren Zeiten zur Kolonisation und Kulturausbreitung beigetragen. Die hohe Bedeutung der Schiffsversetzungen für die Besiedlung des Erdballs ist damit aber in jedem Fall erwiesen! Das ungelöste Geheimnis der Kulturdenkmäler der Osterinsel führt wohl ziemlich sicher auf derartige, möglichenfalls sehr entlegene Wurzeln zurück, wenn sich auch bislang keinerlei Anhalt bietet, nach welcher Richtung diese Wurzeln sich erstrecken. Die Wahrscheinlichkeit eines frühgeschichtlichen Menschenaustausches von Ostasien nach Amerika verliert unter solchen Umständen alles Rätselhafte. Wenn chinesische Münzen, also sicher auch Chinesen, in vorkolumbischer Zeit zu den nordamerikanischen Indianern gelangten, so müssen dieselben Naturereignisse auch schon in viel früherer Zeit hier und da dieselben Wirkungen gezeitigt haben, denn eine ausgedehnte Schiffahrt, in deren Großartigkeit uns bisher erst einzelne Einblicke vergönnt sind, ist in den letzten 2000 Jahren mehrfach in den chinesischen Gewässern heimisch gewesen.

Wohl kann daher die amerikanische Kultur der vorkolumbischen Zeit frühzeitig sowohl von Asien wie von Europa her Beeinflussungen durch unfreiwillige überseeische Einwanderung erfahren haben. Wo sich die Möglichkeit einer Befruchtung amerikanischer Sitten und Gebräuche durch europäische oder ostasiatische Menschen bietet, braucht man sich allein an der großen Schwierigkeit einer Seereise über die ganze Breite der beiden größten Weltmeere gewiß nicht zu stoßen und soll die Skepsis nicht zu weit treiben. Die Hypothese gelegentlicher unfreiwilliger Seereisen über die Ozeane läßt solche Zusammenhänge doch wohl eher verständlich scheinen, als man bisher in der Regel zu vermuten sich getraute.

Diese letzten Behauptungen habe ich fast wörtlich bereits im Jahre 1924 aufgestellt[484]). Sie sind dann ganz erstaunlich bestätigt worden durch die wertvollen Studien von Täuber und Stucken[485]), die mit sehr gewichtigen Gründen die These verfechten, daß die Ureinwohner Amerikas, die Indianer, nicht, wie man früher annahm, auf dem Landwege von Asien über die Beringstraße eingewandert seien (diese Hypothese mutet auch aus psychologischen Gründen höchst unglaubhaft an), sondern daß sie zur See von Polynesien her gekommen seien. Schon 1840 hatte Bancroft, 1843 Bradford, 1862 der Kanadier Sir Daniel Wilson vermutet, daß die Ahnen der überraschend hohen Kulturen in Yukatan und Peru Malaien gewesen sein müßten. Neuerdings ist nun diese These durch linguistische Studien als nahezu zur Gewißheit erhoben zu betrachten. Bertoni glaubte im Jahre 1922 nachweisen zu können[486]), daß die am Parana wohnenden Indianer als Polynesier über Nikaragua nach Brasilien und Paraguay gelangt seien. Ein Jahr später wies der Argentinier Palavecino eine große Reihe von verblüffenden sprachlichen Übereinstimmungen zwischen der Sprache der Ketschua-Indianer in Peru und der neuseeländischen Maoris nach. Abermals ein Jahr später zeigte der Franzose Rivet, daß zwischen 140 Worten der im westlichen Kalifornien und Mexiko wohnenden Hoka-Indianer und 160 Worten des melanesisch-polynesischen Vokabulars eine weitgehende, zum Teil völlige Identität bestehe[487]). Der Kanadier Sapir entdeckte ferner seltsame Zusammenhänge zwischen dem Altchinesischen und der Sprache der im ganzen westlichen Nordamerika vorkommenden Indianer der Nadine-Gruppe. Schließlich zeigte der Argentinier Imbelloni 1926[488]), daß neben den erstaunlichen sprachlichen auch weitgehende kulturelle Übereinstimmungen zwischen Polynesiern und südamerikanischen Indianern bestehen. Täuber schließt daraus, daß die Besiedlung Süd- und Mittelamerikas in der Hauptsache wohl von Polynesien, diejenige Nordamerikas dagegen — abgesehen vom höchsten Norden — im wesentlichen von Ostasien her übers Meer erfolgt sei, zumeist offenbar wieder durch unfreiwillige Schiffsreisen.

Eine Frage für sich, die freilich nichts weniger als leicht entschieden werden kann, vielleicht überhaupt niemals ganz einwandfrei zu beantworten ist, geht dahin, ob man ein Recht hat, aus solchen, in Massen anzunehmenden Verschlagungen einzelner Menschen kulturelle Beeinflussungen anderer bewohnter Gegenden der Erde anzunehmen. Daß im allgemeinen nur ein kleiner Bruchteil von Seefahrern, die von Schiffsversetzungen über sehr weite Entfernungen betroffen werden, lebend ferne Küsten erreicht, darf man als gewiß annehmen. Auch von denen, die ans Land gerettet werden, mag noch eine nicht ganz kleine Zahl nach der Landung bei wilden Völkern entweder erschlagen oder zu Sklaven gemacht worden sein, wie wir es von den angeblichen „Indern", deren Livius Erwähnung tut, oder von den am Kap Flattery im Jahre 1833 gestrandeten Japanern oben hörten. Daß sich aber unter besonders glücklichen Umständen geistig überlegene Individuen in einer fremden Bevölkerung zu behaupten und alsdann kulturellen Samen der einen oder anderen Art auszustreuen vermochten, kann nicht a limine geleugnet werden. Die Frage des vorkolumbischen Christentums in Amerika ist sicher noch durchaus ungeklärt und umstritten. Dennoch ist die Wahrscheinlichkeit keineswegs gering, daß lange vor dem Jahre 1492, vielleicht sogar auf mehrfachen Wegen, christliche Glaubenselemente den Weg zu den amerikanischen Ureinwohnern gefunden haben[489]).

Und nicht nur kulturelle, sondern auch rassenmäßige Beeinflussungen mögen über Ozeane hinweg gelegentlich durch unfreiwillige Sturmreisen stattgefunden haben. Wenn A. v. Humboldt geneigt ist, aus dem Vorhandensein einer „weißlichen, oft blauäugigen Nation" der nordamerikanischen Tuscarora-Indianer auf eine vorkolumbische keltische Blutmischung aus Europa zu schließen[490]), so wandelt er auf einem Boden, der als durchaus tragfähig bezeichnet werden muß.

Die Welt hat in neuerer Zeit ein geradezu klassisches Beispiel erlebt, in welchem Maße sich bei wilden Völkerschaften eine Blutmischung durch fremde Schiffbrüchige vollziehen kann. Am 13. Juni 1782 scheiterte an der ostafrikanischen Küste das von Indien kommende englische Schiff „Grosvenor". Auf ihm befanden sich zahlreiche englische Beamte, Offiziere und auch 15 englische Frauen. Von diesen letzteren wurden 10 durch herumstreifende Wilde geraubt und ins Innere verschleppt. Im Jahre 1927 entdeckte der Däne C. Redsted Pederson im Pondoland, in 150 miles Entfernung von der Küste, Neger mit merkwürdig heller Hautfarbe, die an Südeuropäer oder Araber erinnerte, mit feinen regelmäßigen Gesichtszügen und ruhigem, melancholischen Gemüt. Als er genauer nachforschte, erblickte er in den von dem Stamm bewohnten Hütten Gegenstände, die von dem gescheiterten Schiff „Grosvenor" herrührten.

Auch ein derartiges Vorkommnis darf keineswegs als ein völlig vereinzeltes Kuriosum betrachtet werden. Schon im Jahre 1790 fanden Holländer im innern Ostafrika bei den Hambonas, einem Negerstamm mit gelblicher Haut und langen, ungekräuselten Haaren, drei alte weiße Frauen eines Häuptlings: es ergab sich, daß dies drei Schwestern waren, die als kleine Kinder bei einem Schiffbruch hierher geraten waren, die aber nicht mehr anzugeben vermochten, welcher europäischen Nation sie eigentlich angehört hatten.

Solche Schiffbrüchigen können sich bei fremden, primitiven Völkern, denen sie an Intelligenz überlegen sind, verhältnismäßig rasch eine Vertrauensstellung, ja selbst eine Machtstellung erwerben und alsdann einen mehr oder weniger kulturellen Einfluß in der einen oder anderen Richtung ausüben. Bezeichnend genug erzählt uns Chamisso, daß sein Karolinen-Eingeborener Kadu, nachdem er endlich, schwer erschöpft, auf den Ratakinseln seine achtmonatliche Irrfahrt beendet hatte, zunächst mit seinen Begleitern von den Eingeborenen beinahe erschlagen worden wäre. Durch das Eingreifen eines wohlwollenden Häuptlings gerettet, gelangte er bald zu hoher Achtung, und schon nach 4 Jahren war in allen schwierigen Lagen sein Rat für das Verhalten aller Insulaner entscheidend. Wie auch sonst ein Fremder schnell zu Ansehen und Macht gelangen kann, erfahren wir aus einem anderen von Chamisso mitgeteilten Fall [491]):

„Auf Eap (Yap) sind einmal 6 weiße, kleidertragende Menschen, auf einem mit hölzernen Stiften, ohne Eisen zusammengefügten Boot, angelangt. Dieses Boot war sonst nach Art der europäischen gebaut. Die Fremden wurden gastlich empfangen. Einer von ihnen, Boëlë genannt, ward von Laman, dem Häuptling des Gebietes Kattepar, an Kindesstatt angenommen. Er blieb auf der Insel, als die übrigen fünf nach einem Aufenthalt von wenigen Monaten wieder in die See gingen."

Ähnliches dürfte sich wahrscheinlich häufig genug ereignet haben. Daß solche entwurzelten Naturen sich unter günstigen Umständen in der neuen Umgebung als Kulturträger betätigen, daß sie auch den christlichen oder (Araber in der Südsee!) mohammedanischen Glauben verbreiten und lang nachhaltige Wirkungen ausüben konnten, liegt ohne weiteres auf der Hand. Wir treffen selbst in Sagen gelegentlich derartige Überlieferungen an. Die nordische Sage vom Isländer Björn Asbrandson, der im Jahre 999 auf einer Seefahrt verschollen blieb und den 30 Jahre später ein anderer Isländer, Gudleif Gudlaugson, in einem unbekannten, fernen Lande im Westen als mächtigen und hochgeehrten Häuptling wiedergefunden zu haben glaubte, mag nicht ohne weiteres als historisch verläßlich zu bewerten sein, aber auch die dichtende Sage pflegt am liebsten aus erlebten, abenteuerlichen Vorgängen ihre Anregungen zu schöpfen. Daß solche Fälle wirklich vorgekommen sind und sogar noch bis auf unsere Zeit immer wieder vorkommen, unterliegt jedenfalls kaum einem Zweifel.

Von einem halb humoristischen Ereignis dieser Art aus dem 19. Jahrhundert, über das wir sonst nie etwas erfahren hätten, berichtet auf Grund eines persönlichen Erlebnisses aus dem Jahre 1859 Werner v. Siemens [492]):

„In Suakim angekommen, erhielten wir alsbald den Besuch der Höchstgebietenden des Ortes, des türkischen Paschas und des Ortschefs. Es waren zwei höchst würdige Gestalten, die sich mit orientalischer Grandezza bewegten und ängst-

lich jeden Schein vermieden, als ob sie sich über irgend etwas wunderten. ....
Da sagte mein Freund, der Oberingenieur William Meyer, der die Expedition
begleitete: „Sieh mal, Werner, was der Lange mit dem schönen weißen Bart für
ein famoser Kerl ist; den könnte man in Berlin für Geld sehen lassen!" Zu unserer
Überraschung drehte sich der Betreffende langsam nach uns um und sagte im
schönsten Berliner Dialekt: „Ih, Sie sprechen deutsch?" Auf unsere Antwort,
daß wir Deutsche wären, uns aber wunderten, daß er deutsch sprechen könne,
antwortete er: „Ich bin ja aus Berlin. Besuchen Sie mich!" Dann drehte er würde-
voll seinen Kopf zurück und nahm weiter keine Notiz von uns... Er war als
Schneidergeselle vor 50 Jahren von Berlin in die Welt gegangen, wollte nach
Indien, erlitt aber im Roten Meer bei Suakim Schiffbruch, blieb dort, wurde
Mohammedaner und schließlich Stadtoberhaupt. Dabei war er ein reicher Mann
geworden."

 Unter solchen Umständen verdient unbedingt die Tatsache ge-
steigerte Beachtung, daß man auf amerikanischem Boden, sowohl bei
den Eskimos wie bei den Indianern, verschiedentlich Stämme gefunden
hat, bei denen Individuen mit weißer Hautfarbe, blonden Haaren und
blauen oder braunen Augen in größerer Zahl vorkamen. Die „weißen
Eskimos" sind erst vor wenigen Jahren von dem Isländer Stefansson
in einem bis dahin von Europäern nie betretenen Teil des nordkanadischen
Victorialandes am Prince Albert-Sund unter 70° nördl. Br. neu entdeckt worden[493]. Manche von diesen Eskimos haben derart typisch
normannisches Aussehen, daß der Gedanke nicht von der Hand zu weisen
ist, es könne sich um Nachkömmlinge der ehemals auf Grönland ansässig
gewesenen, nach 1410 völlig spurlos verschollenen Normannen gehandelt
haben. Dieses gänzliche Verschwinden einer durch mehr als 400 Jahre
blühenden, großen Kolonie ist eines der unerklärlichsten Rätsel der
Kulturgeschichte. Als Grönland im Jahre 1264 seine Vereinigung mit
Norwegen beschloß, lebten etwa 10000 Normannen daselbst, und es
gab wohl ein Dutzend von Kirchorten, für die geraume Zeit auch eigene
Bischöfe ernannt worden waren. Seit der großen Epidemie des Schwarzen
Todes (1348), die auch Norwegen schwer heimsuchte, schlief der Verkehr
zwischen Europa und Grönland langsam ein; von 1347 bis 1354 erschien
nicht ein einziges norwegisches Schiff in Grönland, und in der Folgezeit
blieb der Schiffsaustausch minimal. Nach dem Jahre 1410, in dem zum
letzten Male ein norwegisches Schiff Grönland anlief, waren die Beziehungen völlig unterbunden. Als im Jahre 1577 der Engländer Frobisher als Erster neuerdings Grönland aufsuchte, fand sich keine Spur
mehr vor von den normannischen Kolonisten. Ob sie dem großen Winter
1417/18 zum Opfer gefallen oder von den Eskimos aufgerieben oder
wegen verschlechterter Lebensbedingungen anderswohin ausgewandert
sind — Niemand weiß es! Stefanssons Feststellungen im Victoria-Land
lassen nun beinahe darauf schließen, daß die letztere Annahme richtig
ist. Die Normannen müßten dann auf unbekannte Weise nach den
Inseln Nordkanadas gelangt, sich dort mit den Eskimos vermischt
und schließlich selber völlig „verskrälingert" sein. Die Annahme
schwebt natürlich völlig in der Luft, aber zunächst ist keine andere Erklärung für das Vorkommen eines weißen Eskimostammes mit vielfach
blonden Haaren und einem stark nordischen Rasseneinschlag zu geben.

 Daß Humboldt für die Tuscarora-Indianer eine ehemalige Bluts-
mischung mit Weißen als nicht unwahrscheinlich ansieht, wurde schon
oben erwähnt. Hellhäutige Indianer mit europäischen Rassemerkmalen
hat man sowohl in Nord- wie in Mittelamerika mannigfach gefunden.
Vor allem bei den Hopi- und Zuni-Indianern im Südwesten der Ver.
Staaten und auf dem Isthmus von Darien sind weiße Exemplare

unter den sonst kupferfarbigen Stämmen ziemlich häufig. Man hat sie als Albinos ansprechen wollen[494]) oder auch als Abkommen von Blutsmischungen zwischen europäischen Pflanzern oder Missionaren und Indianerinnen. Für einzelne von ihnen mag diese Erklärung gelten, für die Mehrzahl kaum, denn blonde Haare und blaue oder braune Augen, dazu irische Gesichtszüge, wie sie gelegentlich hervorgehoben werden, können auch Indianer-Albinos nicht als Regel aufweisen. Die geschlechtliche Verbindung europäischer Kolonisten oder Missionare und indianischer Frauen mag als Erklärung für einzelne Fälle zu Recht bestehen, soll z. B. Geltung haben für einen weißen Indianerstamm im Hochland von Costa Rica. Sie versagt aber völlig, wenn man hört, daß schon Kolumbus für Kuba weiße Indianer erwähnt und daß Cortez schreibt[495]):

"In einem Gemach des Hauses (Montezumas) wurden Männer, Weiber und Kinder gehalten, sämtlich weiß geboren und weiß von Angesicht, Leib, Haupthaar, Augenbrauen und Wimpern."

Ebenso traf der englische Forschungsreisende Vancouver auf der nach ihm benannten Insel im ausgehenden 18. Jahrhundert weiße Indianer an.

Neuerdings hat nun der Amerikaner Marsh in einem noch fast unbekannten Teil des wilden Isthmus von Darien einen ganzen Stamm solcher weißer Indianer entdeckt und darüber in der führenden geographischen Zeitschrift Nordamerikas einen Bericht erstattet[496]). Einige dieser Indianerkinder, die er in die Ver. Staaten mitgenommen und in seinem Aufsatz im Bilde wiedergegeben hat, tragen so typisch germanisches Gepräge, wie man es sich nur wünschen kann. Die weißen Indianerfrauen haben, wie Marsh ausdrücklich betont, zumeist Ähnlichkeit mit den Irländerinnen. — Marshs Angaben haben Widerspruch gefunden, so von dem Anthropologen Harris, der die von Marsh gefundenen Cuna-Indianer der San Blas-Küste als längst in Berührung mit Weißen befindlich hinstellt und ihre seltsamen Rassenmerkmale als partiellen Albinismus hinstellt[497]). Harris führt gewichtige Gründe für das Vorliegen von partiellem Albinismus an. Da aber die „weißen Indianer" verhältnismäßig häufig sind — unter 20100 untersuchten Indianern des San Blas-Gebietes waren 138 = 0,7% weiß[498]) — muß auch er zugeben[499]):

"Die weißen Indianer gewähren die Möglichkeit der Entstehung einer neuen Rasse."

Ihre Zahl würde vielleicht noch viel größer sein, wenn nicht Harris festgestellt hätte[500]):

"Die weißen Indianer werden des öfteren schon bei der Geburt getötet,"

und

"Den weißen Indianern ist es verboten, untereinander zu heiraten."

Auch hat Harris nicht die von Marsh erreichten Gebiete des Isthmus von Darien besuchen können, wo sich ganze Kolonien von weißen Indianern finden sollen. — Die Frage mag noch offen bleiben, aber wenn man sich der Wahrnehmungen im Pondolande und gleichzeitig der schon zu Kolumbus' und Cortez' Zeit lebenden „weißen Indianer" erinnert, auch einen merkwürdig europäisch anmutende Gesichtstypen der von Marsh und Harris abgebildeten weißen Indianer betrachtet, so ist wohl dennoch eine gewisse Wahrscheinlichkeit vorhanden, daß man es hier mit Spuren von vorkolumbischen Blutsmischungen zwischen Europäern und amerikanischen Ureinwohnern zu tun hat. Bei den meisten weißen Indianern finden sich ja auch nicht weißliche Haare, sondern Farbennuancen „von ungebleichtem Flachs durch verschiedene Spielarten von blond und brunett — mit einem leicht goldigen Schimmer — bis zu einem mitteldunklen Braun"[501]), und die Farbe der Augen ist, wie ausdrücklich hervorgehoben wird[502]), in der Regel dunkelblau oder -violett. Das spricht kaum für Albinismus.

Das gesamte Gebiet der kulturellen Beeinflussungen von ganzen Gebieten durch unfreiwillige Verpflanzung fremdrassiger Seefahrer ist bisher ungemein wenig geklärt und bedarf noch eines tiefschürfenden Studiums. Die Probleme können im Rahmen dieses Aufsatzes nur angedeutet werden; wir stehen hier ja noch geradezu vor wissenschaftlichem Neuland. Die vorliegende Darstellung muß sich daher auf Andeutung von Möglichkeiten beschränken, hütet sich aber, von feststehenden Tatsachen zu sprechen. Welche großzügigen völkerkundlichen Rätsel hier noch zu lösen sind, dafür bieten das beste Beispiel vielleicht einmal die rätselhaften Sleib in Vorderasien, ein hellhäutiger und blauäugiger Beduinenstamm, in dem man Nachfahren alter Kreuzfahrer erblickt, und weiterhin die ausgestorbenen, rätselhaften Guanchen der Kanarischen Inseln, die stark nordische Züge aufwiesen, so daß man in ihnen Nachkommen der Goten oder Vandalen der Völkerwanderungszeit oder auch der normannischen Wikingsfahrten des 9.—12. Jahrhunderts vor sich zu haben glaubt. Was hieran Wahres ist, läßt sich bisher nicht ermitteln. Bemerkenswert erscheint mir, daß ein so genauer Kenner der einschlägigen völkerkundlichen Probleme, wie Felix v. Luschan, von den Guanchen auf Teneriffa meint[503]), sie

„lassen sich von den prähistorischen Spaniern des 2. vorchristlichen Jahrtausends und auch von den Menschen der Cromagnon-Rasse nicht gut trennen".

Sollte am Ende die älteste Auffindung und Besiedlung der Kanaren (vgl. S. 10) wiederum nicht ein Werk der Phönizier, wie man zumeist annimmt, gewesen sein, sondern der Vor-Tartessier oder Kreter, denen ja einst auch nordische Rassenzüge zu eigen gewesen sein sollen? Die kulturhistorische Wahrscheinlichkeit hierfür ist wahrlich nicht gering! Vielleicht gelingt es eines Tages der völkerkundlichen Forschung noch, Rätselfragen der Handels- und Kulturgeschichte zu lösen, die zunächst noch von undurchdringlichem Dunkel verschleiert sind.

Literaturnachweise.

462) Plinius, Nat. hist., II, 67 (§ 170).
463) Pomponius Mela, De chorographia III, 5 (§ 45).
464) Aeneas Sylvius, Opp. geogr. et hist. de mundo II, 8; Galvano in Publ. of the Hakluyt Soc. XXX, 56.
465) Bembo: „Historiae Venetae" VII, 257; Solorzano: De Indiarum jure I, 5, Madrid 1629, S. 51.
466) Gomara: „Historia de los Indias", Kap. 7, Saragossa 1553.
467) Antonio de Herrera: „Historia general" I, 1, Kap. 2. Madrid 1601.
468) Landnamabok, Buch I.
469) Ebendort, Buch II.
470) Alex. v. Humboldt: „Kritische Untersuchungen", Bd. I, S. 469.
471) José Gumilla: „Orinoco illustrado", Kap. 31.
472) George Glas: „An account of the discovery and history of the Canary Islands", p. 5. London 1764.
473) a. a. O., Bd. II, S. 211.
474) Als solche Literaturhinweise wurden fälschlich angesprochen: Diodor V, 19; Plutarch, Moralia, de facie in orbe lunae (vgl. „Rätselhafte Länder", S. 162—169).
475) Strabo I, 4, 6; Seneca, „Medea", Vers 375—379.

476) Anton Elter: „Das Altertum und die Entdeckung Amerikas" im „Rhein. Museum f. Philologie", 1926, S. 241—265.
477) H. Plischke: „Verschlagungen von Bewohnern Amerikas nach Europa im Altertum und Mittelalter" in „Petermanns Mitteilungen", 1916, S. 93.
480) Rud. Cronau: „Amerika", S. 109. Leipzig 1892.
481) Otto v. Kotzebues Entdeckungsreise in die Südsee und nach der Beringsstraße, Bd. II, S. 123 und Bd. III, S. 117 ff. Wien 1825.
482) Diese Zeitrechnung, ein „Journal nach Monden", bestand, wie wir erfahren (Bd. II, S. 123), darin, daß bei jedem Neumond ein Knoten in eine Schnur geschlagen wurde.
483) Ernst Hambruch: „Die Schiffahrt auf den Karolinen- und Marschallinseln" (Sammlg. „Meereskunde", Heft 66, S. 15).
484) Petermanns Mitteilungen, 1924, S. 267/8.
485) Ebendort, 1928, S. 90: „Die neuesten Forschungen über die Herkunft der Indianer" und S. 283: „Polynesisches Sprachgut in Amerika und in Sumer" und Stucken in „Mitteil. der Vorderasiat.-Ägypt. Ges.", XXXI. Leipzig 1927.
486) Bertoni: „La Civilizacion Guarani", 1922.
487) Paul Rivet, Vortrag vom 12. Dezember 1924 vor der „Académie des inscriptions et belles", abgedruckt in den Comptes rendus, 1924, S. 335 und Rivet: „Les origines de l'homme américain" in L'Anthropologie, 1925, S. 293.
488) J. Imbelloni: „La Esfinge Indiana". Buenos Aires 1926.
489) Vgl. Karl M. Kaufmann: „Amerika und das Urchristentum", München 1924; R. Hennig: „Von rätselhaften Ländern", S. 221—228.
490) Alex. v. Humboldt: „Kosmos", Buch II, Kap. VI, Anm. 33.
491) a. a. O., Bd. III, S. 129.
492) Werner von Siemens: „Lebenserinnerungen", S. 146/7. Berlin 1895.
493) Vilhjalmur Steffansson: „Das Geheimnis der Eskimos". Leipzig 1920.
494) A. A. Hodlicka: „Medical and Physiological Studies among Indians" im Bulletin 34 Bur. Amer. Ethnolog., 1908, S. 192.
495) Fernando Cortez' 2. Bericht an Kaiser Karl V. Vgl. „Die Eroberung von Mexiko", herausgegeben von Dr. Ernst Schultze, S. 190. Hamburg 1907.
496) R. O. Marsh in „National Geographical Magazine", Juni 1924.
497) Reginald G. Harris: „The San Blas Indians" in „American Journal of physical anthropology", 1926, S. 17.
498) Ebendort, S. 29.
499) S. 35 und 57.
500) S. 27 und 29.
501) Hodlicka, a. a. O.
502) Harris, a. a. O., S. 48.
503) Georg Buschan: „Illustrierte Völkerkunde", S. 362. Stuttgart (ohne Jahr).

VI. Schiffstragplätze und Schleppwege.

Die Kunst des Kanalbaues hat zu allen Zeiten eine verhältnismäßig hohe Kulturstufe vorausgesetzt. Das Altertum war zwar keineswegs arm an schiffbaren Kanälen, aber wir treffen solche doch nur bei solchen Völkern an, die eine hoch entwickelte Ingenieurwissenschaft besaßen, bei den Babyloniern und Assyrern, den Ägyptern, Chinesen, Römern usw. Mit dem Niedergang der alten Kultur ging die Kunst des Kanalbaues, trotz einzelner hochbedeutsamer Leistungen (Karls des Großen Donau-Main-Kanalunternehmen vom Jahre 793, der arabische Suezkanal, der chinesische Kaiserkanal u. a.) bis ins späte Mittelalter hinein so gut wie vollständig wieder verloren. Dennoch hat das Bedürfnis, aus einem Flußlauf mit einem Schiff in einen anderen benachbarten zu gelangen, der mit dem ersteren auf natürlichem Wege nicht zusammenhängt, oder aus einem Meeresteil in einen anderen, der

VI. Schiffstragplätze und Schleppwege.

trotz geringer Entfernung nur durch eine weite Seefahrt erreicht werden könnte, sich zu allen Zeiten und bei allen Schiffahrt treibenden Völkern und Volksstämmen gezeigt, auch bei solchen, die von der Möglichkeit einer Herstellung großer, schiffbarer Kanäle sich niemals das Geringste träumen ließen.

Da ist es nun reizvoll, zu sehen, wie die auf primitiver Kulturstufe stehenden Völker allenthalben auf Erden, wo geeignete äußere Umstände vorliegen, von selbst auf einen Ausweg verfielen, der uns zwar roh und unvollkommen erscheint, der sich aber dennoch vielfach in einer ganz erstaunlichen Weise gut bewährt hat. Diese Abhilfe, die die natürliche Abgeschlossenheit vieler Wasserläufe und Schiffahrtsstraßen gegeneinander ohne große Kunstbauten überwand, bestand darin, daß die Kähne einfach über die trennende Wasserscheide hinweggeschleppt oder -gezogen wurden. Es ist selbstverständlich und als eine geographische und kulturhistorische Notwendigkeit zu betrachten, daß die Beförderung schiffbarer Fahrzeuge über festes Land in regelmäßiger Wiederkehr nur an solchen Stellen der Erde sich zu einem System entwickeln konnte, die gute, nach verschiedenen Richtungen ausstrahlende Wasserstraßen und Wasserscheiden von zumeist nur geringer Erhebung aufzuweisen hatten.

Bis in das frühe Altertum zurück ist die Sitte des Schiffsschleppens zu verfolgen. Lehrreich in dieser Hinsicht ist vor allem die altgriechische Argonautensage, die im Laufe der Jahrhunderte, der fortschreitenden Kenntnis des Weltbildes gemäß, ungemein mannigfache Varianten durchgemacht hat, in der aber immer wieder das Motiv eines Schleppens des Schiffes Argo über Wasserscheiden hinweg wiederkehrt. Bekanntlich ist der Schauplatz der Argonauten-Abenteuer vornehmlich das Schwarze Meer. Die griechischen Seefahrer unter Jasons Führung sollen auf dem Wege durch die Dardanellen und den Bosporus von der Ägäis in die Pontischen Gewässer gelangt sein, konnten aber angeblich nicht denselben Rückweg benutzen, weil König Aietes ihnen am Bosporus mit einem Heere auflauerte. Die Sage läßt sie nun die verschiedensten anderen Wege einschlagen. Die älteste Überlieferung berichtete, sie seien im Osten des Schwarzen Meeres durch den Phasis-Fluß, den heutigen Rion, ins Kaspische Meer gefahren, das man im Altertum fast immer als eine Bucht des Ozeans ansah (vgl. S. 14ff.). Auf dem Ozean sollen sie dann vom Kaspischen ins Rote Meer gesegelt und von dort über Land zum Tritonsee in Nordafrika (Schott el Djerid) und durch dessen Abfluß ins Mittelmeer und nach Griechenland zurückgekehrt sein. Als man später einsah, daß der Phasis-Fluß nicht, wie man erst annahm, ein Abfluß des Kaspischen ins Schwarze Meer, sondern ein selbständiger Fluß sei, erhielt die Sage zwei neue Varianten. Entweder sollten die Argonauten ins Asowsche Meer und in den Don eingefahren, dann, ihr Schiff über Land schleppend, auf die Wolga und mit ihr zum Kaspischen Meer gelangt sein, um dann von dort auf dem „Ozean" nördlich um Europa herum ins Westmeer und durch die Gibraltar-Straße ins Mittelmeer zu segeln. Oder aber sie sollten die Donau aufgesucht haben und durch sie, die Save und den Laibach in die Adria gefahren und dann aus der Triester Gegend nach Griechenland heimgekehrt sein. In allen diesen verschiedenen, abenteuerlichen Varianten klingt aber das charakteristische Motiv des Schiffsschleppens an, wie die nachfolgenden drei Literaturquellen für jede einzelne der drei Phantasiereisen klar erkennen lassen.

Die älteste Form der Sage bietet uns Pindar. Dieser singt von der Überwindung der Landbreite zwischen dem Roten Meer und dem Tritonsee durch die Argonauten[505]):

> „Zwölf Tage lang trugen wir das Holz des Meeres aus dem Okeanos auf dem Rücken vorwärts über das fremde Land."

Vom Don-Wolga-Weg der Argonauten berichtet am ausführlichsten Diodorus Siculus[506]):

> „Sie erfuhren, die Mündung des Pontus sei von Aietes bereits mit Schiffen besetzt. Da fuhren sie den Don hinauf bis zu seinem Ursprung, zogen dann das Schiff eine Strecke weit über das Land, und auf einen anderen Strom, der sich in den Ozean ergießt, schifften sie wieder ins Meer hinaus. Darauf steuerten sie von Nord gen West, indem sie das Festland zur Linken ließen, bis sie in die Nähe von Gades kamen und in das Mittelmeer einliefen."

Ebenso tritt uns auch in der auf die Donau bezüglichen Variante des Argonautenzuges die Sitte des Schiffsschleppens entgegen. Plinius nämlich erzählt[507]):

> „Der Ister soll aus dem Donaustrom in das Adriatische Meer fließen... Viele, unter ihnen Nepos, der doch am Po wohnte, behaupten dies fälschlich, denn aus der Donau fällt kein Strom ins Adriatische Meer. Sie ließen sich, wie ich glaube, durch die Nachricht täuschen, daß das Schiff Argo nicht weit von Tergeste (Triest) auf einem Fluß, dessen Namen man aber nicht weiß, ins Adriatische Meer kam. Zuverlässige Forscher behaupten, es sei auf den Schultern über die Alpen getragen worden. Seinen Weg aber habe es genommen erst durch die Donau, dann durch die Save und zuletzt durch den Nauportus (Laibach), der diesem Umstande auch seinen Namen verdankt und zwischen Aemona (Stadt Laibach) und den Alpen entspringt."

In diesem Bericht ist am interessantesten und wertvollsten der alte Name des Laibachs, des rechten Nebenflüßchens der Save, dessen Oberlauf von allen Gewässern des Donausystems am weitesten gegen die Adria, in der Richtung auf den Golf von Triest, vorstößt. Der Name Nauportus (Schiffsträger) zeigt ohne weiteres deutlich an, daß zwar nicht das sagenhafte Schiff Argo, aber sicher zahllose andere Schiffe hier von der Donau zur Adria und umgekehrt über die Berge getragen wurden, daß wir es hier also mit einem besonders wichtigen antiken Trageplatz zu tun haben, der möglicherweise auch im Bernsteinhandel mit dem Samland (vgl. S. 80) eine Rolle gespielt haben könnte.

Besonders beachtenswert in der mitgeteilten Plinius-Stelle ist die anscheinend einst weit verbreitete Vorstellung, daß die Donau einen Arm ins Adriatische Meer entsende, so daß man auf natürlich schiffbaren Flüssen von der Adria bis in den Pontus müsse gelangen können. So falsch die Annahme ist, so darf man aus ihr doch das Bestehen eines verhältnismäßig regen Schiffsschleppverkehrs zwischen Adria und Save-Donau folgern, denn charakteristischerweise finden sich in der Kulturgeschichte immer wieder irrige Legenden über tatsächlich nicht vorhandene schiffbare Zusammenhänge grade an solchen Stellen, wo von altersher eine Schiffsschleppstelle eine Verkehrsverbindung von ständiger Bedeutung über irgendeine Wasserscheide hinweg vermittelte. Auch die anderen in den verschiedenen Varianten der Argonautensage erscheinenden Schein-Zusammenhänge zwischen verschiedenen Gewässern sind in gleicher Weise zu bewerten. Wenn man ehedem, wie wir oben hörten, glaubte, daß der Phasis-Fluß (Rion) ein Abfluß des Kaspischen ins Schwarze Meer sei, bildete wieder ein solcher Landübergang des Handels die Ursache der Fabel. Wir hören z. B. bei Plinius[508]) auf Grund einer Angabe des Varro:

VI. Schiffstragplätze und Schleppwege.

„daß die indischen Waren, nachdem sie vom Oxus aus durch das Kaspische Meer in den Cyrus (Kur) gelangt sind, auf dem Landweg in nicht mehr als 5 Tagen zum Phasis und in den Pontus gebracht werden".

Dieser sicherlich sehr alte Verkehrsweg hat nicht nur zu dem Irrtum eines schiffbaren Zusammenhanges zwischen Rion und Kaspischem Meer Anlaß gegeben, sondern auch zu dem ungleich länger erhaltenen, ja noch heute nicht ganz aufgegebenen Fehlglauben, daß der Oxus (Amu Darja) früher durch den Usboi einen schiffbaren Mündungsarm ins Kaspische Meer entsandt habe. Es scheint mir sicher zu sein, daß auch hier nur ein alter Schiffsschleppweg den Anstoß zu der falschen Vorstellung gegeben hat, obwohl sich ein Beleg für ein Schiffsschleppen zwischen dem Oxus und dem Usboi nicht erbringen läßt.

Dagegen ist der kulturelle Zusammenhang zwischen Schiffstragplatz und angeblich vorhandener Strom-Bifurkation wieder vollkommen klar zwischen Don und Wolga. Der Isthmus von Zarizyn, an dem beide Flüsse sich einander bis auf 80 km Entfernung nähern, hat in der Verkehrsgeschichte stets eine hochwichtige Rolle gespielt[509]). Im Altertum zogen hier schon die scythischen und hellenischen Händler zur Wolga hinüber, um über diese und ihre geradlinige Fortsetzung, die Kama, zu den Rhipäischen Bergen (Ural) und in die lockenden Pelzhandelsgebiete zu seinen beiden Seiten zu gelangen. Im Mittelalter verlief hier eine der wichtigsten Handelsstraßen der kostbaren orientalischen Waren, die vom Kaspischen Meer am liebsten über den Isthmus von Zarizyn zum Don und durch ihn zur Welt des Mittelmeers gingen. Die sehr hohe Blüte einiger genuesischen Kolonien am Schwarzen Meer im 13. und 14. Jahrhundert beruhte zum erheblichen Teil auf dem genannten Verkehrsweg; zumal Kaffa (Feodosia) dankte seinen Reichtum dem Handelsverkehr über den Isthmus von Zarizyn. Auch die aus Rußland kommenden normannischen Händler benutzten gern jenen alten Schiffsschleppplatz.

Sogar ganze normannische Wikingerzüge drangen gelegentlich über die Enge von Zarizyn zum Kaspischen Meer vor, so z. B. der große Kriegs- und Raubzug vom Jahre 944 (vgl. S. 94).

Nach dem Gesagten kann es nicht Verwunderung erregen, daß ein so ausnehmend wichtiger Schiffstragplatz im Altertum wie im Mittelalter des öfteren zu der falschen Angabe Anlaß gab, zwischen dem Don und der Wolga bestehe ein schiffbarer Zusammenhang. Herodot läßt die im Altertum von den Händlern anscheinend allein aufgesuchte obere Wolga, Oaros genannt (der Unterlauf heißt bei ihm offenbar Araxes)[510]), in den Palus Maeoticus, das Meer von Asow, münden[511]); auch bei Aristoteles[512]) und Diodor[513]) wird der Tanais (Don) als ein Seitenarm des Araxes hingestellt, wobei es zunächst ohne Bedeutung ist, ob dieser Araxes die Wolga oder der Amu Darja oder noch ein anderer östlicher Fluß sein sollte. Genau ebenso stellt im 12. nachchristlichen Jahrhundert der bedeutende arabische Geograph Edrisi den Don als eine zweite Mündung der Wolga hin[514]). — Man darf auf Grund derartiger, immer wiederkehrender Überlieferungen wohl allgemein die Behauptung aufstellen, daß man die Berechtigung hat, irrige Angaben über alte, schiffbare Zusammenhänge zwischen Flüssen oder Meeresteilen stets auf vorhanden gewesene Schiffsschleppstellen zu deuten.

Was schließlich die älteste und wunderlichste Angabe in den Fassungen der Argonautensage betrifft, die Nachricht über eine Schiffsschlepp-Möglichkeit zwischen dem Roten Meer und dem Triton-See, so ist diese Meldung natürlich nur cum grano salis zu verstehen. Verläßlicher als die dichterische Angabe Pindars erscheint des geographisch sehr gewissenhaften Hekataeus Angabe, die statt des Triton-Sees den Nil als Ziel der Argonautenfahrt vom Kaspi-See zum Roten Meer nennt[515]). Man glaubte ja ehedem lange Zeit, der Nil entspringe irgendwo im westlichen Libyen, man ließ den Senegal und Triton-See mit dem Nil zusammenhängen[516]). So wäre es begreiflich, daß ein Dichter, wie Pindar, den Nil durch den Triton-See ersetzte. Im übrigen scheint mir jene Fassung der Sage, wie auch schon die alte homerische Meldung, daß Nestor jenseits des Nils zu einem unabsehbar großen Meer gelangt sei[517]), eine flüchtige Kunde widerzuspiegeln von den rege benutzten, altägyptischen Karawanenstraßen zwischen dem Nil und dem Roten Meer (vgl. S. 55), vielleicht sogar vom ältesten „Suezkanal", der bereits ums Jahr 1300 v. Chr. von Ramses dem Großen zwischen dem östlichen (pelusischen) Nildeltaarm, beim heutigen Zagazig, und dem Golf von Suez für Schiffahrtszwecke gebaut worden war. Wir wissen zwar nichts von einem ägyptischen Schiffsschleppverkehr zwischen dem oberen Nil und dem Roten Meer. Ein solcher ist bei der weiten Entfernung auch nicht sehr wahrscheinlich, wenngleich nicht unbedingt ausgeschlossen, da gelegentlich kleinere Fahrzeuge über auffällig große Entfernungen über Land transportiert worden sind. Merkwürdig ist es, wenn auch wohl nur ein Zufall, daß 12 Tage die übliche Dauer der Karawanenreisen zwischen dem Roten Meer und dem Nil waren und daß auch Pindar seine Argonauten vom Okeanos zum Triton-See 12 Tage lang die Schiffe schleppen läßt. Immerhin kann diese Frage dahingestellt bleiben. Für unsere Zwecke genügt es vollkommen, wenn wir aus der Pindar-Stelle und dem Hekataeus-Fragment nur folgern, daß der Begriff des Schiffsschleppens über Wasserscheiden hinweg dem Altertum ein wohlvertrauter Begriff war.

Es gibt vornehmlich vier Länder der Erde, in denen alle Vorbedingungen zur Schaffung von „Tragplätzen" und „Schleppwegen" zwischen verschiedenen Flußsystemen am vollkommensten zusammentrafen: Rußland mit Westsibirien, der westliche und zentrale Teil von Nordamerika, der Norden von Südamerika und China.

Rußland mit der eigentümlichen Konzentrierung seiner großen Stromgebiete um die Waldai-Höhe, mit der geringen Höhe seiner Wasserscheiden und der zum Teil außerordentlich starken Annäherung seiner verschiedenen Stromsystemen angehörenden Flüsse aneinander ist ja das Idealland für die Anlage von schiffbaren Kanälen noch in unseren Tagen und somit auch für die Schaffung von europäischen Schleppwegen in alter Zeit gewesen. Sind doch die russischen Wasserscheiden an vielen Stellen so wenig scharf ausgeprägt, daß sie zuweilen zur Zeit des Hochwassers überflutet werden, wodurch ein direkter Übergang aus einem Flußsystem ins andere ermöglicht wird, ohne daß die Fahrzeuge aufs Trockene geschafft zu werden brauchen. Insbesondere in den gewaltigen Sumpfgebieten des Pripet und der Poljessje sowie im Seen- und Sumpfgebiet zwischen der Waldai-Höhe und dem Onega-See sind solche intermittierenden Fluß-Bifurkationen keine Seltenheit, ja, selbst zwischen Düna und Dnjepr an dem uralten, verkehrsgeographisch außerordentlich wichtigen Übergang beim heutigen Witebsk strömen die Gewässer der beiden großen Flüsse gelegentlich über die Wasserscheide zwischen der Ostsee und dem Schwarzen Meer und schaffen dann für primitive Fahrzeuge mit geringem Tiefgang eine natürliche Verbindung zwischen den beiden russischen Randmeeren, deren künstliche Vereinigung an derselben Stelle neuerdings oft und eingehend erörtert wurde.

Es ist selbstverständlich, daß gerade die Gegenden, wo solche zeitweisen Bifurkationen vorkommen, auch für die Ausbildung von Schleppwegen vorherbestimmt erscheinen, vorausgesetzt, daß eine wasserbefahrende Bevölkerung daselbst ansässig ist oder zuweilen von anderswo dorthin gelangt. In einem Lande, wie dem südlichen Innerafrika, wo zwar die intermittierenden Fluß-Bifurkationen eine noch größere Rolle spielen als in Rußland, wo aber die Bevölkerung nur spärlich ist und in nur geringem Maße das Bedürfnis hat, weite Wege zu Wasser zurückzulegen, haben die Schleppwege keine größere grundsätzliche Bedeutung erlangt, während in Rußland, dessen oft armer Boden die Bevölkerung vielfach auf Handels- und Raubzüge hinwies, und das überdies seit uralter Zeit ein Durchgangsland handelstreibender Völker war, den Schleppwegen eine Wichtigkeit zukam wie sonst nur allenfalls noch in Nordamerika.

Die wichtigsten Schleppwege, in Rußland „wolok" genannt, dürften die folgenden gewesen sein. An erster Stelle sind der Übergang zwischen Dnjepr und Düna bei Witebsk zu nennen und neben ihm als bestimmt gleichwertig der Übergang zwischen Don und Wolga bei Zaryzin. Der erstere ist möglicherweise, der letztere sicher schon im Altertum benutzt worden.

Außer den genannten beiden Schleppwegstellen gab es und gibt es noch heute in Rußland und Sibirien eine große Zahl von anderen Woloken zweiten, dritten und vierten Ranges, worauf schon allein die sehr beträchtliche Menge der mit Wolok zusammengesetzten geographischen Bezeichnungen von Ortschaften (z. B. Wologda = Schleppplatz zwischen Wolga und Suchona [Dwina]), Flüssen, Seen (Wolokowoje Osero), Wäldern (Wolokonski-Wald) und Buchten (Wolokowaja-Bucht) schließen läßt. Zwischen dem Wolga-, dem Don-, dem Dnjepr-Gebiet einerseits, den Ostseeflüssen und selbst dem Stromgebiet des Weißen Meeres andererseits gab es eine große Menge von Tragplatzstellen. Es ist ziemlich selbstverständlich, daß sie sich mit besonderer Vorliebe an solchen Orten befunden haben, wo die neuere Zeit verbindende Kanäle angelegt oder geplant hat.

Von grundsätzlicher Bedeutung waren die Woloken für den russischen Handel mit Sibirien, ja, für die Bedürfnisse der eingeborenen Samojeden und Ostjaken werden einige von den alten Schleppwegen, z. B. zwischen der Soßwa bzw. Sygwa und dem Nak-Soryja bzw. Sukkerja, noch bis auf die Gegenwart benutzt. Um die verkehrshemmende Wirkung des Uralgebirges auszuschalten, sah man sich dereinst für viele Fälle zu einer Umgehung im Norden genötigt, und da eine ungehinderte Seeschiffahrt zu den sibirischen Strömen wegen des eiserfüllten Karischen Meeres und des durch die Samojeden-Halbinsel bedingten riesigen Umweges nicht möglich war, bediente man sich gerade hier in besonders großem Umfang der Schleppwege zwischen europäischen und sibirischen Wasserstraßen, ja, die systematische Ausnutzung der Woloken zu Handelszwecken, hauptsächlich zur Beschaffung von Zobelfellen, dürfte nirgends sonst auf Erden in so genialer Weise durchgebildet worden sein, wie es seitens der alten Handelsherren in Nowgorod gerade im unwirtlichsten arktischen Norden Europas und Westsibiriens geschah. Aber auch die vom Kaspischen Meer über die Wolga und Kama heraufkommenden arabischen Pelzhändler waren an diesen Verkehrsbeziehungen beteiligt. Von Tscherdyn an der Kolwa führt ein guter Übergang über den Ural nach Sibirien und gleichzeitig eine andere, noch heute wichtige Handelsstraße nordwärts zur Petschora hinüber, die schon in ihrem Oberlauf bequem schiffbar ist. Arabische Münzen, orientalische Gold- und Silbergeräte hat man bis zur Petschora hinauf und in der Gegend von Tscherdyn mehrfach gefunden. Der Übergang zur Petschora steigt bis 188 m Höhe an und weist noch Reste alter Holzbrücken auf[518]). Normannen, Araber und die von der Kama bis zur Mündung der Dwina wohnenden Bjarmer scheinen sämtlich diese Handels- und Schiffsschleppwege benutzt zu haben. Auch ein Übergang an der Wurzel der Samojeden-Halbinsel, der aus dem Karischen Busen des nördlichen Eismeeres unter Benutzung der Mutnaja-Reka und des Selenoje-Sees und -Flusses oder auch mit Hilfe eines Schleppweges zwischen der Baidarata, dem nördlichsten Grenzfluß zwischen Europa und Asien, und der Schtschutschja zur Obmündung führte, ist nachzuweisen[519]).

Die auf den alten Karten als Nowgoroder Handelsweg verzeichneten Flüsse Mutnaja und Selenaja sind nach Schittkoff[520]) identisch mit den Flüssen, die heut als östliche und westliche Sejaga bezeichnet werden, und deren beide Quellseen nur durch einen 100 Faden breiten Höhenzug getrennt sind. Auch zwischen den sibirischen Flüssen Ket und Kas, die seit einigen Jahrzehnten durch einen kleinen Kanal verbunden sind, bestand ein Schleppweg als Übergang vom Ob- zum Jenissei-System.

Von kaum minder hoher Bedeutung als die Woloken Rußlands und Sibiriens sind für das primitive innere Verkehrsleben des Landes die Schleppwege im inneren Nordamerika gewesen. Wie dort die Umgebung der Waldai-Höhe den Mittelpunkt des Schleppverkehrs zwischen verschiedenen Flußsystemen bildet, so gruppierten sich hier die wichtigsten Tragplätze um das Gebiet der großen Seen und des Winnipeg-Sees, die verkehrsgeographisch ausnehmend günstig gelegen sind, da aus ihnen selbst oder aus ihrer nächsten Nähe wasserreiche, bis in den Quellauf gut schiffbare Flüsse eigentlich nach allen Himmelsrichtungen hin ihren Ursprung nehmen. Außer dem natürlichen Abfluß der großen Seen, dem mächtigen St. Lorenzstrom, stehen unter Benutzung weniger, leicht zu überwindender Wasserscheiden eine Fülle von anderen Wasserstraßen zu Gebote.

H. Rudolphi sagt in einer schönen Arbeit über „Tragplätze und Schleppwege (Portagen)"[521]):

„Niedrige Wasserscheiden umgeben dieses Stromgebiet (des St. Lorenzstromes) an allen Seiten. Ein nur unbedeutender, leicht zu überwindender Trennungsraum scheidet es im Süden vom Mississippi-Ohiobecken und den nördlichen atlantischen Küstenflüssen. Dasselbe gilt von den Wasserscheiden gegen die Zuflüsse der Hudsons-Bai, die wieder nur durch unbedeutende Schwellen von den zum nördlichen Eismeer und durch Alaska ziehenden Strömen geschieden sind. Auch die Wasserbecken der einzelnen Strombecken sind niedrig und schmal, und zur nassen Jahreszeit werden viele der Haupt- und Nebenwasserscheiden derart überschwemmt, daß sie ein Hinüberfahren aus einem Gewässer in ein anderes ermöglichen. Dazu kommt noch, daß mehrere Seen Britisch-Nordamerikas ihr Wasser nach zwei Seiten hin entsenden und somit dauernde Verbindungen von Flußsystemen bestehen."

Friederici äußert sich sogar[522]):

„Wer am St. Lorenzstrom bei Anticosti in Nordamerika einfuhr, konnte auf verschiedenen Wegen an die Hudsonbai, an der Mündung des Mackenzie, bei New York, Baltimore oder New Orleans mit seinem Kanu wieder ausfahren."

Das sind keine theoretischen, auf dem Papier ausgeklügelten Möglichkeiten, sondern wirkliche Tatsachen, denen in der Vergangenheit gar nicht selten Rechnung getragen worden ist. Die Indianer hatten, hauptsächlich zur erfolgreichen Durchführung von Kriegszügen, eine große Fertigkeit in der Ausnutzung der zahllosen Schleppwege erworben, insbesondere die Irokesen, die an einer der günstigsten Stellen, südlich vom Ontario- und Erie-See, ansässig waren, wo sich zur Zeit des Hochwassers eine ganze Reihe von natürlichen Wasserverbindungen zwischen den großen Seen und dem Ohio-System bildeten. — In der Zeit der Ausbreitung der Franzosen über das innere Nordamerika, also etwa im 17. Jahrhundert, war die Beherrschung der Schleppwege von hoher strategischer Bedeutung. Ratzel schreibt hierüber[523]):

> „Die Gewinnung einer Portage und ihr Schutz gegen Angriffe der Indianer war hier eine ebenso wichtige Angelegenheit wie in Afrika die Beherrschung einer Furt."

Gerade im Hinblick auf die einfache Überwindung der Schleppwege bedienten sich die Franzosen, als sie nach 1660 vom St. Lorenzstrom zum Mississippi vordrangen, mit Vorliebe der leichten und flachen Kanus, die ihnen, zumal im Bereich der wichtigen Übergangspunkte zwischen dem Oberen oder Michigan-See und dem Mississippi, die größten Dienste leisteten. Der unbedingt bedeutungsvollste Tragplatz war der zwischen dem Wisconsin River und dem Fox River; ihn lernten die Franzosen, nachdem 1661 Pierre Esprit Radissou und Médard Chouart als erste zum Westende des Oberen Sees gelangt waren, zuerst kennen, als die bemerkenswerte Forschungs-Expedition von Marquette und Jolliet hier 1673 erstmalig zum Mississippi vorstieß, um dann auf dem „Vater der Ströme" zum Mexikanischen Golf vorzudringen. Die vielen, bequemen Portagen im Süden der großen Seen ermöglichten es damals den Franzosen, ihre Herrschaft von Norden her auf das Mississippibecken auszudehnen, den englischen Kolonien im Osten den Weg nach Westen abzuschneiden und sich somit jene wundervolle Stellung in Nordamerika zu verschaffen, die die besten Aussichten für die dauernde Vorherrschaft der Franzosen in Nordamerika zu gewährleisten schien, und die dennoch nack dem unglücklichen Kriege gegen England im Pariser Frieden vom 10. Februar 1763 zusammenbrach. Auch beim Vordringen der Engländer von ihren Küstensiedelungen nach Westen ins Ohio- und Alabamagebiet waren die Schleppwege von grundlegender Bedeutung, und die gewinnbringenden Unternehmungen der großen englischen und französischen Handelsgesellschaften in Nordamerika hätten in dem tatsächlich erreichten Umfang niemals stattfinden können, wenn nicht die bequemen Portagen ein verhältnismäßig leichtes Eindringen in das Pelz-Eldorado des kanadischen Nordens möglich gemacht hätten. Die hauptsächlichsten Verkehrswege waren dabei die 1. Umfrevilles-Route vom Oberen See über den Nipigon-See zum Winnipeg-Fluß und -See, 2. die Kaministikwia-Route vom Oberen See (St. William) über den Dog- und Sturgeonsee zum Lac la Croix und 3. die Grand Portage-Route vom Oberen See (Grand Portage) über den Pigeon-Fluß zum Lac la Croix und von dort, mit der vorgenannten Route vereint, über den Rainy Lake und Lake of the Woods ebenfalls zum Winnipeg-Fluß und -See. In einer vortrefflichen Monographie über die vom Oberen See ausgehenden Kanu-Wege sagt Burpee[524]):

> „Es ist nicht nur theoretisch wahr, sondern durch die Erfahrung praktisch bewiesen, daß ein Mensch, den man in ein Birkenrinden-Kanu auf dem Winnipeg-

See aussetzt, mit Hilfe weniger Portagen nach Osten zum Lorenzstrom, nach Westen zur Mündung des Columbia, nach Norden zur Hudsonbai oder zum Nördlichen Eismeer und nach Süden zum Golf von Mexiko fahren kann."

Die mit Portage zusammengesetzten geographischen Namen in Nordamerika sind vielleicht noch zahlreicher als die russischen Zusammensetzungen mit Wolok. — Daß auch in Alaska die Tragplätze für die Beförderung von Menschen von höchster Wichtigkeit waren, ist besonders von Greely nachgewiesen worden[525]. Im nördlichsten Amerika sind die Schleppwege noch gegenwärtig vielfach in Gebrauch, während sie in den übrigen Gebieten Nordamerikas natürlich durch Kanäle und Eisenbahnen ersetzt worden sind.

In Südamerika haben die Tragplätze ebenfalls eine wesentliche Rolle gespielt, wenn sie sich auch mit den nordamerikanischen und russischen an Bedeutung nicht zu messen vermochten. Nahezu das gesamte östlich der Anden gelegene Gebiet, insbesondere aber die tropischen Teile, kamen für derartige Schleppwege in Betracht; vielfach finden sich auch intermittierende Bifurkationen zur Hochwasserzeit, daneben sogar einzelne ständige, unter denen bekanntlich der zum Rio Negro strömende Cassiquiare-Arm des Orinoko die größte und berühmteste Bifurkation der ganzen Erde darstellt. Neben dieser ständigen, schiffbaren Verbindung zwischen dem Amazonenstrom und dem Orinoko, die freilich praktisch, infolge der ungeheuren Moskitoplage, nicht benutzt werden kann, gibt es zwischen diesen beiden Strömen, sowie zwischen ihnen und den anderen Flüssen Venezuelas, Guayanas und Brasiliens eine große Menge von Tragplätzen, die von den Eingeborenen viel aufgesucht werden. Ebenso finden sich Schleppwege zwischen einzelnen Seitenflüssen des Amazonas, z. B. zwischen dem Madre de Dios-Fluß und dem Ucayali, wie auch zwischen einzelnen Amazonas-Zuflüssen, wie Arinos und Guaporé, einerseits und dem Paraguay andererseits, der im Mittellauf wieder mit dem Paraná in Schleppwegverbindung steht. — So ist auch der südamerikanische Kontinent, obwohl gerade hier die Kanalverbindungen zwischen den großen Strömen so wenig, wie sonst nur noch in Afrika, entwickelt sind, von binnenländischen Verkehrswegen durchzogen, die den leichten Flußfahrzeugen einen Übergang in fast alle wichtigen Flußsysteme des Erdteils ermöglichen. Rudolphi sagt hierüber mit Recht[526]:

„Wer den Kontinent an der Mündung des Orinoko betritt, kann ihn auf dem Wasserwege bei der Insel Marajo oder gar bei Montevideo verlassen."

Schon Humboldt wies auf die Bedeutung der südamerikanischen Schleppwege nachdrücklich hin[527]) und berichtete, daß zur Hinüberschaffung eines größeren, etwa 30 Menschen fassenden Flußbootes über eine Wasserscheide zwischen dem Tuamini und dem Rio Negro 23 Indianer vier Tage lang tätig sein mußten.

Ein weiteres Land, in dem früher einmal das Schiffschleppen eine erhebliche Rolle gespielt hat, war China, dasjenige Land, das, neben Holland, wohl die größte Vorliebe für Binnenschiffahrt seit alter Zeit gehabt hat — in so hohem Maße, daß man dort die Fahrstraßen auf dem Lande „trockene Wege" nennt, gewissermaßen zum Zeichen, daß dies nicht die natürlichsten und zumeist benutzten Verbindungsmittel sind, während wir in Europa umgekehrt von „Wasserstraßen" sprechen. Wie in Rußland die Silben „wolok", so deutet in China das Wort „tsin" auf alte Schiffsschleppstellen (z. B. Tientsin). Die Vorliebe für Benutzung von Schiffen in China geht bis auf die allerälteste Zeit zurück. Bereits vom Sohn des Kaisers Yao, der ums Jahr 2250 v. Chr. lebte, wird überliefert, daß er, „nur in Barken reisen wollte, auch da, wo kein Wasser war"[528]).

Erwähnung verdient der Umstand, daß sich unter besonderen Umständen auch Kulturmenschen unserer Tage des Schiffsschleppens noch bedient haben. In unerforschten Gebieten hat man sich gelegentlich auf das Vorkommen solcher Tragplätze mit unbedingter Gläubigkeit verlassen. Beweis hierfür ist jene überaus mühselige Forschungsfahrt, die der Schotte Alexander Mackenzie im Mai 1793 vom Fort Chipewyan am Athabaska-See über das noch unbekannte kanadische Felsengebirge bis an die Küste des Stillen Ozeans unternahm. Auch bei dieser ungemein schwierigen Reise schleppte er sein Boot über die Berge mit sich, um sich auf der Westseite dem ersten angetroffenen Fluß anzuvertrauen und auf ihm bis ans Meer zu gelangen.

Ähnlich ist im 19. Jahrhundert ein Schiffsschleppen auf zum Teil recht ansehnliche Entfernungen von einer größeren Anzahl von Nordpolexpeditionen mit Erfolg angewendet worden, um sich von einem im Eis eingefrorenen oder gesunkenen Fahrzeug wieder in offenes Fahrwasser zu retten. So wurde auf der Polarfahrt des Amerikaners Kane das an der grönländischen Küste unter 78° 37' in der Rensselaer-Bucht hoffnungslos eingefrorene Schiff „Advance" am 17. Mai 1855 verlassen, und die Boote des Schiffes wurden nun einen vollen Monat über das Eis geschleppt, bis am 17. Juni offenes Wasser erreicht wurde, auf dem man dann in 83tägiger, gefährlicher Fahrt glücklich nach Upernivik gelangte. Ähnlich geschah es nach der denkwürdigen Fahrt der Mannschaft der unter 74° nördl. Br. gesunkenen deutschen „Hansa" auf treibender Eisscholle. Am 7. Mai 1870 wurde an der grönländischen Südostküste die ihrer Auflösung entgegengehende Eisscholle, auf der man 156 Tage lang aus 2002 km Entfernung dahergetrieben war, verlassen, und in den Booten näherte man sich der Küste Grönlands bis auf 6 km Entfernung. Dann aber mußte man den der Küste vorgelagerten Packeisgürtel durchdringen, indem man volle 25 Tage lang die Boote mühsam durch den Eisstau hindurchschleppte. Erst am 4. Juni kam man bei der Insel Isluitlik unter 61° nördl. Br. wieder in offenes Wasser und gelangte nun in den Booten am 13. Juni glücklich zu den deutschen Missionaren in Frederiksdal. Auch auf der österreichischen Polarexpedition (1872—74) unter v. Payer und Weiprecht mußten die 23 Teilnehmer, als sie das hoffnungslos eingefrorene Expeditionsschiff „Tegetthoff" am 20. Mai 1874 verließen, ihre vier Boote weit übers Eis schleppen, bevor sie sich auf ihnen nach Nowaja Semlja retten konnten.

Zumeist wird ehedem das Hinüberschaffen der Schiffe, die ja fast stets nur von sehr geringer Größe waren, mitsamt den Waren einfach auf den menschlichen Rücken erfolgt sein, hier und da natürlich auch unter Benutzung von Tragtieren. Noch aus der beginnenden Neuzeit ist uns diese Art der Schiffsbeförderung als regelmäßige Verkehrseinrichtung bekannt: Olaus Magnus bringt in seinem bekannten Werk[529]) ein Bild, das fünf nordisch gekleidete, bärtige Männer (Lappen oder Russen) zeigt mit einem waffenbeladenen Schiffchen auf der Schulter. In des Olaus Magnus Heimat Schweden war übrigens das Schiffsschleppen von alters her zu Hause, insbesondere zwischen dem Wener- und Wettersee, wodurch eine binnenländische Schiffahrtsverbindung zwischen Kattegat und Ostsee, als primitiver Vorläufer des heutigen Götakanals, ermöglicht wurde.

VI. Schiffstragplätze und Schleppwege.

An besonders viel benutzten Schiffsübergängen, die hierfür auch sonst gut geeignet waren, wurden eigene mechanische Einrichtungen geschaffen, um mit Hilfe eines **Walzensystems** die Schiffe aus einem Fahrwasser ins andere hinüberzubringen. Die weitaus wichtigste dieser Stellen verband sogar zwei Meere miteinander: über den **Isthmus von Korinth**. Hier, wo eine nur 6 km breite Landenge die Landmasse des Peloponnes mit dem übrigen Griechenland verbindet, mußte naturgemäß schon frühzeitig das Bedürfnis rege werden, die Schiffahrt von dem gewaltigen Umweg um den ganzen Peloponnes unabhängig zu machen und ihr einen unmittelbaren Übergang vom Golf von Korinth zum Golf von Ägina zu verschaffen, zumal gerade an dieser Stelle die uralte Handelsstadt Korinth ohnehin eine bedeutende Anziehungskraft für die Abwicklung des Verkehrs entfaltete. Bezeichnend für die hohe Wichtigkeit dieses Tragplatzes für die zwischen dem Westen und dem Osten Griechenlands sich abspielende Schiffahrt war die Tatsache, daß schon ums Jahr 600 v. Chr. vom korinthischen Tyrannen Periander[530]), späterhin nochmals um 300 v. Chr. von Demetrius Poliorketes, dann von Julius Caesar[531]) und Caligula[532]) eine Durchstechung des Isthmus von Korinth geplant war[533]), die dann von Kaiser Nero im Jahre 67 in großzügigem Maßstab in Angriff genommen, jedoch nicht vollendet[534]) und erst in unseren Tagen, seit dem Jahre 1893, verwirklicht worden ist. Wenn nun auch der Kanal von Korinth im Altertum und Mittelalter noch nicht das Licht der Welt erblickte, so war doch der Schleppweg von Korinth schon von alters her durch eine besonders günstige Beschaffenheit in den Stand gesetzt worden, selbst größeren Schiffen eine verhältnismäßig bequeme Fahrt von Meer zu Meer zu gestatten. Es befand sich hier der fast zwei Jahrtausende im Gebrauch gewesene **Diolkos**, eine Schleifbahn, auf der die Schiffe samt ihren Waren mit Hilfe von maschinellen Einrichtungen hin- und zurückbefördert wurden. Strabo berichtet darüber[535]):

„Der Isthmus aber ist an der Stelle des Diolkos, über den die Fahrzeuge hinüber gezogen werden, von einem Meer bis zum anderen 50 Stadien breit."

Kiepert sagt hierzu[536]):

„Zur Erleichterung des Warentransports, nötigenfalls selbst der Überführung von Schiffen, diente eine Fahrbahn mit hölzernen Schienen ($\delta i o \lambda \kappa o \varsigma$) quer über den Isthmus, ¾ d. M. lang."

Philippson[537]) gibt an, daß der heutige Kanal insgesamt 6343 m lang ist, wovon 5857 m auf das feste Land entfallen. Ebenso lang muß der Diolkos gewesen sein. Die Benutzung ist etwa in der Zeit des Peloponnesischen Krieges erstmalig erfolgt und scheint dann mehr als 1500 Jahre ziemlich ohne Unterbrechung üblich gewesen zu sein. Der Begriff $\delta \iota \sigma \vartheta \mu \iota \zeta \varepsilon \iota \nu$ wurde sogar zum technischen Ausdruck[538]).

Über den Diolkos von Korinth sind gelegentlich selbst ganze Kriegsflotten befördert worden. So hören wir, daß im Jahre 217 v. Chr. König Philipp III. von Mazedonien für einen Feldzug einen Teil seines Heeres mit den kleineren Schiffen über den Isthmus befördern ließ, während die andere Hälfte auf den großen Schiffen um den Peloponnes herum fuhr[539]). Ebenso überwand nach der Schlacht bei Actium (2. Sept. 31 v. Chr.) ein Teil der Flotte des Octavian den Isthmus von Korinth mit Hilfe des Diolkos. Noch in byzantinischer Zeit ist eine Benutzung des Diolkos von Korinth bis ums Jahr 1150 nachweisbar[540]). So ließ im Jahre 881 der byzantinische Admiral Niketas Oryphas Kriegsschiffe auf diese Weise vom einen Meer ins andere gelangen.

VI. Schiffstragplätze und Schleppwege.

Einen Kriegszug, bei dem gleichfalls ein bedeutender Teil der Flotte mit Hilfe von Walzen aus einem Gewässer ins andere über Land befördert wurde, unternahm ferner im Jahre 695 v. Chr. der Assyrerkönig Senacherib gegen die am Persischen Golf wohnenden Elamiten. Zu diesem Zwecke wurden zahlreiche Kriegsschiffe in Ninive erbaut und fuhren dann den Tigris abwärts bis zur Stadt Opis. Von hier gelangten sie unter Verwendung eines Walzensystems über Land zum Kanal Arachtu und auf diesem in den Euphrat[541]).

Eine Verwendung von Walzensystemen zur gelegentlichen, einmaligen Beförderung von Kriegsschiffen ist bis in merkwürdig späte Perioden der Geschichte nachweisbar. Noch vor wenig mehr als 200 Jahren kam dergleichen vor. Eine auf anderem Gebiet sehr bekannt gewordene Persönlichkeit, der sogenannte „schwedische Seher" Emanuel von Swedenborg, hat in jungen Jahren eine hochbedeutende Leistung im Transport von Kriegsschiffen durch gebirgiges Gelände vollbracht. Dem 30jährigen Assessor im Bergwerkskollegium, Emanuel Svedberg, der durch mehrere wichtige Erfindungen die Aufmerksamkeit auf sich gelenkt hatte, wurde 1718 im Kriege Karls XII. gegen Norwegen die technische Aufgabe anvertraut, die Fortschaffung von 7 Galeeren $2^{1}/_{2}$ Meilen weit von Strömstad zum Idefjord zu bewerkstelligen. Mit Hilfe eines selbsterdachten Rollensystems löste er das Problem so vortrefflich, daß er 1719 unter dem Namen von Swedenborg geadelt wurde.

Daß schon bei den primitivsten Tragplätzen gelegentlich Rollen und Walzen zu besserem und schnellerem Transport der Fahrzeuge benutzt sein werden, ist ja nur natürlich; zum Überfluß betont dies Friederici noch ausdrücklich für die Schleppvorrichtungen der südamerikanischen Indianer, wenn er schreibt[542]):

„Zum Tragen der Kanus brauchte man im Norden einen bis vier Mann, in Südamerika wurden vielfach Rollen oder Walzen benutzt."

Bei den höher kultivierten Völkern aber finden wir nicht selten schon feste Rollenbrücken, die den vom Schiffe zu überwindenden Reibungswiderstand auf ein Minimum verringern. Mit besonderer Vorliebe scheinen sich die Chinesen derartiger Rollbrücken bedient zu haben.

Ähnliche Einrichtungen gab es hier und da auch im mittelalterlichen Holland. Besonders bemerkenswert war eine derartige Vorkehrung, die sich die Stadt Utrecht, zur Zeit ihrer höchsten Blüte vom 11. bis 13. Jahrhundert, schuf, um sich eine schiffbare Verbindung mit dem Hauptstrom des Rheins zu sichern. Utrecht war damals die führende Handelsstadt im Rheinmündungsgebiet. Sie dankte diese Bedeutung ihrer geographischen Lage an der Abzweigestelle der Vecht vom Krummen und Alten Rhein. Der Alte Rhein, bis zum Jahre 839 der Hauptmündungsarm des Rheins, hatte aber in einem gewaltigen, durch eine große Sturmflut verstärkten Winter-Hochwasser am 26. Dezember 839 den größten Teil seiner Wassermasse an den Lek abgeben müssen. Utrecht mußte nun darauf bedacht sein, eine schiffbare kurze Verbindung zum Lek, für den wichtigen Verkehr nach und von England, zu schaffen, wenn es seine an sich vortreffliche Lage an der damals ungleich wasserreicheren Vecht für den Handel nach den skandinavischen Ländern recht ausnutzen wollte. Die Stadt schuf sich daher, unter Benutzung eines alten, später verschwundenen Rheinarmes vom Krummen Rhein zur Holländischen Yssel (über Jutfus und Oude Gijn) den Kanal des Vaartschen oder Nieuwen Rijn. Dieser Kanal stieß jedoch bei Het Gijn auf einen hindernden Damm, der zum Schutze des Stifts Utrecht gegen Überschwemmungen errichtet und nicht zu entbehren war. An der Kreuzungsstelle wurde nun, ganz nach dem Muster des Alt-Korinther Diolkos, eine zweiseitige schiefe Ebene „Overstoom" genannt, angelegt, um Schiffe über den Damm hinüberziehen zu können[543]). Nur kleinere Schiffe konnten freilich auf solche Art das Dammhindernis überwinden. Größere mußten ihre Waren in ein auf der anderen Seite des Dammes stehendes zweites Fahrzeug überladen, zu welchem Zwecke ein eigner Krahn oben auf dem Damme stand[544]). Erst 1331 wurde eine Durchfahrtsschleuse in den Damm eingebaut, und seitdem konnten alle Schiffe bequemer das Hindernis überwinden[545]).

Schleppwege, nach Art des Diolkos von Korinth, zwischen zwei Meeresteilen, die durch eine schmale, mäßig hohe Landerhebung voneinander getrennt sind, sind gar nicht allzuselten auf der Erde vorhanden. Einer wurde schon oben, wenigstens dem Namen nach, erwähnt, die Wolokowaja-Bucht im arktischen Rußland, die im Osten des Varanger-Fjords in die aus der Murmanküste vorspringende Fischer- oder Rybatschi-Halbinsel einschneidet. Zwischen dieser Bucht und der gegenüberliegenden langgestreckten Motow-Bucht besteht über die sehr schmale Landenge von Alexandrowsk, die die Halbinsel mit dem Festland verbindet, ein sehr alter Schleppweg, der die Umfahrung der großen Fischer-Halbinsel unnötig macht. Betrachtet man den riesigen Ob-Busen als eine Meeresbucht, so stellt auch der obengenannte Wolok über die Wurzel der Samojeden-Halbinsel einen Tragplatz zwischen zwei Meeresteilen dar. Große Halbinseln, die nahe ihrem Ursprung eine starke Einschnürung oder einen schiffbaren Fluß im rechten Winkel zur Achse aufweisen, und langgestreckte, schmale Inseln, die nahe ihrer Mitte bedeutend verengt sind, eignen sich am besten für Schaffung von Tragplätzen. Den Typus solcher Inseln stellen in Europa die der dalmatischen Küste vorgelagerten, langen und schmalen Inseln dar, die daher auch eine Reihe von Schleppwegen aufweisen. Der wichtigste Schleppweg dürfte sich hier auf der Insel Lussin, nördlich der Stadt Lussinpiccolo, an der schmalsten, nur 30—40 m breiten Stelle der Insel, befunden haben. Für das Hinüberschleifen der Boote ist an diesem Punkt sogar eine eigene gepflasterte, schiefe Ebene hergestellt worden. Rudolphi sagt über diese Schleppwege in der Adria:

> „Die serbo-kroatischen Namen Privlaka und Prevlaka deuten auf solche Stellen noch heute hin, an denen die Fischer einst ihre Boote über schmale Landengen schleiften. Heute geschieht dies, wie es scheint, nicht mehr.... Der Name Prevlaka findet sich in den Boche di Cattaro und in Montenegro. In den Bocche heißt in der Bucht von Teodo eine kleine Insel bei San Marco Prevlaka.... In Montenegro ist Prevlaka ein Weiler südöstlich von Rjeka zwischen den zum Skutarisee ziehenden Flüssen Conojevica, Reka und Karatuna. Ob es sich hier um Reste eines Tragplatzes handelt, ist allerdings fraglich. Wahrscheinlich ist ferner, daß sich an dem schmalen Hals der Halbinsel Sabioncello ein Tragplatz beim Orte Stagno befunden hat, durch den der weite Umweg um diese langgestreckte Halbinsel erspart wurde. Ein diesbezüglicher Namen fehlt aber hier."

An einer Stelle der Erde gibt es sogar einen Schiffsschleppverkehr von einem Ozean in den anderen! Unter Benutzung einiger weniger Tragplätze gelangen Eingeborene in Südamerika, allerdings nur im äußersten Norden des Erdteils, wo die Andenkette sich verflacht und von ihrem Westabhang einige schiffbare Flüsse in den Atlantischen Ozean entsendet, vom Atlantischen in den Stillen Ozean oder umgekehrt. Die von den Europäern seit Jahrhunderten ersehnte, erst durch den

Panamakanal 1914 gelöste Aufgabe, in tropischen Breiten Schiffe von einem in den anderen Ozean zu schaffen, ist von den Eingeborenen auf kolumbischem Boden nicht nur für Kanus, sondern gelegentlich selbst für etwas größere Schiffe in durchaus erfolgreicher Weise bewältigt worden. Humboldt berichtet, daß eine Quebrada de la Raspadura genannte Stelle zwischen dem Atrato- und dem San Juan-Fluß einen Tragplatz zwischen den beiden größten Ozeanen der Erde darstelle, der angeblich schon im Jahre 1788 vom Pfarrer des kolumbischen Dorfes Norita zur Erzielung einer direkten Wasserverbindung zwischen den beiden Weltmeeren durchstochen worden sein soll, und ebenso gibt es zwischen der Limonbucht der Cupica-Bai des Stillen Ozeans und dem in wenigen Kilometern Entfernung zum Atrato fließenden, also dem Atlantik angehörigen Napipi auf noch wenig erforschtem Gebiet einen von den Eingeborenen vielbenutzten Schleppweg, der in wenigen Stunden aus dem Pazifischen Ozean ins schiffbare Stromsystem des Atlantischen hinüberzuwechseln gestattet[546]).

Eine Gruppe von Inseln mit zahlreichen Schleppwegen findet sich ferner im Stillen Ozean selbst. Die Fidschi-Insel Vanua Levu, Tahiti, Neupommern, Neuguinea an der Bero-Bai und vor allem die Nordinsel von Neuseeland bei Auckland weisen an den Stellen ihrer stärksten Einschnürung Tragplätze zwischen zwei Meeresteilen auf, die von den Eingeborenen zur Vermeidung bedeutender Umwege offenbar viel und gern benutzt werden. Auf dem Isthmus von Auckland sind nach F. v. Hochstetter[547]) zwei Schleppwege zu unterscheiden, deren einer 1,3 km lang und 22 m hoch ist, während der andere bei einer Ausdehnung von 1,6 km eine Meereshöhe von 34 m erreicht.

Eine letzte Art des Schiffsschleppens hat sich noch bis ziemlich tief in die Neuzeit hinein auch in den Kulturländern erhalten: zur Umgehung von Wasserfällen, Stromschnellen und anderen schwer schiffbaren Strecken im Fluß erfreute sich das Schiffsschleppen einst großer Beliebtheit. Im Mittelalter und in der beginnenden Neuzeit pflegte man z. B. das gefährliche Binger Loch im Rhein nur bei hohem Wasserstand ohne weiteres zu durchfahren. Bei geringem Wasserstand mußten die Schiffe und Kaufmannsgüter zu Lande um das Hindernis herumgeschafft werden, und zwar auf recht ansehnliche Entfernung. Von Rüdesheim wurden die Schiffe über den Kammerberg bis Lorch getragen, um dort wieder auf den Fluß überzugehen. Auch auf dem linken Ufer fand eine derartige Umgehung der Stromschnellenstrecke im Binger Loch statt, wobei gelegentlich die Güter von Bingen bis Bacharach zu Lande befördert wurden. Zumal der Wein, der vom Oberlauf, auch vom Rheingau, kam und der für den Transport über den Kammerberg ein zu schweres Frachtgut war, wählte mit Vorliebe diesen Weg um die Stromschnellen und gelangte dann erst bei Bacharach aufs Rheinschiff. Lediglich aus diesem Grunde genoß im ausgehenden Mittelalter der „Bacharacher Wein" jahrhundertelang europäische Berühmtheit. Quetsch sagt hierüber[548]):

„Die Versendung der Weine stromabwärts in großen Schiffen geschah wegen der unsicheren Rhein-Fahrstrecke Bingen-Bacharach in Bacharach, und der Wein erhielt sogar vielfach den Namen dieses Städtchens, als wäre er daselbst gewachsen."

Ein eigentliches Herumschleppen der Schiffe selbst um das Hindernis im Strom fand an dieser Stelle in den Tagen eines entwickelteren Verkehrs nicht mehr oder nur noch ausnahmsweise statt, da die Zahl der verfügbaren Schiffe groß genug war, daß man es bei einem Herumtransportieren der Frachtgüter bewenden lassen konnte. Länger wurde die Schiffbeförderung über Land am Oberrhein gepflegt, am Rheinfall und bei den Laufenburger Stromschnellen. Schaffhausen ist ja der Typus des Ortes, der seine Entstehung dem Schiffs- und Warenumschlag zwischen Wasser- und Landweg verdankt. Wichtiger aber noch als der Schleppweg bei Schaffhausen war in älterer Zeit die Umgehung der Stromschnellen von Laufenburg. Diese waren eingeschaltet in die hochwichtige Verkehrsstrecke, die vorwiegend von der Aaremündung bis zum Rheindelta hinunterreichte. Vom mittelalterlichen „König der Alpenpässe", vom Großen St. Bernhard, seit dem 13. Jahrhundert auch vom St. Gotthard-Paß, gelangten die Waren des Mittelmeeres und des Orients über die Aare bzw. die Reuß und Aare zum Rhein und schwammen dann auf diesem stromabwärts zum Mittel- und Niederrhein, nach Holland, Flandern, England usw. Da erwiesen sich denn die Laufenburger Stromschnellen bei unzureichendem Wasserstande als ein recht störendes Verkehrshindernis. Um die nur kleinen Fahrzeuge und Waren das Hindernis umgehen zu lassen, hatte sich in Laufenburg ein eigener Stand entwickelt, die „Laufenknechte", die den auf dem Südufer des Flusses vorhandenen Tragplatz bedienten.

In neuerer Zeit, zumal seit der ausgiebigeren Verwendung der Schleusenkanäle, ist natürlich die Sitte der Schiffsschleppwege und -Tragplätze mehr und mehr abgekommen. Sie findet sich nur noch in kulturell rückständigen Gebieten, gleichsam als Rudiment älterer Zeiten. Ein gewisser moderner Ersatz sind die „Schiffseisenbahnen" geworden, die über geneigte Ebenen von einigen Metern Höhe hinweg ganze Schiffe zwischen zwei Wasserhaltungen austauschen. Doch ist auch diese Einrichtung des „Diolkos mit Dampfbetrieb" schon wieder veraltet und wird in unseren Tagen wohl kaum noch irgendwo neu angelegt werden. In Deutschland gibt es eine solche Schiffseisenbahn nur an einer einzigen Stelle, im Oberländischen Kanal bei Elbing, wo fünfmal hintereinander die kleinen Schiffchen geringe Höhenunterschiede auf „Rollbergen" mit Hilfe von Eisenbahnwagen auf Schienen überwinden. In England und Frankreich sind ähnliche Anlagen noch etwas häufiger aus der ersten Zeit der Eisenbahnen erhalten geblieben, haben aber natürlich alle nur geringe, örtliche Bedeutung. Es gibt nur eine einzige derartige Einrichtung dieser Anlage von größeren Dimensionen und von Wichtigkeit für den internationalen Welthandel: die 27 km lange Schiffseisenbahn über den Isthmus von Chignecto, die schmale Wurzel der ausgedehnten Halbinsel Neubraunschweig. Diese Bahn verkürzt den von New York und Boston kommenden Schiffen den Weg nach Quebec und Montreal um 500 km. Man mußte zur Ausschaltung des großen Umweges hier eine Eisenbahn bauen, die selbst Seeschiffe über den Isthmus hinweg transportieren konnte, da ein abkürzender Schiffskanal durch den Isthmus völlig unmöglich war wegen des ungeheuren, regelmäßigen Gezeitenunterschieds, der in der Fundy-Bai im Süden der Chignecto-Landenge volle 21 m beträgt[549]) und nirgends auf der Welt ein so gewaltiges Ausmaß annimmt, wie an dieser Stelle der Erde.

Literaturnachweise.

504) Diodorus Siculus V, 20, nach Timäus.
505) Pindar, Pyth., IV, 20—27.
506) Diodorus Siculus IV, 56.
507) Plinius, nat. hist. III, 22, 2.

VI. Schiffstragplätze und Schleppwege.

508) Plinius, nat. hist. VI, 19, 2.
509) Rich. Hennig: „Hauptwege des Weltverkehrs", S. 138—140. Jena 1913.
510) Masudi-Ausgabe von Alois Sprenger: „Meadows of gold and mines of gems", Bd. I, S. 417—420. London 1841.
511) Herodot IV, 123.
512) Aristoteles, meteor. I, 13.
513) Diodorus Siculus II, 56.
514) Edrisis Geographie, übersetzt von Amédée Jaubert, Bd. II, S. 332. Paris 1840.
515) Hekataeus, Fragm. 339.
516) Der Irrtum, daß der Nil in NW-Afrika entspringt und dort mit dem Ozean zusammenhängt, dürfte auf Hekataeus zurückgehen und dann durch Herodot übernommen und verbreitet worden sein (vgl. Ed. Norden: „Die germanische Urgeschichte", S. 25 und 464/5, Berlin 1920). Daß Aigyptos, Nil und Triton ursprünglich verschiedene Bezeichnungen für den gleichen Strom waren, betont Plinius ausdrücklich (nat. hist. V, 10). Sehr auffällig ist auch, daß das sonst nirgends gebrauchte Beiwort $\dot{\epsilon}\pi\tau\acute{a}\varrho\varrho oo\varsigma =$ „der siebenfach strömende", das für den (von Chartum bis zur Mündung durch 6 Katarakte unterbrochenen) Nil trefflich paßt, von Äschylus (Arg. 299) dem Neilos, von Apollonius Rhodius (Arg. IV, 269) dagegen dem Tritonfluß beigelegt wird. Vgl. Bergers „Erdkunde der Griechen", S. 134.
517) Odyssee III, 321/2.
518) Konrad Müller: „Altgermanische Meeresherrschaft", S. 358. Gotha 1914.
519) A. E. Nordenskjöld: „Die Umsegelung Asiens und Europas auf der Wega", Bd. I, S. 239/40. Leipzig 1882; Fischer: „Sibirische Geschichte", 2, 1, 35. Petersburg 1768.
520) B. M. Schittkoff: „Kurzer Bericht über eine Reise nach der Halbinsel Jalmal" in „Nachrichten der Kais. Russischen Geographischen Gesellschaft", Bd. XLV, 1909, Heft 8; Alexander Sibiriakoff: „Über die Fahrten der Novgoroder durchs Karische Meer durch die Halbinsel Jalmal zum Ob in den „Deutschen Geographischen Blättern", Bd. XXXIII, S. 196. Bremen 1910.
521) „Deutsche Rundschau für Geographie und Statistik", XXXIV (1911), S. 66—81.
522) Georg Friederici: „Die Schiffahrt der Indianer", Bd. I der „Studien und Forschungen zur Menschen- und Völkerkunde". Stuttgart 1907.
523) Friedr. Ratzel: „Politische Geographie der Verein. Staaten von Nordamerika. München 1893.
524) Lawrence J. Burpee: „Canoe Routes from Lake Superior to the Westward" im „Geographical Journal", Bd. XXXVI, S. 196ff.
525) A. W. Greely: „Handbook of Alaska", S. 25. London 1909.
526) a. a. O., S. 78.
527) Al. v. Humboldt: „Reisen in den Äquinoctialgegenden des neuen Kontinents", Kap. 22—24.
528) Wilhelm Götz: „Historische Geographie", S. 127. Leipzig-Wien 1904.
529) Olaus Magnus: „Historia de gentibus septentrionalibus". Rom 1554.
530) Diogen. Laert. I, 99.
531) Plutarch, Caesar 58.
532) Sueton, Caligula 21.
533) Gerster: „L'isthme de Corinthe, tentatives de percement dans l'antiquité" im „Bulletin de correspondance hellénique", VIII, S. 225, 1884.
534) Dio Cassius 63, 16.
535) Strabo 335.
536) Kiepert: „Lehrbuch der alten Geographie", S. 275. Berlin 1878.
537) Philippson: „Der Isthmus von Korinth" in der „Zeitschr. der Berliner Gesellschaft f. Erdkunde", 1890, S. 12.
538) Polybius IV, 19.
539) Polybius V, 1014.
540) Gust. Friedr. Hertzberg: „Geschichte der Byzantiner", S. 306. Berlin 1893.
541) Konrad Müller: „Altgermanische Meeresherrschaft", S. 130. Gotha 1914.
542) J. Friederici, a. a. O.
543) Walter Vogel: „Geschichte der deutschen Seeschiffahrt", S. 115. Berlin 1915.
544) Hans Wilkens: „Zur Geschichte des niederländischen Handels im Mittelalter" in den „Bonner Jahrbüchern", 1909, S. 169.
545) Walter Vogel: „Die Binnenfahrt durch Holland und Stift Utrecht vom 12. bis 14. Jahrhundert" in den „Hansischen Geschichtsblättern", 1909, S. 22.

546) **Joh. Kunst:** in „Weltverkehr und Weltwirtschaft", Februarheft 1912, S. 497.
547) **F. v. Hochstetter** in „Petermanns Mitteilungen", 1862, S. 81.
548) **Franz H. Quetsch:** „Geschichte des Verkehrswesens am Mittelrhein", S. 313. Freiburg i. Br. 1891.
549) **Fr. Bidlingmaier:** „Ebbe und Flut" (Sammlung „Meereskunde", II, 5), S. 5. Berlin 1908.

VII. Zur Frühgeschichte der Leuchtfeuer.

Nach der üblichen Darstellung waren dem Altertum mindestens seit dem 3. vorchristlichen Jahrhundert die Leuchttürme bereits bekannt. Dann soll mit dem Sinken der römischen Weltmacht die Kenntnis dieser unvergleichlichen Sicherheitsvorrichtung für die Seeschiffahrt so gut wie vollständig verloren gegangen sein, um erst am Anfang des 12. Jahrhunderts wieder zu Ehren zu kommen, als ein neuer lebhafterer Seeverkehr und Seehandel sowohl auf dem Mittelmeer wie auf der Ostsee einsetzte, dank dem Verkehrsbedürfnis der großen italienischen Seestädte und der deutschen Hansa.

So ungefähr stellt sich der geschichtliche Entwicklungsgang des Leuchtturmwesens nach den mannigfachen Untersuchungen älterer Zeit[550] dar. Die umfassende Arbeit von Veitmeyer[551] aus dem Jahre 1900 legte dann als erste die Sonde einer scharfen Kritik an die altübliche Darstellung. Veitmeyer hat viele frühere Irrtümer aufgeklärt. Ihm ist Buchwald mit wertvollen Studien auf gleichem Gebiet gefolgt[552]. Ich selbst habe weitere Beweise erbracht[553], daß die Geschichte des Leuchtfeuerwesens sich sehr viel stetiger abgespielt hat, als man bisher annahm, daß von einem „Verlorengehen" dieser kulturell bedeutsamen Einrichtung am Ausgang des Altertums gar keine Rede sein kann, daß vielmehr Leuchtfeuer an einzelnen besonders wichtigen Punkten der zumeist befahrenen Meere während des ganzen Mittelalters gebrannt zu haben scheinen.

Ein Irrtum, den schon Veitmeyer klargestellt hat, der aber trotzdem auch nachher in sachkundigen Darstellungen noch keineswegs ausgerottet ist, ist die Ansicht, daß das Leuchtfeuerwesen bis in frühgeschichtliche Zeit zurückgehe. Diese Fabel klingt noch in der Ausgabe von 1906 des Meyerschen Konversations-Lexikons wieder, wo es ausdrücklich heißt[554]: „Leuchtfeuer werden schon von Homer erwähnt (Odyssee X, 28; Ilias XVIII, 207 und XIX, 375)." Ein so guter Sachkenner wie der Archäologe Hermann Thiersch setzte sich sogar noch 1915, allen Widerlegungen zum Trotz, ausdrücklich für die Existenz von Leuchtfeuern in homerischer Zeit ein[555].

Geschichtliche Irrtümer, die einmal Bürgerrecht erlangt haben, besitzen erfahrungsgemäß ein unglaublich zähes Leben, ungeachtet aller Berichtigungen. Demgemäß wird es nicht unzweckmäßig sein, auch an dieser Stelle den Tatbestand klarzulegen, der zu der Fabel von den Leuchtfeuern in homerischer Zeit Veranlassung gegeben hat.

Bei der grundsätzlichen Wichtigkeit dieser Streitfrage muß in der Beweisführung etwas weiter ausgeholt werden. — Schiffahrt wurde auf dem Mittelmeer in der älteren Zeit vornehmlich in den Sommermonaten getrieben. Im Winter stockte der Verkehr mehr oder weniger, wie sich z. B. daran zeigt, daß noch in der Glanzzeit der römischen Macht der in Ägypten weilende Marcus Antonius im Winter 41 v. Chr. seinem in Perugia eingeschlossenen Bruder nicht rechtzeitig Hilfe bringen konnte, da die Seefahrt in dieser Jahreszeit zu gefahrvoll erschien. Im Sommer aber herrscht im Bereich der homerischen Welt, im östlichen Mittelmeer und Ägäischen Meer, mit seltenen Unterbrechungen immer guteWitterung, meist klarer Himmel und Sturmlosigkeit. Es ist zuzugeben (was ich ausdrücklich betone, da ich früher das Gegenteil annahm[556]), daß in der antiken Mittelmeerwelt oftmals zur Nachtzeit das Meer befahren wurde: der in gleichbleibender Stärke daherwehende Nachtwind und der meist sehr verläßliche Wechsel zwischen Land- und Seewind, der in den Abendstunden den Schiffen das Auslaufen aus dem Hafen ebenso erleichterte, wie in den Morgenstunden das Einlaufen, empfahl derartige Nachtreisen, bei denen der fast immer sichtbare Sternenhimmel auch die Einhaltung des richtigen Kurses vortrefflich gewährleistete. Man könnte nun meinen, daß eine einigermaßen entwickelte Nachtschiffahrt alsbald automatisch zu regelmäßiger Befeuerung wichtiger Küstenpunkte und vor allem der Hafeneinfahrten habe führen müssen. Diese Schlußfolgerung ist aber falsch. Während der Fahrt auf See brauchte man, solange der Himmel sternklar war, keine künstlichen Leuchtfeuer; für das Einlaufen in die Häfen aber wartete man ohnehin das Auftreten des Seewindes und somit die hellen Tagesstunden ab. Bis zum Beweis des Gegenteils möchte ich mit aller Bestimmtheit behaupten, daß man bei bedecktem Himmel im allgemeinen keine Nachtfahrten unternommen haben und in den Nachtstunden in den Zielhafen nicht eingelaufen sein wird. Daß in einzelnen Fällen aus besonderen Gründen Ausnahmen vorgekommen sind, will ich nicht bestreiten, aber für unsere Untersuchung handelt es sich nur um das, was die Regel war. Wenn sich nun die Dinge so abspielten, wie eben geschildert, genügte es vollauf, an niedrigen Küsten gut sichtbare Tagmarken zur leichten Kennzeichnung der Hafeneinfahrten anzubringen, die in der Tat bereits im 5. vorchristlichen Jahrhundert nachweisbar sind. Eine erkennbare Notwendigkeit zur regelmäßigen nächtlichen Sichtbarmachung derartiger Stellen bestand, soweit ich es beurteilen kann, ganz und gar nicht. Sehen wir doch auch sonst in schiffahrtsreichen Meeren primitiverer Seefahrervölker nirgends eine Neigung, etwa im Interesse von nächtlich fischenden Booten irgendwelche regelmäßig bedienten Leuchtsignale einzurichten. Leuchtfeuer sind stets ein Kennzeichen hochentwickelter Kultur und reger Handelsschiffahrt. Schiffe, die nachts ihren Weg im Sternenschein finden und für die nicht der geringste Anreiz bestehen kann, vor den hellen Morgenstunden einen Hafen aufzusuchen, bedürfen der Leuchtsignale nicht.

Jeder technische und wirtschaftliche Aufwand muß schließlich in einem gewissen logischen Verhältnis zu dem Bedürfnis stehen, das er zu befriedigen hat. Selbst in unseren heutigen Fischerdörfern an der Seeküste kennt man keine anderen Wacht- und Leuchtfeuer als eben die, die für die Zwecke der Hochseeschiffahrt ohnehin vorhanden sind. Die nächtliche Fischerei wird heute zweifellos nicht seltener betrieben als in homerischer Zeit, und doch behelfen sich die Fischer ohne regelmäßigen Wachtfeuerdienst in ihren Heimatsdörfern — und in homerischer Zeit, in der klaren, sichtigen Luft des sommerlichen Mittelmeeres, sollen solche ständigen Wachtfeuer bestanden haben? Auch die primitivste Dauerbefeuerung verursacht merkliche Kosten für die Wache, für das Feuerungsmaterial usw. Glaubt man, daß zu irgendeiner Zeit irgendein Fischer in seinen meist kümmerlichen Lebensverhältnissen sich freiwillig eine fühlbare Sonderbesteuerung auferlegt hat, um dadurch in seinem gefahrenreichen Beruf eine winzige, kaum merkbare Erhöhung der Sicherheit einzutauschen? Aus rein psychologischen Gründen sind die homerischen Wachtfeuer eine Ungeheuerlichkeit, denn wirtschaftlicher Zweck und technisches Mittel müssen notwendig in einem vernünftigen Verhältnis zueinander stehen. Darum bestreite ich mit äußerster Entschiedenheit, daß man allein aus der gelegentlichen Verwendung irgendwelcher griechischen Vokabeln bei Homer und anderen frühen Schriftstellern das Recht ableiten darf, kulturgeschichtlich unmögliche und wirtschaftlich geradezu widersinnige Hypothesen aufzustellen. Wer soll denn wohl in einer Zeit, wo es staatliche Fürsorge noch auf keinem Gebiet gab, die Kosten für den ständigen „Feuerwachen"-Dienst aufgebracht haben?

Ich leugne keineswegs, daß schon in sehr früher Zeit gelegentlich Feuerzeichen für nächtliche Signalzwecke verwendet wurden, und bin ohne weiteres bereit zuzugeben, daß in Fällen plötzlich ausbrechender Witterungsgefahr einem erwarteten Schiffe vom Lande her die Auffindung des Weges schon in sehr früher Zeit durch Feuerzeichen erleichtert worden sein mag. Ein solcher Gedanke liegt so nahe, daß es unsinnig wäre, eine derartige Möglichkeit zu bezweifeln. Aber der Nachdruck liegt, bitte, auf den Worten „Gefahr" und „erwartet". Daß in Gefahrzeiten auch von Inselbewohnern Fackeln als Alarmsignale verwendet wurden, beweist schon allein die weiter unten zitierte Stelle aus dem 18. Buch der Ilias. Und wenn eine liebende Hero, die ihren schwimmenden Leander nachts erwartet, im Falle eines plötzlich ausbrechenden Unwetters alle nur erdenklichen Mittel anwendet, ihm Hilfe zu bringen, wenn sie daher auch „der Fackel Gluten von dem hohen Söller wehn" läßt, ist dies in denkbar hohem Maße nichts als eine Selbstverständlichkeit. Auch im deutschen Volkslied von den zwei Königskindern finden wir ja eine charakteristische Parallelstelle:

„O Liebster, kannst du nicht schwimmen?
So schwimm doch her zu mir!
Drei Kerzen will ich dir anzünden,
Und die sollen leuchten dir."

Unter solche gelegentlichen Leuchtsignale rechne ich auch die von der hellenischen Sage erwähnten „falschen Feuer", mit denen Nauplios am Kaphareus-Berge (Euböa) aus Rache für die Ermordung seines Sohnes Palamedes den lokrischen Ajax und seine von Troja heimsegelnden Griechen, als sie auf See nachts von einem Gewitter überfallen werden, in die Klippen und in den Tod lockte. Falsche Signalfeuer zur Irreführung von Schiffern spielen ja in der Geschichte der Seefahrt auch sonst eine traurige Rolle[557]). Die oft erwähnte Geschichte vom Ναύπλιος πυρκαεύς (Sophokles) erzählt nun z. B. Hyginus[558]) folgendermaßen:

„Nauplios trug, gleichsam als beabsichtige er ihnen Hilfe zu bringen, eine brennende Fackel an den Ort, wo spitze Riffe und die gefährlichste Stelle zu finden waren. Jene glaubten, dies geschehe aus Menschenfreundlichkeit und lenkten dorthin ihre Schiffe; infolgedessen scheiterten ihre meisten Schiffe."

Apollodor erwähnt gar[559]), die Seefahrer hätten geglaubt, einige ihrer aus dem Sturm schon ans Land geretteten Gefährten hätten die Fackel entzündet.

Thiersch legt so großen Wert auf die ziemlich belanglose Geschichte, daß er ihr ein eigenes Kapitel in seiner Abhandlung widmet. Mich dünkt, die genannten Stellen beweisen eher im Gegenteil, daß es regelmäßig brennende Leuchtfeuer, die (um mit Thiersch zu reden) „ex officio" brannten, noch nicht gab, denn wozu wäre es sonst nötig gewesen, an „aus Menschenfreundlichkeit" oder von Kameraden entzündete Rettungssignale zu glauben? Daß die spätere Sage der nachchristlichen Zeit (Plinius, Dio Chrysostomus) den Palamedes zum Erfinder der Leuchtfeuer gemacht hat, sollte doch in einer wissenschaftlichen historischen Untersuchung nicht eine Rolle spielen. Und wenn Ernst Curtius seinerzeit glaubte[560]), daß dem Palamedes von der Sage die Erfindung der Leuchtfeuer zugeschrieben wurde, die in Wahrheit vielleicht schon auf die Phönizier zurückgehe, so war diesem großen Gelehrten eben das seit Veitmeyer zusammengetragene kritische Material noch nicht bekannt. Auch hat er Leuchtfeuer und Feuersignale nicht unterschieden.

Vielleicht findet nun Thiersch eine Brücke zu mir, wenn ich ihm zugebe, daß in Zeiten nächtlicher Gefahr hier und da sehr wohl schon in allerältester Zeit einem erwarteten Schiff optische Hilfssignale mit Fackeln gegeben sein werden, wie ja überhaupt die Verwendung von Fackeln für Zwecke telegraphischer Nachrichtenübermittelung bei Griechen und Karthagern schon einen erheblichen Umfang angenommen hatte[561]). Aber von solchen gelegentlichen Signalen bis zum systematischen Leuchtfeuerdienst ist noch ein weiter, weiter Weg. In den Arbeiten von Thiersch und von anderen überwiegend philologisch eingestellten Forschern finde ich einen grundsätzlichen Unterschied zwischen einmaligen Leuchtsignalen für Hilfe in Gefahr und einem regelrechten Leuchtfeuer-Sicherheitsdienst überhaupt nicht gemacht. Die mit gewichtigsten Gründen belegte Anzweiflung der althellenischen Leuchtfeuer wird aber nicht damit widerlegt, daß hier und da nächtliche Leuchtsignale für das frühe Altertum nachzuweisen sind.

Nachdem diese Bemerkungen vorausgeschickt sind, wende ich mich nunmehr der Prüfung des Beweismaterials selber zu.

Als besonders beweiskräftig galt von je eine Stelle der Odyssee[562]), die in der Voßschen Übersetzung lautet:

„Und in der zehnten Nacht erschien uns das heimische Ufer,
Daß wir schon in der Nähe die Feuerwachen erblickten."

Wenn diese Worte wirklich im Original-Homer ständen, würde man den Ausdruck „Feuerwachen" allerdings nur auf Wachen an Leuchtfeuern deuten können, obwohl von vornherein nicht recht klar ist, was solche Seefahrtzeichen auf der Hirteninsel Ithaka für eine Bedeutung gehabt haben sollen. Nun lautet aber das ausschlaggebende Wort bei Homer πυρπολέοντας = die ums Feuer Beschäftigten, und es sollte somit klar sein, daß Voß ungenau übersetzt hat, daß Homer an zufällig brennende Feuer, nicht aber an dauernde Wacht- und Signalfeuer an bestimmten Stellen gedacht hat. Thiersch will diese Schlußfolgerung nicht anerkennen und wendet sich, allerdings nur aus philologischen Gründen, nicht mit kulturhistorischen Nachweisen gegen obige von Veitmeyer und mir geäußerte Auffassung. Das Problem der altgriechischen Leuchtfeuer kann aber ganz unmöglich mit philologischen Tüfteleien und Vokabeldeutungen, sondern muß unter allen Umständen technisch, wirtschaftlich und kulturpsychologisch angefaßt werden und läßt sich nicht durch Betrachtungen darüber lösen, welcher

Sinn diesem oder jenem Wort der altgriechischen Sprache unter Berücksichtigung von soundsoviel Parallelstellen zuzuschreiben ist.

Thierschs Beweisführung stützt sich ziemlich restlos auf den Umstand, daß die in der obigen Homerstelle verwendete Vokabel πυρπολέοντας nur für Wachen an „einem besonders starken, hochlodernden, um seiner selbst willen entzündeten Feuer" anwendbar sei, mit dem man sich „sozusagen ex officio, systematisch und kunstgerecht" beschäftige, sie könne also nicht auf ein zufällig brennendes Hirtenfeuer, sondern nur auf ein Wacht- und Signalfeuer für die Schiffahrt gedeutet werden. Demgegenüber erklärt aber ein so maßgebender Philologe, wie Kaegi, gerade eben diese Vokabel πυρπολέω bedeute „Wachtfeuer halten, z. B. von Hirten, die dies für sich, nicht wegen der Schiffe tun, die der Küste sich nähern". Wenn demnach die Herren Altphilologen sich über die sprachliche Bedeutung der einzelnen in Betracht kommenden Vokabeln selber nicht einig sind, darf ich es wohl ablehnen, derartige Spitzfindigkeiten als maßgebend für die Entscheidung kulturhistorischer Probleme anzuerkennen.

Ebensowenig ist praktisch mit zwei Ilias-Stellen anzufangen, die nur von sehr phantasiebegabten Leuten als Beweis für homerische Leuchtfeuer für die Seeschiffahrt herangezogen werden können. Die eine Stelle, die da lautet[563]):

„Wie hochwallender Rauch aus der Stadt aufsteigt zum Äther,
Fern auf dem Meereiland, das feindliche Männer bestürmen;
Jene den ganzen Tag im Kriegsgraus sich versuchend,
Kämpfen aus ihrer Stadt; doch sobald die Sonne sich senket,
Brennen sie Reisgebund' auf Warten umher, und es leuchtet
Hoch der steigende Glanz, daß Ringsumwohnende schauen,
Ob vielleicht in Schiffen des Streits Abwehrer herannahn"

wagt auch Thiersch nicht auf Leuchtfeuer für die Seefahrer zu deuten, obwohl er selbst hier aus dem Umstand, daß „das Notfanal nicht nur äußerlich in die Sphäre der bekannten nautischen Signale fällt, sondern auch in seiner Bestimmung, Schiffe herbeizulocken, sich mit jenen Leitfeuern, äußerlich wenigstens, deckt[564])", noch Honig zu saugen bemüht ist für seine unmögliche Hypothese eines geregelten Leuchtfeuerdienstes in homerischer Zeit.

Eine zweite Ilias-Stelle nimmt Thiersch aber um so entschiedener für seine Theorie als beweiskräftig in Anspruch. Sie lautet[565]):

„Wie wenn draußen im Meer der Glanz herleuchtet den Schiffern,
Vom auflodernden Feuer, das, hoch auf Bergen entflammt,
Brennet in einsamer Hürd'..."

Auf Grund dieser Verse versteigt sich Thiersch bis zu der Annahme[566]): „Der Berghirte dort in sonst menschenleerer Öde mag die Feuerwache im Nebenamt versehen haben"! — Darf ich demgegenüber darauf hinweisen, daß Kolumbus am Abend vor der Entdeckung Amerikas, am 11. Oktober 1492, an leichtem Feuerschein in der Ferne zuerst erkannte, daß das Land nicht mehr fern sein könnte. Folgerichtig müßte Thiersch hieraus schließen, daß auch auf Guanahani in vorkolumbischer Zeit ein Leuchtfeuerdienst durch die Wilden unterhalten wurde. Die eine Folgerung ist nicht logischer als die andere.

Ungleich schwerer als alle philologischen Haarspaltereien, was man in die bei Homer, Sophokles u. a. sich findenden Vokabeln πυρπολεῖν, πυρσεύειν, φρυκτωρία hineinzudeuteln habe, wiegt die nun einmal nicht hinwegzudiskutierende Tatsache, daß bei keinem einzigen der bekannten griechischen und lateinischen Schriftsteller der vorchristlichen Zeit sich irgendein noch so bescheidener Hinweis darauf findet, daß irgendwo ein regelmäßig unterhaltenes Leuchtfeuer für die Schiffahrt vorhanden war. Veitmeyer hat in seinem schon genannten Werk hierauf aufmerksam gemacht, Buchwald hat diesen Nachweis in wertvoller Weise ergänzt, auch ich selbst habe mich mehrfach mit Entschiedenheit dahin ausgesprochen, daß es in vorchristlicher Zeit Leuchttürme und Leuchtfeuerdienst überhaupt noch nirgends gegeben habe. Gerade diese Behauptung hat Thiersch übel vermerkt und ihn zu seiner eingangs erwähnten Studie veranlaßt. Wenn Thiersch verlangt, man solle ihm zugeben, daß in Homers Zeit Leuchtfeuer schon gang und gäbe waren, so mag er zunächst einmal die schon von Veitmeyer gestellte Frage beantworten, wie man es sich dann erklären soll, daß 3—400 Jahre später noch dem großen Herodot und abermals 400 Jahre später einem Strabo nicht das geringste von Leuchtfeuern bekannt ist. Es muß, um volle Klarheit zu erhalten, auch noch das Folgende gesagt sein:

Leuchtfeuerdienst und Errichtung von Landmarken zur Kenntlichmachung von niedrigen Küsten, von schwer zu findenden Hafeneinfahrten usw. kann grundsätzlich nur dort angenommen und zugestanden werden, wo ein verhältnismäßig zahlreicher und kulturell hochentwickelter Kaufmannsstand vorhanden war, dem am sicheren und regelmäßigen Schiffs- und Warenverkehr mit Übersee viel gelegen und der daher geneigt war, für die erhöhte Verkehrssicherheit persönlich materielle Opfer zu bringen, sei es durch direkte Beisteuer zu den Kosten, sei es in Gestalt von staatlichen Steuern. In Hirten- und Fischergebieten, wo es keinen Kaufmannsstand gab und wo vielleicht nur ein- oder zweimal im Monat oder noch seltener ein fremdes Schiff vor Anker ging, wären Leuchtfeuer geradezu ein kulturhistorischer Unsinn gewesen. In wichtigen Handelsplätzen, wie Tyrus, Knossos, Milet, dem Piräus, Tartessos usw., hätte die Einrichtung, wenn sie bestanden hätte, einen vernünftigen Sinn gehabt. Wir hören jedoch immer wieder nur von sogenannten Tagmarken der Schiffahrt, die im Altertum vielfach üblich waren, Säulen, Türmen und anderen charakteristischen Kennzeichnungen wichtiger Anlaufpunkte. Niemals aber erfahren wir in vorchristlicher Zeit etwas Verläßliches über nächtliche Sichtbarmachung eben dieser Stellen — es war eben offenbar kein Bedürfnis hierfür vorhanden, weil ein nächtliches Einlaufen in den Hafen im allgemeinen nicht üblich war.

Die berühmteste und meistgenannte der antiken „Tagmarken" für die Schiffahrt war wohl der als eines der sieben Weltwunder gepriesene Koloß von Rhodos, jene ums Jahr 290 v. Chr. fertiggestellte, 34 m hohe Kolossalstatue des Helios, die bis zu ihrer Zerstörung durch ein Erdbeben ein halbes Jahrhundert lang die Hafeneinfahrt kennzeichnete, später übrigens von den Römern nochmals zeitweilig hergestellt wurde, bis im Jahr 653 der Khalif Moavija die Erztrümmer an einen Juden verkaufte, der 900 Kamele damit belud. Die Sage hat aus diesem Koloß nicht nur einen mit gespreizten Beinen über der Hafeneinfahrt stehenden Erzriesen gemacht, sondern ihm auch eine Fackel in die Hand gegeben[567]) und ihn somit als antiken Leuchtturm hingestellt. Das ist reinste Phantasie. Bei Plinius[568]) lesen wir über den Koloß von Rhodos nichts anderes als:

„Bewunderung erregte aber vor allem der Koloß des Helios zu Rhodos, den Chares von Lindos gefertigt hatte, ein Schüler des oben genannten Lysippus, und der 70 Ellen in der Höhe maß. 56 Jahre später wurde dies Bildwerk durch ein Erdbeben umgestürzt, aber auch im Liegen gilt es noch als Wunder.... Er soll eine Arbeit von 12 Jahren erfordert und 300 Talente gekostet haben."

Der Koloß war also — vermutlich! — nur eine besonders eigenartige und künstlerisch wertvolle Tagmarke zur Kennzeichnung der Hafeneinfahrt. Auch bei ähnlichen Einrichtungen in anderen Häfen des früheren Altertums ist niemals eine sichere Spur für nächtliche Feuersignal-Einrichtungen zu entdecken. Beim Koloß von Rhodos ist dergleichen um so weniger anzunehmen, als Plinius gleich hinterher betont, in Rhodos hätten noch fünf andere Kolosse von Göttern und 100 weitere, kleinere gestanden.

Archäologen und Historiker behaupten, es seien Spuren vorhanden, die darauf schließen lassen, daß Leuchtfeuer in Athens Blütezeit im Athener Hafen des Piräus vorhanden gewesen seien. So sagt Baumeister[569]):

„An wenig höherer Stelle bezeichnen einige Blöcke sowie acht Säulentrommeln aus Kalkstein, Durchmesser 1,55 bis 1,65 m, die Reste einer Leuchtsäule für die Hafeneinfahrt. Ihnen entspricht an gegenüberliegender Stelle des westlichen Ufers ein kreisrunder Unterbau, Durchmesser ca. 5,50 m, nebst Stücken eines profilierten Aufsatzes und etwas kleineren Säulentrommeln, welche somit von der zweiten, korrespondierenden Leuchtsäule herrühren."

Und Merckel[570]) fügt für dieselbe Einrichtung im Piräus gar hinzu:

„Die Beleuchtungsapparate, vielleicht Pechpfannen, dürften mittels Zugvorrichtungen emporgehoben worden sein."

Wäre diese Vermutung zutreffend, daß schon in Athens Blütezeit die Einfahrt zum Piräus durch Leuchtsäulen gekennzeichnet war, so würden wir zweifellos in diesen die ältesten Leuchtfeuereinrichtungen der Welt zu erblicken haben. Aber bei der Reichhaltigkeit der griechischen Literatur würde es gerade für den Hafen von Piräus ganz unverständlich sein, daß uns das Vorhandensein von Leuchtfeuern in ihm bei sämtlichen altgriechischen Schriftstellern vollständig verschwiegen worden sein sollte. Die von Baumeister und anderen gehegte Vermutung, die sich nur auf architektonische Befunde stützt, schwebt völlig in der Luft; es ist eine ganz willkürliche Kombination, hier von „Leuchtsäulen" zu sprechen, auf die im Befunde selbst nichts hindeutet, es liegt entschieden näher, die Säulen am Eingang zum Piräus-Hafen auf Tagzeichen für die Schiffahrt zu deuten, deren Nichterwähnung in der Literatur man eher verstehen könnte. Auch unter den Überresten des uralten Hafens von Methone in Messenien findet man einen ähnlichen alten Säulenstumpf, doch liegt hier ebensowenig Veranlassung vor, ihn als etwas anderes denn als Tagmarke an der Hafeneinfahrt anzusprechen. Der von den Massilioten an der Rhonemündung schon ums Jahr 100 vor Christi Geburt erbaute Turm dürfte gleichfalls eine Tagmarke gewesen sein — jedenfalls fehlt wiederum jeder Beweis für die gegenteilige Annahme.

Ob Veitmeyers und Buchwalds[571]) Vermutung richtig ist, daß eine Medaille von Abydos, die Hero mit einer Leuchte auf einem Turme darstellt, als symbolische Darstellung eines aus dem ersten vorchristlichen Jahrhundert stammenden Leuchtturms anzusehen sei, muß dahingestellt bleiben. Die Deutung ist zum mindesten willkürlich, und ich halte sie für wahrscheinlich falsch. Sichergestellt ist, nach Veitmeyer, ein Leuchtfeuer in Sestos am Hellespont und ein ungefähr gleichaltriges auf dem Vorgebirge Panium am Eingang des Bosporus. Aber über die Zeit der Einrichtung dieser Leuchtfeuer liegt keine sichere Nachricht vor. Buchwald verlegt die Schaffung dieser Leuchttürme ins erste vorchristliche Jahrhundert. Ich möchte glauben, daß diese Anschauung irrig ist, und daß es sich nur um das erste nachchristliche Jahrhundert handeln kann. Als Beweis für diese Anschauung darf ich darauf hinweisen, daß Strabo zwar den „Turm der Hero" bei Sestos und einen weiteren Turm bei Abydos als Zeichen der Schiffahrt kennt[572], daß er aber wiederum kein Wort von nächtlichen Leuchtfeuern auf ihnen spricht und sie nicht einmal als φάρος oder φρυκτωρία, sondern einfach als πύργος bezeichnet, worin meines Erachtens ein unbedingt sicherer Beweis liegt, daß damals von einem Leuchtturm noch keine Rede sein konnte.

Fast genau gleichzeitig mit dem Koloß von Rhodos wurde nun das überhaupt berühmteste Bauwerk zur Kennzeichnung eines besonders wichtigen und nicht leicht aufzufindenden griechischen Hafens geschaffen, der Pharus von Alexandrien. Alexandrien war 330 v. Chr. vom großen Alexander begründet worden. Genau ein halbes Jahrhundert später erhielt dieser rasch aufblühende Hafen, der ja später lange Zeit der überhaupt wichtigste der Welt war, seinen berühmten Turm auf der Insel Pharus, deren Name seither in den romanischen Sprachen allgemein den Begriff Leuchtturm überhaupt bezeichnet. Früher glaubte man, der Pharus habe von Anfang an, d. h. seit 280 v. Chr., ein nächtliches Leuchtfeuer getragen, bis Veitmeyer schwerwiegendes Geschütz gegen diese Anschauung auffuhr. Man nahm lange Zeit hindurch an, die ganze Insel habe ihren Namen erst von dem Leuchtturm erhalten: Pharus brachte man nämlich in Zusammenhang mit dem Worte φάω (sanskr. bhâ) = leuchten, und der im 7. Jahrhundert lebende Isidorus Hispaliensis glaubte gar, „Pharus" sei aus φῶς (Licht) und ὅρασις (Sehen) zusammengesetzt[573]. Aber diese Wortableitung ist lediglich ein warnendes Beispiel dafür, zu welchen ungeheuerlichen Fehlschlüssen eine zu einseitige Überschätzung sprachlicher Ähnlichkeiten führen kann, denn die Insel führte schon mindestens ein halbes Jahrtausend, bevor der Turm errichtet wurde, ihren Namen Pharus! Wird sie doch sogar schon bei Homer mit diesem Namen genannt[574]:

„Eine der Inseln liegt im wogenstürmenden Meere
Vor des Ägyptos Strome; die Menschen nennen sie Pharos."

Der Pharusturm von Alexandria, der vor der Hafeneinfahrt, vermutlich auf der heutigen Untiefe Djorf-el-Wasat, stand und der in den Jahren 299 bis 280 vor Christi Geburt mit einem Kostenaufwand von etwa 3½ Millionen Mark (800 Talenten) errichtet wurde, ist sicher zunächst kein Leuchtturm gewesen, sondern ebenfalls nur ein Tagzeichen für die Schiffahrt, wie der Koloß von Rhodos. Veitmeyer hat dies meines Erachtens in durchaus unwiderlegbarer Weise bewiesen. Zu Caesars Zeit kann nach Veitmeyer das Feuer zur Nachtzeit auf dem Pharus bestimmt noch nicht gebrannt haben, da sonst Caesar in seinen Schriften es keinesfalls unterlassen haben würde, der zu seiner Zeit zweifellos noch ganz ungewöhnlichen Erscheinung zu gedenken. Caesar sagt nämlich über den Pharus, der im Jahr 47 v. Chr. in seinem ägyptischen Feldzug eine bedeutende Rolle spielte, nichts weiter als[574]:

„Der Pharus ist auf einer Insel ein Turm von ansehnlicher Höhe, ein wunderbares Bauwerk; er hat von der Insel seinen Namen erhalten... Wider den Willen derer, die den Pharus besetzt halten, können Schiffe wegen der engen Durchfahrt nicht in den Hafen gelangen."

Thiersch, der um jeden Preis überall altgriechische Feuer herauskonstruieren will und der gerade dem Pharus von Alexandrien eine wertvolle Sonderstudie gewidmet hat[575], meint, zur Zeit, da Caesar seine eingehende Beschreibung verfaßte, in der nicht mit einem Wort von nächtlichen Feuerzeichen des Pharus die Rede ist, sei das Leuchtfeuer vielleicht wegen der Kriegsgefahr gelöscht gewesen. Mit Verlaub, wenn damals wirklich ein angeblich schon seit 230 Jahren brennendes Leuchtfeuer nur ausnahmsweise und vorübergehend gelöscht gewesen wäre, so hätte ein gebildeter und intelligenter Schriftsteller, wie Caesar, gerade erst recht betonen müssen, daß das von alters her bekannte Feuer des Pharus zu seiner Zeit nicht brannte! Das schon von Veitmeyer aus dem Schweigen Caesars gefolgerte argumentum ex silentio gegen die Befeuerung des Pharus in vorchristlicher Zeit bleibt demnach in voller Schärfe und unerschütterlicher Beweiskraft als einer der gewichtigsten Einwände gegen die Hypothese griechischer Leuchtfeuer bestehen. Für die Annahme, daß zu Caesars Zeit der Pharus schon befeuert war, spricht lediglich eine Stelle bei Lucanus, der Caesars Fahrt nach Ägypten folgendermaßen besingt[576]):

>   „Die siebente Nacht zeigte, indem niemals Zephyr die Taue lockerte, durch die Flammen des Pharos das ägyptische Gestade. Aber der anbrechende Tag bedeckte die nächtliche Leuchte, bevor er in die sicheren Gewässer einlief."

Diese Dichterstelle ist aber erst zur Zeit Neros verfaßt worden, etwa 110 Jahre nach Caesars Besuch in Ägypten, in einer Epoche, da der Pharos bestimmt als Leuchtturm benutzt wurde. Für Caesars Zeit lassen sich daraus unmöglich verläßliche geschichtliche Schlüsse ziehen. Es käme dies auf dasselbe heraus, als wenn man aus der Tatsache, daß Schiller im „Wallenstein" seinem Buttler versehentlich die Kenntnis des Blitzableiters unterlegt, folgern wollte, hiermit sei erwiesen, daß der Blitzableiter schon zur Zeit des 30jährigen Krieges erfunden gewesen war. Des Geschichtsschreibers Caesar Zeugnis wiegt doch wohl erheblich schwerer als das des Dichters Lucanus.

Selbst noch Strabo, der sein berühmtes Reisewerk in den letzten Lebensjahren des Kaisers Augustus und in den ersten Regierungsjahren des Kaisers Tiberius verfaßte und der im Jahre 24 v. Chr. den Pharus aus eigener Anschauung kennengelernt hatte, weiß noch nichts von einem nächtlichen Feuer, denn er schreibt[577]):

>   „Die Spitze der Insel selbst ist ein umbrandeter Fels, der einen wunderbar angelegten, vielstöckigen, mit der Insel gleichnamigen Turm aus weißem Marmor trägt. Ihn errichtete Sostratos aus Knidos, ein Freund der Könige, Alexanders und seiner Nachfolger, „den Schiffern zum Heil", wie die Inschrift besagt. Denn da die Küste zu beiden Seiten hafenlos und flach ist, auch der Untiefen und Riffe nicht entbehrt, bedurfte es für die zu Wasser Ankommenden eines Kennzeichens, und zwar eines hohen und gut sichtbaren (λαμπροῦ σημείου), damit sie die Hafeneinfahrt sicher finden konnten."

Wenn man sich von gewaltsamen Auslegungen frei hält, wird man auch aus dieser Stelle das Vorhandensein eines nächtlichen Leuchtfeuers auf dem Pharus von Alexandria zu Strabos Zeit nicht wohl ableiten können. Der Ausdruck λαμπρός hat mit leuchtenden Lampen nichts zu tun und heißt im Zusammenhang offenbar nur „gut sichtbar". Mir scheint aus der Stelle mit Sicherheit hervorzugehen, daß auch noch Strabo den Pharus nur als ein Tagzeichen der Schiffahrt gekannt hat. Wäre der Ausdruck λαμπροῦ auf ein nächtlich brennendes Leuchtfeuer zu deuten, so müßte nämlich logischerweise der Nachsatz lauten: „damit sie die Hafeneinfahrt auch zur Nachtzeit sicher finden könnten"!

Veitmeyers sorgsame Untersuchung hat darauf hingewiesen, daß auch die Strabo-Stelle unbedingt gegen das Vorhandensein eines Leuchtfeuers spreche[578]):

„Aus seinem Schweigen ergibt sich mit Sicherheit, daß der Pharus im Jahre 24 v. Chr., wo er ihn gesehen hat, noch nicht nachts gebrannt hat. Ja, man kann mit einiger Wahrscheinlichkeit annehmen, daß er auch im Jahre 14 nach Christo noch nicht gebrannt hat, da Strabo sonst, wie es an vielen Stellen seines Werkes sichtbar ist, eine nachträgliche Bemerkung eingefügt hätte."

Selbst Pomponius Mela, der unter Caligula schrieb und den Pharus ebenfalls erwähnt[579]), spricht noch nicht von einem daselbst brennenden Leuchtfeuer.

Die erste zeitgenössische Erwähnung des nächtlich auf dem Pharus brennenden Feuers findet sich vielmehr erst bei Plinius, der darüber meldet[580]), der Pharus sei bestimmt:

„der nächtlichen Fahrt der Schiffe Feuerzeichen zu geben, um die Untiefen und die Einfahrt in den Hafen anzuzeigen, wie sie schon (!) an mehreren Orten brennen, so in Ostia und Ravenna."

Plinius hat diese Stelle im Jahre 77 nach Christi Geburt niedergeschrieben. Da er an anderer Stelle[581]) eine Bemerkung macht, als habe der Pharus erst kurz zuvor sein Leuchtfeuer erhalten:

„Die Insel Pharus, die jetzt durch nächtliches Feuer vom Turme aus den Lauf der Schiffe regelt",

vermutet Veitmeyer, meines Erachtens mit Recht, daß wohl erst kurz vorher die Befeuerung vorgenommen worden sei. Seine Behauptung[582]), daß Plinius zuerst das Feuer erwähnt, bedarf aber insofern einer kleinen Berichtigung, als eben bereits der im Jahre 65 n. Chr. gestorbene Dichter Lucanus in der oben mitgeteilten Stelle der „Pharsalia" den Pharus als Leuchtturm kennt. Spätestens unter Nero war also der Pharus nächtlich befeuert, aber auch nicht viel früher.

Die Dinge liegen demnach so, daß von den zahlreichen, sicher zu datierenden Literaturstellen, die sich mit dem alexandrinischen Pharus beschäftigen, bis auf Kaiser Neros Zeit keine einzige etwas von einem daselbst brennenden Leuchtfeuer weiß. Bei dieser Sachlage gebietet meines Erachtens die Logik, anzunehmen, daß eben bis mindestens zur Zeit des Pomponius Mela der Pharus nicht befeuert war. Dieser Schluß erfährt dadurch eine höchst bemerkenswerte Bestätigung, daß unter den zahlreichen verschiedenen antiken Münzen, die den befeuerten Pharus zeigen — Thiersch hat sie sämtlich (132 an der Zahl) in seinem großen Spezialwerke über den Pharus vortrefflich wiedergegeben[583]) —, keine einzige auf die Zeit vor Domitian (81—96) zurückgeht!

Auf Grund dieser Tatsachen möchte ich behaupten, daß der Pharus erst nach dem Jahre 41 (Pomponius Mela) und vor dem Jahre 65 nach Christi Geburt (Lucanus' Tod) von den Römern in einen Leuchtturm verwandelt worden ist.

Gegen diese an sich schlüssige Beweisführung, die uns für den Zeitpunkt der Befeuerung des Pharos auf einen recht kurzen Zeitraum von nur knapp 25 Jahren mit ja einem klaren terminus post und terminus ante quem verweist, zieht nun Thiersch mit ganz besonders schwerem Geschütz zu Felde. Er findet in Veitmeyers zweifellos gründlich und logisch durchdachter Behauptung „gänzlich unbegründete moderne Zweifel an der Hauptfunktion des Baues", die „völlig verstummen" müßten[584]). Thiersch beruft sich vor allem auf eine griechische Literaturstelle, die zunächst sehr überraschend und scheinbar unbedingt beweiskräftig ist und die Veitmeyer entgangen ist, nämlich auf ein angebliches Epigramm des Poseidippos. Poseidippos lebte zur Zeit, da der Pharus gebaut und eingeweiht wurde, also im ersten Teil des dritten vorchristlichen Jahrhunderts, in Alexandrien selbst, wäre also zweifellos der denkbar einwandfreieste Zeuge, wenn das nachstehende, charakteristische Epigramm wirklich von ihm herrührte. Es lautet[585]):

> Ἑλλήνων σωτῆρα, Φάρου σκοπόν, ὦ ἄνα Πρωτεῦ,
> Σώστρατος ἔστησεν Δεξιφάνους Κνίδιος·
> Οὐ γὰρ ἐν Αἰγύπτῳ σκοπαί, οὐ ῥία, οἷ᾽ ἐπὶ νήσων,
> Ἀλλὰ χαμαὶ χηλὴ ναύλοχος ἐκτέταται.
> Τοῦ χάριν εὐθεῖάν τε καὶ ὄρθιον αἰθέρα τέμνων
> Πύργος ὅδ᾽ ἀπλάτων φαίνετ᾽ ἀπὸ σταδίων
> Ἤματι· παννύχιος δὲ φόως ἐν κύματι ναύτης
> Ὄψεται ἐκ κορυφῆς πῦρ μέγα καιόμενον,
> Καί κεν ἐπ᾽ αὐτὸ δράμοι Ταύρου κέρας οὐδ᾽ ἂν ἁμάρτοι
> Σωτῆρος, Πρωτεῦ, Ζηνὸς ὁ τῇδε πλέων.

Zu deutsch (Übersetzung von Ad. Trendelenburg):

> Griechen zum Heil, Proteus, türmt auf die Warte von Pharos,
> Sostratos, Knidos entstammt, Sprosse des Dexiphanes.
> Zackiger Gipfel entbehrt, ungleich den Inseln, Ägypten,
> Flach in ebnem Gefild dehnen sich Reede und Damm.
> Drum ragt mächtig der Turm hier auf, den Äther zerteilend,
> Tags ein Zeichen, das weit sichtbar den Hafen verrät,
> Nachts ein helles Fanal, dess hochaufloderndes Feuer
> Von der Höhe herab weiset dem Schiffer den Pfad.
> Böte er kühn auch dar die Stirn dem Horne des Stieres,
> Sicheren Schutz auch dann fänd' er beim rettenden Zeus.

Stammt dieses Epigramm in der Tat von Poseidippos, so ist jeder Zweifel daran, daß der Pharus von Anfang an ein Leuchtfeuer getragen hat, trotz Veitmeyers scharfsinnigen Darlegungen, hinfällig. Aber Thiersch ist in seiner Beweisführung nicht einwandfrei vorgegangen und hat sich die Sache zu leicht gemacht, denn die Urheberschaft des Poseidipp ist höchst zweifelhaft und schon vor einem halben Jahrhundert durch Blaß sehr energisch in Frage gestellt worden[586])

Thiersch ignoriert diese längst erwiesene Tatsache, daß die Autorschaft des Poseidippos keineswegs bewiesen und sogar eine recht sehr in der Luft schwebende Annahme ist. Das fragliche Schriftstück befindet sich nämlich auf der Rückseite eines aus dem Jahre 161 v. Chr. stammenden Papyrus mit Rechnungen aus dem Serapeum zu Memphis. Da aber bei der Kostbarkeit des Papyrusmaterials die Rückseite oftmals noch in späteren Jahrhunderten zu Aufzeichnungen, Schreibübungen der griechischen und ägyptischen Scholaren usw. benutzt wurde, läßt sich aus dem verwendeten Material auf die Zeit der Entstehung der Rückseitenschrift überhaupt kein Schluß ziehen, ebensowenig auf die Persönlichkeit des Schreibers. Die Vermutung, daß Poseidippos der Verfasser des Epigramms sei, schwebt ebenfalls empfindlich in der Luft. Sie stützt sich lediglich auf eine ziemlich willkürliche Änderung der überdies zweifellos erst später mit blasser Tinte hinzugefügten Überschrift, die nach Blaß eigentlich lautet: ΕΙΔΕΙΔΟΠΠΟΥ ΕΠΙΓΡΑΜΜΑΤΑ, also Eideidoppou Epigrammata. Die Verbesserung des sicher entstellten Eideidoppou in Poseidippou ist auch im günstigsten Falle nur eine unbewiesene Vermutung, die weder durch die für Poseidipp (wie Thiersch selbst zugibt) unerwartet elegante und geistvolle Sprache des Epigramms noch durch irgendeinen anderen Umstand derart gestützt wird, daß Thiersch einfach von einem „Epigramm des Poseidippos" und einer „antiken Nachricht über den Pharus aus der Zeit seiner Entstehung selbst" sprechen dürfte, die „unter dem frischen Eindruck der neuen gigantischen Schöpfung" entstanden sei. Die Dinge liegen vielmehr so, daß wir weder den Verfasser des Epigramms noch den Abschreiber, weder das Jahrhundert der Entstehung des Gedichtes noch das seiner Niederschrift kennen. Aus solchem geschichtlichen Material kann man aber unmöglich kritisch bedeutsame Schlüsse ziehen, wenn diese nicht durch andere Quellen gestützt werden. Reichlich verdächtig ist auch, daß der Dichter des Epigramms den Ζεὺς Σωτήρ zum Herrn des Turmes macht, während dieser doch nach der Inschrift θεοῖς σωτῆρσιν = den Dioskuren geweiht war. Dieser Umstand spricht stark gegen die Verfasserschaft des Poseidippos, der die Inschrift natürlich kannte und sich die Abweichung von ihr niemals gestattet hätte.

Ich fühle mich nicht kompetent, Thiersch auf das Gebiet seiner philologischen Darlegungen zu folgen, sondern muß in dieser Hinsicht Angriff und Verteidigung meinem verehrten fachmännischen Berater, Herrn Geh. Rat Adolf Trendelenburg, überlassen, der mir ausdrücklich erklärt, daß Thierschs Beweisführung für ihn keineswegs überzeugend sei. Thiersch macht es mir zum Vorwurf, daß ich die Autorschaft Poseidipps angezweifelt habe. Aber diesen Zweifel habe ja gar nicht ich zum ersten Male geäußert, was ich nie gewagt haben würde, sondern schon aus den erwähnten Äußerungen eines Blaß und Bergk im „Rheinischen Museum" von 1880 geht hervor, daß die Verfasserschaft des Poseidipp eine so weniger eine feststehende Tatsache ist, wenn sich auch die Altphilologen dahin geeinigt haben, daß sonst wenig gegen Poseidipp als Verfasser spricht. Selbst wenn aber wirklich Poseidippou deutlich in der Überschrift des Epigramms zu lesen wäre, bliebe bei der Eigenart der Entstehung der Niederschrift immer noch die Möglichkeit offen, daß das Epigramm nur willkürlich oder irrtümlich dem alexandrinischen Dichter zugeschrieben wurde. Zur Beurteilung der Zuverlässigkeit des Schreibers berufe ich mich im übrigen, um nicht voreingenommen zu scheinen, auf das Zeugnis der Philologen von Fach im genannten Jahrgang 1880 des „Rheinischen Museums":

S. 75 (Blaß): „Das Papyrusblatt mag ursprünglich Schulzwecken gedient haben, indem verschiedene Schüler die ihnen aufgegebenen Abschriften darauf eintrugen, zum Teil ziemlich sorgfältig, zum Teil aber auch mit der ärgsten Flüchtigkeit und Gedankenlosigkeit."

S. 89 (Blaß): „Man bedenke, wie ein solches Wort korrumpiert werden mußte, nicht erst von dem unwissenden Schreiber, sondern schon in der Vorlage."

S. 258 (Bergk): „Hier liegt keine inschriftliche Urkunde vor, die den Kritikern stets besonderen Respekt einflößt, obwohl auch diese Denkmäler nicht immer unfehlbar sind, sondern die von Schnitzern aller Art wimmelnden Schreibübungen ägyptischer Scholaren."

Und vor einem also charakterisiertem Material, das „von ärgsten Schnitzern aller Art wimmelt" und dessen Schreiber mit dem Fluch der „Flüchtigkeit und Gedankenlosigkeit" von maßgebendster Seite beladen worden ist, soll ich mich gläubig beugen, weil einige Philologen glauben, daß die von einem unaufmerksamen Schüler verdorbene Überschrift Eideidoppou vielleicht Poseidippou zu lesen ist? Das heißt zu viel verlangt!

Daß keine philologischen Bedenken bestehen, dem Poseidipp die Autorschaft zuzuerkennen, mag sein; um so mehr erheben sich kulturgeschichtliche Bedenken ernstester Art dagegen. Wenn ich auf einem Gemälde, dessen Autorschaft dem Tizian zugeschrieben wird, ohne ganz sicher festzustehen, eine Telegraphenleitung entdecke, so mag die Maltechnik, die Farbenpracht usw. von den berufensten Sachkennern noch so sehr als tizianisch bezeichnet werden — kulturhistorisch ist die Frage der Herkunft aus Tizians Werkstatt erledigt: ich darf aus dem Bild nicht etwa schließen, daß damit das Vorkommen elektrischer Leitungen zu Tizians Zeit bewiesen sei, sondern daß ein anderer, neuerer Maler das Gemälde angefertigt haben muß. Genau so liegen die Dinge beim Epigramm des Poseidipp: sein Verfasser steht nicht einwandfrei fest, die Zeit der Niederschrift ebensowenig, während andere Quellen eine sichere Kenntnis echter Leuchttürme einwandfrei erst drei Jahrhunderte nach Poseidipps Lebzeiten erkennen lassen. Habe ich recht, wenn ich unter solchen Umständen lieber die Autorschaft des Poseidipp fallen lasse, ehe ich mich zu der Annahme entschließe, daß volle drei Jahrhunderte hindurch ein unbegreiflicher Zufall die Erwähnung einer längst vorhandenen Kulturerrungenschaft in der Literatur vollständig vereitelt hat? Der Schluß, daß die altgriechischen Hafensäulen und Leuchttürme, weil sie seit dem 1. nachchristlichen Jahrhundert sicher Feuer trugen, auch vorher befeuert gewesen sein müßten, ist gerade so schief, als wenn man aus dem Umstand, daß die Seeschiffe seit dem 19. Jahrhundert zumeist Dampfer sind, folgern wollte, daß die Schiffe demnach auch im Altertum und Mittelalter mit Dampf betrieben worden seien. Wenn aus vorchristlicher Zeit tatsächlich weder irgend ein einwandfreier Literaturhinweis noch eine Abbildung noch ein architektonischer Anhaltspunkt vorliegt, aus dem wir das Vorhandensein befeuerter Hafensäulen und Leuchttürme in der hellenischen Welt folgern können, so ist doch wohl der nächstliegende Schluß der, daß eine nächtliche Befeuerung der Küsten damals eben noch nicht bekannt war. — Für die römische Welt ist nun aber ebensowenig ein Leuchtfeuer in vorchristlicher Zeit nachzuweisen.

Einer der ältesten römischen Türme, der zum Wohle der Schiffahrt errichtet wurde, stand an der Mündung des Baetis (Guadalquivir), wo die untiefen- und klippenreiche Küste ein weithin sichtbares Wahrzeichen besonders notwendig machte. Dieser Leuchtturm wurde nach Strabos Bericht schon im Jahre 106 vor Christi Geburt vom Statthalter Cn. Servilius Caepio erbaut, doch ist es auch in diesem Falle zweifellos, daß der Turm anfangs kein Leuchtfeuer trug. Strabo sagt darüber nämlich wieder nur[587]):

„Der Turm des Caepio ist erbaut auf einem ringsumbrandeten Felsen, wunderbar anzusehen wie der Pharus, zum Heile der Seefahrer. Denn die vom Strom mitgeführte Erde verursacht Untiefen, und die Stelle davor ist klippenreich, so daß es eines gut sichtbaren Kennzeichens bedarf."

Auch hier also ist keine Rede von einem nächtlich brennenden Feuer, dessen ausdrückliche Erwähnung gar nicht verschwiegen werden konnte, wenn es vorhanden gewesen wäre. Es ist also mehr als unwahrscheinlich, daß Caepio schon im Jahre 106 v. Chr. an der Guadalquivir-Mündung einen wirklichen Leuchtturm erbaut hat.

Ein anderer alter Turm für die Schiffahrt stand ferner in der Straße von Messina. Er wurde ums Jahr 40 vor Christi Geburt von Sextus Pompejus erbaut. Wären damals Leuchttürme überhaupt schon bekannt gewesen, so wäre ein solcher an dieser für die Schiffahrt des Altertums so besonders wichtigen Stelle unweigerlich errichtet worden. Der Turm von Messina besaß aber sicherlich ebenfalls kein nächtlich brennendes Feuer, denn eine alte Münze, die eine Abbildung des Turmes enthält[588]), zeigt deutlich, daß auch dieser Turm nur ein Tagzeichen war und kein Leuchtfeuer hatte: trägt er doch statt der Feuereinrichtung auf der Spitze ein Standbild des Neptun!

Wenn aber noch im Jahre 40 vor Christi Geburt an einer der verkehrsreichsten Wasserstraßen der Welt ein Turm zur Sicherung der Schiffahrt errichtet werden konnte, der kein nächtliches Leuchtfeuer trug, müssen wir daraus mit einer an Gewißheit grenzenden Wahrscheinlichkeit vermuten, daß der Begriff der nächtlichen Küstenbefeuerung bis dahin noch völlig unbekannt gewesen ist — anderenfalls hätte man gerade in der Straße von Messina ganz sicher nicht darauf verzichtet!

Thiersch will auch diese Beweisführung hinsichtlich des Turmes in der Straße von Messina nicht gelten lassen! Wenn die genannte Münze auf der Spitze des Turmes eine Statue des Neptun und keine Leuchtfeuervorrichtung erkennen läßt (womit der sichere Beweis erbracht ist, daß es sich nur um ein Tagzeichen der Schiffahrt gehandelt haben kann), so spricht Thiersch die Vermutung aus, daß die unter der Statue erkennbaren Turmfenster das Gemach geborgen hätten, in dem das Leuchtfeuer brannte! Wie denkt sich Thiersch die technische Verwirklichung dieser wunderlichen Hypothese? Mir scheint, er überträgt seine Erinnerung an heutige Leuchtfeuer auf die alte Zeit. Jetzt, wo wir mit Gas, Petroleum und elektrischem Licht gewaltige Kerzenstärken erzielen können, läßt man allerdings die Leuchtfeuer in geschlossenem, glasumkleideten Raume brennen. Aber früher? Große Lichtstärken, die auf Meilen sichtbar waren, konnte man im Altertum und Mittelalter nur mit offenem Feuer erzielen, nach Veitmeyer ausnahmslos mit Holzfeuer. Und derartige Brände sollte man in einem geschlossenen, mit einer Zimmerdecke versehenen, nur durch Fensterluken nach außen freien Raum entfacht haben? Mir scheint, eine solche Einrichtung müßte sich auf den ersten Blick als feuergefährlich und obendrein technisch unzweckmäßig derart deutlich erweisen, daß auch der technische Laie ganz von selbst das Unmögliche einer solchen Anlage einsieht. Die späteren Abbildungen von echten Leuchttürmen zeigen uns stets das offene Feuer oder die Vorrichtung hierfür. Thiersch aber erklärt, dieses auf späteren Darstellungen echter Leuchttürme deutlich auf der Spitze brennende offene Feuer sei „zweifellos" (!) gewissermaßen nur symbolisch gemeint und eine freie Darstellung gewesen, um klar zu machen, daß im oberen Turmgemach ein Feuer brannte! Eine solche Annahme geht recht erheblich über das Maß zulässiger Deutelung und wissenschaftlich erlaubter Auslegung hinaus. Offenbar hat Thiersch auch nicht bedacht, daß jedes offene Feuer einen gewaltigen Qualm entwickelt, der doch irgendwo abziehen muß. Brennt das Feuer im geschlossenen, nur mit kleinen Fenstern versehenen Raum, so würde nicht nur die Bedienung des Feuers einfach zur Unmöglichkeit, sondern der Qualm, der ausschließlich durch die Fenster entweichen kann, würde auch das Feuer derartig verdunkeln, daß sein durch die Unterbringung ohnehin stark beeinträchtigter Zweck gänzlich zunichte gemacht würde. Im übrigen sollten eigentlich die Untersuchungen Buchwalds über die technischen Einrichtungen der antiken Leuchttürme[589], die Thiersch kennt, derart willkürliche, nach der Formel „Reim' dich, oder ich freß' dich" geführte „Beweise" ein für alle Male unmöglich gemacht haben.

Um seine verlorene Position gegen Veitmeyers, Buchwalds und meine Beweise zu retten, verweist Thiersch schließlich noch auf ein antikes Grottenmosaik von Praeneste, das tatsächlich eine Hafensäule mit loderndem Feuerbrand zeigt. Aber — es fehlt wieder der Beweis, daß dies Mosaik aus vorchristlicher Zeit stammt. Nichts hindert anzunehmen, daß es erst nach der Zeit Caligulas geschaffen wurde. Ja, ich wage zu behaupten, daß gerade der Feuerbrand ein sicheres Zeichen für eine Entstehung nicht vor dem Jahre 40 n. Chr. ist.

Wo wir bis zur Zeit des Tiberius Schiffahrtstürme in der antiken Welt erwähnt finden, fehlt also ausnahmslos jeder Hinweis auf eine nächtliche Befeuerung. Der Turm auf Capri, der wenige Tage vor der Ermordung des Tiberius (16. März 37) infolge eines Erdbebens einstürzte (was als Vorzeichen des Todes des Kaisers galt), wird zwar von Sueton[589] als „turris Phari" bezeichnet, aber diese Bezeichnung gibt nicht nur sprachlich zu Bedenken Anlaß, sondern gestattet auch sonst keine Rückschlüsse, da eben zur Zeit des Tiberius der Pharus noch kein Leuchtfeuer getragen hat.

Wenige Jahre nach des Tiberius Tode begegnen wir dann aber mit Sicherheit einem nachweisbaren Leuchtturm, und zwar in Ostia, im Hafen Roms, der ums Jahr 42 n. Chr. von Kaiser Claudius umgebaut wurde und bei dieser Gelegenheit ein zweifelloses Leuchtfeuer erhielt. Die Tatsache wird uns gleich von zwei Schriftstellern, einem lateinischen und einem griechischen, übereinstimmend bezeugt, von Sueton und Dio Cassius, und da es auch psychologisch verständlich und wahrscheinlich ist, daß im Hafen der Weltbeherrscherin Rom eine neue Wohlfahrtseinrichtung für die Schiffahrt zuerst angewendet worden sein wird, so können wir mit hoher Wahrscheinlichkeit den aus dem Jahre 42 n. Chr. stammenden Leuchtturm von Ostia als den ältesten echten Leuchtturm der Welt ansprechen. Die Stelle bei Sueton, die uns von der Errichtung des Bauwerkes Kunde gibt, lautet folgendermaßen[590]):

„Den Hafen von Ostia erbaute er (Claudius), nachdem er rechts und links einen Seitendamm herumgeführt und am Eingang, da der Ankerplatz schon tief war, eine Mole vorgelegt hatte: um diese fester und dauerhafter zu machen, versenkte er vorher das Schiff, auf dem der große Obelisk aus Ägypten herangeschleppt worden war, und errichtete über den zusammengetragenen Steinpfeilern einen sehr hohen Turm nach dem Vorbild des Pharus von Alexandria, damit die Schiffe nach einem nächtlichen Feuer ihren Lauf richten konnten",

und Dio Cassius berichtet, unabhängig von Sueton, entsprechend[592]):

„Hier errichtete er eine Insel und auf ihr einen Turm mit Leuchtfeuer" (πύργον τε ἐπ' ἐκείνῃ φρυκτωρίαν[593]) ἔχοντα κατεστήσατο).

Unter diesen Umständen könnte man unbedenklich den von Kaiser Claudius im Hafen von Ostia errichteten Leuchtturm endgültig als den ältesten der Welt betrachten, wenn nicht noch eine sehr merkwürdige Stelle die Vermutung eröffnete, daß er an einer ziemlich kulturfernen Küste vielleicht noch einen etwas älteren Vorläufer gehabt hat. Sueton berichtet nämlich an der Stelle, wo er von dem verrückten „Feldzug" des wahnsinnigen Kaisers Caligula gegen den Atlantischen Ozean erzählt, der mit einem Sammeln von — Muscheln endete[594]):

„Und zum Zeichen des Sieges errichtete er einen sehr hohen Turm, aus dem, wie aus dem Pharus[595]), nachts zur Regelung des Laufes der Schiffe Feuer erstrahlen sollte."

Der wunderliche Feldzug Caligulas an der gallischen Küste fand im Jahre 40 statt, der von ihm erbaute Turm stand bei Boulogne (Gessoriacum) bis zur Mitte des 17. Jahrhunderts und hat in der Geschichte des Leuchtturmwesens wiederholt eine bedeutsame Rolle gespielt. Zu welchem Zweck ihn der wahnsinnige Kaiser errichten ließ, und was ihn auf den Gedanken gebracht hat, ein Feuer auf dem Turm zu entzünden,

VII. Zur Frühgeschichte der Leuchtfeuer.

ist nicht recht ersichtlich, da, wie wir sahen, kein anderer „Leuchtturm" bis dahin vorhanden war, der als Vorbild hätte dienen können, und da außerdem im Ärmelkanal die Schiffahrt im Verhältnis zu derjenigen des Mittelmeergebietes naturgemäß nur sehr schwach entwickelt war, so daß nicht einzusehen ist, weshalb eine an sich höchst segensreiche Einrichtung dort früher als hier zur Anwendung gekommen sein soll. Nun hatte aber Caligula eine kindische Freude an Feuerwerk aller Art[596]). Ob diese freilich im Zusammenhang stand mit der an sich vernünftigen, wenn auch an der fraglichen Küste noch ziemlich zwecklosen Errichtung eines Leuchtturmes, ist nicht ohne weiteres erkennbar. Bemerkenswert ist jedoch, daß nach Adler[597]) der von Caligula begonnene Turm erst unter Kaiser Claudius im Jahre 46, also vier Jahre nach dem Leuchtturm von Ostia, vollendet wurde, so daß dieser als Vorbild gedient haben kann.

Die Türme von Ostia und von Boulogne, die fast zur gleichen Zeit errichtet wurden, sind zweifellos die ältesten echten Leuchttürme gewesen. Das Alter dieser Schiffahrtssicherung geht daher nicht weiter als bis aufs Jahr 42 nach Christi Geburt zurück. Es müssen dann allerdings rasch weitere Leuchttürme im römischen Weltreich entstanden sein. Sie werden z. B. von Plinius, Sueton und Statius erwähnt für die Häfen Ravenna, Ostia, Brundusium (Brindisi), Dyrrhachium (Durazzo), Puteoli (Pozzuoli), Misenium (Miseno) usw. Bei den meisten dieser Türme ist die Zeit der Erbauung unbekannt. Buchwald weist des weiteren römische Leuchttürme des 1. und 2. Jahrhunderts nach[598]) in Abydos, Sestos, Anamea, Chrysopolis (Skutari), auf dem Vorgebirge Panium am Eingang des Bosporus, im Piräus (?), in Aquileja, Ancona, Messana, Rhegium, Centum cellae (Civita vecchia), Forum Julii (Fréjus), Massilia, Narbo, Gades, Brigantium (Coruña), Gessoriacum (Boulogne), bei Quineville am Ärmelkanal, in Dubrae (Dover). Ziemlich sicher haben noch weitere bestanden.

Buchwald zählt in seiner Arbeit an Hand von Münz- und Literaturnachweisen nicht weniger als 31 Leuchttürme (darunter etwa 10 zweifelhafte) aus den verschiedensten Teilen des römischen Reiches im 1. und 2. nachchristlichen Jahrhundert auf und fügt mit Recht hinzu:

> „Außer den hier angeführten Leuchtfeuern sind im Altertum wohl sehr viel mehr solcher im Betriebe gewesen... Es dürfte schon in der Glanzzeit des kaiserlichen Rom, also um die Wende des 1. Jahrhunderts n. Chr., der Leuchtturm ein unerläßlicher Bestandteil eines jeden wichtigen Hafens gewesen sein."

Der einzige bis auf den heutigen Tag erhaltene und noch immer benutzte Leuchtturm des Altertums, der von Coruña, der sogenannte Torre de Hercules, gehört nicht zu den ältesten Bauwerken dieser Art, sondern dürfte erst unter Kaiser Trajan, also ums Jahr 100 nach Christi Geburt, erbaut worden sein, wenn ihn auch die mittelalterliche Sage als Bauwerk des Herkules ansprechen wollte.

Zusammenfassend sei das Ergebnis vorstehender Untersuchung dahin zusammengefaßt, daß es die vorchristliche Zeit über Feuersignale in Gefahrzeiten für Seefahrer (dazu feuertelegraphische Verständigung) nie hinausgebracht hat. Das eigentliche Leuchtturmwesen kommt erst ums Jahr 40 n. Chr. auf und ist unzweifelhaft ein Erzeugnis römischen Geistes gewesen. Dies entspricht auch durchaus dem sonstigen historischen Tatbestand, der uns erkennen läßt, daß die höchsten geistigen Werte des Altertums griechischen Ursprungs waren, daß aber die auf das praktische Leben bezüglichen, antiken Errungenschaften auf technischem, rechtlichem, militärischem, administrativem Gebiet usw. zum weitaus größten Teil den Römern zu danken waren. Die Römer haben als Seefahrer sicher nicht mehr, eher weniger, als die Griechen geleistet. Die Sicherung der Schiffahrt aber, wie sie die regelmäßig befeuerten Leuchttürme darstellen, mutet typisch römisch-praktisch an. Es ergibt sich somit auch eine hohe kulturpsychologische Wahrscheinlichkeit für die Richtigkeit des von der strengen historischen Kritik abzugebenden Urteils, daß eine Verwendung regelmäßiger Leuchtfeuer vor dem Zeitalter der Kaiser Caligula oder Claudius nicht nachzuweisen ist.

Während somit die Kenntnis des Leuchtturmwesens im Altertum keineswegs in so frühe Jahrhunderte hinaufreicht, wie es in der Regel dargestellt wird, scheinen umgekehrt im Mittelalter die Leuchttürme verbreiteter gewesen zu sein, als es die übliche Lesart wahr haben will. Diese betont übereinstimmend, daß während des größten Teiles des Mittelalters, jedenfalls aber bis in die zweite Hälfte des 12. Jahrhunderts, keine Leuchttürme in Anwendung gewesen seien, mit alleiniger Ausnahme des Pharus von Alexandria, der bis ins späte Mittelalter hinein ziemlich ununterbrochen dem Seeverkehr gedient habe. Auch diese Auffassung dürfte nicht haltbar sein. Zwar kann es keinem Zweifel unterliegen, daß mit dem Niedergang der Herrlichkeit des römischen Reiches, etwa seit der zweiten Hälfte des 2. Jahrhunderts, das ehedem so sorgfältig gepflegte Leuchtfeuerwesen mehr und mehr verfiel, und daß vielleicht sogar ein volles Jahrtausend hindurch kein neuer Leuchtturm gebaut wurde. Der letzte römische Schriftsteller, der die Leuchttürme erwähnt, ist Solinus im 3. Jahrhundert, der einmal sagt[599]):

„Man nennt eine Vorrichtung, um Leuchtzeichen zu geben, einen Pharus."

Es ist nun aber von vornherein unwahrscheinlich, daß die handelsfrohen und seetüchtigen Byzantiner, die so viele Errungenschaften der altrömischen Kultur übernommen hatten, gerade die Segnungen der Leuchtfeuer so völlig verkannt haben sollten, daß sie diese wundervolle Sicherheitsmaßnahme für die Schiffahrt nicht auch angewendet haben, zumal da sie ja alljährlich Gelegenheit genug hatten, am Pharus von Alexandria die Vorteile einer guten Küstenbefeuerung an gefährdeten oder vielbefahrenen Stellen praktisch zu erproben. Auch dieses ehrwürdige Wahrzeichen alter Zeit, das von Kleopatra nach den Römerkriegen wiederhergestellt wurde, wurde freilich nicht gleichmäßig in Ehren gehalten; im Laufe des 5. Jahrhunderts begann es zu verfallen, so daß ums Jahr 500 unter Kaiser Anastasios I. Ausbesserungen vorgenommen und Maßnahmen zur Verhütung einer Unterspülung getroffen werden mußten[600]). Trotzdem stürzten späterhin einige Teile ein, so besonders bei einem großen Erdbeben im Jahre 796[601]). Im Jahre 880 wurde abermals eine Erneuerung vorgenommen und einige Jahrzehnte später eine dritte, da im Jahre 955 ein Teil des oberen Stockwerks wiederum durch ein Erdbeben zum Einsturz gebracht worden war. In der zweiten Hälfte des 12. Jahrhunderts brannte der Pharus noch immer, wie uns der Araber El Edrisi ungefähr vom Jahre 1153 nach eigenem Augenschein ausdrücklich bezeugt[602]):

„Man brannte dort Tag und Nacht Feuer, um den Schiffen auf ihren Reisen Zeichen zu geben."

In den Jahren 1193—1213 wurde eine vierte Ausbesserung und Sicherung der Fundamente durchgeführt. Aber im 14. Jahrhundert verfiel der Turm nach einer über 1½tausendjährigen Wirksamkeit im Dienste der Schiffahrt seinem Schicksal. Ein furchtbares Erdbeben im Jahre 1303 beschädigte ihn schwer, und da diesmal die Ausbesserung anscheinend unterlassen wurde, nahm das Verhängnis rasch seinen Lauf. 1349, als der große arabische Reisende Ibn Batuta nach Alexandrien kam, war der Pharus eine Ruine, deren letzte Reste gleichfalls zerstört wurden, als im Jahre 1480 die Steine des alten Bauwerks für die Herstellung des Forts Pharus verwendet wurden. Der Pharus war damit verschwunden, und auch die Insel, auf der er stand, ist seither, da sie unbeschützt blieb, vom Meer völlig verschlungen worden, so daß man heute nicht einmal mit völliger Sicherheit die Stelle angeben kann, wo sie gelegen hat.

In der Zeit zwischen 500 und 1200 waren es wohl in erster Linie die Byzantiner, die für die Ausbesserung des mehrfach zum Teil zerstörten Pharus von Alexandria immer wieder Sorge getragen haben, da sie als lange Zeit führendes Handels- und Seevolk im östlichen Mittelmeer das größte Interesse an der Erhaltung des nützlichen Leuchtfeuers hatten. Sie kannten also dessen hohen praktischen Wert — und trotzdem sollten sie sich nicht veranlaßt gesehen haben, die nützliche Einrichtung an anderen passenden Stellen nachzuahmen? Die Annahme leidet zu sehr an innerer Unwahrscheinlichkeit, als daß sie richtig sein könnte!

In der Tat läßt sich der Beweis liefern, daß den Byzantinern auch sonst das Leuchtturmwesen durchaus nicht fremd war, und es ist fast unbegreiflich, wie man das Zeugnis zahlreicher byzantinischer Schriftsteller, das die Tatsache einwandfrei beweist, bisher hat übersehen können.

Zunächst stand in Konstantinopel selbst ein Tempel der Jungfrau Maria, der den Namen Pharus führte und offenbar den Schiffen nächtliche Feuerzeichen zu geben bestimmt war. Folgende zwei Belegstellen seien als Beweis dafür angeführt. — Zunächst heißt es bei Georgius Cedrenus von einem Ereignis des Jahrzehnts 810—820[603]):

„Michael Rancabes begab sich mit seiner Gattin Procopia und seinen Kindern ins Heiligtum der Gottesmutter, das den Namen Pharus führt."

Noch deutlicher drückt sich der kaiserliche Geschichtsschreiber Konstantin VII. Porphyrogennetos (905—959) aus, wenn er über dasselbe Geschehnis berichtet[604]):

„Da begab sich Michael auf das Drängen des Leo Armenius mit seinen Kindern und seiner Gattin mit abgeschorenem Haar in den Gottestempel, den man Pharus nennt, weil er allen ein Licht anzündet und zur Nachtzeit zu bestimmten Stellen trägt und somit jenes berühmten ägyptischen Pharus Namen und Bestimmung nachahmt, um daselbst die Milde Leos zu erflehen."

Von besonderer Wichtigkeit scheint ferner ein Leuchtturm am Eingang zum Bosporus gewesen zu sein, offenbar derselbe, den bereits die Römer auf dem Vorgebirge Panium errichtet hatten (vgl. S. 141). Dieser Turm, der schon in der römischen Kaiserzeit ein Feuer trug und der nach Veitmeyers Forschungen auch am Ende des 16. Jahrhunderts noch stand und befeuert wurde[605]), demnach also anscheinend länger als der Pharus von Alexandria der Schiffahrt diente, war so bekannt, daß selbst der im 11. Jahrhundert bei Kiew lebende altrussische Chronist Nestor seiner Erwähnung tun konnte. Nach Nestor fand in der Nähe dieses Leuchtturmes im Jahre 941 eine große Schlacht zwischen Byzantinern und (russischen) Normannen statt. Bei der Schilderung dieses geschichtlichen Ereignisses erwähnt Nestor ausdrücklich[606]):

> „Theophanes... wollte sie bei dem Leuchtturm Pharus angreifen, auf dem ein Feuer brennt zur Erleuchtung in der Nacht."

In der byzantinischen Literatur finden wir die Bestätigung der Meldung des russischen Schriftstellers, vor allem wieder bei Konstantin Porphyrogennetos, dem Zeitgenossen jener Schlacht zwischen Byzantinern und Russen, der darüber berichtet[607]):

> „Nachdem die Flotte in Kenntnis gesetzt und bereitgemacht war und er sich durch Fasten und Weinen vorzüglich vorbereitet hatte, griff er die Russen an, um ihnen eine Seeschlacht zu liefern. Da jene sich aber schon vereinigt hatten und in die Nähe des Pharus gesegelt waren (Pharus wird nämlich ein gewisser Turm genannt, ein Bauwerk, auf dem eine brennende Fackel angebracht wird, um denen, die sich zur Nachtzeit nähern, den Weg zu weisen) usw."

Die obenerwähnte Verknüpfung christlicher und auch mohammedanischer gottesdienstlicher Elemente mit Leuchtturmanlagen scheint übrigens nicht vereinzelt geblieben zu sein. Auch das Theoderich-Grabmal in Ravenna führte, als es in eine Kirche umgewandelt wurde, den Namen „Santa Maria ad pharum"[608]).

Bei dieser Gelegenheit muß hingewiesen werden auf Thierschs verblüffende, aber durchaus glaubhafte Darlegung[609]), daß die Minarette der mohammedanischen Gotteshäuser ursprünglich den Pharus (bei den Arabern manara genannt) unmittelbar als Vorbild benutzt haben mögen:

> „Was heißt denn Manara, was heißt denn Minarett, die durchs Italienische zu uns gekommene Umbildung des arabischen Wortes? — — Manara heißt, wie wohl bekannt: Ort, wo Feuer, wo Licht brennt, Manara heißt Leuchte, Minarett Leuchtturm."

Ich vermag Thiersch in diese architektonisch-philologische Beweisführung aus Mangel an einschlägigen Kenntnissen nicht zu folgen, möchte aber nicht unterlassen, darauf hinzuweisen, daß nach ihm vielleicht sogar allgemein ein ähnlicher Zusammenhang zwischen den ältesten byzantinischen und italienischen Glockentürmen christlicher Kirchen und den Seezeichen für die Schiffahrt herzustellen ist[610]), was mir glaubhaft scheint. Die obigen Stellen des Cedrenus und Konstantin Porphyrogennetos lassen bereits darauf schließen, und im übrigen haben wir ja die Doppelrolle eines Turmes als Glockenturm und als Wahrzeichen der Schiffahrt nirgends schärfer ausgeprägt vor uns, als bei dem berühmten, aus dem Jahre 888 stammenden Campanile von Venedig, der am 14. Juli 1902 einstürzte, seither aber naturgetreu wieder aufgebaut worden ist.

Daß auch sonst dem Mittelalter der alte Begriff der Leuchttürme durchaus nicht abhanden gekommen ist, beweisen ferner einige Stellen bei den arabischen Geographen. Masudi erwähnt im 10. Jahrhundert die Leuchttürme „des Herkules"[611]) (siehe S. 141), die er freilich anscheinend nicht selbst gesehen hat.

Von einem Leuchtfeuer auf diesen Türmen verlautet zwar nichts mehr, aber der Begriff der Leuchttürme als solcher ist eben im Mittelalter nie ganz verloren gegangen. Vermutet doch Thiersch mit gutem Grunde sogar das Vorhandensein einer ganzen Kette von arabischen Leuchttürmen längs der Küste Nordafrikas zu Zwecken der Feuertelegraphie und vielleicht auch zur Sicherheit der Schiffahrt[612]), einer Kette, die im 9. Jahrhundert von Ibrahim el-Aglab geschaffen wurde und von Ägypten bis zum Atlantischen Ozean gereicht haben soll.

VII. Zur Frühgeschichte der Leuchtfeuer.

Wie wenig man ein Recht hat, anzunehmen, daß die Kenntnis der Leuchtfeuer im Mittelalter verloren gegangen sei, beweist am schlagendsten eine Stelle aus der von Einhard verfaßten Lebensbeschreibung Kaiser Karls des Großen. Sie zeigt uns zur Genüge, daß damals in West- und Südeuropa nur deshalb keine Leuchttürme brannten, weil es keine Handelsschiffahrt von Wichtigkeit gab, die davon hätte Vorteil haben können, daß man aber das Wesen und den Wert der Leuchtfeuer keineswegs vergessen hatte. Einhard berichtet nämlich von folgenden Handlungen Kaiser Karls aus dem Jahre 811[613]):

> „Er selbst reiste inzwischen zur Besichtigung der Flotte, deren Bau er im Jahre zuvor befohlen hatte, nach Boulogne, einer Gemeinde am Meer, wo eben jene Schiffe versammelt waren, stellte daselbst den Leuchtturm wieder her, der vor alter Zeit zur Regelung der Fahrt der Schiffe erbaut worden war, und entzündete auf seiner höchsten Spitze ein nächtliches Feuer."

Hiermit ist in jedem Fall erwiesen, daß zu Karls des Großen Zeit in Frankreich der Nutzen der Leuchttürme noch bekannt war. Sicherlich hat damals das wiederhergestellte Leuchtfeuer nur vorübergehend gebrannt und offenbar ausschließlich der von Kaiser Karl gegen die Normannengefahr ausgerüsteten Flotte gedient.

Allard glaubt freilich[614]), daß der Leuchtturm von Corduan vielleicht schon seit Karls des Großen Zeit wieder dauernd befeuert war. Diese Vermutung dürfte sicher zu weit gehen, da man zur Zeit der gefürchteten normannischen Seeräuber, wo kein irgendwie nennenswerter friedlicher Seehandel getrieben werden konnte, schwerlich einen Leuchtturm zur Sicherung der Schiffahrt dauernd befeuert haben wird. Immerhin gibt für das Jahr 1092 die Erwähnung eines Abtes und Eremiten auf Corduan zu denken, da diese Eremiten[615]) „seit einer weit zurückliegenden Zeit das Recht hatten, von jedem vorübergehenden Fahrzeug" eine Abgabe zu erheben, die vermutlich für die Unterhaltung nächtlicher Feuerzeichen diente, und da noch im Jahre 1409 ein Eremit auf Corduan bezeugt ist, der ebenfalls dies Recht besaß.

Erweckt schon die Stelle bei Einhard durchaus nicht den Eindruck, daß dem westlichen Europa des 9. Jahrhunderts der Begriff des Leuchtturms fremd geworden war, so zeigen uns zwei weitere Literaturstellen, daß man in der gleichen Zeit und sogar noch früher im christlichen Westeuropa anscheinend überall, selbst tief im Binnenlande, den Begriff der Leuchttürme nicht minder gut kannte als in Osteuropa und in der arabischen Welt. Die älteste mittelalterliche Literaturstelle überhaupt, die der Leuchttürme Erwähnung tut, liefert uns schon Isidorus von Sevilla († 636), der in seinen 20 Büchern „de origine" folgende Bemerkung macht[616]):

> „Ein Pharus ist ein sehr großer Turm, den die Griechen und Lateiner gewöhnlich nach der Bestimmung der Sache selbst, weil er durch Flammenzeichen auf weite Entfernung von den Schiffern gesehen wird, nach dem Pharus nennen, den Ptolemaeus bei Alexandria mit einem Kostenaufwand von 800 Talenten gebaut haben soll. Sein Zweck ist, den Schiffern auf nächtlichem Lauf zur Anzeigung von Untiefen und Hafeneinfahrten Feuerzeichen zu geben, damit die von der Dunkelheit überraschten Schiffer nicht auf Klippen auflaufen."

Bald nach Karls des Großen Zeit finden wir des weiteren bei einem tief im Binnenlande, in Fulda und Mainz, lebenden deutschen Gelehrten, bei Hrabanus Maurus († 856), den Leuchtturm gleichfalls erwähnt, ja, in einer vom Jahre 1023 stammenden Illustrierung seines Werkes „de universo", dem Codex von Monte Cassino, ist sogar (worauf mich Herr

Dr. Franz Feldhaus freundlichst aufmerksam macht) die Zeichnung eines befeuerten Leuchtturms enthalten[617]). Die Textstelle des Hrabanus Maurus[618]) stellt eine wörtliche Abschrift des oben mitgeteilten Zitats aus Isidorus dar, mit einem Zusatz und einer ganz verunglückten etymologischen Erklärung:

> „Denn Alexandria hat eine durch tückische Untiefen gefährliche Zufahrt. Daher also nennt man Hafenvorrichtungen zum Zwecke des Gebens von Leuchtzeichen Pharos. Denn phos heißt Licht und orasis Sehen."

Die beigegebene Illustration zeigt klar, wie sehr man zu Beginn unseres Jahrtausends in Italien mit dem Begriff des Leuchtturms vertraut war. Dabei verdient hervorgehoben zu werden, daß die Zeichnung offenbar nicht den alexandrinischen Pharos als Vorbild benutzt hat; eher könnte man eine Ähnlichkeit mit dem Campanile in Venedig herausfinden, von dem jedoch eine Benutzung als Leuchtturm nicht bekannt ist, wenn er auch stets zumindest eine hochwichtige Tagmarke für die Schiffe war.

Der Campanile wird von Thiersch geradezu als Nachahmung des Pharus angesprochen[619]). Daß man in Venedig selbst über das Wesen der Leuchttürme genau unterrichtet war, beweisen die aus dem Ende des 11. Jahrhunderts stammenden Mosaiken in der Kapelle San Zeno von San Marco, auf denen wir den Pharus von Alexandria im Zusammenhang mit Szenen aus dem Leben des heiligen Markus abgebildet finden.

Ich glaube, man kann sogar einen gewissen Wahrscheinlichkeitsbeweis dafür erbringen, daß die Leuchtfeuer durch den byzantinischen Handel noch sehr viel weitere Verbreitung gefunden haben zu fernen, seefahrttreibenden Völkern, mit denen sie Beziehungen unterhielten. Eine sonst ganz unverständliche Äußerung Adams von Bremen über eine Eigentümlichkeit der im 11. Jahrhundert blühenden, großen wendischen Handelsstadt Jumne, des Urbildes der Vineta-Sage, wird mit einem Schlage klar, wenn man sie auf ein von den „Griechen" (Byzantinern) entlehntes Leuchtfeuer deutet, und da in der gewaltigen heidnischen Handelsmetropole an der Odermündung, wie Adam uns gleichfalls erzählt (vgl. S. 93), Byzantiner und Araber offenbar nicht ganz selten verkehrten, so gewinnt die Vermutung, daß die berühmte, vielumstrittene Schilderung Adams auf eine Leuchtfeuereinrichtung zu deuten sei, ganz erheblich an Wahrscheinlichkeit. Die betreffende Stelle lautet nämlich[620]):

> „Es ist sicher die größte von allen Städten, die in Europa zu finden sind. In ihr wohnen Slawen und andere Nationen, Griechen und Barbaren... Jene Stadt, welche reich ist durch die Waren aller Nationen des Nordens, besitzt alle möglichen Annehmlichkeiten und Seltenheiten. Dort findet sich der Vulkanstopf, den die Eingeborenen das griechische (byzantinische) Feuer nennen, dessen auch Solinus gedenkt."

Die an sich zunächst unverständliche Fassung des letzten Satzes wird sogleich klar, wenn man sich erinnert (siehe S. 142), daß Solinus der Leuchttürme Erwähnung tut. Dem Adam von Bremen und seinen Lesern war der Begriff des Pharus abhanden gekommen. So umschreibt er den ihm unbekannten Begriff des Leuchtfeuers (vielleicht auch nur Leuchtbake?) mit dem mystisch klingenden, aber durchaus verständlichen Wort „Vulkanstopf", und die weitere Bezeichnung „griechisches Feuer" zeigt zur Genüge, daß es sich um eine von den Byzantinern entlehnte „Annehmlichkeit und Seltenheit" handelt.

VII. Zur Frühgeschichte der Leuchtfeuer.

Mit der Anschauung, daß der „Vulkanstopf", das „griechische Feuer", das sich in Jumne fand, auf ein zur Nachtzeit brennendes Leuchtfeuer zu deuten sei, dessen Wert die Wenden gelegentlich ihrer Handelsbeziehungen zu Byzanz kennen und schätzen gelernt haben mögen, stehe ich übrigens, wie ich sehe, nicht allein da. Schon v. Raumer hat die gleiche Vermutung ausgesprochen, wenn er über den „Vulkanstopf" sich folgendermaßen äußerte[621]):

„Nicht unwahrscheinlich ist hierunter ein großes Bakenfeuer zu verstehen, welches die Wolliner zum Nutzen der Schiffahrt bei Nacht unterhielten und von dem die Sage unter den Schiffern ging, es sei griechisches Feuer."

Hierzu ist erstens zu bemerken, daß von einer Schiffersage, „es sei griechisches Feuer", gar nicht die Rede zu sein braucht — mit dem, was wir sonst unter „griechischem Feuer" verstehen, hat natürlich die Bemerkung Adams von Bremen nicht das geringste zu tun, die man vermutlich mit größerem Recht als „byzantinische Leuchteinrichtung" übersetzen könnte. Und zweitens ist zu Raumers sonst im Grundgedanken wohl richtigen Bemerkung hinzuzufügen, daß die ehedem vermutete Identität von Julin-Wollin mit Jumne-Vineta heut als unhaltbar erkannt ist[622]) und als abgetan gelten darf. Doch dies nur nebenbei.

Hat aber in der Tat in Jumne, das wir uns höchstwahrscheinlich nahe der heutigen Peenemündung vorzustellen haben und das im Jahre 1098 von den Dänen erobert und zerstört worden sein muß, im 11. Jahrhundert ein Leuchtfeuer bestanden, so muß dies auch den sächsischen und normannischen Besuchern der wendischen Handelsstadt wohlbekannt gewesen sein, und so mögen sich denn vom alexandrinischen Pharus einerseits zu den ersten italienischen Leuchttürmen des Mittelalters, andererseits über Byzanz und den „Vulkanstopf" in Jumne zu den ersten mittelalterlichen Leuchttürmen am Öresund und an der Travemündung kulturhistorische Brücken schlagen lassen, deren Vorhandensein bisher der Forschung in der Hauptsache entgangen ist.

Mit dem Jahre 1157/58, wo durch die Pisaner auf der Insel Meloria, und dem Anfang des 13. Jahrhunderts, wo durch die Lübecker in Travemünde und auf Falsterbo Leuchttürme errichtet wurden, beginnt dann die neue Zeit in der Geschichte der Leuchttürme, die gut genug bekannt ist und zu der weitere Einzelheiten an dieser Stelle nicht beizutragen wären. Es sei nur noch erwähnt, daß die aus dem Anfang des 13. Jahrhunderts stammende Urkunde, worin König Waldemar II. von Dänemark den Lübeckern die Erlaubnis zur Errichtung eines Leuchtturmes auf Falsterbo erteilt[623]), durchaus nicht den Anschein erweckt, als habe man damals ein solches Leuchtfeuer als eine ganz neue und nie zuvor dagewesene Einrichtung betrachtet.

Entgegen der üblichen Darstellung und Auffassung darf man also annehmen, daß Türme als Sicherheitsmaßregel für die Schiffahrt in der vorchristlichen Zeit lediglich als Tageszeichen bekannt waren. Leuchtfeuer dürften nicht vor der Zeit des Caligula oder Claudius, sicher nicht vor der des Tiberius in Gebrauch gewesen sein. Mit dem Niedergang Roms erloschen zwar die meisten Leuchttürme, aber die Kenntnis der Einrichtung ist niemals verloren gegangen, und es scheint, daß schon vor dem 12. Jahrhundert am Mittelmeer, am Schwarzen Meer und an der Ostsee ständig und an der atlantischen Küste vorübergehend mittelalterliche Leuchtfeuer gebrannt haben. — Das älteste Leuchtschiff wurde erst 500 Jahre später, i. J. 1731, auf den Nore Sands in der Themsemündung verankert[624]).

Literaturnachweise.

550) Als wichtigere Spezialuntersuchungen seien genannt: Montfaucon: „Supplément an livre de l'Antiquité expliquée", Bd. IV, S. 119—143. Paris 1724; Alfred Leger: „Les travaux publiés, les mines et la métallurgie aux temps des Romains", Paris 1875; Breusing: „Die Nautik der Alten", Bremen 1886; Baumeister: „Denkmäler des klassischen Altertums", München-Leipzig 1885/88; Allard: „Les Phares", Paris 1889; Merckel: „Die Ingenieurtechnik im Altertum", Berlin 1900; Adler: „Der Pharos von Alexandria" in der „Zeitschr. für Bauwesen", 1901, S. 169; Herm. Thiersch: „Vom alexandrinischen Pharos" in der „Internationalen Wochenschrift" vom 15. Mai 1909, S. 622; derselbe: „Pharos, Antike, Islam und Occident", Leipzig-Berlin 1909; H. Fischl: „Fernsprech- und Meldewesen im Altertum" im Programm 1904 des Gymnasiums zu Schweinfurt; W. Riepl: „Das Nachrichtenwesen des Altertums", 1913; Herm. Diels: „Antike Technik", S. 69.

551) L. A. Veitmeyer: Leuchtfeuer und Leuchtapparate". München und Leipzig 1900.

552) Max Buchwald: „Die Leuchtfeuer des Altertums" im „Prometheus", 1905, S. 550 und 566; derselbe: „Leuchtfeuer im Altertum" in „Weltverkehr und Weltwirtschaft", 1912, S. 78.

553) R. Hennig: „Beiträge zur älteren Geschichte der Leuchttürme" im „Jahrbuch des Vereins Deutscher Ingenieure", Bd. VI (1914/5), S. 35; derselbe: „Altgriechische Leuchttürme?" im „Prometheus", v. 13. und 20. I. 1917, S. 233 und 250.

554) Bd. XII, S. 477.

555) Herm. Thiersch: „Griechische Leuchtfeuer" im „Jahrbuch des Kaiserl. Deutschen Archäologischen Instituts", 1915, S. 213—237.

556) Jahrbuch des Vereins deutscher Ingenieure, VI, S. 44.

557) Vgl. z. B. K. R. Kupffer: „Baltische Landeskunde", S. 428. Riga 1911.

558) Hyginus, 116. Fabel.

559) Apollodorus, Epit. 6, 7.

560) „Rheinisches Museum für Philologie", 7. Jahrg., 1850, S. 459 (Ernst Curtius: „Phönizier in Argos").

561) Vgl. R. Hennig: „Die Anfänge der Telegraphie und Telephonie". Leipzig 1907.

562) Ausgabe von Benselers „Griechisch-deutschem Schulwörterbuch", S. 789.

563) Ilias XVIII, 207—213.

564) a. a. O., S. 216.

565) Ilias XIX, 375—377.

566) a. a. O., S. 217.

567) Kupferstich von Martin de Vos († 1604) im Berliner Kupferstichkabinett, wiedergegeben in Feldhaus' „Ruhmesblättern der Technik", S. 50.

568) Plinius, hist. nat. XXXIV, 15, 3.

569) A. Baumeister: „Denkmäler des klassischen Altertums", Bd. II, S. 1198. München und Leipzig 1885 bis 88.

570) Curt Merckel: „Die Ingenieurtechnik im Altertum", S. 349. Berlin 1900.

571) Max Buchwald: in „Weltverkehr und Weltwirtschaft", 1912.

572) Strabo 591.

573) Isidorus Hispaliensis, Originum seu Ethymologiarum libri XV, 2, 37.

574) Odyssee IV, 354—355.

575) Herm. Thiersch: „Pharos, Antike, Islam und Occident". Berlin-Leipzig 1909.

576) Lucanus, Pharsalia, IX, 1004.

577) Strabo XVII, 1, 6 (791).

578) a. a. O., S. 161.

579) Pomponius Mela II, 7 (104).

580) Plinius, nat. hist. XXXVI, 12, 83 (18, 1).

581) Plinius, nat. hist. V, 31.

582) a. a. O., S. 10.

583) a. a. O., Tafel I—III.

584) a. a. O., S. 32/3.

585) Pariser Papyrus, „Monuments grecs", 1879, S. 28ff.

586) „Neue Fragmente des Euripides und anderer griechischer Dichter" im „Rheinischen Museum", XXXV (1880), S. 74, das fragliche Epigramm auf S. 90.

587) Strabo III, 1, 9 (c. 140).

588) Abgebildet bei Viktor Gardthausen: „Augustus und seine Zeit", Bd. I, S. 245. Leipzig 1891.

589) „Prometheus", Jahrg. XXI, S. 178.

590) III, 74.
591) IV, 46.
592) LX, 11.
593) Dieser Ausdruck, der auch bei Herodian (IV, 2, 6) in gleichem Sinne wiederkehrt, widerlegt Veitmeyers Behauptung (a. a. O., S. 10): „die griechische Sprache hat keine Bezeichnung — kein Wort — für ‚Leuchtfeuer' oder ‚Leuchtturm'."
594) IV, 46.
595) Diese Stelle besagt zunächst auch nur, ebenso wie die oben angeführte über den Leuchtturm von Ostia, daß der Pharus zur Zeit des Sueton (70 bis 140) befeuert war.
596) Sueton, vita Caligulae, Kap. 18.
597) Adler: „Der Pharos von Alexandria" in der „Zeitschr. f. Bauwesen", 1901, S. 169.
598) a. a. O. („Weltverkehr und Weltwirtschaft"), S. 79—83.
599) Solinus 32, 42.
600) Prokopios, Gaz. Panegyr, in Imperatorem Anastasium, ed. Migne, LXXXVII, 2818, XX.
601) Ibn Adari Bayan, ed E. Fagnan, Bd. I, S. 107. Algier 1901.
602) Geographie des El Edrisi, Ausg. Jaubert, Bd. I, S. 298. Paris 1836.
603) Georg Cedrenus: Kap. 848; Patrologia graeco-latina, Bd. CXXI, Sp. 934.
604) Theophanes continuatus, Lib. I: Leo Armenius; Patrologia graeco-latina, Bd. 109, Sp. 34.
605) a. a. O., S. 174, wo als Quelle Pierre Gilles „De Bosphoro Thracio libri tres" (Lyon 1561) angeführt wird. Gilles betont ausdrücklich, daß der Leuchtturm eine Lampe getragen habe, „die alle Nacht im Interesse der Schiffer angezündet wird". Da Gilles im 16. Jahrhundert lebte, ist somit erwiesen, daß selbst die Türken noch die Benutzung der Leuchtfeuer übernahmen.
606) Nestor, Russische Annalen, Ausg. Schlözer, III, IV usw. Göttingen 1802 bis 1809.
607) Theophanes continuatus, Lib. VI, cap. 423/4 in Patrologia graeco-latina, Bd. 109, Sp. 441/2.
608) Thiersch: a. a. O., S. 21.
609) a. a. A. ,S. 4.
610) a. a. O., S. 5.
611) Masudi, Ausg. von Aloys Sprenger, Bd. I, S. 282.
612) Thiersch: a. a. O., S. 173.
613) Einhardi Annales, in Pertz: „Monumenta Germaniae", SS. Bd. I, S. 199.
614) E. Allard: Les phares, S. 40 bis 41. Paris 1889.
615) Thomas Rymer: Foedera, conventiones etc. inter reges Angliae. London 1704—1712.
616) Isidorus Hispal. Episcop.: de origine, Buch XV, Kap. 3. Ausgabe „apud Petrum Pernam", Basel, ohne Jahr, Spalte 363.
617) Miniature sacre e profane dell' anno 1023 illustranti l'enciclopedia medioevale di Rabano Mauro. Tipo-Litografia di Montecassino 1896. Tafel 88, S. 349.
618) Hrabanus Maurus: de universo, XIV, 13. — Ausgabe J.-P. Migne, Patrologia latina, Bd. CXI, S. 388. Paris 1864.
619) a. a. O., S. 6.
620) Pertz: Monumenta Germaniae, SS. VII, 312.
621) F. L. G. v. Raumer: „Die Insel Wollin", S. 18. Berlin 1851.
622) Vgl. Conrad Müller: „Das Rätsel von Vineta". Berlin 1909; Richard Hennig: „Von rätselhaften Ländern", S. 242—275; Karl Schuchhardt: „Vineta" in den „Abhandl. der Preuß. Akad. der Wissenschaften", 1924, S. 176—217.
623) Abgedruckt bei Veitmeyer, a. a. O., S. 186 und 188.
624) Veitmeyer, S. 59.

VIII. Die Vorgeschichte des Dampfschiffs.

Zwei Ereignisse, die fast genau um 100 Jahre zeitlich voneinander verschieden sind, gelten in der landläufigen Auffassung als die entscheidenden Anfänge in der Entwicklung des Dampfschiffes: Papins berühmte Fuldafahrt von Kassel nach Münden im Jahre 1707 und Fultons Fahrt auf dem Hudson im Jahre 1807. Beide Geschehnisse verdienen in der Tat einen bevorzugten Platz in der Geschichte der Technik. Dennoch darf man, wie noch zu zeigen sein wird, weder das eine noch das andere als die erste nachweisbare Fahrt eines mit Dampfkraft fortbewegten Schiffes bezeichnen.

Kaum auf irgendeinem anderen Gebiete sind selbst in die wissenschaftliche Literatur, in die Angaben der Konversationslexika usw. bis auf den heutigen Tag so viele geschichtlich unhaltbare Fabeln übergegangen, wie sie über die Vorgeschichte des Dampfschiffes verbreitet sind. Es wird deshalb angebracht sein, unter Heranziehung der schon früher veröffentlichten, verläßlichen Spezial-Literatur, die jedoch viel zu wenig, selbst in Fachkreisen, bekannt ist, eben diese Vorgeschichte nachstehend zu behandeln. Geht doch selbst Conrad Matschoß' prachtvolles Werk über die Geschichte der Dampfmaschine[625]) mit wenigen Worten hinweg über alles, was vor James Watt auf diesem Gebiete geleistet worden ist, und nur in den Arbeiten von Feldhaus[626]) kommt auch die Vorgeschichte der Erfindung zu ihrem Recht.

Bekannt ist, daß zwar nicht das Dampfschiff, wohl aber die Dampfmaschine ein Gedanke war, dem schon das Altertum zu wiederholten Malen recht nahe gekommen war, ja, den es in kleinem Umfang sogar schon verwirklicht hatte. Bereits in den verloren gegangenen Schriften des Philon von Byzanz scheinen sich um 200 v. Chr. ähnliche Beobachtungen gefunden zu haben. Am weitesten in bezug auf Dampftechnik kam selbst im Altertum Heron[628]) von Alexandrien ums Jahr 100 v. Chr., der durch das von ihm stammende Experiment des „Heronsballes", eines von einem Dampfstrahl emporgehobenen, leichten Balles, besonders bekannt geworden ist. Eine von ihm beschriebene, kleine Kugel, „in die Dampf hineindringt, durch umgebogene Röhren nach dem Deckel hin ausströmt und die Kugel zur Drehung bringt", kann man geradezu als erste Dampfturbine bezeichnen. Auch Vitruv[627]) beschreibt im Jahre 24 v. Chr. ein mit Wasser gefülltes Bronzegefäß mit enger Öffnung, aus der ein „heftiges Wehen" bemerkbar wird, sobald das Gefäß längere Zeit über Feuer gestellt wird. Feldhaus weist ferner hin auf einen Bericht des Agathias[629]) im 6. Jahrhundert nach Christi Geburt von einem merkwürdigen Experiment, das der Mathematiker und Baumeister Anthemios aus Tralles in der Zeit zwischen 553 und 559 in Konstantinopel anstellte, wohin er vom Kaiser Justinian berufen worden war. Anthemios stellte in seiner Wohnung große Kessel mit Wasser auf, erhitzte sie und ließ den Wasserdampf durch sich verengende, lederne Röhren gegen die Decken andringen, über der ein gewisser Zeno seine Wohnung hatte. Zeno bewirtete gerade eine Anzahl von Freunden bei sich, als Anthemios seine Dampfkraftversuche anstellte. Der Dampf

„stieß mit heftigem Anprall an die Decke und erschütterte und bewegte das ganze Gebäude, so daß die Balken allmählich zitterten und knarrten. Die aber bei Zeno waren, wurden von Furcht und Schrecken ergriffen und liefen, betend und laut schreiend, von der Schwere des Unglücks erschüttert, auf die Straße. Anthemios aber neckte sie mit der Frage, was sie wohl von dem Erdbeben dächten."

Im Mittelalter hat dann der gelehrte „Zauberer" Albertus Magnus (1193—1280), dem die technischen Werke der Alten wohl vertraut waren, als Erster wieder die Kraft des Dampfes gekannt und in einer seiner Schriften[630]) einen „sufflator" beschrieben, der durch die Kraft kochenden Wassers durch enge Öffnungen „Wasser weit zerstreut über die umliegenden Stellen des Feuers wirft" oder auch „durch den Ungestüm des Dampfes Brände, Kohlen und weit vom Feuer über die Umgebung schleudert". Man hat solche in Menschenform gebrachten sufflatores anscheinend Jahrhunderte lang als eine Art von physikalischem Spielzeug benutzt. Feldhaus hat diesen „Püsterichen" besonders liebevolle Forschungen angedeihen lassen[631]). — In einer Münchener Handschrift des Italieners Fontana[632]) vom Jahre 1420 hat Feldhaus des weiteren eine Beschreibung und Zeichnung einer Vorrichtung, Wasser durch Feuer bis in Haushöhe emporzuheben, gefunden, ferner Beck in einer Pariser Handschrift Leonardo da Vincis, die zwischen 1488 und 1497 niedergeschrieben ist, ein Dampfgeschütz, „das eine ein Talent wiegende Kugel 6 Stadien (= 1,1 km) weit warf"[633]) und angeblich schon um 215 v. Chr. in Archimedes' Erfindungen einen Vorläufer gehabt haben soll. Andere Dampfmaschinen sind dagegen bei Leonardo, wie Feldhaus ausdrücklich betont[634]), nicht zu finden: was man bei ihm gelegentlich als Dampfmaschine angesprochen hat, ist lediglich eine Warmluftturbine und sein sogenanntes „Dampfschiff" ein durch eine Tretvorrichtung angetriebenes Schaufelradschiff[635]), wie es angeblich auch schon Appius Claudius im Jahre 263 v. Chr. im 1. punischen Kriege benutzt haben soll. Als geistiger Vater des heutigen Dampfschiffes ist also der Riesengeist Leonardo jedenfalls nicht in Anspruch zu nehmen.

Lange Zeit hindurch wurde behauptet, die Anfänge der Dampfschiffahrt fielen ins Jahr 1543[636]), und doch bis auf unsere Zeit findet man diese Angabe nicht selten in Aufsätzen und Büchern vertreten, obwohl ihre Unrichtigkeit bereits vor einem halben Jahrhundert nachgewiesen worden ist. Im Jahre 1825 veröffentlichte der Spanier Thomas Gonzales ein Werk, worin er rundweg behauptete, in den königlichen Archiven von Simancas lägen Dokumente, denen zufolge ein gewisser Blasco de Garay am 17. Juni 1543 im Hafen von Barcelona vor Kaiser Karl V. und allen Großen des spanischen Hofes mit Hilfe der Dampfkraft ein Schiff mehrere Meilen weit fortbewegt habe. Garay, der als blutjunger Bursche ein Teilnehmer an des Kolumbus erster Amerikafahrt gewesen war, sollte seine Erfindung auf kaiserlichen Befehl an einem gerade in den Hafen einlaufenden Schiff, namens „La Trinidad", erproben. Der Kapitän des 209 ton fassenden Schiffes, Pedro de Scarza, raufte sich verzweifelt die Haare, denn er fürchtete nichts weniger, als daß sein Schiff verhext werden würde, doch mußte er sich dem Gebot des Kaisers fügen. Und als sein Schiff, auf dem Garay allerhand seltsame Räder und eine querüber verlaufende, hölzerne Achse angebracht hatte, nun wirklich, durch eine geheimnisvolle Kraft getrieben, mehrere Meilen gegen den Wind anlief, sprang er, von Entsetzen gepackt, über Bord. Der Kaiser beauftragte seinen Schatzmeister, namens Ravago, mit einem Gutachten über die neue Erfindung, das aber angeblich sehr ungünstig gelautet haben soll, weil der Schatzmeister bei einer Besichtigung des Schiffes mit seinen weiten Pluderhosen einem Rad zu nahe kam, so daß seine Hose ein Loch erhielt, dem alsbald drei Scheffel Sägespäne entquollen, die übliche Füllung der vornehmen Gewänder in jener Zeit. Die Gestalt des unglücklichen Schatzmeisters schrumpfte infolgedessen in bedenklicher Weise zusammen, und wütend über die ihm durch die Maschine angetane Kränkung erklärte der Gutachter, die Erfindung sei keinen Pfifferling wert. Dennoch beschenkte der Kaiser den Erfinder mit 4000 Maravedis und machte ihn zum Ritter des Ordens der Taube von Kastilien. Aber Blasco de Garay, im Zorn über die Anfeindung, die seine Maschine erfuhr, und von Furcht ergriffen über die Stellungnahme der Dominikaner, die in seiner Erfindung Teufelswerk und in ihm selbst einen für den Scheiterhaufen reifen Zauberer witterten, zerschlug seinen Apparat und flüchtete in die Einöde von Montserrat, wo er 1555 hochbetagt als Einsiedler sein Leben beschloß. Man hat deshalb wohl hier und da geäußert, die zerschlitzten Pluderhosen des spanischen Granden hätten vielleicht den Fortschritt der Kultur um ein Vierteljahrtausend aufgehalten. Diese Auffassung muß aber in jedem Fall als unzutreffend zurückgewiesen werden.

Die Geschichte als solche mag zwar in wesentlichen Zügen durchaus zutreffen — die darauf bezüglichen Dokumente liegen tatsächlich im Archiv von Simancas —, aber gerade in dem für uns in Betracht kommenden Hauptpunkte, der Anwendung des Dampfes für die Fortbewegung des Schiffes, ist sie zweifellos Legende. Den Beweis hierfür erbrachte Mac Gregor im Jahre 1858[637]. Mac Gregor hatte zur Klärung der Frage das Archiv in Simancas durchforscht und bei dieser Gelegenheit eine größere Anzahl von wichtigen Manuskripten und Zeichnungen gefunden, die zum Teil von Garay selbst herrührten, so unter anderem seine Eingabe an Karl V., die am 6. Juli 1543, also erst nach dem Versuch im Hafen von Barcelona, abgefaßt worden war. Nirgends in diesen Dokumenten ist aber von einer Anwendung der Dampfkraft die Rede, und aus einer Originalzeichnung Garays geht ganz klar hervor, daß seine Erfindung wieder lediglich in der schon von Leonardo empfohlenen Anwendung seitlicher Schaufelräder am Schiff bestand, die eine Fahrt auch gegen den Wind gestatteten, die aber durch Menschenkraft, nicht durch Dampf, in Bewegung gesetzt werden sollten. Die Zeichnung zeigt auf einer Seite des Schiffes 25, auf der anderen Seite 40 Menschen, welche die seitlichen Schaufelräder in Tätigkeit versetzen sollten. Diese Erfindung der seitlichen Schiffs-Schaufelräder rührt weder von Garay noch auch nur von Leonardo her, sondern ist in mannigfachen Variationen schon 1405 von Konrad Kyeser, 1430 im Hussitenkodex, 1438 von Jacobus Marianus (Jacopo Mariano) aus Siene und 1472 in des Robert Valturius zu Verona erschienenem Werk „De re militari" ausgesprochen worden. Garay hat also offenbar nur als Erster (außer Appius Claudius?) den Versuch gemacht, diese Erfindung praktisch zu verwirklichen, hat aber an Dampfkraft und Dampfschiff nie gedacht.

Der Gedanke, daß man mit Hilfe des Dampfes mechanische Arbeit müsse verrichten können, tauchte im 16. und 17. Jahrhundert schon mehrfach in verschiedenen Köpfen aufs neue auf. Insbesondere della Porta gab im Jahre 1601 einige einfache Dampfapparate, nach Art der oben erwähnten, an[638]. Die Idee, Wasser mit Hilfe der Dampfkraft emporzuheben, ist neuerdings ausgesprochen worden in einem Werke des hochbedeutenden französischen Ingenieurs Salomon de Caus[639]), der uns Deutschen als Schöpfer des herrlichen Heidelberger Schloßgartens nahesteht. Der Italiener Branca beschrieb im Todesjahr des de Caus bereits die Bewegung eines Schaufelrades durch ausströmenden Dampf[640]). Ein gewisser David Ramseye nahm ferner am 21. Januar 1630 ein Patent auf eine Erfindung, die einerseits imstande sein sollte, „to raise water from low pits by fire", anderseits „to make boats, shippes and barges to go strong wind and tides"[641]). Nähere technische Einzelheiten sind nicht bekannt, so daß sich der praktische Wert dieser angeblichen Erfindung nicht beurteilen läßt.

Weiter wird in der Literatur von Zeit zu Zeit ein Brief erwähnt, den Marion Delorme, die berühmte Courtisane und Freundin Richelieus, im Februar 1641 an einen Freund geschrieben haben soll. Der Empfänger, den sie mit Effiat und Henry anredet, soll niemand anderes gewesen sein, als der unglückliche Cinq-Mars, der am 12. September 1642 auf des allmächtigen Richelieu Befehl enthauptet wurde. Cinq-Mars war nämlich der zweite Sohn des Marschalls Marquis d'Effiat und hieß Henry mit Vornamen; auch stand er in sehr nahen Beziehungen zur Delorme, mit der er sogar heimlich vermählt gewesen sein soll. — In dem Briefe nun berichtet Marion Delorme von einem Ausflug nach Bicêtre, auf dem sie die Bekanntschaft eines in Gewahrsam gehaltenen Geisteskranken, Salomon de Caus, machte; dieser sei durch sein fortwährendes Schreien, er sei nicht verrückt und er habe der Welt eine große Erfindung geschenkt, aufgefallen. Auf Befragen erfuhr man, der Kranke behaupte eine Erfindung gemacht zu haben, die sich auf die Verwendung des Dampfes von kochendem Wasser zur Leistung von mechanischer Arbeit bezog und die unter anderem auch „Schiffe mit Dampf in Bewegung setzen" wollte. Marion Delorme erzählt weiter, daß ihr Begleiter, Marquis Worcester, den Kranken aufgesucht und festgestellt habe, daß er neuerdings durch die vom Kardinal Richelieu verfügte Haft wirklich geistesgestört worden sei. Nach dem Einblick in eine von dem Gefangenen verfaßte Schrift habe Lord Worcester bewundernd ausgerufen: „Er ist das größte Genie unserer Zeit."

Es lohnt nicht, den genauen Wortlaut des interessanten Briefes[642]) hier wiederzugeben, denn dieser Brief ist nicht echt. Da der bekannte de Caus bereits am 27. Februar 1626 in Paris gestorben war, konnte von vornherein der angebliche Gefangene, von dem Marion Delorme im Februar 1641 berichtet hat und der 1637 in Bicêtre eingesperrt worden sein soll, nicht mit ihm identisch gewesen sein. Nun gab es zwar noch einen anderen de Caus, Isaak mit Vornamen, der im Jahre 1644 ein eigenes Werk über die Emporhebung von Wasser mit Hilfe von Wasser emporzuheben, erscheinen ließ. Wie dieser Isaak mit Salomon de Caus verwandt war, ist nicht bekannt.

Auch dieser Isaak de Caus kann aber nie in Bicêtre als angeblich Geisteskranker eingesperrt gewesen sein, zumal da Bicêtre im Jahre 1641 keine Irrenanstalt, sondern ein Heim für alte Militärinvaliden war. Die ganze rührsame Geschichte ist nur eine Legende, der Brief der Delorme eine kecke Fälschung, die ein gewisser Henri Berthoud im Jahre 1834 beging, anscheinend von der törichten Absicht geleitet, einem Franzosen die Ehre der Dampfschiffserfindung zu sichern, die damals die Engländer fälschlich für ihren Marquis of Worcester in Anspruch nahmen. Eine Fälschung aus diesem Grunde war im übrigen gar nicht nötig, da, wie wir noch sehen werden, ohnehin ein Franzose, wenn auch ein aus seinem Vaterland vertriebener Franzose, als erster den schöpferischen Gedanken in Deutschland klar erfaßt hat. Berthoud veröffentlichte den gefälschten Brief im Jahre 1834 in der Zeitschrift „Musée des familles" und erregte damit bedeutendes Aufsehen. Obwohl sich nachweisen läßt, daß der echte Salomon de Caus zum Kardinal Richelieu im besten Verhältnis stand, von ihm in Ehren gehalten wurde und ihm sogar im Jahre 1624 seine Schrift über Sonnenuhren widmete, fand die Geschichte von dem unglücklichen Opfer des verbohrten Kardinals weithin Glauben. Der Inhalt des Briefes wurde sogar künstlerisch ausgeschlachtet. Eine der großen Ausstellungen im Louvre zeigte ein Gemälde von Securieux, das hinter Eisengittern den unglücklichen de Caus erblicken ließ, wie er den von der schönen Marion Delorme begleiteten Marquis von Worcester von dem Werte seiner Erfindung zu überzeugen sucht, und Brachvogel schrieb ein Drama „Mondecaus", das den wirkungsvollen und rührsamen Stoff verwertete. Aus der Chronik der wahrheitsuchenden Geschichte aber muß diese ergreifende „Tragödie des verkannten Genies" — glücklicherweise! — als von A bis Z unwahr ausgemerzt werden. Die Geschichte der Erfindung des Dampfschiffes ist ohnehin tragisch genug, daß sie nicht durch Fälscher noch weiterhin belastet zu werden brauchte.

1651 erschien in London eine anonyme Broschüre „Inventions of Engines of Motion lately brought to perfection", die von einer Vorrichtung zur Fortbewegung von Schiffen gegen den Strom berichtete. Doch handelte es sich auch hier wieder nur um die Schaufelräder, und von der Dampfkraft war nicht die Rede. 1663 erschien dann des Marquis of Worcester bekanntes Werk: „A Century of the Names and Scantlings of Inventions", worin als 68. Erfindung abermals eine Maschine beschrieben wurde, die durch den Rückstoß von Dampf Wasser zu heben vermochte. Ein Patent hierauf war als Nr. 131 am 15. November 1661 auf 99 Jahre erteilt worden. Doch auch Worcesters Maschine existierte nur auf dem Papier und wurde praktisch nicht ausgeführt.

Zumindest ist keinerlei Beweis hierfür zu erbringen. Matschoß hält den im Jahre 1667 gestorbenen Marquis nur für einen „prahlenden Reklamehelden", tut aber die weiteren einer Schrift eines in Frankreich lebenden Engländers Samuel Morland Erwähnung[643], der in besonders sorgfältiger Weise die Möglichkeit einer Hebung von Wasser durch Dampfkraft studiert, jedoch praktische Erfolge von Bedeutung ebenfalls nicht erzielte.

Der erste, der dann wirklich eine, wenn auch noch sehr primitive Dampfmaschine ausführte, war der Franzose Denis Papin. Zu Blois am 22. August 1647 geboren, hatte er bereits 1681 die erste Beschreibung seines Digestors, des „Papinschen Topfes", veröffentlicht. Durch die Aufhebung des Edikts von Nantes 1685 aus seinem Vaterland vertrieben, kam er nach Deutschland und wurde hier Professor der Mathematik an der Universität Marburg und Rat des Landgrafen von Hessen-Kassel. In Kassel entstand denn auch neben dem ersten brauchbaren Unterwasserboot[644] im Anfang der 90er Jahre die erste Dampfmaschine der Welt. Zu nennenswerten technischen Leistungen war sie freilich noch nicht fähig; das einzige, wozu sie Papin praktisch verwendet hat, war wieder die Hebung von Wasser, wie Papin in einem vom 13. März 1704 datierten Brief an Leibniz ausdrücklich betonte:

„Das einzige Experiment mit der Kraft des Dampfes, dessen Anstellung Monseigneur mir gestattet hat, war die Hebung von Wasser."

VIII. Die Vorgeschichte des Dampfschiffs.

Auch unter günstigeren äußeren Umständen und bei nachdrücklicherer Unterstützung seines Landesherrn, dessen Verständnis für die geistige Größe seines Untertanen offenbar recht gering war, hätte Papin jedoch wohl schwerlich viel mehr erreicht. Die mangelhafte Maschinentechnik jener Zeit gestattete nicht, die hochfliegenden Ideen des großen Gelehrten schon damals in die Wirklichkeit umzusetzen. Führten doch auch die etwa gleichzeitigen Bemühungen des Kapitäns Thomas Savary, der in England auf gleichem Gebiet arbeitete, zu keinem praktischen Erfolg. Savary nahm am 25. Juli 1698 ein Patent auf die Verwendung des Dampfes zur Hebung von Wasser und sprach im selben Jahr von den durch Menschenkraft bewegten seitlichen Schaufelrädern (paddle-wheels), dachte sogar auch an die Benutzung des Dampfes zur Fortbewegung solcher Schiffe. Der gelegentlich geäußerte Verdacht, Papin könne seine Erfindungen von Savary übernommen haben, ist schon aus dem Grunde hinfällig, weil Papin die wichtigsten Einzelheiten seiner Ideen bereits lange vor Savary publiziert hat. Auch hatte der geniale Papin derartige Entlehnungen wahrhaftig nicht nötig. Wohl aber hat Gerland[645]) es ziemlich wahrscheinlich gemacht, daß umgekehrt Savary sich Papins Ideen, mindestens zum Teil, angeeignet hat. Theoretisch hat Papin mit seltener Klarheit des Blickes die Umwälzungen vorausgesehen, welche die Einführung der Dampfkraft in Technik und Verkehrswesen zur Folge haben mußte, die herbeizuführen seinem Wirken aber noch nicht beschieden war.

Schon 1690 sprach Papin aus, daß es mit Hilfe der Dampfkraft möglich sein werde,

„gegen den Wind zu rudern, und wie sehr diese Kraft der der Galeerensklaven vorzuziehen wäre, um schnell zu segeln".

In dem bereits erwähnten Brief an Leibniz vom 13. März 1704 und in weiteren vom 23. März 1705 und 7. Juli 1707 führte er seine Gedanken in mannigfacher Weise weiter aus. Am 23. März 1705 äußerte er mit prophetisch klarem Blick:

„Ich kann es Ihnen versichern, je mehr ich vorwärts komme — mit der Maschine —, um so mehr sehe ich mich imstande, den Wert dieser Erfindung zu schätzen, die der Theorie nach die Kräfte des Menschen bis ins Unendliche steigern muß. Was aber die praktische Seite anbelangt, so glaube ich ohne Übertreibung behaupten zu können, daß mit Hilfe dieses Mittels ein einziger Mensch die Arbeit von sonst hundert verrichten wird",

und weiter sagte er am 7. Juli 1707 von seinem geplanten Dampfschiff:

„daß man ein Schiff machen kann, das eine größere Last tragen kann als eine Galeere mit 7 oder 8 Ruderreihen ohne Hilfe des Feuers, kurz, das schneller ist als die gewöhnlichen Galeeren mit 250 Mann."

Was nun Papins Fahrt auf der Fulda betrifft, die er im September 1707 ausführte und an die sich die Legende vom ersten Dampfschiff[646]) knüpft, so ist darüber 1881 durch den von Gerland im Auftrag der Kgl. Preußischen Akademie der Wissenschaften veröffentlichten Briefwechsel zwischen Papin und Leibniz, der durch andere zeitgenössische Dokumente ergänzt wird, vollständige Klarheit geschaffen. Dennoch hat sich die Sage von Papins Dampfschiffahrt bis auf die Gegenwart unausrottbar erhalten und ist selbst z. B. noch in die sonst so zuverlässigen Konversationslexika von Meyer und Brockhaus übernommen worden[647]). Der Beweis, daß Papins auf der Fuldafahrt benutztes Schiff nicht durch Dampf fortbewegt wurde, liegt im Briefwechsel mit Leibniz klar zutage. Papin sagt wiederholt, er wolle zunächst nur das Prinzip der durch Menschenkraft bewegten seitlichen Schaufelräder erproben, um später, wenn er sein auf solche Weise fortbewegtes Schiff glücklich nach London geführt habe, den Dampf als treibende Kraft für die Seitenruder zu verwenden. Papin hatte die seitlichen Schaufelräder in England kennengelernt, wo die Erfindung gerade damals durch den britischen Seehelden Prinzen Ruprecht von der Pfalz in größerem Maßstabe erprobt und mit Erfolg angewendet wurde. In seinem Brief vom 13. März 1704 berichtet er dem Freunde, daß er mit dem Bau eines solchen Schiffes beschäftigt sei, und fügt hinzu:

"Ich habe es noch nicht darauf eingerichtet, daß die Dampfkraft dabei zur Anwendung kommt, denn es liegt nicht in meiner Art, allzuviele Sachen auf einmal in Angriff zu nehmen."

Am 7. Juli 1707 benachrichtigt er Leibniz, daß er auf eben diesem Schiff, "von dem ich Ihnen früher zu sprechen die Ehre hatte", die Fulda und Weser hinab nach England fahren wolle, und fährt dann fort:

"Man wird an diesem Modell sehen, daß es leicht sein wird, andere zu bauen, in denen die Dampfmaschine sich unschwer anwenden läßt."

Auch der zunächst nicht verständliche Grund, weshalb er eine solche doch nur vorbereitende Versuchsfahrt bis England ausdehnen und erst dort ein wirkliches Dampfschiff bauen wollte, geht aus diesem Brief in einleuchtender Weise hervor:

"Es ist wichtig, daß die neue Schiffskonstruktion in einem Seehafen wie London erprobt wird, wo man das Schiff tief genug bauen kann, um die neue Erfindung daran zu prüfen, die mit Hilfe des Dampfes ein oder zwei Menschen befähigen wird, mehr Kraft auszuüben als sonst 100 Bootsleute."

In dem gleichen Schreiben richtet nun Papin an Leibniz die Bitte, ihm von der kurfürstlich hannoverschen Regierung die Erlaubnis zu erwirken, bei Münden in die Weser einzufahren, was den von der Fulda kommenden Schiffen in jener Zeit, die eifersüchtig über den Sonderrechten jedes Duodezstaates, ja, jeder kleinen städtischen Schifferzunft wachte, sonst nicht gestattet war. Leibniz richtete am 13. Juli die gewünschte Eingabe an die hannoversche Regierung, die hier, weil sie sich in Gerlands Buch nicht findet, wiedergegeben sei [648]):

"Dionysius Papin, Rat und Physiker Sr. Kgl. Hoheit des Landgrafen von Kassel und Professor der Mathematik in Marburg, beabsichtigt mit einem Schiff besonderer Konstruktion die Weser hinab nach Bremen zu fahren. Da er weiß, daß die von Kassel oder einem anderen Punkt der Fulda kommenden Schiffe nicht die Erlaubnis haben, in die Weser einzufahren, sondern in Münden umgeladen werden müssen, und da er deshalb einige Schwierigkeiten voraussieht, obwohl derartige Schiffe sich von dem seinigen, das keine Frachten aufnehmen soll, wesentlich unterscheiden, so bittet er unterthänigst, daß ihm gnädigst die Erlaubnis gewährt werde, es möge seinem Schiffe gestattet werden, unbelästigt durch das Kurfürstliche Gebiet zu fahren, welche Bitte ich unterthänigst übermittle.
G. W. Leibniz."

Am 18. Juli meldete Leibniz dem Freunde, daß er seinen Wunsch erfüllt habe. Leider aber lautete der am 25. Juli erfolgende Bescheid der hannoverschen Regierung schroff ablehnend:

"Die Kurfürstlichen Räte haben ernste Bedenken gefunden, obiger Petition Folge zu geben, und haben mich, ohne Angabe von Gründen, beauftragt, Sie von dieser Entscheidung und von der Tatsache, daß die Erlaubnis von Sr. Kurfürstl. Hoheit nicht gewährt worden ist, in Kenntnis zu setzen. H. Reiche."

Mit dieser Leistung kurzsichtiger behördlicher Beschränktheit war Papins Schicksal besiegelt. Wäre ihm die Erlaubnis gewährt worden — wer weiß, so hätte er vielleicht wirklich in England sein geplantes Dampfschiff mit Unterstützung einflußreicher Freunde gebaut und damit die technische Entwicklung der Welt in einer unabsehbaren Weise beschleunigt. Wie die Dinge aber nun lagen, hat er, nachdem er alle Mittel erschöpft hatte, sein Schiff friedlich und unbelästigt auf die eine oder andere Weise in die Weser zu steuern, vermutlich versucht, im Widerstand gegen die auf ihr Schiffahrtsprivileg eifersüchtigen Mündener Bootsleute seinem Fahrzeuge mit Gewalt den Einlauf in die Weser zu erzwingen, und dabei wurde sein Schiff, das nicht nur eine kleine Versuchsfahrt bei Kassel glänzend bestanden hatte[649]), sondern auch von Kassel nach Münden tadellos gelaufen war, von dem Schifferpöbel kurz und klein geschlagen und er selbst gefangen gesetzt, bis Leibniz, dem der Mündener Drost von Zeuner Mitteilung von dem Geschehenen machte, in Hannover seine Freilassung bewirkte.

Aus der Zeunerschen Mitteilung, die uns erhalten ist, geht auch das Datum von Papins Fahrt deutlich hervor, über das mannigfache Varianten verbreitet sind (7., 24., 25., 27. September 1707). Der Zeunersche Brief ist nämlich vom 27. September datiert und berichtet, daß „vorgestern" die bewußte Katastrophe stattgefunden habe. Hiernach steht es im Zusammenhang mit anderen authentischen Angaben unzweifelhaft fest, daß Papin am 24. September 1707 seine Fahrt von Kassel antrat und daß diese am 25. September in Münden ihr gewaltsames Ende fand.

Papins weitere Schicksale sind großenteils in Dunkel gehüllt, und mehrere widersprechende Angaben sind darüber verbreitet. Jedenfalls finden wir ihn 1708 in England; doch auch hier gelang es dem alten, durch sein Mißgeschick entmutigten Mann nicht, sich durchzusetzen, und einige Jahre später starb er in dürftigen Verhältnissen, von der Mitwelt unbeachtet und so vergessen, daß wir nicht einmal sein Todesjahr kennen. Wahrscheinlich starb er 1712, denn der letzte von ihm erhaltene, von Gerland mitgeteilte Brief ist vom 23. Januar 1712 datiert, so daß die weitverbreitete, auch von Matschoß[650]) übernommene Angabe, er sei 1710 gestorben, in jedem Fall irrig ist. Papins Genie war groß genug, daß man es nötig hat, seinen Ruhm durch Andichten nie vollbrachter Leistungen zu mehren. Seit 1881 ist einwandfrei erwiesen, daß er auf der Fulda nie eine Dampfschiffahrt vollführt hat. Unbegreiflich ist daher die Leichtfertigkeit, mit der die Kasseler im Jahre 1906 die alte Legende öffentlich sanktioniert haben, als sie ihren „Papin-Brunnen" errichteten. Darauf ist jenes „Dampfboot" von 1707 zu sehen und mitgeteilt, dessen Dampfzylinder befinde sich noch im Kasseler Museum[651])!

Die umfangreiche weitere Geschichte der Dampfmaschine, die dann in James Watts bahnbrechenden Arbeiten ihre klassische Verwirklichung fand, braucht uns hier nicht weiter zu beschäftigen. Wir haben es hier nur mit dem Dampfschiff zu tun.

Lange Jahrzehnte vergingen, ehe Papins Idee eines Dampfschiffes endlich verwirklicht wurde. Jonathan Hull nahm 1736 die Vorschläge Papins mit gewissen Modifikationen aufs neue auf; er erhielt am 21. Dezember 1736 ein Patent auf die Fortbewegung von Schiffen mit Hilfe der Dampfkraft und ließ im nächsten Jahre zu London eine Broschüre erscheinen: „A description and draught of a new-invented machine for carrying vessels or ships out ot, or inty any harbour, port, or river, against wind and time, or in a calm", die wegen der beigefügten Zeichnung eines schon recht modern anmutenden Dampfbootes besonders interessant ist: auf einem kleinen Kahn mit einem dampfenden Schornstein findet sich ein durch den Dampf betriebenes Räderwerk, dessen Umdrehungen sich auf ein hinter dem Boot ins Wasser ragendes Schaufelrad übertragen, wodurch ein großes Segelschiff, das mit dem Dampfboot durch ein Seil verbunden ist, vorwärts bewegt wird. Ähnlich dürfte die „machine feu" konstruiert gewesen sein, die der Kanonikus und Professor der Mathematik Gautoir 1752 der Königlichen Gesellschaft von Nancy und 1756 der Republik Venedig zur Fortbewegung von Schiffen vorschlug. — Einzelheiten über diese Idee sind nicht auf uns gekommen.

Praktische Versuche sind, soviel wir wissen, weder von Hull noch von Gautoir unternommen worden. Wohl aber ist noch mehrfach die schon im Jahre 1543 in Barcelona vorgeführte Erfindung erprobt worden, ein Schiff durch Drehung seitlicher Schaufelräder mit Menschenkraft vorwärts zu bewegen. Der Hofuhrmacher Graupner machte z. B. am 2. September 1739 auf der Elbe bei Dresden ein derartiges Experiment mit einem von 20 Personen besetzten Schiff[652]), des weiteren ein gewisser Kunz am 17. Juni 1787 auf der Donau mit einem 36 m langen Fahrzeug[653]).

Erst um die Mitte der 70er Jahre des 18. Jahrhunderts finden wir aber die ersten, mehr oder weniger erfolgreichen Bemühungen zur Schaffung eines mit Dampf fortzubewegenden Schiffes. Was es mit einer gleichzeitigen amerikanischen Meldung von 1775[653]) auf sich hatte, daß ein gewisser Christopher Colles, Lehrer der Philosophischen Gesellschaft in Philadelphia, die Dampfkraft 1773 zum Schiffsantrieb benutzt habe, ist nicht zu ermitteln. Eine irgendwie bemerkenswerte Leistung kann jedenfalls Colles schwerlich erzielt haben. Genauer unterrichtet sind wir über die damaligen Vorgänge in Frankreich. Hier konstruierten 1774 Claude François Joseph d'Auxiron und 1775 Jacques Constantin Périer die ersten wirklichen Dampfboote; beide hatten freilich keinen praktischen Erfolg — Périers Boot konnte z. B. nicht stromaufwärts fahren — dagegen gelang es bald darauf dem Marquis Claude de Jouffroy, der auch Périer zu seinen Versuchen angeregt hatte, die erste brauchbare Dampfschiff-Konstruktion der Welt zu schaffen. Nachdem er schon im Juni und Juli 1776 bei Baumes-les-Dames auf dem Doubs ohne greifbares Ergebnis experimentiert hatte, fuhr er am 15. Juli 1781 von Lyon aus mit einem Dampfschiff stromaufwärts bis zu der eine Stunde entfernten Insel Barbe, in Gegenwart von 10000 Zuschauern, unter anderem auch der Mitglieder der Akademie von Lyon. Es war die erste großzügige Leistung auf dem Gebiet der Dampfschiffahrt! Trotz seines schönen Erfolges konnte Jouffroy aber nicht einmal erreichen, daß ihm ein Patent auf seine Erfindung erteilt wurde. Sein entsprechendes Gesuch um ein Patent auf 30 Jahre wurde auf Grund eines Gutachtens von Périer, der sich dabei offenbar von einem gewissen Neid gegen seinen erfolgreichen Nebenbuhler leiten ließ, am 31. Januar 1784 mit folgender Begründung abschlägig beschieden:

„Es hat den Anschein, daß der in Lyon erbrachte Beweis die Bedingungen nicht hinreichend erfüllt hat."

Doch wurde ihm ein 15jähriges Patent in Aussicht gestellt, wenn er auf der Seine ein mit 150 t beladenes Schiff mit Hilfe der Dampfkraft mehrere Meilen weit stromaufwärts fahren könne. De Jouffroy war mit diesem Anerbieten nicht zufrieden und verzichtete demgemäß auf eine Weiterverfolgung seiner Erfindung. Seine schöne Leistung von 1781 blieb daher vereinzelt, und seine Maschine wurde bald nach den großen Erfindungen James Watts von 1784 durch praktische Konstruktionen der Engländer und Amerikaner überholt. Immerhin gebietet die Gerechtigkeit anzuerkennen, daß es der Marquis Claude de Jouffroy war, der 1781 die erste bedeutsame praktische Leistung in der Geschichte der Dampfschiffahrt vollbrachte. Ein dem seinigen durchaus ähnliches Schiff wurde von Fulton auf seiner entscheidenden Fahrt von 1807 benutzt.

Wenige Jahre nach 1783 wurden gleichzeitig in England und in den Vereinigten Staaten größere und dauerndere Erfolge errungen, die aber dennoch zunächst noch nicht imstande waren, dem Dampfschiff zu einer mehr als vorübergehenden, örtlichen Bedeutung zu verhelfen. Noch immer war die Zeit für dies Verkehrsmittel nicht gekommen; die Welt sah vor ihren Augen erstaunliche Leistungen von hoher technischer Vollkommenheit sich abspielen und ging dann doch achtlos und verständnislos an den Vorboten einer neuen Zeit vorüber. — Das Schicksal, das Denis Papin betroffen hatte, verfolgte auch jetzt noch diejenigen, die der Idee des Dampfschiffes zum Siege verhelfen wollten, und schuf den genannten Unglücklichen selbst in so vorurteilslosen und von bureaukratischer Schwerfälligkeit freien Ländern wie Großbritannien und Nordamerika Leidensgenossen.

Im ersteren Land war es insbesondere der junge Schotte Symington, der es wohl verdient hätte, daß seiner Tüchtigkeit und seinem Wagemut die Sonne des Glücks freundlicher lächelte, als es tatsächlich geschah. Der Schulleiter Taylor hatte 1788 diesen jungen Ingenieur dem Bankier Patrick Miller zugeführt, der sich für das Dampfschiffwesen interessierte und Versuche auf diesem Gebiete finanziell zu unterstützen geneigt war. Symington baute mit Millers Geld ein Dampfboot und befuhr mit diesem am 14. Oktober 1788 den Dalswinton Loch genannten schottischen Landsee, nachdem schon 1787 ein Millersches Dampfboot vorübergehend auf dem Firth of Forth erschienen war. Die von Symington damals benutzte Maschine bildet noch heute eine Sehenswürdigkeit des Kensington-Museums in London. Obwohl Symingtons Fahrten einen vollen Erfolg bedeuteten, erlahmte Millers Interesse an der Sache, als durch ein Zerbrechen der Schaufelräder und andere kleine Unfälle die Ausgaben sich mehrten, ohne daß ein greifbarer Gewinn vorauszusehen war. Miller wollte schließlich kein Geld mehr hergeben, und Symington mußte infolgedessen weitere Fahrten einstellen. Erst 10 Jahre später konnte er seine Ideen wieder aufnehmen, als er den Lord Dundas kennen lernte, der ihm, nach einigen erfolgreichen Fahrten auf dem Forth- und Clydekanal, 1801 den Bau mehrerer Dampfer auftrug, um mit ihrer Hilfe den Verkehr auf dem genannten Kanal zu fördern. Symington baute daraufhin den Dampfer „Charlotte Dundas", der 6 englische Meilen in der Stunde fahren konnte und nach seiner im März 1802 erfolgten Indienststellung Kanalboote mit einer stündlichen Geschwindigkeit von 3¼ Meilen schleppte. Trotz dieses vielverheißenden Anfangs scheiterten aber auch diese Bemühungen Symingtons, und zwar weil die Kanalgesellschaft die weitere Benutzung von Dampfern auf dem Kanal verbot, da durch deren Wellenschlag die Kanalufer zu sehr beschädigt wurden. Noch einmal schien Symington das Glück hold sein zu wollen, als ihm der Herzog von Bridgewater, dem Lord Dundas seinen Schützling empfohlen hatte, den Bau von acht Dampfbooten auftrug. Bevor jedoch Symington eines dieser Dampfboote fertigstellen konnte, starb der Herzog unglücklicherweise, und in der Folge bemühte sich der Erfinder vergeblich, vom Staat oder von reichen Privatleuten Mittel zur Verwirklichung seiner hochfliegenden Pläne zu erhalten. Um alle seine Hoffnungen betrogen, starb er 1831, und erst die Nachwelt erkannte seine hervorragenden Verdienste in würdiger Weise an.

Gleichzeitig, im Jahre 1799, war auch ein Deutscher mit Ideen zum Bau eines Dampfschiffes beschäftigt. Der Badenser Joh. Gottl. Tulla, der spätere Oberst und geniale Schöpfer der ersten Oberrhein-Korrektion, entwarf als 29 jähriger Ingenieur einen Plan zu einem mit Hilfe der Dampfkraft bewegten Transportschiff. Sein Gönner, der Markgraf Karl Friedrich von Baden, leitete den Vorschlag aber merkwürdigerweise an die britische Admiralität, die ihn anscheinend für ihre eigenen Zwecke nutzbar machte, ohne im übrigen je eine Antwort zu erteilen[855]).

Zur selben Zeit, wie in Großbritannien, waren auch in Amerika die ersten bedeutenderen Erfolge auf dem Gebiet der Dampfschiffahrt zu verzeichnen. Zwar arbeitete hier Oliver Evans schon in den 70er Jahren in dieser Richtung, jedoch in den ersten Jahrzehnten noch ohne nennenswerten Erfolg. Die erste bedeutende Leistung in Amerika wurde von Jonathan Fitch vollbracht, einem Uhrmacher aus Philadelphia, einem charakteristischen Vertreter jenes bekannten Typus ideal gesinnter Erfinder, die ihrer Idee ihre Arbeitskraft, ihr Vermögen und ihr Lebensglück opfern, ob sie auch darüber nur Enttäuschungen, Undank und Unverstand ernten. Fitch hatte bereits 1783 ein Patent auf ein Dampfschiff genommen und baute alsdann unter unsäglichen Mühen gemeinsam mit einem holländischen Uhrmacher Voight ein Dampfschiff, das Ruderräder, Schiffsschrauben und verschiedene andere Treibvorrichtungen in sich vereinigte. Eine Versuchsfahrt seines 7½ m langen Schraubendampfers „Perseverance" fand 1787 auf dem Schuylkill statt, doch platzte bei Burlington der Kessel. Dennoch fand Fitch Interesse und Beifall, so daß er am 28. Mai ein Monopol für die Benutzung eines Dampfbootes erhielt. Er richtete 1788 regelmäßige Fahrten über 32 km auf dem Delaware ein und legte auf solche Weise insgesamt etwa 3500 bis 4500 km im Dampfschiff ohne weiteren Zwischenfall zurück. Trotz dieser zweifellos großartigen Leistung gelang es ihm nicht, sich und sein Werk endgültig durchzusetzen. Weder in seinem Vaterland noch in England, wohin er sich gleichfalls wandte, fand er Verständnis für seine Ideen und pekuniäre Unterstützung; man hörte seine Prophezeiung, daß das Dampfschiff nicht nur die großen Flüsse und Seen Amerikas, sondern selbst das Weltmeer erobern werde, und — tat den Phantasten mit einem Lächeln ab. Fitch, der auch in seinen Familienverhältnissen von schwerem Unglück verfolgt wurde, starb 1798, verbittert, mit sich und der Welt zerfallen, in tiefster Armut; aber wie fest er an seine Idee und ihren endlichen Sieg glaubte, zeigt sein erschütternder Ausspruch: „Es wird ein Tag kommen, wo ein Mächtigerer Ruhm und Reichtum ernten wird, aber jetzt will niemand glauben, daß der arme Jonathan Fitch etwas Beachtenswertes zu leisten vermag!"

Nicht viel besser erging es mehreren anderen amerikanischen Erfindern, die auf dem gleichen Gebiete, wie Fitch, arbeiteten. James Rumsey aus Berkeley Springs entwarf 1784 ein Modell zu einem Dampfboot, das unter anderem auch von Washington besichtigt wurde, wie dieser dem Erfinder am 7. September 1784 ausdrücklich bescheinigte. Er konstruierte alsdann das erste sogenannte Prallschiff, das schon den Lokalverkehr auf dem Delaware zwischen Philadelphia und Burlington längere Zeit vermittelte; aus Mangel an Mitteln wurde aber auch er zur Einstellung dieser Fahrten und zum Verzicht auf eine weitere Verfolgung seiner Erfindung genötigt. Weitere Bemühungen um die Schaffung eines brauchbaren Dampfschiffes wurden von Kinsley, Roosevelt, John Cox, Stevens und dem schon genannten Oliver Evans aufgewendet, von denen besonders die beiden letztgenannten Beachtung verdienen, da sie seit 1804 bemerkenswerte Erfolge aufzuweisen hatten. Stevens schuf, nachdem er von 1791—1804 volle 20000 Pfund vergeblich für seine Ideen ausgegeben hatte, zwei brauchbare Dampfboote, deren eines, „Phönix" genannt, dadurch historische Wichtigkeit erlangt hat, daß es 1808, also nach Fultons Fahrt, von New York nach Philadelphia fuhr und somit das erste Dampfschiff wurde, das sich aufs offene Meer hinauswagte. Evans hingegen konstruierte nach fast 30 jähriger Vorarbeit 1804 den „Orukter Amphibolis", einen wunderlichen Prahm, der sich nicht nur auf dem Wasser, sondern auch auf dem Lande fortbewegen konnte und eine Dampfmaschine von 5 Pferdekräften besaß.

Wenn die letztgenannten amerikanischen Konstrukteure, insbesondere der tüchtige Stevens, es zu keinem nachhaltigen Erfolg brachten, während Fulton, dessen Verdienste an sich jedenfalls nicht größer als die seiner zahlreichen Vorgänger waren, den Siegespreis errang, so war daran nicht zum mindesten die Tatsache schuld, daß 1798 ein gewisser Livingstone das Monopol eines Dampfbootbetriebes im Staate New York für 20 Jahre erworben hatte; denn mit diesem Livingstone, der in den ersten Jahren seines Monopols nichts zu dessen Auswertung unternehmen konnte, wurde Fulton in Paris bekannt, und dieser Bekanntschaft entsprang sein entscheidender Entschluß, das Feld seiner Tätigkeit von Europa nach seinem Vaterlande Amerika zu verlegen.

Robert Fulton, geboren 1765, stammte aus Little Britain in Pennsylvanien und war als junger Mensch nach Schottland gekommen, wo er des genialen Symington Dampfschiff kennengelernt hatte. Alsbald arbeitete er, zunächst in Frankreich, auf dem gleichen Gebiet weiter. Der Konsul Bonaparte interessierte sich anfangs für Fultons Ideen, die er im Kriege gegen England erfolgreich verwerten zu können hoffte, und ließ sich mehrfach Bericht darüber erstatten. Am 8. August 1803 führte Fulton eine Aufsehen erregende, geglückte Fahrt mit einem Dampfschiff auf der Seine aus. Als aber dieses Schiff auf einer zweiten Fahrt infolge zu leichter Bauart sank, wandte sich das Interesse der Menge und — verhängnisvollerweise! — auch die Gunst des ersten Konsuls von dem Unternehmen des Amerikaners ab, ja, der mißtrauische Napoleon verstieg sich jetzt zu dem ungerechten Urteil:

> „In allen Hauptstädten Europas treibt sich jederzeit eine Menge von Abenteurern und Projektemachern herum, welche jeder Regierung angebliche Entdeckungen anbieten, die nur in der erhitzten Einbildungskraft bestehen. Es sind Charlatane und Betrüger, welche lediglich Gelderpressungen vor Augen haben. Dieser Fulton ist einer von dieser Sorte. Sprechen Sie mir nie mehr von ihm."

Und dennoch wurde noch einmal zu Napoleon von Fulton gesprochen, und sein hartes Urteil über den „Charlatan und Betrüger" mag damals eine gründliche Wandlung erfahren haben! Als nämlich Napoleon 1815 auf dem „Bellerophont" seine letzte Fahrt nach Sankt Helena antrat, begegnete ihm ein englisches Dampfschiff, und auf seine Frage nach dem Verfertiger dieses wunderbaren Schiffes der Zukunft nannte man ihm den Namen: Robert Fulton — —

Fulton selbst hatte sich, nachdem Bonaparte ihm seine Gunst entzogen hatte, zunächst nach England und bald darauf in sein Vaterland zurückgezogen. Hier baute er mit Livingstones Unterstützung ein neues, vollkommeneres, 160 t großes, 40½ m langes und 5½ m breites Dampfschiff, den „Claremont", dem er eine 20 pferdige Wattsche Dampfmaschine einfügte, und vollführte am 17. August 1807 mit diesem Fahrzeug seine berühmte größtes Aufsehen erregende Fahrt von New York nach Albany über 150 engl. Meilen in 32, auf der Rückfahrt sogar in nur 30 Stunden. Dieser Fahrt, die lediglich wiederholte, was in Frankreich, England und Amerika schon vorher oftmals geleistet worden war, war von dem launischen Geschick das Los beschieden, in genügend starkem Maße in weiten Kreisen des Publikums als Sensation empfunden zu werden und somit den unheilvollen Bann zu brechen, der bisher jeden Erfolg der Dampfschiffe vereitelt hatte. Eine ungeheuere Menschenmenge wohnte der bedeutungsvollen Fahrt als Augenzeuge bei. Die anfangs sehr skeptischen Zuschauer, die das Schiff bereits „Fultons Narrheit" getauft hatten und den Erfinder verhöhnten, gerieten, als das Schiff sich mit großem Lärm fauchend in Bewegung setzte, erst in Verwunderung, dann in echt amerikanisches Entzücken, und die Fahrt der „Claremont" bis Albany glich fast einem Triumphzuge. Auf den Schiffen, die dem Dampfer begegneten, sanken die Mannschaften entsetzt in die Knie und beteten, denn sie hielten das Rauch und Feuerfunken speiende Ungetüm für den leibhaftigen Gottseibeiuns oder doch mindestens für eines seiner Werkzeuge. Seit dem 7. Oktober 1807 fanden schon auf dem Hudson und bald auch auf vielen anderen wichtigen Flüssen und Seen im Gebiete der Union regelmäßige Dampfschiffahrten statt.

Fulton hatte dem Dampfschiff zum Triumph geholfen, weniger durch eigenes Erfindergenie — denn die wichtigsten Bestandteile seines „Claremont" hatte er von europäischen Erfindern (Patrick Miller, Watt, Symington) übernommen —, als durch beharrliche Ausdauer und durch die Gunst der äußeren Umstände, die ihm in den Schoß warfen, was sie einem Dutzend anderer Erfinder vorher versagt hatten. Einen rechten Lohn für seine große Tat trug aber auch er nicht davon. Zwar wurde ihm ein Patent zur alleinigen Benutzung der Dampfschiffe auf allen Flüssen der Vereinigten Staaten übertragen, aber er sah sich genötigt, dieses Privileg nach und nach für fast alle Flüsse gegen ein Spottgeld zu verkaufen, und am 24. Februar 1815 starb er, völlig verarmt, unter Hinterlassung einer Schuldenlast von 100000 Dollar.

Ein Jahr vor seinem Tode war ihm der Bau eines eigenen Kriegsdampfers vom Kongreß übertragen worden, doch erlebte er die Fertigstellung des Schiffes nicht mehr, das nach ihm „Fulton I" genannt wurde und in den 20er Jahren in die Luft flog. Dagegen hatte ein von ihm erbauter Flußdampfer Gelegenheit, im Kriege gegen England während der Schlacht von New Orleans (8. Januar 1815) tätig einzugreifen: er wurde somit zum ersten Kriegsdampfer der Welt.

Blickt man auf diese geschichtliche Entwicklung bis zum wirklichen Aufkommen des Dampfschiffverkehrs zurück, so hat man fast den Eindruck, als rolle sich eine Schicksaltragödie ab, indem ohne Ausnahme alle Erfinder, die sich mit der Idee der Schiffsfortbewegung durch Dampfbetrieb befaßten, dazu verdammt waren, von Unglück aller Art verfolgt zu werden, ihre Hoffnungen scheitern zu sehen und oft genug im Elend zu enden. Selbst Fulton, der den Triumph seiner Idee erleben durfte, blieb, wie wir hörten, von diesem Verhängnis nicht verschont, und daß auch nach dem Siege des Dampfschiffes das alte Fatum seinen Gang weiter ging, beweist das Schicksal Ressels, des genialen österreichischen Neuerfinders der Schiffsschraube, der gleichfalls im Kampfe mit bureaukratischer Beschränktheit und mit den unglaublichsten Unglücksfällen den kürzeren ziehen mußte und um die Früchte seiner Erfindung betrogen wurde.

VIII. Zur Vorgeschichte des Dampfschiffs.

Literaturnachweise.

625) Conrad Matschoß: „Die Entwicklung der Dampfmaschine", 2 Bände. Berlin 1908.
626) Franz Feldhaus: „Ruhmesblätter der Technik", S. 245—266. Leipzig 1910.
627) Vitruv, De architectura, I, 6, 2.
628) Heronis opera, ed Schmidt, Vol. I, p. 499. Leipzig 1899.
629) Agathias, de impero Justiniani, lib. V, de machinis.
630) Albertus Magnus, De meteoris, lib. III, Trakt. 2, Kap. 17. (Pariser Ausgabe von 1890, Bd. IV, S. 634, Sp. 2.)
631) Franz Feldhaus: „Über Zweck und Entstehungszeit der sogenannten Püsteriche" in den „Mitteilungen des Germanischen Museums", 1908, und „Ruhmesblätter der Technik", S. 231—236.
632) Codex iconogr. 242 der Münchener Hofbibliothek, Blatt 11b.
633) Theodor Beck: „Beiträge zur Geschichte des Maschinenbaues", S. 99 und 348. Berlin 1899.
634) Feldhaus: „Ruhmesblätter der Technik", S. 36.
635) Feldhaus: ebendort, S. 240 und 251.
636) Zuerst in „Colleccion de los Viages". Madrid 1710.
637) Vortrag vor der Londoner „Society of Arts" vom 14. April 1858.
638) Giambattista della Porta: Pneumaticorum libri III, Buch II, Kap. 7. Neapel 1601.
639) Salomon de Caus: „Les raisons des forces mouvantes avec diverses machines". Frankfurt a. M. 1615.
640) „Le Machine diverse del Signor Giovanni Branca", Tafel XXV. Rom 1626.
641) Sandersons Ausgabe von Rymers „Faedera", Bd. XIX.
642) Abgedruckt im „Prometheus", Nr. 953 (1908).
643) a. a. O., Bd. I, S. 285—287.
644) Beschrieben in Papins Brief an Huyghens vom 16. August 1691.
645) Gerland: „Leibniz' und Huyghens' Briefwechsel mit Papin". Berlin 1881.
646) Zuerst in Piderits „Geschichte von Kassel". Kassel 1833.
647) Vgl. im „Meyer" den Artikel „Dampfschiff": „Papin fuhr 27. September 1707 mit einem von ihm angegebenen Ruderradschiff, wobei der Wasserdampf als bewegende Kraft benutzt wurde, auf der Fulda von Kassel nach Münden;" ähnlich auch im „Brockhaus".
648) Zuerst in englischer Sprache mitgeteilt im „Scientific American" vom 24. Februar 1877, S. 120.
649) Papins Brief an Leibniz vom 15. September 1707.
650) Zeitschr. des Vereins Deutscher Ingenieure, 1906, S. 1472.
651) Dieser Dampfzylinder ist, wie Feldhaus mitteilt („Ruhmesblätter", S. 260), in England gegossen worden und erst nach 1715 irgendwie nach Kassel gekommen. Papin hat ihn jedenfalls nie zu Gesicht bekommen!
652) Hübner: „Naturlexikon", S. 1222 (1746), erwähnt in Feldhaus', „Ruhmesblättern", S. 404.
653) „Allgemeine Literatur-Zeitung", 1787, Nr. 149.
654) „Rivingston Gazette", 16. Februar 1775.
655) Zeitschr. f. Binnenschiffahrt, 1928, S. 232.

Namen- und Sachregister.

Aare 124.
Aberdeen 99.
Abessinien 64f.
Abulfeda 87, 90.
Abydos 3, 132f., 141.
Achaja 8.
Actium 120.
Adam von Bremen 81, 84f., 89, 92ff., 146f.
Aden 54, 70.
Adler 141.
Adria 15, 76, 80, 92, 111f., 122.
Adulis 66.
Ägäis 4, 6, 8, 13, 111.
Agathodaemonis 63.
Agatharchides 57.
Agathias 150.
Agina 120.
Agricola 48.
Ägypten 1ff., 11, 52ff., 62, 69, 78, 90, 134ff.
Aietes 111f.
Ajax 128.
Akaba 56.
Alabama 117.
Alasia 9.
Alaska 102f., 116, 118.
Albany 162.
Albertus Magnus 151.
Aleuten 101.
Alexander der Große 54, 62, 134.
Alexander (Kaufmann) 61f.
Alexandria 12, 58, 62f., 133, 136, 145, 150.
Alexandrowsk 123f.
Alfons V 31.
Alfred der Große 83f.
Algarve 8.
Allard 145.
Alpen 28, 112, 124.
Alter Rhein 121.
Aly 37.
Amasra 13.
Amazonenstrom 118.
Amenhotep IV, 9.
Amrum 14.
Amu Darja 113.
Amyklä 8.
Anamea 141.
Anastasios I, 142.
Anaximander 23.

Ancona 141.
Andalusien 4, 22.
Anden 122.
Los Angeles 103.
Anibe 7.
Annam 62, 64.
St. Ansgar 82.
Anthemios 150f.
Anticosti 116.
Antillen 100, 104.
Antiochia 66.
Antoninus Pius 66.
Apollodor 128.
Apollonios 42.
Appius Claudius 151f.
Apulia 82.
Aquileja 141.
Arabien 52ff., 65, 69.
Arachtu-Kanal 121.
Arakan 63.
Araxes 113.
Archimedes 151.
Argon 70.
Argonautensage 12f., 111f.
Arimaspen 78.
Arinos 118.
Aristeas 78.
Aristoteles 29, 113.
Arrian 36ff., 65.
Artakia 13.
Asowsches Meer 90, 111, 131.
Assmann 4.
Assuan 11.
Assur 78.
Assyrer 10, 56ff.
Astrachan 87.
Athabaska-See 119.
Athen 132.
Äthiopien 61, 65.
Atka 102.
Atlantischer Ozean 18—52.
Atlas 24ff.
Ätna 25f., 37.
Atrato 123.
Attu 101.
Auckland 123.
Augustus 80, 134.
Aur 102.
Aurelian 66f.
Aurivillius 86.
d'Auxiron 158.
Avien 21, 42ff.
Axum 66.
Azoren 29ff., 99.

Bab el Mandeb 56, 59.
Babylon 53, 57.
Bacharach 123.
v. Baer 14.
Bagdad 68, 70, 86ff., 94.
Bahrein-Inseln 53, 56f.
Baidarata 116.
Baishú Shirrir 68.
Baktrien 63.
Baku 94.
Balaklava 14.
Balboa 103.
Balsora 68, 70, 86.
Baltimore 116.
Bancroft 104.
Barbarossa 99.
Barbe 158.
Barcelona 151f., 158.
Bartin Tschai 13.
Barygaza 63, 66.
Basken 5.
Baumeister 132.
Baumes-les-Dames 158.
Bayern 91.
Beck 151.
Bender Kebir 55.
Benfey 54f.
Bengalischer Golf 63.
S. Benito-Inseln 101.
Berbera 66.
Berenike 55f.
Beresina 77.
Bergk 137.
Berkeley Springs 160.
Berlioux 39.
St. Bernhard, Großer 124.
Bernstein 76ff.
Bernsteinländer 45, 76ff.
Bero-Bai 123.
Berthoud 153f.
Bertoni 104.
Biafra-Bai 42.
Bicêtre 153.
Bilbilis 5.
Bilkîs 53.
Bingen 123.
Binger Loch 123.
Birca 82, 84, 93.
Birnbaumer Wald 80.
Biscaya 20, 43.
Bjarmer 116.
Bjelo Osero 83.
Björkö 82.
Björn Asbrandson 106.

Namen- und Sachregister.

Björn Herjolfson 100.
S. Blas-Küste 108.
Blaß 136f.
Blois 154.
Bocche di Cattaro 122.
Boghazköj 1.
v. Bohlen 55.
Böhmen 77.
Bohuslän 79.
Bolgary 87.
Borchardt, Ludw. 52.
— Paul 25.
Bordeaux 45.
Bornholm 75, 79, 84f.
Bosporus 13, 88, 111, 132, 141, 143.
Boston 124.
Bothnischer Busen 84.
Bougainville 37.
Boulogne 140f., 145.
Brachvogel 154.
Bradford 104.
Branca 153.
Brännö 84.
Brasilien 104, 118.
Bremen 156.
Brenner 77.
Bretagne 6f., 19ff., 35, 44, 100.
Breusing 28.
Bridgewater 159.
Brindisi 141.
Britannien 4ff., 18ff., 43ff., 81.
Bronzekultur 6f., 15, 19ff.
Brugsch 11.
Bücher 41.
Buchwald 126, 131f., 139.
Bulgar 87, 89f.
Burdigala 45.
Burisleifr 85.
Burlington 160.
Burpee 117.
Burra 99.
Burton 39.
Bury 14, 22.
Byblos 2f.
Byzanz 83, 88ff., 93, 143, 150.

Caepio 138.
Caesar 45, 47f., 120, 133f.
Calais 47.
Caligula 120, 135, 140ff., 147.
Campanile 144, 146.
Cannes 103.
Cantium 47.
Capri 140.
Caracas 100.
Carnuntum 80.
Cassiquiare 118.
de Caus 153f.
Cedrenus 143f.
Ceuta 25.
Ceylon 53, 55, 62ff., 70, 77.

Chalyber 8.
v. Chamisso 102f., 106.
Chares 131.
Charon 24.
Chazaren 87ff., 94.
Chignecto 124.
China 15, 62ff., 87, 91, 114, 118.
Chinesisches Meer 69.
Ft. Chipewyan 119.
Chouart 117.
Chryse 62.
Chrysopolis 141.
Cinq-Mars 153.
Civitavecchia 141.
Claudius 140ff.
Clydekanal 159.
Colles 158.
Columbia-Fluß 101, 118.
Comber 40.
Conojevica 122.
Corbilo 45.
Corcelettes 75.
Corduan 145.
Corisco-Bai 42.
Cornelius Nepos 98, 112.
Cornwall 6, 19, 21, 23, 45.
Cortez 108.
Coruña 141.
Corvey 82.
Corvo 30ff., 98.
Costa Rica 107.
Covilham 62.
Cox 160.
Sta. Cruz 100.
Cuna-Indianer 108.
Cupica-Bai 123.
Curtius 129.
Cypern 5, 9, 19.
Cyrenaica 31.
Cyrus 113.

Dalekarlien 91.
Dalmatien 122.
Dalswinton Loch 159.
Damaskus 53.
Dampfschiffe 150—162.
Dänemark 79, 82, 103.
Danewerk 94.
Danzig 77, 91.
Dardanellen, s. Hellespont.
Darius 62.
Darien 107f.
Dedân 57f.
Dehli 71.
Dehr el Bahri 52, 55.
Delaware 160.
Delorme 153f.
Demetrius Poliorketes 130.
Demmin 92f.
Dennis 1.
Desna 91.
Devizes 6.
Diaz 61.
Diehl 40.

Dio Cassius 140.
— Chrysostomus 129.
Diodor 24, 45f., 61, 66, 90, 112f.
Diolkos 120, 122.
Djebel Musa 25f.
Djera 57.
Djibuti 66.
Djidda 71.
Djordjan 87, 94.
Djorf el Wasat 133.
Dnjepr 77, 83, 88ff., 114.
Dnjestr 91f.
Dog-See 117.
Dolmen 18f.
Domitian 48, 135.
Don 44, 90f., 94, 111ff.
Donau 13, 20, 110ff., 158.
Dorestad 82.
Dörpfeld 8, 14, 23.
Doubs 158.
Dover 141.
Drausensee 84.
Dresden 158.
Drontheim 47, 80.
Dschingis Khan 70.
Duala 41.
Düna 83, 88ff., 114.
Dundas 159.
Durazzo 141.
Dürrenberg 97.
Dwina 83, 115f.
Dyrrhachium 141.

Eberswalde 8.
Edinburg 99.
Edrisi 70, 92, 113, 142.
d'Effiat 153.
Eider 84.
Einhard 79, 81f., 145.
Elbe 73, 78, 81, 158.
Elbing 84, 124.
Enderâbe 86.
England 15, 20ff., 35, 43, 76, 121, 124, 155ff.
Englischer Kanal 22, 83, 141.
Entz 37.
Eridanus 78.
Erie-See 117.
Erythräa 66.
Eskimos 98f., 107.
Esten 80, 84.
Etrusker 77.
Euböa 128.
Eudoxus 60f.
Eumaios 29.
Euphrat 53, 57, 67, 121.
Eusebius 65.
Euthymenes 42ff.
Evans, Sir Arthur 3, 7.
— Oliver 160f.
Ezeon Geber 56.

Fa-Hien 69.
Fais 102f.

Namen- und Sachregister.

Fako-Krater 41.
Falköping 76.
Falsterbo 147.
Faria 31f.
Färöer 99.
Feldhaus 146, 150f.
Felsengebirge 119.
Feodosia 113.
Fernando Poo 39.
Ferro 27, 29.
Fimmen 6.
Finnischer Busen 84.
Finnland 75, 77.
Firth of Forth 159.
— — Tay 48.
Fischer, Curt 36f., 40f.
Fischer-Halbinsel 122.
Fitch 160.
Flandern 124.
Florenz 16.
Florez 30ff.
Fontana 151.
Forth-Kanal 159.
Fox River 117.
S. Francisco 101f.
Franken 15.
Frankfurt a. O. 92.
Frankreich 75f., 124, 158ff.
Frederiksdal (Grönl.) 119.
Fréjus 141.
Friederici 116, 121.
Friesland 82.
Frisches Haff 84.
Frobisher 107.
Fulton 150, 159, 161f.
Fundy-Bai 124.
Fünen 75.
Furtwängler 25.

Gabun 42.
Gades 7, 10f., 27, 59, 112, 141.
Galaecien 19.
Galizien 76.
Gallien 44, 47.
de Gama 61, 72.
Ganges 63f.
Ganuz Wolf 84.
de Garay 151f.
Gardar 99.
Garonne 44ff.
Gautoir 158.
Gaza 53, 57.
Geijer 89.
Gelon 35, 60.
Genua 9, 90.
Gerbault 103.
Gerland 155, 157.
Gerrha 53, 57f.
Geryoneus (Geron) 29.
Gessoriacum 140.
Gibraltar 4, 11, 23, 25ff., 36, 43ff., 60, 94, 111.
Glümner 13.
Gnesen 15.
Goldländer 6, 13, 19.

Goa 54.
de Goes 32f.
Gomara 99.
Gomera 100.
Gonzales 151.
Gorillas 37.
Göta-Elf 84.
— -Kanal 119.
Goten 109.
Gotland 75, 84, 86.
Götterwagen 28, 37.
St. Gotthard 124.
Gran Canaria 28.
Graupner 158.
Greely 118.
Greifswald 94.
Grevinga Sogn 79.
Griechenland 6ff., 55, 111, 120.
Gris Sämingson 88.
Grönland 83, 94, 99f., 107, 119.
Groß-Jena 86.
Guadalquivir 20, 43, 99, 138.
Guanahani 130.
Guanchen 109.
Guaporé 118.
Guayana 118.
La Guayra 100.
Gudleif Gudlaugson 106.
Guinea-Golf 38.
Gumilla 100.
Gunnbjörn 99.

Hadeby 84.
Hadramaût 53.
Hallstatt 77.
Halör 84.
Hambruch 103.
Hamburg 82.
Hamdâni 53.
Hangtschou 68.
Hanno 26, 28, 31, 34ff.
Hannover 157.
Hansa 88, 126.
Harald, Könige 82, 84f.
Harris 108.
Hassert 39.
Hatasu 52.
Hatinh 62.
Havelberg 92f.
Hebriden 101.
Hedaby 84.
Heeren 37.
Hegermühler Goldfund 8.
Heidelberg 153.
Heiligenbeil 76.
Heinrich der Löwe 85.
— — Seefahrer 39, 83.
Hekatäus 14, 42ff., 114.
St. Helena 104, 161.
Heliopolis 65.
Hellespont 111, 132.

Helluland 100.
Helm 77.
Helmold 89.
Helsingborg 84.
Helsingör 84.
Herakles 29.
Heraklit 60.
Hero 128, 132f.
Herodot 13f., 19, 23, 25, 35, 42, 44, 60f., 65, 78f., 90, 113, 131.
Heron 150.
Herrmann 8, 14, 58, 62ff.
Hesekiel 57.
Hesiod 13, 23f., 28f., 44.
Hesperiden 28,
Het Gijn 121.
Hian 7.
Hiddensee 91.
Himera 35.
Himilko 35, 43f.
Hinterindien 62f., 101.
Hippalos 58, 62.
Hira 67.
Hirth 63.
v. Hochstetter 123.
Hoggar-Massiv 25.
Hoka-Indianer 105.
Holder 23.
Holland 118, 121, 124.
Holmgard 88f.
Holstein 92.
Homer 8f., 11, 13, 21ff., 44, 53ff., 65, 129f.
Hopi-Indianer 107.
Horich 82.
Hoti 66.
Hrabanus Maurus 145f.
Huangtschi 64.
Hübner 23.
Hudson-Bai 116, 118.
— -Fluß 150, 162.
Hulagu 70.
Hull 157f.
v. Humboldt 24, 27, 30, 32, 37, 58, 100, 107, 118, 123.
Hwangho 70.
Hwj 56.
Hyginus 128.
Hyperboreer 45, 78f.

Jabadiu 63.
Jacob 86.
Japan 67, 70.
Japetos (Japhet) 28.
Jaroslaw 88.
Jason 12.
Java 58, 63, 69.
Ibn Batuta 69ff., 87, 143.
— Habbar 68.
— Khordadbeh 91, 94.
— Wahb 67.
Ibrahim et Aglab 144.
— ibn Ja'qûb 89, 92.

Namen- und Sachregister.

Ictis 45.
Idefjord 121.
Ideler 24ff.
Jenissei 116.
Jerusalem 53.
Jesajas 53.
Illing 35, 40, 42.
Ilmensee 77, 83, 86, 88f.
Imaus 28.
Imbellonie 105.
Imerethien 12.
Indien 15, 21, 53, 55f., 61f., 65ff., 87.
Indischer Ozean 12, 15, 23, 52—74, 103.
Indus 53, 62, 68.
Ingelheim 82.
Inseln der Seligen 9f., 27f.
Jolliet 117.
Jomsburg 85, 93.
Ionisches Meer 23.
Jornandes 87.
de Jouffroy 158.
Iphigenie 14.
Island 6, 15, 19ff., 43, 99, 101.
Irokesen 117.
Irtysch 87.
Isidorus Hispaliensis 133, 145f.
Island 47, 87, 99f.
Isluitlik 119.
Israeliten 9, 59.
Issedonen 78.
Italien 75.
Ithaka 12, 129.
Ithamar 58.
Itil 87, 91.
Ition 47.
S. Juan-Fluß 123.
Juba II 27.
Julin 92, 147.
Jumne 92ff., 146f..
Justinian 150.
Jutfus 121.
Jütland 15, 22, 45, 75f., 92.
Iwan III 88.

Kadu 102, 106.
Kaegi 130.
Kaffa 113.
Kaiserkanal 110.
Kakulima 37f.
Kala 68.
Kalbe 92.
Kalifornien 105.
Kalikut 68, 70f.
Kalkutta 66.
Kalypso 25, 27f.
Kama 87, 113, 115f.
Kambyses 65.
Kamerun 9.
Kamerungebirge 28, 38ff.
Kammerberg 123.
Kan 37.
Kanada 100.

Kanaren 9, 15, 27f., 59, 99, 109.
Kane 119.
Kanlem 68.
Kanton 67f., 72.
Kap Bojador 39.
— Cod 101.
— Flattery 101, 105.
— der Guten Hoffnung 60f.
Kaphareus-Berg 128.
Kap Palmas 37.
Kapseden 80.
Kapstadt 104.
Kap Verde 37.
Kapverdische Inseln 29.
Karaibisches Meer 100.
Karatuna 122.
Karelien 77.
Karer 9.
Karischer Busen 116.
Karisches Meer 115.
Karl der Große 79, 81, 110, 145.
— Friedrich von Baden 160.
— V, Kaiser 151.
— XII, König 127.
Karnak 7.
Karolinen 102f., 106.
Karthago 10, 29ff., 34ff., 44.
Kas 116.
Kasan 87f.
Kaspisches Meer 14, 66, 69, 85ff., 94, 111ff.
Kassel 150, 156f.
Kattegat 80, 84, 119.
Kattigara 62.
Katwyk 80.
Kaukasus 77.
Kent 47.
Kertsch 14.
Ket 116.
Khanfu 68, 70.
Khnemhotep 56.
Kiautschou 67.
Kiepert 27, 120.
Kiew 86, 89ff., 143.
Kilwa 69.
Kimbern 22.
Kimmerier 9, 14, 21f.
Kingsley 39.
Kinsley 160.
Kittagong 64.
Kleopatra 142.
Kluge 35.
Knidos 60.
Knossos 7, 131.
Koban 77.
Kokosinseln 103.
Kolaios 10, 12, 99.
Kolchis 12f.
Köln 82.
Kolumbus 32, 99, 108, 130, 151.
Kolwa 116.

Končanskoje 77.
Kongogebiet 42, 67.
Königin Charlotte-Inseln 101.
Königsberg 94.
Konstantin VII. 143f.
Konstantinopel s. Byzanz.
Kopenhagen 81.
Korea 67.
Korfu 11.
Korinth 120, 122.
Kosseir 55.
Köster 3.
Kotschinchina 66, 70.
Kottiaris 62.
v. Kotzebue 102.
Krakau 91f.
Kreta 1, 3ff., 12, 55, 77f.
Krim 14.
Kristiania-Fjord 84.
Krummer Rhein 121.
Ktesias 19.
Ktesiphon 66.
Kublai Khan 70, 87.
Kufa 86.
Kumasa 4.
Kunz 158.
Kupferländer 19.
Kur 113.
Kurisches Haff 77.
Kurland 80, 82f., 88.
Kuro Siwo 101.
Kwänersee 84.
Kyeser 152.
Kymri 21f.
Kyzikos 13f.

Labrador 99f.
Lac la Croix 117.
Ladoga-See 77, 83.
Laibach 111f.
Lake of the Woods 117.
Lancashire 101.
Langendorf 91.
Lanzarote 100.
Lappland 87.
Lassen 55.
Lästrygonen 9, 13f.
Laufenburg 123.
Leander 128.
Leibniz 154ff.
Leif 100.
Lek 121.
Lenschau 9.
Leo Armenius 143.
Lesbos 28.
Leuchtfeuer **126—149**.
Lewy 24.
Leysuhnen 76.
Libanon 2f., 55, 78.
Libyen 114.
Liguror 75.
Lilly 39.
Limon-Bucht 123.
Limousin 19.
Limyrike 63.

Liparische Inseln 2.
Lissabon 31, 104.
Little Britain 161.
Livingstone 161.
Livland 15.
Lixos 26, 36.
v. Löher 26.
Loire 44ff.
London 156f., 159.
Long Island 103.
Lorch 123.
St. Lorenz-Strom 116ff.
Loughcrew 19.
Lowat 89, 91.
Lübeck 85, 94, 147.
Lucanus 134f.
Ludwig der Fromme 82.
v. Luschan 109.
Lussin 122.
Lussinpiccolo 122.
Lyon 158.
Lysippus 131.

Mac Gregor 152.
Mackenzie 119.
— -Fluß 116.
Madagaskar 69, 103.
Madeira 9, 15, 27, 29, 34, 59, 99f.
Madre de Dios-Fluß 118.
Madrid 30ff.
Magdeburg 92f.
Magnus der Gute 85, 93.
Mähren 76.
Mährische Pforte 91.
Main 110.
Mainland 47.
Mainz 86, 145.
Malabarküste 54, 58f., 62, 64, 66, 70.
Malaga 43.
Malaien 103f.
Malakka 62.
Mälarsee 75, 82.
Malchow 92f.
Malta 1.
Manila 103.
Mann 40.
Mannert 23.
Maoris 104.
Marajo 108.
Marburg 154, 156.
Marcianus Capella 29.
Marco Polo, s. Polo.
Marcus Antonius 127.
Mariaba 57.
Mariano 152.
Marienwerder 86.
Marinus 62.
Markland 100.
Marmarameer 4, 13.
Marokko 25f.
Marquette 117.
Marseille 43ff., 63, 104, 141.
Marsh 108.
Marshall-Inseln 102.

Massachusetts 100.
Massilia, s. Marseille.
Masudi 68f., 88f., 144.
Matadi 67.
Matschoss 150, 154, 157.
Mauch 59.
Maximin I 66.
Mecklenburg 15, 75, 86, 92.
Mees 30.
Melissa 35, 43.
Melkart 27f.
Meloria 147.
Memel 77, 94.
Memphis 136.
Menelaus 12, 59.
Menorca 4.
Mer 39.
Merckel 132
Meroë 65
Merw 86
Mesopotamien 58, 67ff.
Messenien 132.
Messina 138f., 141.
Metellus Celer 98f.
Methone 132.
Mexiko 105, 112f.
Meyer, Ed. 5, 52.
Michael Rancabes 143.
St. Michaels Mount 45.
Michigan-See 117.
Mikwa 69.
Milet 131.
Miller 159, 162.
Mingrelien 12.
Minsk 88.
Miseno 141.
Mississippi 116f.
Mittelmeer 1—16, 28, 69, 77, 79, 111f., 126, 147.
Moavija 131.
Möen 75.
Mogemog 103.
Mohammed 67.
Mohammedija 86.
Mohilew 88.
Mombassa 69.
Monte Cassino 145.
Montelius 6, 15, 74ff.
Montenegro 122.
Monte Sagres 37.
Montevideo 118.
Montezuma 108.
Montreal 124.
Montserrat 152.
Mora 91.
Morland 154.
Mossylon 66.
Motow-Bucht 122.
Movers 24.
Mozambique 15, 59, 71, 94.
Mühltaler Tunnel 77.
Müllenhoff 24, 28ff.
Müller, Carl 36f.
— Konrad 79.
— Max 52.
Münch 40.

Münden, Hann. 150, 156f.
Münsterwalde 86.
Münzfunde 30ff., 66f., 80, 86f., 95f.
Murmanküste 122.
Mutnaja Reka 116.
Mykenä 1, 8, 78.
Myoshormos 55.
Myres 9.
Mysien 13.

Naddod 99.
Nak 115.
Nancy 158.
Nansen 21, 46.
Nantes 154.
Napipi 123.
Napoléon I 161.
Narbonne 44ff., 141.
Narowa 94.
Nauplios 128.
Nauportus 112.
Nearchos 62.
Necho 34ff., 39, 60.
Nepos, s. Cornelius.
Nero 80, 120, 134f.
Nerthus 81.
Nestor (Mönch) 86, 89, 143.
Neuchâteler See 75.
Neubraunschweig 124.
Neufundland 100.
Neuguinea 123.
Neupommern 123.
Neuseeland 123.
Newa 88.
New Orleans 116, 162.
New York 103, 116, 124, 161f.
Niebuhr 60.
Nienburg 92.
Nikaragua 104.
Niketas Oryphas 120.
Nikolajewsk 14.
Nil 2, 8f., 12, 42, 55, 59, 62, 114, 133.
Ningo Pik 37.
Ninive 1, 57, 121.
Nipigon-See 117.
Nisabur 86.
Nissen 15.
Nogat 84.
Nordkap 83.
Nordsee 47, 76ff., 84.
Nore Sands 147.
Norita 123.
Normandie 45.
Normannen 83ff., 116, 143, 145.
Norwegen 46f., 77, 80f., 84, 99ff., 107, 121.
Nowaja Semlja 119.
Nowgorod 77, 86ff., 115f.
Nubien 7, 66.
Nugor 102.

Oaros 113.
Ob 87, 116.

Namen- und Sachregister.

Ob-Busen 122.
Oberer See 117.
Oberländischer Kanal 124.
Ocra-Paß 80.
Octavian 120.
Oder 73, 78, 80, 84, 92f.
Odysseus 14.
Oestrymnier 7, 21f., 45.
Ogygia 27.
Ohio-Fluß 116f.
Ohtere 83f.
Oka 77.
Okeanos 23ff., 111ff.
Okelis 56.
Olaf Tryggvason 85, 88, 100.
Öland 84.
Olaus Magnus 119.
Olbia 14, 80.
Olymp 26.
Oman 68.
Onega-See 114.
Ontario-See 117.
Ophir 12ff., 54, 58ff., 69.
Opis 121.
Oppert 56, 60, 78.
Öresund 84, 147.
Orinoko 118.
Orkneys 99.
Ormuz 70.
Orscha 89.
Ösel 80.
Östergötland 79.
Osterinsel 103f.
Österreich 76f.
Ostia 135, 140f.
Ostjaken 115.
Ostpreußen 79f.
Ostrogard 89.
Ostsee 15, 74—97, 114, 119, 126, 147.
Otto von Bamberg 83.
Oude Gijn 121.
Ouessant 21, 44f.
Oxus 113.

Palamedes 128f.
Palästina 8, 53f., 78.
Palavecino 104.
Palma 27, 29.
Palnatoki 85.
Pamir 63.
Panama 103.
Panamakanal 123.
Panium 132, 141, 143.
Panticapaeum 14.
Paphlagonien 11, 13.
Papin 150, 154ff., 159.
Paraguay 104.
— -Fluß 118.
Paraná 118.
Paris 153, 161.
Parthenios 13.
Passarge 39.
Pattala 53.
v. Payer 119.

Peene 92f., 147.
Peloponnes 8, 120.
Pelzhandel 81, 87ff.
Pennsylvanien 161.
Periander 120.
Périer 158.
Périgord 75.
Perm 88.
Pernau 94.
Persien 19, 53, 62, 87.
Persischer Golf 53, 56, 59, 70, 72, 121.
Peru 104.
Perugia 127.
Peters 59.
Petra 53.
Petschora 87, 116.
Petzsch 93.
Phäakenland 11.
Pharus 133ff.
Phasis 12f., 111ff.
Philadelphia 158, 160f.
Philipp III 120.
— Hans 8.
Philippson 120.
Philister 78.
Philon 150.
Phönizier 3ff., 9ff., 21, 27ff., 55ff., 75ff., 109, 129.
Phrygien 13.
Pidgeon 103.
Pik de Teyde 24ff.
Pindar 24, 112, 114.
P'ing 65.
Piräus 131f., 141.
Pisa 147.
Plato 44.
Plinius 4, 29, 43, 47, 56f., 63, 80, 98f., 112, 129, 131f., 135, 141.
Po 10, 112.
Podolyn 30ff.
Pokorny 20.
Polen 76, 92.
Poljessje 114.
Polo 63, 67, 70, 87, 90.
Polybius 35, 44, 47.
Polynesien 94, 104.
Pommern 92.
Pompejus, Sextus 138.
Pomponius Mela 29, 98f., 135.
Pondoland 105, 108.
della Porta 152.
Porto Santo 9, 27, 29, 34, 100.
Poseidipp 42, 135ff.
Pozzuoli 141.
Praeneste 139.
Prag 91f.
Prevlaka 122.
Prince Albert-Sund 107.
Pripet 114.
Procopia 143.
Prokop 81.
Pruzzen, s. Esten.

Pskow 88.
Ptolemäus 4, 29, 54, 57f., 61ff., 79, 81, 145.
Punt 52ff.
Purpurariae 27.
Pyrenäen 76.
Pytheas 22, 45f., 64, 79.

Qazwini 86.
Quebec 124.
Quebrada de la Raspadura 123.
Quetsch 123.
Quiloa 69.
Quineville 141.

Rachias 63.
Radissou 117.
Raema 57f.
Rainy Lake 117.
Ramses II 12, 113.
— III 9.
Ramseye 153.
Randers 76.
Ratak-Inseln 102, 106.
Ratzel 117.
v. Raumer 147.
Ravenna 135, 141, 144.
Reck 40.
Redsted Pederson 105.
Refell 103.
Regensburg 91f.
Regling 30.
Reiche 156.
Reinach 21.
Reka 122.
Rensselaer-Bucht 119.
Reric 92, 94.
Ressel 162.
Reuß 124.
Reval 94.
Rhadamanthys 24.
Rhapta 58.
Rhegium 141.
Rhein 20, 47, 78, 121, 123, 160.
Rheinfall 124.
Rheingau 123.
Rhipäische Berge 113.
Rhodos 131ff.
Rhône 44ff., 132.
Richelieu 153f.
v. Richthofen 68, 71.
Riga 80, 94.
Rigaischer Meerbusen 80.
Rimbert 82.
Rion 12f., 111ff.
Rio Negro 118.
Ritter 37.
Rivet 104.
Rjäsan 94.
Rjeka 122.
Rom 66, 80, 88, 140, 147.
Romer 104.
Roosevelt 160.
Rosellini 15.

Rostock 86, 94.
Rotes Meer 11f., 29, 52ff., 62ff., 79, 90, 111ff.
Rouen 99.
Ruden 85.
Rüdesheim 123.
Rudolphi 116, 118, 122.
Ruge 27, 36.
Rügen 94.
Rügenwalde 15.
Rumsey 160.
Ruprecht, Prinz 156.
Rußland 83, 86ff., 114, 118ff.
Rybatschi-Halbinsel 122.

Saale 81.
Saba 12, 53ff., 65.
Sabana 58, 63.
Sabioncello 122.
Sabong 58.
v. Sadowski 80.
Safuré 52.
Sahara 25.
Salomo 13, 53, 58, 65.
Saluen 64.
Salzhandel 77.
Samarkand 86.
Samarowo 87.
Samland 77ff., 112.
Samojeden 115.
— -Halbinsel 115f., 122.
Samos 10, 99.
Samthawro 77.
Sanaga 42.
Saône 45, 158.
Sapir 105.
Sardanapal III 56, 78.
Sardinien 4.
Sargassomeer 34.
Sargon 5, 58.
Sataspes 35, 42, 44, 60.
Savary 155.
Save 111f.
Schâch 86.
Schaffhausen 124.
Schanghai 66, 103.
Schansi 66.
Scharnik 39.
Scheria 11.
Schiffsverschlagungen 98 bis 110.
Schiller 134.
Schittkoff 116.
Schlei 82, 84f.
Schleppwege 110—126.
Schlesien 76.
Schleswig 82, 84, 92, 94.
Schliemann 11.
Schmidt, Hubert 20.
Schonen 15, 75.
Schott el Djerid 111.
Schottland 20, 46f.
Schtschutschja 116.
Schubin 80.
Schuchhardt 4ff., 10, 45, 93.

Schulten 4f., 14, 20f., 28ff., 43, 45.
Schuylkill 160.
Schwarzes Meer 4, 11ff., 79, 85, 89, 111ff., 147.
Schwarzort 77.
Schweden 15, 75f., 81ff., 94, 119.
Schweiz 75.
Scipio Africanus 44, 47.
Securieux 154.
Seeburg 82.
Seeland 75, 79.
Seeliger 12.
Seine 44ff., 158, 161.
Sejaga 116.
Selenaja 116.
Selenoje-See 116.
Seleucia 66.
Senacherib 121.
Senegal 42, 113.
Sererland 63.
Sermen Rai 86.
Sesamos 13.
Sestos 132f., 141.
Sethe 6.
Sethos I 12.
Shetlands-Inseln 48.
Siam 58.
Sibirien 78, 114, 116.
Sieglin 19, 37, 45f.
v. Siemens 106.
Sierra Leone 37.
— Morena 4, 6, 19.
— Nevada 20.
Silberländer 41.
Silurer 20.
Simancas 151f.
Sinai-Halbinsel 19, 56.
Sinclân 70.
Sindbad 68.
Sinf 68.
Singarpur 58, 63f.
Sinope 13.
Siraf 68.
Sitka 101.
Sizilien 11f., 25, 35, 76.
Skagen 80, 85.
Skagerrak 80, 84.
Skandinavien 47, 80ff., 94.
Skåne 79.
Skiringssal 84.
Skutari 141.
— -See 122.
Skylax 62.
Skythen 14.
Sleib 109.
Sliaswich s. Schleswig.
Smolensk 88.
Snofru 3.
Sofalaküste 54, 62, 69.
Sokotora 54.
Solinus 29, 142, 146.
Somaliland 52.
Sophokles 128, 130.
Soryja 115.

Sosswa 115.
Sostratos 134, 136.
Southport 101.
Spanien 4ff., 18ff., 35, 45, 77, 88, 90.
Sparta 8, 12.
Sprenger 53.
Stagno 122.
Statius Sebosus 29, 141.
Stefansson 107.
Stevens 160f.
Stiller Ozean 69, 122f.
Stockholm 82, 84.
Stoll 28.
Strabo 13, 28, 45, 47, 57, 60f., 120, 131, 133f., 138.
Stralsund 91.
Strömstad 121.
Stucken 104.
Stuhlmann 53, 57.
Sturgeon-See 117.
Suakim 106f.
Suchona 115.
Südhorn 37, 42.
Sueton 140f.
Suezkanal 72, 110, 114.
Suionen 81.
Sukkerja 115.
Suleiman (Kaufmann) 67.
Sumatra 63, 70.
Sumatra-Inseln 67f., 94.
Supara 54.
Sven Gabelbart 85.
Svolderoie 85.
v. Swedenborg 121.
Syene 11.
Sygwa 115.
Symington 159, 162.
Syrakus 35.
Syr Darja 86.
Syre 29.
Syrien 11, 69.

Tacitus 20, 80f.
Tahiti 123.
Tandmesu 57.
Tartessos 4ff., 20f., 29, 35, 43, 45, 55, 59, 99, 131.
Tarym 63.
Täuber 104f.
Tauris 14.
Tauxier 36.
Taylor 159.
Tegnér 26.
do Teive 99.
Tel el Amarna 9f.
Telemarken 80.
Telepylos 14.
Tellichery 66.
Temesa 12.
Teneriffa 24ff., 37, 100, 109.
Teredon 68.
Thasos 13.
Themse 147.
Theben (Ägypten) 11f.

Theoderich 144.
Theophanes 144.
Theophrast 55, 77.
Thiersch 126, 129ff., 144, 146.
Thin 63.
Thinae 63.
St. Thomas 104.
Thorbecke 38, 41.
Thorfinn Karlsefni 99.
Thrazien 13.
Three Points 37.
Thule 45ff., 64, 81.
Thutmosis III 7.
Tiberius 66, 80, 134, 140, 147.
Tienschan 28, 79.
Tientsin 118.
Tigris 67, 88, 121.
Timaios 27, 45f.
Tönsberg 84.
Tornberg 86.
Tosmar-See 80.
Tourane 64.
Trajan 67, 141.
Transoxanien 87.
Trave 147.
Trendelenburg 136f.
Triest 111f.
Trinidad 100.
Tritonsee 111ff.
Troja 1, 5ff., 11, 13, 128.
Truso 84.
Tscherdyn 116.
Tsinantschou 70.
Tuamini 118.
Tula 88.
Tulla 160.
Tuscarora-Indianer 105, 107.
Tychsen 86.
Tyrus 10, 62, 131.

Ucayali 118.
Uckermark 92.
Ukert 37.
Ulea 102.
Uleåborg 77.
Unstrut 86.
Upernivik 119.
Upsala 86.
Ur 1.

Ural-Fluß 14.
— -Gebirge 90, 113ff.
Usboi 113.
Usedom 85, 92, 94.
Utrecht 121f.

Vaartscher Rijn 121.
Valturius 152.
Vancouver 108.
— -Island 102f., 108.
Vandalen 109.
Vanselow 42.
Vanua Levu 123.
Vaphio 8.
Varanger-Fjord 122.
Varar 20.
Varro 112.
Västergötland 76.
Vecht 121.
Veitmeyer 126, 129, 132ff., 143.
Venedig 90, 144, 146, 158.
Venezuela 118.
Vergil 42.
Verona 152.
S. Vicente 99.
Victorialand 107.
da Vinci 151f.
Vitruv 150.
Vineta 92f., 146f.
Vinland 83, 99f.
Virchow 88, 92.
Vivaldi 83.
Vivien de St. Martin 36f.
Vogel 74.
Voigth 160.
Voss 22, 129.

Wad Draa 26.
Waldai-Höhe 114, 116.
Waldau 39.
Waldemar II 147.
Wales 20, 22.
Ward 103.
Washington 160.
Wasit 86.
Watt 150, 157f., 161.
Weichsel 75, 78, 80, 84, 91.
Weiprecht 119.
Weißes Meer 83f., 115.
Welcker 24.
Wenden 84, 88, 90, 94.

Wenersee 119.
Weser 82, 156.
Wettersee 119.
Wien 80.
Wight 45.
Wiken 84.
v. Wilamowitz-Möllendorff 24, 28.
Wilke 18.
St. William 117.
Wilson, Sir 104.
Wilzen 93.
Winckler 5.
Winnipeg-Fluß 117.
— -See 116f.
Wisconsin River 117.
Wismar 92.
Wisû 87.
Witebsk 88f., 114.
Wladimir 88.
Wolchow 88ff.
Wolga 14, 87ff., 111ff.
Wolgast 94.
Wollin 92ff., 147.
Wologda 115.
Wolokonski-Wald 115.
Wolokowaja-Bucht 115, 122.
Wolokowoje Osero 115.
Worcester 153f.
Wulfstan 83f., 92.
Württemberg 75.
Wyk to Duurstede 82.

Yamam 71.
Yao 118.
Yap 102, 106.
Yoûfi 60.
Yssel 121.
Ystad 84.
Yucatan 104.

Zabae 58.
Zagazig 113.
Zanij 68.
Zanzibar 58.
Zarizyn 90, 94, 113, 115.
Zeitun 70.
Zeno 150f.
v. Zeuner 157.
Zhafar 71.
Zinninseln 6f., 19ff., 44f.
Zuni-Indianer 107.